汉语语音史

王力 著

后浪

北京联合出版公司
Beijing United Publishing Co.,Ltd

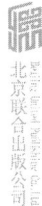

作者简介

王力（1900—1986），字了一，广西博白县人。中国语言学家、教育家、翻译家、散文家、诗人，中国现代语言学奠基人之一。

内容简介

本书详细概述了汉语语音的发展历史，介绍了汉语语音史的一些基础知识。全书分为导论、历代的音系和语音的发展规律三大部分。在导论中，作者对研究汉语语音史要具备的四方面基础知识进行了论述。在历代的音系中，梳理了从先秦至现代的音系发展变化，并提供了历代语音发展表。最后，在语音的发展规律中，总结出语音发展的四种主要方式。

目 录

导 论

第一章 韵　书 ··· 3
第二章 韵　图 ··· 7
第三章 方　言 ··· 13
第四章 方　法 ··· 15

卷上　历代的音系

第一章　先秦音系（　—前 206 年）······························· 19
　　一、先秦的声母 ··· 20
　　二、先秦的韵部 ··· 34
　　三、先秦的声调 ··· 70

第二章　汉代音系（前 206—220 年）······························· 85
　　一、汉代的声母 ··· 85
　　二、汉代的韵部 ··· 85
　　三、汉代的声调 ··· 108

第三章 魏晋南北朝音系（220—581 年） ······ 113
　　一、魏晋南北朝的声母 ······ 113
　　二、魏晋南北朝的韵部 ······ 115
　　三、魏晋南北朝的声调 ······ 165

第四章 隋—中唐音系（581—836 年） ······ 169
　　一、隋—中唐时代的声母 ······ 169
　　二、隋—中唐时代的韵部 ······ 179
　　三、隋唐时代的声调 ······ 235

第五章 晚唐—五代音系（836—960 年） ······ 237
　　一、晚唐—五代的声母 ······ 237
　　二、晚唐—五代的韵部 ······ 241
　　三、晚唐—五代的声调 ······ 265

第六章 宋代音系（960—1279 年） ······ 267
　　一、宋代的声母 ······ 267
　　二、宋代的韵部 ······ 270
　　三、宋代的声调 ······ 312

第七章 元代音系（1279—1368 年） ······ 317
　　一、元代的声母 ······ 318
　　二、元代的韵部 ······ 328
　　三、元代的声调 ······ 399

第八章 明清音系（1368—1911 年） ······ 401
　　一、明清的声母 ······ 402
　　二、明清的韵部 ······ 407
　　三、明清的声调 ······ 418

第九章　现代音系（1911— ） ····················· 425
　　一、北方话 ································· 425
　　二、吴语 ··································· 442
　　三、闽语 ··································· 457
　　四、粤语 ··································· 470
　　五、客家话 ································· 485

第十章　历代语音发展总表 ························· 503
　　一、声母 ··································· 503
　　二、韵部 ··································· 509
　　三、声调 ··································· 532

卷下　语音的发展规律

第十一章　语音发展的四种主要方式 ················· 535
　　一、无变化 ································· 535
　　二、渐移 ··································· 536
　　三、分化 ··································· 538
　　四、合流 ··································· 538

第十二章　自然的变化（上） ······················· 541
　　一、发音方法的变化 ························· 541
　　二、发音部位的变化 ························· 546
　　三、长入韵尾的消失 ························· 547
　　四、短入韵尾的消失 ························· 548

第十三章　自然的变化（中） ······················· 549

一、发音部位的变化 …………………………………… 549

　　二、发音方法的变化 …………………………………… 553

　　三、韵母构成的变化 …………………………………… 559

第十四章　自然的变化（下）……………………………… 575

第十五章　条件的变化（一）……………………………… 579

　　一、唇音的影响 ………………………………………… 579

　　二、喉牙音的影响 ……………………………………… 581

　　三、舌齿唇与喉牙的不同影响 ………………………… 583

　　四、照系及知系三等的影响 …………………………… 588

　　五、庄系及知系二等的影响 …………………………… 592

　　六、端精系的影响和［n］［l］的影响 ……………… 595

　　七、元音［ɿ］［ʅ］的产生 …………………………… 596

　　八、异化作用 …………………………………………… 599

　　九、元音［ɚ］的产生 ………………………………… 601

第十六章　条件的变化（二）……………………………… 603

　　一、腭化 ………………………………………………… 603

　　二、轻唇音的产生 ……………………………………… 606

　　三、新的［f］［h］的产生 …………………………… 610

　　四、新的［tɕ］［tɕ‘］［ɕ］的产生 ………………… 616

　　五、新的［ŋ］［n］的产生 …………………………… 622

第十七章　条件的变化（三）……………………………… 625

　　一、韵头［u］［iu］与韵尾［m］的异化 …………… 625

　　二、韵头［i］与韵尾［i］的异化 …………………… 626

　　三、韵头［i］［y］使主要元音前化 ………………… 629

第十八章　条件的变化（四）……635
　　一、阴阳调类产生的条件……635
　　二、入声转入平上去的条件……638

第十九章　不规则的变化……643
　　一、文字的影响……643
　　二、方言和普通话的互相影响……646
　　三、偶然性……648

主要术语、人名、论著索引……653

导　论

　　研究汉语语音史，要具备一些基础知识。大致说起来，要具备四方面的知识：（一）韵书；（二）韵图；（三）方言；（四）方法。下面分别加以论述。

第一章 韵 书

现存最古的韵书是《广韵》,《广韵》的前身是《唐韵》,《唐韵》的前身是《切韵》。《广韵》基本上保存了《切韵》的语音系统。《切韵》是隋代陆法言所著,书成于隋仁寿元年(601)。

《广韵》共分206韵,如下:

上平声

1.东	2.冬	3.锺	4.江	5.支	6.脂	7.之
8.微	9.鱼	10.虞	11.模	12.齐	13.佳	14.皆
15.灰	16.咍	17.真	18.谆	19.臻	20.文	21.欣
22.元	23.魂	24.痕	25.寒	26.桓	27.删	28.山

下平声

1.先	2.仙	3.萧	4.宵	5.肴	6.豪	
7.歌	8.戈	9.麻	10.阳	11.唐	12.庚	
13.耕	14.清	15.青	16.蒸	17.登	18.尤	
19.侯	20.幽	21.侵	22.覃	23.谈	24.盐	
25.添	26.咸	27.衔	28.严	29.凡		

上 声

1.董	2.肿	3.讲	4.纸	5.旨	6.止	7.尾
8.语	9.麌	10.姥	11.荠	12.蟹	13.骇	14.贿
15.海	16.轸	17.准	18.吻	19.隐	20.阮	21.混

22. 很　23. 旱　24. 缓　25. 潸　26. 产　27. 铣　28. 狝
29. 篠　30. 小　31. 巧　32. 皓　33. 哿　34. 果　35. 马
36. 养　37. 荡　38. 梗　39. 耿　40. 静　41. 迥　42. 拯
43. 等　44. 有　45. 厚　46. 黝　47. 寝　48. 感　49. 敢
50. 琰　51. 忝　52. 豏　53. 槛　54. 俨　55. 范

去　声

1. 送　2. 宋　3. 用　4. 绛　5. 寘　6. 至　7. 志
8. 未　9. 御　10. 遇　11. 暮　12. 霁　13. 祭　14. 泰
15. 卦　16. 怪　17. 夬　18. 队　19. 代　20. 废　21. 震
22. 稕　23. 问　24. 焮　25. 愿　26. 恩　27. 恨　28. 翰
29. 换　30. 谏　31. 裥　32. 霰　33. 线　34. 啸　35. 笑
36. 效　37. 号　38. 简　39. 过　40. 祃　41. 漾　42. 宕
43. 映　44. 净　45. 劲　46. 径　47. 证　48. 嶝　49. 宥
50. 候　51. 幼　52. 沁　53. 勘　54. 阚　55. 艳　56. 㮇
57. 陷　58. 鉴　59. 酽　60. 梵

入　声

1. 屋　2. 沃　3. 烛　4. 觉　5. 质　6. 术　7. 栉
8. 物　9. 迄　10. 月　11. 没　12. 曷　13. 末　14. 黠
15. 鎋　16. 屑　17. 薛　18. 药　19. 铎　20. 陌　21. 麦
22. 昔　23. 锡　24. 职　25. 德　26. 缉　27. 合　28. 盍
29. 葉　30. 怗　31. 洽　32. 狎　33. 业　34. 乏

韵书有反切。反切上字代表声母，下字代表韵母。据后人分析，《广

《韵》的声母共有 33 类①,如下:

1. 见类	2. 溪类	3. 群类	4. 疑类
5. 端知类	6. 透彻类	7. 定澄类	8. 泥娘类
9. 帮非类	10. 滂敷类	11. 并奉类	12. 明微类②
13. 精类	14. 清类	15. 从类	16. 心类
17. 邪类	18. 照类	19. 庄类	20. 穿类
21. 初类	22. 神类	23. 床类	24. 审类
25. 山类	26. 禅类	27. 影类	28. 喻类
29. 于类③	30. 晓类	31. 匣类	32. 来类
33. 日类			

《切韵》并不代表一时一地的语音系统④。陆法言自己说:"江东取韵与河北复殊。因论南北是非,古今通塞,欲更捃选精切,除削疏缓。萧、颜多所决定。"《切韵》有很明显的存古性质。正因为这样,《切韵》音系对于汉语语音史的研究,有很大的参考价值。

---

① 这里依照罗常培的分析。陈澧《切韵考》分为 40 类,高本汉分为 47 类,又有人分为 51 类。
② 《切韵》时代,端知未分,透彻未分,定澄未分,泥娘未分,帮非未分,滂敷未分,并奉未分,明微未分。
③ 在宋代韵图中,照庄合并为照母,穿初合并为穿母,神床合并为床母,审山合并为审母,喻于合并为喻母。
④ 罗常培说(《唐五代西北方音》1 页):"《切韵》的性质本来是一部兼综'南北是非,古今通塞'的音汇,它于当时的方音虽然无所不包,却没有一种方音能够跟它完全符合。"陆志韦说:"《切韵》代表六朝的汉语的整个局面,不代表任何一个方言。"他们的话是对的。

第二章 韵 图

韵图是一种声母韵母配合表，每一个字音都有它的位置。这种韵图是从"胡僧"（印度和尚）学来的。现存最古的韵图是郑樵《通志略》中的《七音略》，后来有张麟之的《韵镜》（1203）、托名司马光的《切韵指掌图》、无名氏的《四声等子》、元刘鉴的《经史正音切韵指南》（1336）①、明万历年间徐孝的《重订司马温公等韵图经》、清初无名氏的《字母切韵要法》等②。

韵图可以分为三派：第一派以《七音略》《韵镜》为代表，这一派韵图把《切韵》每一个字音都放进图表里。共有四十三个图。第二派以《切韵指掌图》《四声等子》《切韵指南》为代表，这一派韵图不再以《切韵》音系为标准，而是以宋元时代的实际语音为标准。《切韵指掌图》《四声等子》各有二十个图，《切韵指南》有二十四个图。第三派以徐孝的《重订司马温公等韵图经》和无名氏的《字母切韵要法》为代表，这一派韵图是以明清时代的实际语音为标准，《等韵图经》的十三摄，和现代北京音系十分接近，《字母切韵要法》只有十二个图，而且音节的排列也和前两派不同。

第二派和第三派都有韵摄的名称③。所谓"摄"，就是几个韵合成一个图或两个图。《切韵指南》分为十六摄，即：

---

① 张麟之多次提到郑樵，并且明白表示《韵镜》是根据《七音略》的。
② 附在《康熙字典》卷首。
③ 《切韵指掌图》没有韵摄之名，而有韵摄之实。

1. 通摄　　2. 江摄　　3. 止摄　　4. 遇摄
5. 蟹摄　　6. 臻摄　　7. 山摄　　8. 效摄
9. 果摄　　10. 假摄　　11. 宕摄　　12. 梗摄
13. 曾摄　　14. 流摄　　15. 深摄　　16. 咸摄

《字母切韵要法》分为十二摄，即：

1. 迦摄　　2. 结摄　　3. 冈摄　　4. 庚摄
5. 祴摄　　6. 高摄　　7. 该摄　　8. 傀摄
9. 根摄　　10. 干摄　　11. 钩摄　　12. 歌摄

相传唐末和尚守温制三十六字母[①]，代表汉语的声母。这三十六字母是[②]：

唇音	重唇	帮滂並明
	轻唇	非敷奉微
舌音	舌头	端透定泥
	舌上	知彻澄娘
牙音		见溪群疑
齿音	齿头	精清从心邪
	正齿	照穿床审禅
喉音		影晓匣喻
舌齿音	半舌	来
	半齿[③]	日

字母又有清浊的分别，细分为四类[④]，即：

---

① 编者注：文集本为"守温制三十字母，宋人增为三十六字母"。
② 法国国家图书馆藏有一个敦煌写本，第一行是"南梁汉比丘守温述"，共列三十个字母，即不芳並明、端透定泥、知彻澄日，见溪群疑来（见下有一个"君"字，疑是误字）、精清从、审穿禅照、心邪晓、匣喻影。此处三十六字母的次序依照《七音略》和《韵镜》。
③ 郑樵所谓"七音"，指唇、舌、牙、齿、喉、半舌、半齿。
④ 分类依照《韵镜》，只有"清浊"改称"次浊"。

清	帮非端知见精心照审影晓①
次清	滂敷透彻溪清　　穿
浊	並奉定澄群从邪床禅　　匣
次浊	明微泥娘疑　喻来日②

在韵图中，以字母为经，韵部四声为纬。在《切韵指掌图》《字母切韵要法》中，三十六字母各占一个直行。在《七音略》《韵镜》《四声等子》《切韵指南》中，三十六字母只占二十三直行，因为重唇和轻唇同行，舌头和舌上同行，齿头和正齿同行。

宋元时代的韵图有"等呼"之分。所谓"呼"，指开口呼和合口呼。开口、合口一般不同图，所以《切韵指南》十六摄有二十四个图：

  开口呼独图：咸深效流

  合口呼独图：通遇

  开合口分图：果假③梗曾止蟹山臻宕

  开合口同图：江④

韵图的字分为四等，例如山摄开口呼见母平声"干奸犍坚"，"干"为一等，"奸"为二等，"犍"为三等，"坚"为四等。合口呼见母平声"官关勬涓"，"官"为一等，"关"为二等，"勬"为三等，"涓"为四等。后人不懂四等的分别。江永说："一等洪大，二等次大，三四皆细，而四尤细。"这话只说了个大概，没有说出具体的读音。高本汉认为一、二、三、四等表示元音由后到前，例如山摄一等是[ɑ]，二等是[a]，三等是[æ]，四等是[e]。这个问题才算基本上解决了。

---

① 心、审二母，江永叫作"又次清"。
② 江永把邪、禅称为"又次浊"，来、日称为"浊"，都不妥。
③ 《切韵指南》附假于果，假开与果开同图，假合与果合同图。
④ 江摄本来是开口呼，后来才变为开合两呼。

拿《广韵》来说，206韵和四等的关系如下①：

一、二、三、四等都有的：东屋

只有一等的：冬沃模泰灰咍魂没痕寒桓曷末豪歌唐铎登德侯覃合谈盍

只有二等的：江觉佳皆夬臻删山黠鎋肴耕麦咸洽衔狎

只有三等的：微文物欣迄元月严业凡乏

只有四等的：齐先屑萧青锡幽添怗

只有二、三等的：庚陌

只有三、四等的：锺烛祭谆术宵清昔

只有一、三等的：戈

只有二、三、四等的：支脂之鱼虞真质仙薛麻阳药蒸职尤侵缉盐叶

这是就韵图来说的。实际上，韵图中许多四等字都是假四等，真三等。这是因为韵图规定齿头音和正齿音同一直行，齿头音精清从心邪只能在一、四等，正齿音照穿床审禅占据了二、三等，精清从心邪的三等字只好放到四等框里了。又喻母四等字实际上也是三等字，只因《切韵》于类字也在三等，和喻类字不同类，不能相混，所以喻类字只好放到四等框里去了。韵图中许多二等字也都是假二等，真三等。上文说过，依照《切韵》分析，二等庄初床山和三等照穿神审禅不同类，不能相混，但是它们同处一个直行，庄初床山的三等字只好放到二等框里去了。凭什么知道这些字是假四等、假二等呢？这是因为这些字的反切下字往往是三等字，这就证明了它们实际上属于三等。

除去假二等、假四等不算，《广韵》206韵和四等的关系如下表：

一等：冬模泰灰咍魂痕寒桓歌唐登侯覃谈

　　　沃没曷末铎德合盍

二等：江佳皆夬臻删山肴耕咸衔

---

① 举平声包括上去声。

觉黠镕麦洽狎

三等：锺支脂之微鱼虞真谆文欣元祭废仙宵阳清蒸尤侵盐严

　　凡质术物迄月薛药昔职缉葉业乏

四等：齐先萧青幽添

一、三等：东屋戈

二、三等：麻庚陌

等呼的概念很重要，我们研究先秦古音的时候还用得上，所以这里讲得详细些。

第三派韵图（《字母切韵要法》等）没有四等，只有四呼：

1. 没有韵头而主要元音为 [ɑ][ə][o] 的，叫作"开口呼"；

2. 韵头为 [i] 或主要元音为 [i] 的，叫作"齐齿呼"；

3. 韵头为 [u] 或主要元音为 [u] 的，叫作"合口呼"；

4. 韵头为 [y] 或主要元音为 [y] 的，叫作"撮口呼"。

一般的说法是：宋元韵图中的开口一、二等属于开口呼，开口三、四等属于齐齿呼，合口一、二等属于合口呼，合口三、四等属于撮口呼。

开、齐、合、撮这些术语，在我们研究近代语音发展史的时候用得着，先在这里交代一下。

第三章 方　言

　　汉语自古有方言的存在。《孟子·滕文公下》："有楚大夫于此，欲其子之齐语也，则使齐人傅诸？使楚人傅诸？"可见战国时代就有方言的存在。汉扬雄著《方言》，主要是讲各地词汇的不同，但是我们可以想见，语音方面也会有差别的。

　　因此，我们研究汉语语音史，就会遇到方言的问题。我们所根据的语音史料，是方言还是普通话？在各种同时代的语音史料中，有没有方言的差别？在同时代的诗人用韵中，有没有方言的差别？这些都是很难解决的问题。我曾经把《诗经》的十五国风分别研究过，没有发现方言的痕迹。我曾经把《楚辞》和《诗经》对比，想找出华北方音和荆楚方音的异同。我虽然发现《楚辞》用韵的一些特点，但是也难断定那是方言的特点，还是时代的特点。我在写《南北朝诗人用韵考》的时候，曾经注意到诗人们的籍贯。但是古人的籍贯是靠不住的，例如朱熹是婺源人，但他是在建州（今福建建瓯）长大的。许多人都是以父亲的籍贯为籍贯，甚至以地望为籍贯[①]。因此，我们不把籍贯作为方言的主要根据。在讲古音的时候，我们很少讲到古代方音，因为我们对于古代方音知道得太少了。

　　我们研究汉语语音史，应该先大致了解现代汉语的方音。因为语音史的研究，要求我们讲述汉语语音经过多少次的变革，成为今天的样子。

---

① 地望，指有声望的大族所在的地方。

如果我们只讲成为今天普通话的样子，那是很不全面的。普通话也是以一种方言为基础形成的，它是以北方话为基础方言，以北京语音为标准音的。现代汉语方言可以分为五大类[①]，即 1. 官话系（包括北方官话、下江官话、西南官话等）；2. 吴语系；3. 闽语系；4. 粤语系；5. 客家话。如果我们讲语音发展规律的时候，联系到五大方言的现况来讲，那就比较全面了。

---

① 有人加上湘方言，分为六大类，有人又把闽语分为闽北、闽南，共七大类。编者注：文集本为：有人加上湘方言、赣方言分为七大类。有人又把闽语分为闽北、闽南，共八大类。

第四章 方 法

研究汉语语音史，要讲究方法。

第一，要掌握唯物辩证法。辩证法不是把自然界看作静止不动的状态、停顿不变的状态，而是看作不断运动、不断变化的状态，不断革新、不断发展的状态，其中始终都有某种东西在产生着和发展着，始终都有某种东西在败坏着和衰颓着。由此看来，"古本纽、古本韵"的观点是错误的。就汉语来说，从上古到现代，历时三四千年，其中不知经过多少次变化。应该承认，现代存在的语音，古代不一定有；更重要的是，古代存在过的语音，后代并没有保存下来。还有一种情况是，某种语音古今都有，但是它所代表的字已经不一样了。汉语声母从古到今没有变化的还不少，那是由于我们研究得不够，可能上古的声母并不像我们拟测的那样简单。至于汉语的韵部，可以肯定地说，经过历代的发展和演变，今天够得上称为"古本韵"的，已经寥寥无几了。发展意味着变化，必须用发展观点武装我们的头脑，然后汉语语音史才能研究得好。

第二，要讲究普通语言学的理论。语言是富有系统性的。语音的发展，就是新系统替代了旧系统。不从系统性观察语音的发展，那就是错误的。江永把收 -n 的古韵分为弇侈两类，同时把收 -m 的古韵分为弇侈两类，是看出了语言的系统性。孔广森讲阴阳对转，是看出了语言的系统性。我发现了古韵脂微分立，使脂真质阴阳入三声相配，微文物阴阳入三声相配，也是看出了语言的系统性。从系统性看问题，可以免除许多葛藤。

第三，要讲究比较语言学的理论。比较语言学有一个定律：在完全相同的条件下，不可能有两种不同的演变。因此我们可以知道，顾炎武所谓古音"家"读如"姑"是错误的，汪荣宝所谓古音"姑"读如"家"同样也是错误的。"家"和"姑"在古代如果完全同音，后来就没有分化的条件了。比较语言学的另一个定律是有条件的变化。因此我们可以知道，钱大昕"古无舌上音"的说法是可信的。上古舌头音一、四等字直到今天还是舌头音，二、三等字到了晚唐时代变了舌上音[①]。等呼不同，这就是变化的条件。从这上头，我们就能发现语音发展的内部规律。

第四，要讲究音位学。音位学的发明，解决了语音史上许多问题，例如，全浊声母送气不送气的问题，历来有很多争论。其实全浊声母送气不送气是互换音位，正如现代吴方言一样，全浊声母可以送气，也可以不送气。这样，我们用不送气的音标（b、d、g 等）表示就行了。又如东韵字上海读 [uŋ]，苏州读 [oŋ]，我们应该把苏州的 [oŋ] 认为是 [uŋ] 的变体，因为苏州不另有 [uŋ] 和它对立。又如苏州先韵读 [iɪ]，屑韵读 [iəʔ]（据赵元任《现代吴语研究》），但是先韵应该标作 [ie]，屑韵应该标作 [ieʔ]，因为先韵和屑韵是平声和入声的对应，它们的元音应该取得一致。

此外还有其他方法，这里不详细讨论了。

[①] 根据《经典释文》《一切经音义》的反切知道隋唐时代知组并未从端组分出，直到晚唐才分出来。

卷上　历代的音系

第一章　先秦音系（　—前206年）

关于先秦的音系，韵部和声调方面，我们根据的是先秦的韵文，主要是《诗经》《楚辞》，其次是《周易》《老子》，又其次是先秦其他书籍中的韵语①。前人在这方面做了很多的研究，做出了很大的成绩。

关于声母方面，成绩就差多了。一般的根据是汉字的谐声偏旁，其次是异文。我们知道，声符和它所谐的字不一定完全同音。段玉裁说："同声必同部。"这是指韵部说的。这只是一个原则，还容许有例外②。如果我们说："凡同声符者必同声母。"那就荒谬了，例如"诗、邿、时、坿、侍、恃、莳、持、偫、㤃、痔、㟟、待、特、等、㭙、畤、䵓"等字都从"寺"得声，"寺"是邪母字，"诗、邿"是审母字，"时、坿、侍、恃、莳"是禅母字，"持、偫、㤃、痔、㟟"是澄母字，"待、特"是定母字，"等"是端母字，"㭙"是知母字，"畤、䵓"是照母字，那么，这些字的上古音该属于哪个声母呢③？如果你说：这些字的上古音，既不是知澄等母（古无舌上音），也不是端定照审禅等母④，而是另一种辅音，那也讲不通。因为这些字多数属三等字，如果上古声母完全相同，后来怎么能有分化的条件呢？从谐声偏旁推测上古声母，各人能有不同的结论，而这些

---

① 参看江有诰的《诗经韵读》《楚辞韵读》《群经韵读》《诸子韵读》。
② 例如"怛"字，《诗经》两次押韵都在月部，段玉裁在《说文解字注》中只好承认它在十四、十五部。
③ 另据许慎《说文解字》，"寺"从"之"得声，"之"声有"芝、蚩、事、市"等，问题更复杂了。
④ 依照钱大昕的说法，正齿字多数也古属舌头。

结论往往是靠不住的。其次，异文也不大可靠。异文可能是方言的不同，个别地方还是错别字。我们引用异文来证古音，也是要谨慎从事的。

有人引用外语译文（主要是佛经译文）来证明上古声母。这只能是次要证据，不能是主要证据。因为翻译常常不可能译出原音来。正如我们今天把英语的[r]译成汉语的[l]，英语的[ʃ]译成汉语的[ʂ]，英语的[h]译成汉语的[x]一样，我们不能要求古人把梵文的原音完全准确地译成中文。单靠译文来证明上古声母，看来不是很妥当的办法。

有人引用汉藏语系各族语言的同源词来证明汉语上古声母，这应该是比较可靠的办法。这种研究工作我们做得还很不够。上古声母问题的圆满解决，只能寄希望于将来。

下面从先秦古音的声母、韵部、声调三方面分别加以叙述。

一、先秦的声母

先秦共有三十三个声母，见下页表[①]。

浊母字送气不送气，历来有争论。江永、高本汉认为是送气的，李荣、陆志韦认为是不送气的。我认为这种争论是多余的。古浊母字，今北京话平声读成送气，仄声读成不送气（古入声字读入阳平的也不送气）。广州话也是平声送气，仄声（上去入）不送气。长沙话平仄声一概不送气，客家话平仄声一概送气。在上海话里，浊母字读送气不送气均可：[b]和[bʻ]是互换音位，[d]和[dʻ]是互换音位，等等。从音位观点看，浊音送气不送气在汉语里是互换音位。所以我对浊母一概不加送气符号。

关于古无轻唇音，自从钱大昕提出来以后，已经成为定论。直到

---

① 表中双唇，指上唇接触下唇；舌尖前，指舌尖接触门牙；舌尖中，指舌尖接触齿龈；舌叶，又称腭龈音，指舌尖和舌面接触龈腭间；舌面前，指舌面接触龈腭间；舌根，指舌根接触硬软腭间。

《切韵》时代，帮滂並明和非敷奉微在反切中还是混用的。这里没有什么可以争论的问题。

发音方法 \ 发音部位			双唇	舌尖前	舌尖中	舌叶	舌面前	舌根	喉
塞音	清	不送气	p（帮非）		t（端知）		ȶ（照）	k（见）	○（影）
		送气	p'（滂敷）		t'（透彻）		ȶ'（穿）	k'（溪）	
	浊		b（並奉）		d（定澄）		ȡ（神）	g（群）	
鼻音			m（明微）		n（泥娘）		ȵ（日）	ŋ（疑）	
边音					l（来）		ʎ（喻四）		
塞擦音	清	不送气		ts（精）		tʃ（庄）			
		送气		ts'（清）		tʃ'（初）			
	浊			dz（从）		dʒ（床）			
擦音	清			s（心）		ʃ（山）	ɕ（审）	x（晓）	
	浊			z（邪）		ʒ（俟）	ʑ（禅）	ɣ（匣、喻三）	

董同龢提出，上古应该有一个声母[m̥]（[m]的清音），这也是从谐声偏旁推测出来的，例如"悔"从"每"声，"墨"从"黑"声，"昏"（昬）从"民"声等。高本汉对于这一类字的声母则定为复辅音[xm]。上文说过，谐声偏旁不足为上古声母的确证。所以我们不采用董说或高说。

关于上古的齿头音精清从心邪的问题，争论较少。章炳麟把精清从心邪并入照穿床审禅，没有人赞成他。黄侃把邪母并入心母，也没有强有力的理由。高本汉认为邪母在上古是一个不送气的[dz]，与从母

[dzʻ]配对，也没有确证。我们认为，上古的精清从心邪就是中古的精清从心邪，没有变化。

我们一向把精清从心邪与端透定泥都认为是齿音，只有发音方法不同，没有发音部位不同。但是古人把端系称为舌音，精系称为齿音，是不是发音部位也有所不同？现代北京话里，精系是舌尖前音，发音时舌尖接触门牙；端系是舌尖中音，发音时舌尖接触齿龈。我们的古音也应该是这样，端系和精系不但发音方法不同，而且发音部位也不同。因此，在上古时代，端系字和精系字较少通假。

关于古无舌上音，自从钱大昕提出来以后，也是早就成为定论。在《经典释文》的反切中，大量事实证明，直到隋代，知系还没有从端系分化出来[①]。

关于正齿二等庄初床山四母，在陈澧以前，没有人知道它们和正齿三等照穿神审禅是不同发音部位的。章炳麟也不懂这个区别。黄侃懂得这个区别，同时他把庄初床山并入上古的精清从心。他合并得颇有理由。从联绵字看，"萧瑟、萧疏、萧森、潇洒"等，都可以证明精庄两系相通。我之所以踌躇未肯把庄系并入精系，只是由于一些假二等字和三等字发生矛盾，如"私"与"师"、"史"与"始"等。留待详考。高本汉把庄初床山的上古音拟测为[tʂ][tʂʻ][dʐ][ʂ]（真二等拟成[ƫ][ƫʻ][ɖ]），我所不取。

三十六字母中没有俟母。俟母是依照李荣的考证增加的[②]。证据确凿，使我不能不相信。而且，从语言的系统性来看，庄初床山俟五母和精清从心邪五母、照穿神审禅五母相配，形成整齐的局面，是合理的。

钱大昕说："古人多舌音，后代多变为齿音，不独知彻澄三母为然也。"[③]他的意思是说照穿等母的字在上古时代也有许多读舌音的。他所举的例

---

① 参看王力《〈经典释文〉反切考》。
② 参看李荣《切韵音系》92—93页。科学出版社1956年版。
③ 钱大昕《十驾斋养新录》卷五。

子是：古读"舟"如"雕"、读"至"如"疐"、读"专"如"耑"、读"支"如"鞮"。他的话是颇有道理的，但是只限于少数照系三等字（主要是照母三等），与照系二等（庄初床山）无关。这些照系三等字如果认为古读舌音，那就和知系三等字混同起来了。我们只能说它们的读音相近，不能说相同。高本汉把照穿神审拟测为[ʈ][ʈʻ][ɖʻ][ɕ]，是合理的，我们采用了。他把禅母拟测为不送气的[ɖ]，与送气的神母[ɖʻ]相配，我们认为不可信。古禅母应是古审母的浊音，所以我们拟测为[ʑ]。

章炳麟作《古音娘日二纽归泥说》①，企图证明先秦没有娘日两个声母。说古无娘母是对的（这是钱大昕证明了的），说古无日母则是错误的，因为娘日都是三等字②，如果上古"女、汝"同音，"日、暱"同音，后来就没有分化的条件了。高本汉把泥娘二母的上古音拟测为[n]，日母的上古音拟测为[ɳ]，是完全合理的。今从高说。这样，照穿神日与端透定泥正好相配，读音相近而不相同。知彻澄娘到中古时代实变为[ʈ][ʈʻ][ɖ][ɳ]，那也和照穿神日不冲突，因为照穿神日到中古时代已经变为[tɕ][tɕʻ][dʑ][ʑ]了。

喻母四等的上古音，是最难解决的一个问题。章炳麟、黄侃以喻母的上古音并入影母，是完全错误的。曾运乾作《喻母古读考》，把喻母（应该说是喻母四等）的上古音并入定母，那就比章、黄好多了，因为无论从谐声偏旁看，或者从异文看，都可以证明喻母四等字往往与定母字相通。但是还有一个问题没有解决：喻母是三等字③，澄母也是三等字④，如果喻母归定，澄母也归定（古无舌上音），势必造成两母冲突，以致"容、重"同音，"移、驰"同音，"夷、迟"同音，等等，后来便没有分

---

① 《章氏丛书·国故论衡》30—31页。
② 娘母有一些二等字。
③ 喻母四等是假四等，真三等。见上文。
④ 有少数澄母字属二等。

化的条件了。高本汉把喻四的上古音分为［d］［z］两类。［d］类是不送气的［d］，和定母送气的［d'］有所区别，这就算解决了曾运乾所没有解决的问题：分化条件问题。高氏所定的［d］声母有"移也夷贻俞鸢攸由阅引阳怿盈役佚淫"等字，［z］声母有"耶与曳羊酉"等字。高氏已经把邪母的上古音拟测为不送气的［dz］和从母［dz'］相配，他把喻四一部分字的上古音拟测为［z］是能自圆其说的。问题在于他不该把喻四的上古音硬分为两类①。我在我的《汉语史稿》中批评了高氏硬分两类，而接受了他的不送气的［d］。从语言的系统性看，我这个拟测是错误的。在先秦音系中，唇音、齿音、牙音（舌根音）都没有送气不送气的对立，为什么舌音能有送气不送气的对立呢？高本汉似乎注意到语言的系统性，所以他在齿音、牙音也都搞了送气不送气的对立。他把禅母的上古音拟测为不送气的［dz］，和神母送气的［dz'］对立，喻母三等的上古音拟测为不送气的［g］，和群母送气的［g'］对立②。我没有接受他的齿音、牙音浊母送气不送气的对立，单单接受他的舌音浊母送气不送气的对立。那么，我的喻四的上古音的拟测，就比高氏的拟测更站不住脚。

现在我有新的拟测，把喻四的上古音拟测为［ʎ］。这是与［t］［t']［d］同发音部位的边音③，即古代法语所谓软化的 l（lmouillé）。法语在 fille（女子）、bouillon（肉汤）、tailler（剪裁）等词中，l 本是软化的 l，后来变为半元音［j］（fille=［fi:j］，bouillon=［bu'jə］，tailler=［tɑ'je］）。汉语喻母四等也一样，在上古时代是个［ʎ］④，到中古时代变为半元音［j］。

黄侃把见溪群晓匣疑认为是浅喉音，影母认为是深喉音，他是对的。

---

① 单凭谐声偏旁是不足为证的，例如"易"声的字既有"湯"，又有"餳"（徐盈切）。
② 他也做得不彻底。他没有能够在唇音和庄系字中搞出浊音送气不送气的对立。
③ 国际音标表把［ʎ］放在［c］［ɟ］同发音部位，但是赵元任、李方桂、罗常培合译高本汉的《中国音韵学研究》把它放在［t］［d］的发音部位，今依后者。
④ 最近看见李方桂先生一篇文章，他把喻四的上古音拟测为某种 r，和我的意见相近。

晓匣两母在上古和见系相通的情况最为常见，和影母相通的情况反而罕见，黄氏把喻于两母归入影母，则是错误的。喻母（喻四）在上古应是某种 l（即[ʎ]），于母（喻三）在上古应属匣母，直到唐初也还属匣母。于母属三等字，匣母无三等字，正好互补，高本汉把喻三的上古音拟成不送气的[g]，是不可靠的。

影母自古至今都是零声母，所谓零声母，包括喉塞音和韵头[i][u]。

上古汉语有没有复辅音？这是尚未解决的问题。从谐声系统看，似乎有复辅音，但是，现代汉语为什么没有复辅音的痕迹？人们常常举"不律为笔"为例，但是"不律为笔"只是一种合音，正如"如是为尔、而已为耳、不可为叵"一样，我们不能以此证明"笔"的上古音就是[pliet]。一般拟测上古的复辅音，都是靠谐声偏旁作为证据的。高本汉拟测的复辅音声母，有下列十九种：

（1）gl- 吕侣间旅娄搂楼屡缕阑兰练烂倮裸嬴滥蓝览揽狯敛廉镰倞亮谅凉掠洛烙络酪雒骆路赂露鬲璆飂戮僇勠蓼寥醪乐轹栎砾林惏婪琳立苙粒笠拉隆癃

（2）kl- 莒筥屦柬谏拣果裹裸监鉴剑兼京景憬各胳阁格骼觡隔胶椷禁襟衿

（3）g'l- 嫌鎌俭勍鲸黥貉狢翮璆噤

（4）k'l- 课嗛慊歉谦恪客泣

（5）ŋl- 验頷乐

（6）xl- 险崄嘹

（7）t'l- 瘳离魑螭摛宠

（8）sl- 数孪率達蟀帅酻纚灑史使

（9）ɕl- 烁铄

（10）bl- 蠻恋栾銮鸾脔变恋挛廪懔临

（11）pl- 变笔禀

（12）pʻl-　　　　品

（13）ml-　　　　埋蕿霾缪谬卯茆昴贸蛮灭

（14）xm-　　　　昏惛婚阍忽笏惚疣肓㐬荒黑每悔晦海海麾幠膴耗威

（15）tʻn-　　　　嘆欸灘婼匿聤丑

（16）sn-　　　　襄纕絮需玺狝隼羞

（17）ʈn-　　　　准

（18）ɕn-　　　　饟攝恕淰淰烧

（19）kʻs-　　　　僉憸譣

其实依照高本汉的原则去发现上古复辅音声母，远远不止十九种。高本汉所承认的谐声偏旁，应该拟测为复辅音，而高氏撇开不讲的，有"彗"声的"慧"（zx-），"埶"声的"勢"（ɕŋ-），"薛"声的"孽"（sŋ-）①，"旨"声的"诣"（tŋ-），"支"声的"岐歧伎技芰"（tgʻ-）、"跂"（tkʻ-），"氏"声的"祇軝疧"（zgʻ-），"岁"声的"颠翙翽"（sx-）、"穢"（sʔ-）、"劇"（sk-），等等②。至于《说文》所说的谐声字，为高氏所不承认（或者是故意抹杀）的，那就更多，如"谷"声有"俗"（kz-），"公"声有"松"（ks-），"区"声有"枢"（kʻtʻ-），"丙"声有"更"（pk-），"号"声有"饕"（ɣtʻ-），"川"声有"训"（tʻx-），"屰"声有"朔"（ɕŋ-），"庚"声有"唐"（kdʻ-），"彥"声有"产"（ʃŋ-），"多"声有"宜"（tŋ-）等，不胜枚举。上古的声母系统能这样杂乱无章吗？所以我不能接受高本汉上古复辅音的拟测。

---

① "埶"声的"褻"同。
② 有些地方，是高氏把字音弄错了，如"均"从"匀"声，"匀"是喻四字，而高氏误标为giwěn(喻三)；"谷"声有"欲慾浴鵒裕"，都是喻四字，而高氏把"欲慾浴鵒"误标为gǐuk，"裕"误标为gǐug（喻三）。

先秦33声母例字表[1]

（1）帮母［p］

琫卜，风讽福；襮，封葑；邦剥；陂卑彼俾贲；悲鄙匕祕痹；非匪沸；逋补布，肤甫付；箅闭；拜败[2]；杯背；贝；摆；蔽；彬宾傧笔必；奔本；分粉粪弗；班版扮八；蕃反贩髪；边，鞭褊偏变鳖；半拨；褒宝报；包饱豹；镖飙表彪；波跛播；巴把霸；帮榜博；伯，兵丙柄；并饼摒辟；迸；鞞跰碧壁；掊，不[3]缶富；禀；砭贬窆，法；崩北；冰逼。

（2）滂母［p'］

扑，丰赗蝮；峰霪；璞；披；丕纰嚭溥屁；菲斐费；铺普怖，敷抚赴；批媲；肧配；霈；派；湃；肺；缤匹；喷；芬忿拂；攀盼；篇片嫳；潘判；泼；翻；胞；漂缥瓢；颇叵破；葩怕；滂，芳髣访；烹拍；怦；劈；剖仆；副；品；汜。

（3）并母［b］

蓬暴，冯凤伏；仆；逢奉俸；庞雹；皮陴避被婢；邳毗否备鼻；肥痱；蒲簿捕，符父附；倍；裴佩；排；牌罢；鼙薜；憊败；箄；蔽；吠；贫牝弼邲；盆勃；汾愤分佛；梗辩辨卞便别；盘伴畔跋；阪拔；袍抱暴，庖鲍；瓢摽骠；婆；爬；旁傍泊；房防缚；彭白，平病；並甓；浮妇复[4]；凡范梵乏；朋䨝，凭愎。

（4）明母［m］

蒙蠓木，瞢梦目；雺瑁；庬邈；縻弥靡弭；眉美郿寐；微尾未；无武务；模姥暮；迷米谜；袜；眛；买卖；埋；迈；枚浼妹；穈；珉民愍泯密蜜；

---

[1] 例字采自韵图（《七音略》《韵镜》），僻字不录。有些字是先秦古书中没有出现的，但我们可以假定有这个音。
[2] 败，补迈切，破他曰败。
[3] 不，甫鸠切。
[4] 復，扶富切。

文吻问物；晚萬韈；门懑闷没；瞒满缦末；蛮慢；眠麵篾；絻免缅面灭；苗眇庙妙；茅卯貌；毛帽；摩麼磨；麻马祃；茫莽莫；亡罔妄；盲猛孟陌；明名皿命；薨麦，冥茗觅；母茂，谋，缪谬；墨。

（5）端母 [t]

东董冻，中竹；冬湩笃，冢瘃；椿戆斶；知智；胝黹致，追；徵置；猪贮著；都覩妒；株拄驻；等①戴；氐邸帝；对；带；投；珍镇窒蛭；敦顿咄；单亶旦怛；遭展哲；颠典殿②；端短锻掇；转啭辍；刀倒到；啁罩；朝；貂鸟③弔；多痑，朵；杸；当党，张长帐芍；扚摘；贞；丁顶的；登等嶝德；徵陟；兜斗鬭；輈肘昼；磓戟揕絷；耽答，担；霑辄；点店。

（6）透母 [t']

通桶痛秃，忡蓄；统，傭④宠踵；憃；摘褫；绨；痴耻眙；摅楮；土兔，貒；胎贷；梯体替；骸（腿）退；太；吞，忕抰；椿黜；暾；獭；滩坦炭闼；彻；天腆瑱铁；湍疃彖，獜；餮讨，超，挑朓粜；他拖，妥唾；佗妊诧；汤傥，伥昶畅；膛坼；怪逞彳；汀珽听逖；偷敨透，抽丑畜⑤；琛；探；觇锰；添忝桥怗；餂荄榻。

（7）定母 [d]

同动洞独；彤毒，重躅；幢浊；驰豸，绸；墬雉緻，地，鎚坠；治峙值⑥；除仜箸；徒杜渡；厨柱住；臺骀代，题弟第；颓队；鸢，大；兑；陈绐阵秩，佺；屯囤钝突；术；袒；坛但惮达，缠辙，田殄电；团断段夺，椽篆传；陶道导，洮棹，晁赵召；驼驮；堕惰；茶；堂荡宕铎；长丈仗著；枨宅；橙郑掷，庭挺定狄；头逗；侹纣胄；沈朕鸩蛰；覃襌醰

---

① 等，多改切。
② 殿，都甸切。军在前曰启，后曰殿。
③ 鸟，都了切。
④ 傭，丑凶切。
⑤ 畜，丑救切。
⑥ 值，直吏切。

沓，湛，甜簟牒；谈噉蹋；腾邓特，澄直。

（8）泥母 [n]

农襛，酏；搦；尼腻；你；女；奴怒；能①乃耐，泥祢；馁内；奈；暱昵；嫩讷；难捺，赧，年撚涅；暖；猱脑，铙桡，蹑尿；那，挼懦；拏；囊曩诺，孃（娘）酿；宁怒；能，匿；糯毂耨，狃糅；赁；南纳，黏念捻。

（9）来母 [l]

笼弄禄，隆六；龙陇录；荦；离迤罶，嬴累；梨履利，累垒类；釐里吏；胪吕虑；卢鲁路，缕屡；来赉，黎礼丽，雷礌颣；赖，酹；邻嶙遴栗，论，伦律；斓，兰嬾烂剌，连辇烈，莲练；銮卵乱将，挛脔恋劣；劳老嫪，僚缭疗，聊了；罗逻，蠃（螺）裸；郎朗浪落，良两亮略；冷，领令，灵历；楞棱勒，陵力；楼娄陋，刘柳溜，镠；林廪临立；娄壈拉，廉敛殓猎；蓝览滥臘。

（10）照母 [ʨ]

终众粥；锺肿种烛；支纸寘，捶惴；脂旨至，锥；之止志；诸鬻（煮）翥；朱主注；制，贽；真轸震质，谆准稕；馆战折，专剬拙；昭沼照；遮者柘；征整政隻；蒸拯证职；章掌障灼；周帚呪；斟枕执；詹觇占詹。

（11）穿母 [ʨ']

充俶；衝触；眵侈，吹揣；鸱，推②；蚩齿炽；杵处；枢；掣毳；瞋叱，春蠢出；闡，舛钏歠；弨；车；昌敞唱绰；尺；称；犨丑臭；潘；襜。

（12）神母 [ʥ]

舐；示；实，唇盾顺术，舌，船；蛇射；射③；绳食；葚④。

---

① 能，奴来切。
② 推，尺佳切，又他回切。
③ 射，食亦切。
④ 葚，食荏切。

（13）日母 [ŋ]

戎肉；茸辱；儿尔，痿藜；二，蕤蕊；而耳饵；如汝洳；儒乳孺；芮；人忍刃日，稕闰；然热，软爇；饶扰；穰攘让弱；柔蹂；任荏紝；髯冉染。

（14）喻母 [j]

融育；容勇用欲；移酏易，姨肄，惟唯遗①；饴以异；余与豫；逾庾裕；曳，锐②；寅引酳逸；匀尹聿；延演衍，沿兖掾悦；遥鹞燿；阳养漾药；盈郢绎；营颖役；蝇孕弋；淫熠；盐琰艳葉。

（15）审母 [ɕ]

叔；春束；施弛翅；尸矢，水；诗始试；书暑恕；输戍；世，税；申失，舜；膻扇设，说；烧少；奢捨舍；商赏饷铄；声圣释；升胜识；收首狩；深沈湿；苦陕闪摄。

（16）禅母 [ʑ]

孰；蜀，匙氏豉，垂睡；视嗜，谁；时市恃；蜍野（墅）署；殊竖树；辰肾慎，纯；善折③，单；韶绍邵；阇社；常上尚杓；成盛石；承剩寔；雠受授；谌甚十；剡赡涉。

（17）庄母 [tʃ]

菑滓栽；菹阻诅；斋瘵；债；臻柿；茁；札；爪；樝鲊诈，鬓；庄壮斮；迮；争诤责；侧；邹皱；簪譖戢；斩蘸贬。

（18）初母 [tʃ']

牕（窗）；差④；輺厕；初楚；刍；龊；差瘥；钗；槎；刬刹；铲察；羼篡；熮（炒）抄；叉；创怆；栅；琤策；测；搀忏；插。

---

① 遗，以醉切。
② 锐，以芮切。
③ 折，常列切。
④ 差，楚宜切。

第一章　先秦音系（　—前206年）……31

(19) 床母 [dʐ]

崇；淙浞；士事；鉏龃助；雏；豺寨；柴；栈；潺；撰馔；巢；乍；床状；伧；峥赜；刷；岑；谗；巉镵。

(20) 山母 [ʃ]

缩；双朔；酾躧屣；师，衰帅；史驶；疎所疏；毹数；崟晒；莘瑟；率；山产；刷；删渗讪杀；梢稍；鲨灑；霜爽；生省索①；色；愁骤；森涩；掺霎。

(21) 俟母 [ʐ]

漦俟。

(22) 精母 [ts]

燮總稷（粽）鏃；宗综；纵足；赀紫积②；咨姊恣，醉；兹子；苴；租祖作③；诹；哉宰载；赍济霁；祭；最；津晋，尊卒，遵隽；煎剪箭，镌；赞，笺戩荐节，钻纂；糟早灶；焦劗醮；左佐；挫；嗟姐唶；臧驵葬作；将奖酱爵；精井积；菁绩；增则，甑即；走奏，啾酒僦；浸浸；簪帀（匝），尖僭；接。

(23) 清母 [tsʻ]

怱；枞促，雌此；次；翠；疽觑；麤（粗）盾，趋取娶；猜采菜，妻泚砌；崔倅；蔡，毳；亲七，村忖寸猝，逡；迁浅窃，诠，餐粲擦（擦），千倩切，窜撮；操草，鍫（锹）悄陗；蹉瑳磋，脞刹；且；仓错，锵抢鹊；清请刺④，青戚；蹭；辏，秋；侵寝沁缉；参惨；憯，金粲甃妾。

(24) 从母 [dz]

丛族；賨，从；疵渍⑤；茨自，萃；慈字；咀；徂祚，聚；裁在，齐荠，

---

① 索，山责切。
② 积，子智切。
③ 作，臧祚切，又则落切。
④ 刺，七迹切。
⑤ 渍，疾智切。

摧罪；蕞；秦尽疾，存捽，崒；钱践贱，全绝，残瓒，前荐①截（截），攒鄼；曹皁（皂）漕，樵瞧，醛，坐座；藏昨，墙匠嚼；情静净藉，寂；层赠贼，缯；遒就；薈集；蚕暂杂，潜渐捷。

（25）心母 [s]

送速，嵩肃；鬆宋，淞悚粟；斯徙赐，髓；私死四，绥邃；思枲笥；胥絮；苏诉，须；鳃赛，西洗细；碎；岁；辛信悉，孙损巽窣，荀笋恤；仙狝線薛，宣选雪，珊織（伞）散，先铣霰屑；骚嫂（嫂），萧蔌啸，宵小笑，娑些②，莎锁；些写；桑颡丧索，相想削；驿省性昔，星醒锡；息；涑叟，脩潲秀；心；燮，铦。

（26）邪母 [z]

松颂续；随；兕，遂；词似寺；徐叙；簹；賣，旬殉；涎羡，旋；邪烛谢；详象；饧③席夕；囚岫；寻习。

（27）见母 [k]

公贡穀，弓菊；攻，恭拱供；江讲绛觉；羁（羁）掎寄，妫规诡；饥几冀，龟轨癸媿季；姬纪记；机虮既，归鬼贵；居举据，孤古顾，拘矩；该改溉，皆锴诫，犗，鸡计，傀愦，乖怪，夬，蒯，圭桂；佳解懈，盖，娲卦，侩；根艮，巾卺紧吉，昆骨，麇均橘，斤谨靳讫，君；间简涧，犍建讦，甄蹇揭，鳏刮，厥，绢，坚茧见结，干葛，姦谏戛，子，官管贯括，关惯，卷锩蹶，涓狷玦，高诰，交绞教，骄矫，骁皎叫，歌哿个，戈果过，嘉贾驾，瓜寡；刚钢各，畺繻脚，光广郭，庚梗更格，京警敬戟，颈劲，觥矿虢，璟，䳍，耕耿隔，经激，肩颈，蝈，互，兢殛，肱国；钩苟遘，鸠久救，樛纠；金锦禁急；感绀阁，兼检，颊，甘敢，监鉴甲，劫，剑。

---

① 荐，在甸切。
② 些，苏个切。
③ 饧，徐盈切。

（28）溪母 [k']

空孔控哭，穹麴；恐曲；腔壳；绮企，亏阘跬；器弃，岂唒；欺起亚①；岂气；墟②去；枯苦袴，区齲驱；开恺慨，揩楷，憩，谿启契，恢块，蒯，快，睽；恳，诘，坤阃困窟，困，乞，屈；悭，揭，遣谴，阙，券缺，看侃渴，愆揭，牵倪，宽款阔，犬阕；尻考髚（犒），敲巧，磽窍，蹺；珂可坷，科颗课；髂，誇髁跨；稴慷抗恪，羌却，旷廓；坑客，卿庆隙，轻罄，倾顷，褧闃；肯刻，藙；彄口寇，丘糗；钦泣；龛坎勘溘，恰，谦歉愜，阉楷；欠。

（29）群母 [g]

穷；蛩共局；奇祇技芰，跪；耆跽逵葵揆匮悸；其忌；祈；渠巨遽；勍蹇惧；偈；穜仅姞佶，勤近，群郡倔；健，虔，乾件杰，权圈倦；乔峤，翘；瘸；伽；强，狂诳；擎竞剧，琼；极；求臼旧，虬；琴噤及；俭，钳笈；黔跲。

（30）疑母 [ŋ]

颙玉；岳；宜蟻（蚁）义，危伪；劓；疑拟；沂颚毅，巍魏；鱼语御；吾五误，虞麌遇；皑碍，駊，倪诣，聩，艾，外，刈；垠，银，兀，崛；眼，言巘，顽刖，元阮愿月，岸，颜雁，妍彦孽，研砚齧，玩；敖傲，謷嶽乐③，尧；莪我饿，讹卧；牙雅迓，瓦；卬愕，仰虐，额；迎逆；硬；藕偶，牛；吟岌；颔，喦顒，验，岩，严俨釅业。

（31）晓母 [x]

烘，畜；匈旭；牺戏，僖喜熹；希欷，晖虺讳；虚许嘘；呼虎，訏诩；哈海，醯，灰贿海，虺；㗱；衃朌，昏忽，欣焮迄，薰训；瞎，轩憲宪歇，暄，翻，罕汉，袄显，欢唤豁，儶血；蒿好耗，虓孝，嚣，晓；诃，

---

① 亚，去吏切。
② 墟，去鱼切。
③ 乐，五教切。

火货，靴；煅赫①，花化；膴，香响向谑，荒霍；亨嚇，耆，兄夐，馨；轰，兴；齁吼诟，休朽齅（嗅）；歆吸；顲，喊憨，险，呷。

(32) 匣母 [ɣ]

洪哄縠，雄②；降项巷学；为；帷洧位；韦韹胃；于羽芋；蟹邂，画，卫，话，害，会；痕很恨，陨，筊，魂混恩，云运；闲限苋鐄，幻，袁远越，寒旱翰曷，黠，贤岘见③，桓缓换活，还睆患滑，员瑗，玄泫县穴；豪皓号，肴效，鸮；何荷贺，和祸，遐下暇，华；航沆涸，黄晃穫，王往旺；行杏，横蝗，荣永咏，茎幸虢，刑婞胫檄，宏獲，荧迥；恒弘，侯厚候，尤有宥；煜；含颔憾合，咸嗛陷洽，炎晔，嫌协，酣憨盍，衔槛狎，挟。

(33) 影母 [○]

翁瓮屋，郁；沃，邕拥郁；渥；猗倚縊，逶委餧恚；伊懿；医意；依扆衣，威尉；於饫；乌隖汙，纡伛妪；哀欸爱，鹥翳，隈猥，薆，娃矮④，隘，蛙，秽；恩，因印乙一，温稳愠，殷隐，醖鬱；堰谒，鸳婉怨，安案遏，晏轧，焉，烟宴噎，剜碗（盌）幹，弯绾，哟，渊蜎抉，袄奥，妖殀（夭），幺杳窅，要；阿，倭渨；鸦（鸦）哑亚，鸯泱盎恶，央鞅怏约，汪，枉；英影，婴瘿益，萦，罂厄，泓；膺应忆；讴欧（呕）沤，优，幽黝幼；音饮荫邑揖；谙晻暗，黯，淹掩，腌厌鸭。

二、先秦的韵部

先秦共有二十九个韵部（战国时代三十个韵部），如下表⑤：

---

① 嚇，呼讶切。
② 《广韵》：雄，羽弓切。"羽"是喻母三等字。这是古音的残留。
③ 见，胡甸切。
④ 矮，乌蟹切。
⑤ 表中冬部是战国时代的韵部，加方括号为记。编者注：a 原作兼用ɑ、a，这里一仍其旧，不作统一。

阴声			入声		阳声	
无韵尾	之部 ə		韵尾 -k	职部 ək	韵尾 -ŋ	蒸部 əŋ
	支部 e			锡部 ek		耕部 eŋ
	鱼部 ɑ			铎部 ɑk		阳部 ɑŋ
	侯部 ɔ			屋部 ɔk		东部 ɔŋ
	宵部 o			沃部 ok		
	幽部 u			觉部 uk		[冬部] uŋ
韵尾 -i	微部 əi		韵尾 -t	物部 ət	韵尾 -n	文部 ən
	脂部 ei			质部 et		真部 en
	歌部 ɑi			月部 ɑt		元部 ɑn
			韵尾 -p	缉部 əp	韵尾 -m	侵部 əm
				盍部 ɑp		谈部 ɑm

宋郑庠分古韵为六部①：

（一）东冬锺江阳唐庚耕清青蒸登；

（二）支脂之微齐佳皆灰咍；

（三）鱼虞模歌戈麻；

（四）真谆臻文欣元魂痕寒桓删山先仙；

（五）萧宵肴豪尤侯幽；

（六）侵覃谈盐添咸衔严凡。

郑庠由宋代语音系统推测先秦语音系统，只知合并，不知分析，所以分韵虽宽，按之《诗》韵，仍有出韵。

清初顾炎武开始离析唐韵。他以《诗经》实际用韵为依据，把某些韵拆为两半，然后合并，这样就得到古韵十部。单就平声来说，顾氏的

---

① 夏炘《诗古韵表二十二部集说》引郑庠古韵用的是平水韵韵目，元熊朋来《熊先生经说》引郑庠用的是《广韵》韵目。今依《熊先生经说》。

古韵十部如下表：

（一）东冬锺江；

（二）脂之微齐佳皆灰咍，支半①，尤半；

（三）鱼虞模侯，麻半；

（四）真谆臻文欣元魂痕寒桓删山先仙；

（五）萧宵肴豪幽，尤半；

（六）歌戈，麻半，支半；

（七）阳唐，庚半；

（八）耕清青，庚半；

（九）蒸登；

（十）侵覃谈盐添咸衔严凡。

顾氏的功绩在于他把支麻庚尤四韵拆开，各分属两部，即：

支韵分属脂歌两部②："支枝觿吹岐痕卑斯雌知箎"等字属脂部，"为陂黑锜牺宜仪皮离罹施椅猗池驰"等字属歌部；

麻韵分属鱼歌两部："华家奢邪牙豝瑕葭罝闍"等字属鱼部，"麻嘉差沙"等字属歌部；

庚韵分属阳耕两部："庚蝨喤访觥彭京羹横兵亨英明盟兄衡珩卿迎"等字属阳部，"平苹惊鸣荆莹甥牲笙生"等字属耕部；

尤韵分属脂幽两部："尤邮牛丘裘谋"等字属脂部，"鸠忧留流秋洲"等字属幽部。

江永把古韵分为十三部，比顾炎武多三部，即：

（1）顾氏的鱼宵两部，江氏分为鱼宵幽三部；

（2）顾氏的真部，江氏分为真元两部；

---

① 所谓"半"，只是大概的说法，不是恰恰一半。

② 顾氏未立韵部名称，这里加上韵部名称，以便了解。下文述及江永、段玉裁韵部时，仿此。

（3）顾氏的侵部，江氏分为侵谈两部。

江氏是经过详细分析，才得出这个结论的。他也是离析唐韵：

虞韵分属鱼幽两部："娱訏芋夫肤"等字属鱼部，"愚隅株殳匋濡渝驱趋蒌蹰驹"等字属幽部（当属侯部，见下文）；

萧韵分属幽宵两部："萧潇条聊"等字属幽部，"佻苕僚晓"等字属宵部；

宵韵分属幽宵两部："陶僬"二字属幽部①，"夭骄苗消飘昭"等字属宵部；

肴韵分属幽宵两部："胶呶恼茅包苞匏炮"等字属幽部，"敲郊巢"等字属宵部；

豪韵分属幽宵两部："牢謷囊慆慅骚袍陶綯翿敖曹漕"等字属幽部，"号劳高膏蒿毛旄刀忉桃"等字属宵部；

先韵分属真元两部："天坚贤阗年颠巅渊玄"等字属真部，"肩"等字属元部；

覃韵分属侵谈两部："骖南男湛潭"等字属侵部，"涵"等字属谈部；谈韵分属侵谈两部："三"等字属侵部，"谈惔餤甘蓝"等字属谈部；盐韵分属侵谈两部："缦潜"等字属侵部，"詹瞻襜"等字属谈部。

江氏另分入声为八部：

（一）屋部（屋烛，沃半，觉半）

（二）质部（质術栉物迄没，屑半，薛半）②

（三）月部（月曷末黠鎋，薛半，屑半）

（四）铎部（药铎，沃半，觉半，陌半，麦三分之一，昔半，锡半）

（五）锡部（麦三分之一，昔半，锡半）

---

① 其实宵韵没有幽部字，"陶"字属豪韵，只有皋陶的"陶"属宵韵。"僬"字在先秦当属宵部，不当属幽部。

② 江氏于质部收"设彻"二字。从语音的系统性看，"设彻"二字当依江有诰归月部。

（六）职部（职德，麦三分之一）
（七）缉部（缉，合半，叶半，洽半）
（八）盍部（盍叶怗业狎乏，合半，叶半，洽半）

江氏看见了入声的独立性，入声另立韵部，那是很合理的。但是他分析还不够细：屋部应分为屋觉两部，质部应分为质物两部，铎部应分为铎沃两部。

段玉裁分古韵为十七部，比江永多四部，即：
（1）江永的脂部，段玉裁分为支脂之三部；
（2）江永的真部，段玉裁分为真文两部；
（3）江永的幽部，段玉裁分为幽侯两部。

段氏的最大功绩是把支脂之分为三部。他说："自《三百篇》外，凡群经有韵之文及楚骚诸子、秦汉六朝词章所用，皆分别谨严。"事实上确是如此。至于真文分立、幽侯分立，段氏也是正确的。

段氏也能离析唐韵。他把真韵分属两部："姻駰新薪臣人仁神亲申身宾滨粦麟陈尘频蘋民"等字属真部，"振麇缗贫巾困闵晨辰禋畛"等字属文部。

孔广森分古韵为十八部[①]，比段玉裁多了一部。他的古韵分部和段氏不同之点是：
（1）他把段氏的东部分为东冬两部[②]；
（2）他把段氏的侵谈两部分为侵谈缉三部；
（3）他把段氏的真文两部并为一部。

孔氏的功绩在于发现了一个独立的冬部。

---

① 孔广森《诗声类》说："近世又有段氏《六书音均表》出。"可见他采用了段氏支脂之三部分立之说。

② 段氏晚年也承认孔氏东冬分立是对的。见段氏《江氏音学序》。

孔氏也能离析唐韵。他把东韵分属两部："中宫虫螽忡穷冲躬戎融终潨崇"等字属冬部，"僮公东同蓬童功空"等字属东部。

孔氏首创"阴阳对转"的学说。所谓"阴"，指元音收尾的韵部；所谓"阳"，指鼻音收尾的韵部。只要元音相同，阴阳可以对转（如 a，aŋ 对转）。孔氏所定的对转系统是：

（1）歌部——元部① （2）支部——耕部
（3）脂部——真部 （4）鱼部——阳部
（5）侯部——东部 （6）幽部——冬部
（7）宵部——侵部 （8）之部——蒸部
（9）缉部——谈部

歌元对转（ai—an）、脂真对转（ei—en）、鱼阳对转（a—aŋ）、侯东对转（ɔ—ɔŋ）、幽冬对转（u—uŋ）、之蒸对转（ə—əŋ）都是正确的，只有宵侵对转是靠不住的。缉谈对转不是阴阳对转，而是阳入对转。孔氏认为古无入声，却又认为古有一个入声韵部——缉部，这是自相矛盾。而且他的缉部应该分为缉盍两部，缉侵对转，盍谈对转。而他没有这样做，这是他不够精密的地方。

戴震把古韵分为九类二十五部②，如下：

（一） 1. 歌部 2. 鱼部 3. 铎部
（二） 4. 蒸部 5. 之部 6. 职部
（三） 7. 东部 8. 侯部 9. 屋部
（四） 10. 阳部 11. 宵部 12. 沃部③

---

① 为了统一名称，我们改变孔氏原用的韵部名称。下面关于戴震、王念孙、江有诰、章炳麟、黄侃韵部名称，准此。
② 段玉裁、孔广森都是戴震的学生，但是戴氏的古韵学说在段、孔之后，所以我们把戴氏放在后面叙述。
③ 戴氏屋沃两部字很乱，这里只讲一个大概。

（五）	13. 耕部	14. 支部	15. 锡部
（六）	16. 真部	17. 脂部	18. 质部
（七）	19. 元部	20. 祭部	21. 月部
（八）	22. 侵部	——	23. 缉部
（九）	24. 谈部	——	25. 盍部

戴震自己说：如果入声不算，古韵是十六部。他和段玉裁的十七部相比，不同之点是：

（1）段氏侯幽分立，戴氏合并；

（2）段氏真文分立，戴氏合并；

（3）段氏没有祭部，戴氏有祭部。

他的功绩是发现一个祭部。至于侯幽合并、真文合并，则是错误的。

戴氏以阴阳入三声相配，这个原则是很好的。但是，他对具体韵部的阴阳入相配，则有很多错误。其中最严重的错误有两点：（1）歌部应属阴声（如孔广森所定），而误作阳声；（2）祭部原是古入声字，应与月部合为一部（祭与月只有长入短入的分别），戴氏把祭部认为阴声，是错误的。

王念孙把古韵分为二十一部，比段玉裁多四部，即：

（1）段氏把真质合为一部（质作为真的入声），王氏分为两部（把质部叫作"至部"）；

（2）段氏把月部认为脂部入声，王氏把月部独立出来（叫作"祭部"，包括戴震的祭月两部）；

（3）段氏把缉部认为侵部入声，王氏把缉部独立起来；

（4）段氏把盍部认为谈部入声，王氏把盍部独立出来。

王氏的功绩在于他发现了质部（至部）。

江有诰把古韵分为二十一部，基本上和王念孙相同，只是他采用了孔广森的冬部，不接受王念孙的质部（至部）。

章炳麟分古韵为二十三部，他接受王念孙、江有诰的古韵分部，另从脂部分出一个队部。

章炳麟的功绩在于发现一个队部。但是他的概念不明确。在《文始》中，章氏说："队脂相近，同居互转，若'聿出内术戾骨兀鬱勿弗卒'诸声，谐韵则《诗》皆独用，而'自隹靁'或与脂同用。"在《国故论衡·二十三部音准》中，章氏却以"追惟靁"等字属脂部，而以队部为去入韵。后来黄侃采用他的后一说，叫作"没部"，也就是我们所谓物部。

黄侃分古韵为二十八部，比章炳麟多五部，即：章氏的之支鱼侯宵幽六部，黄氏分为支锡、鱼铎、侯屋、宵沃幽、之职十一部①。

黄氏的功绩是阴阳入三分，入声完全独立。他继承了戴震的传统，比戴震分得更细些。戴氏真文不分，侯幽不分，质物不分，黄氏分了，所以他的二十八部比戴氏的二十五部多了三部。可惜的是，他拘泥于"古本韵"学说，没有把沃觉两部分立。

王力分先秦古韵为二十九部，战国时代三十部。这三十部比黄侃多了两部，即：

（1）黄侃合沃觉为一部，王力分开了；

（2）黄侃合脂微为一部，王力分开了。

脂微分立是王力的发现。他从章炳麟早年在《文始》中把"自隹靁"等谐声偏旁归入队部这一件事得到启发，并在他所写的《南北朝诗人用

---

① 黄氏根据他的"古本韵"的学说，把先秦韵部的名称差不多都改了：1.歌戈（=歌）；2.灰（=脂）；3.齐（=支）；4.模（=鱼）；5.侯（=侯）；6.豪（=宵）；7.萧（=幽）；8.咍（=之）；9.寒桓（=元）；10.先（=真）；11.痕魂（=文）；12.青（=耕）；13.唐（=阳）；14.东（=东）；15.冬（=冬）；16.登（=蒸）；17.覃（=侵）；18.添（=谈）；19.曷末（=月）；20.屑（=质）；21.没（=物）；22.锡（=锡）；23.铎（=铎）；24.屋（=屋）；25.沃（=沃）；26.德（=职）；27.合（=缉）；28.怗（=盍）。

韵考》中得到证明，脂微两部直到南北朝时代还是分立的。

王力也离析了唐韵：

脂韵分属两部："私饥祈夷迟姨脂眉湄师菭鬐氏毗茨葵尸资郿祇"等字属脂部，"追蕤衰惟帷维遗累绥虽锥騅谁椎推蓷锤槌岿"等字属微部；

皆韵分属两部："皆偕稭阶湝喈谐侪斋"等字属脂部，"怀槐淮排"等字属微部。

王力的入声韵部收字比黄侃入声韵部收字多，详见下文先秦古韵例字表。

由上文可见，从顾炎武算起，积累三百多年音韵学家的研究成果，我们对先秦的韵部系统，才得到一个比较可靠的结论。

先秦韵部的音值拟测问题

先秦韵部系统问题解决了，先秦韵部的音值问题还没有解决，音韵学家们还没有一致的意见。

我在《汉语音韵学》中说："古韵学家只知道分析韵部，不知道研究各韵的音值。"这话说得不对。古代音韵学家所谓"古本韵"，就是先秦古韵的音值。段玉裁说①：

> 之者，音之正也；咍者，之之变也。萧宵者，音之正也；肴豪者，萧宵之变也。尤侯者，音之正也；屋者，音之变也。鱼者，音之正也；虞模者，鱼之变也。蒸者，音之正也；登者，蒸之变也。侵者，音之正也；盐添者，侵之变也。严凡者，音之正也；覃谈咸衔者，严凡之变也。冬锺者，音之正也；东者，冬锺之变也。阳者，音之正也；唐者，阳之变也。耕清者，音之正也；庚青者，耕清之变也。真者，音之正也；先者，真之变也。谆文欣者，音之正也；魂痕者，谆文欣之变也。元者，音之正也；寒桓删山仙者，元之变

---

① 段玉裁《六书音均表·古十七部音变说》。

也。脂微者，音之正也；齐皆灰者，脂微之变也。支者，音之正也；佳者，支之变也。歌戈者，音之正也；麻者，歌戈之变也。大略古音多敛，今音多侈。

这是以今音说古音。段氏的意思是，古本韵还保存在今天的口语中。所谓古敛今侈，是说古多细音（齐齿、撮口），今多洪音（开口、合口）。若用音标表示，段氏古韵十七部的音值是：

(1) 之部 [i]　　　　　　(2) 宵部 [iɑu]
(3) 幽部 [iu]　　　　　 (4) 侯部 [əu]
(5) 鱼部 [y]　　　　　　(6) 蒸部 [iəŋ]
(7) 侵部 [im]　　　　　 (8) 谈部 [iɑm][yɑm]
(9) 东部 [iuŋ]　　　　　(10) 阳部 [iɑŋ][yɑŋ]
(11) 耕部 [ieŋ][yeŋ]　　(12) 真部 [in][yn]
(13) 文部 [iən][yən]　　(14) 元部 [iɑn][yɑn]
(15) 脂部 [i][ui]　　　 (16) 支部 [i][ui]
(17) 歌部 [o][uo]

这样，上古支脂之三部的读音就没有分别了。所以他晚年写信给江有诰，问江氏是否确知支脂之分为三之本源："仆老耄，倘得闻而死，岂非大幸也！"

黄侃对先秦古韵音值的拟测，与段氏大不相同。他以只有古本纽（即古声母）的韵为古本韵，按照今音定为古音。若用音标表示，黄氏所拟测先秦古韵二十八部的音值如下表：

(1) 之部（哈）　　[ɑi]　　　(2) 职部（德）　　[ək]
(3) 宵部（豪）　　[ɑu]　　　(4) 沃部（沃）　　[ᵃuk]
(5) 幽部（萧）　　[iɑu]　　 (6) 冬部（冬）　　[ᵃuŋ]
(7) 侯部（侯）　　[ou]　　　(8) 屋部（屋）　　[ᵒuk]
(9) 东部（东）　　[ᵒuŋ]　　(10) 鱼部（模）　　[u]

（11）铎部（铎）　［ok］［uok］　　（12）阳部（唐）　［aŋ］［uaŋ］

（13）蒸部（登）　［eŋ］［ueŋ］　（14）侵部（覃）　［am］

（15）缉部（合）　［ap］　　　　　（16）谈部（添）　［iam］

（17）盍部（怗）　［iap］　　　　　（18）耕部（青）　［iŋ］［yŋ］

（19）真部（先）　［ian］［yan］　（20）文部（痕魂）［en］［uen］

（21）元部（寒桓）［an］［uan］　（22）脂部（灰）　［uei］

（23）没部（没）　［uet］　　　　　（24）支部（齐）　［i］［yi］

（25）锡部（锡）　［ik］［yk］　　（26）歌部（歌戈）［o］［uo］

（27）月部（曷末）［at］［uat］　　（28）质部（屑）　［iat］［yat］

前人所谓古本韵，或只有洪音，没有细音；或只有细音，没有洪音。因此，即使是同部的字，如果与古本韵洪细不同，也必须改读，例如《诗经·魏风·伐檀》首章叶"檀干涟廛貆餐"，本来已经谐和了，而江有诰还要读"檀"为徒连反，读"干"为"馯"（居言反），读"餐"为"迁"①，因为他认为元韵（包括仙韵）是古本韵。黄侃读来，正好相反，他对于"檀干餐"并不改读，反而读"涟"为"兰"，读"廛"为"檀"，读"貆"为"桓"，因为他认为寒桓韵是古本韵。其实江有诰、黄侃的古韵音值拟测都是错误的。如果上古"檀廛"同音、"干馯"同音、"涟兰"同音、"餐迁"同音，后来就没有分化的条件了②。

古本韵说是不科学的。语言是发展的。先秦古韵，经过两千多年的多次演变，决不能直到今天还原封不动地保存着古读。应该承认，绝大多数的先秦古韵音值到今天已经起了很大变化，乃至面目全非。这样拟测，才是合乎比较语言学原则的。

古本韵说又是和阴阳对转冲突的，例如段玉裁把鱼部拟测为［y］，阳

---

① 见江有诰《诗经韵读》卷一。
② "貆"字在《广韵》有况袁、胡官、呼官三切，这是一字三音，既不能证明古读况袁切，也不能证明古读胡官切或呼官切。

部拟测为［iang］，黄侃把鱼部拟测为［u］，阳部拟测为［ang］，［uang］，鱼阳元音不同，怎么能对转呢？黄侃的歌寒对转（o˰an），之蒸对转（ai：eng）等，也有同样的毛病。古本韵说在阴阳对转问题上是到处碰壁的。

高本汉的上古韵部音值，打开了一个新的局面。他的古韵分部，基本上是采用王念孙、江有诰的；至于古韵音值的拟测，则是别开生面的。他的拟测如下表[①]：

（1）元部[②]　　　　　　　　　　　　ɑn[③]
（2）月部甲（入声）　　　　　　　　　ɑt
（3）月部乙（去声）　　　　　　　　　ɑd
（4）文部　　　　　　　　　　　　　　ən
（5）物部甲（入声）　　　　　　　　　ət
（6）物部乙（去声）　　　　　　　　　əd
（7）脂部（包括我们的脂微两部）　　　ər
（8）歌部甲（"果火妥绥衰毁委此弭尔"等字[④]）　ɑr
（9）真部　　　　　　　　　　　　　　en
（10）质部甲（入声）　　　　　　　　et
（11）质部乙（去声）[⑤]　　　　　　　ed
（12）谈部　　　　　　　　　　　　　ɑm
（13）盍部　　　　　　　　　　　　　ɑp
（14）侵部　　　　　　　　　　　　　əm
（15）缉部　　　　　　　　　　　　　əp

---

① 参看高本汉《中古及上古汉语语音学简编》（1954年英文本）。
② 高氏未立部名，部名是我加的。
③ 高氏元部细分为 ân, ɑn, ǎn 等，这里只举其大概。下仿此。
④ 这些字很杂，"果妥尔"属我们的歌部，"绥火衰毁"属我们的微部，"此弭"属我们的支部。
⑤ 高氏文物真质四部收字相当乱，和我们不一致。

（16）阳部　　　　　　　　　　　　　　　　　ɑŋ
（17）鱼部甲（铎部入声）　　　　　　　　　　ɑk
（18）鱼部乙（铎部去声）　　　　　　　　　　ɑg
（19）之部甲（职部入声）　　　　　　　　　　ək
（20）之部乙（我们的之部及职去）　　　　　　əg
（21）蒸部　　　　　　　　　　　　　　　　　əŋ
（22）耕部　　　　　　　　　　　　　　　　　eŋ
（23）支部甲（锡部入声）　　　　　　　　　　ek
（24）支部乙（我们的支部及锡去）　　　　　　eg
（25）宵部甲（沃部入声）　　　　　　　　　　ok
（26）宵部乙（我们的宵部及沃去）　　　　　　og
（27）幽部甲（觉部入声）　　　　　　　　　　ôk
（28）幽部乙（我们的幽部及觉去）　　　　　　ôg
（29）冬部　　　　　　　　　　　　　　　　　ôŋ
（30）侯部甲（屋部入声）　　　　　　　　　　uk
（31）侯部乙（屋部去声）　　　　　　　　　　ug
（32）东部　　　　　　　　　　　　　　　　　uŋ
（33）鱼部丙（我们的鱼部）　　　　　　　　　o
（34）侯部丙（我们的侯部）　　　　　　　　　u
（35）歌部乙（我们的歌部）　　　　　　　　　a

这里有许多问题要讨论。

（1）关于之支鱼侯宵幽六部

中国传统音韵学分为两派：考古派和审音派。考古派以顾炎武、段玉裁为代表，他们不承认入声独立；审音派以江永、戴震、黄侃为代表，他们承认入声独立。孔广森、王念孙、江有诰、章炳麟也算考古派，孔广森认为除缉部外，古无入声，王念孙只承认月质缉盍四部独立，江有诰只承认月缉盍三部独立，不承认之支鱼侯宵幽六部的入声独立。章炳麟干脆否认这六部有入声①。

    为什么考古派不承认之支鱼侯宵幽六部的入声独立，甚至不承认它们有入声呢？这是因为，这六部的字，平上去声和入声之间有密切关系，不但在谐声偏旁（如叔声有"椒"、寺声有"特"），而且在押韵方面（如《诗经·周南·关雎》"芼、乐"押韵，《小雅·大东》"来、服"押韵），都有不可分离的现象。我早年是考古派，没有把职锡铎屋沃觉从之支鱼侯宵幽六部中分离出来。后来我在1954年讲授汉语史，在拟测先秦韵部音值时遭遇困难。如果说，这六部在上古根本没有入声，这是讲不通的，因为如果是那样，后代这六部的入声从何而来？如果说，这六部虽有入声，但是这些入声字的韵母与平上声字的韵母相同，只是念得短促一点（段玉裁大概就是这样看的），那应该就像现代吴语一样，入声一律收喉塞音[ʔ]。那也不行。如果这六部入声收喉塞音，其余各部入声也应该都收喉塞音，那么，后来怎能分化为 -k、-t、-p 三种入声呢？事实逼着我们承认上古从一开始就有 -k、-t、-p 三种入声，而我只好承认之支鱼侯宵幽六部都有收 -k 的入声。于是我由考古派变成了审音派。

    高本汉另有一种巧妙的拟测，他把之支宵幽四部的字都拟成入声字，平上去声拟测为 -g，入声拟测为 -k。我们知道，汉语音韵所谓入声字，是收塞音韵尾的，无论是 -k、-g、-t、-d、-p、-b，都该认为是入声字。这样，高本汉不但不同于审音派，而且不同于考古派。考古派不承认这四部入声独立成部，甚至不承认这四部有入声，而高本汉正相反，他把这四部全都归到入声韵部里去，这与传统音韵学是格格不入的，而且是不合理的。

    高本汉鱼侯两部各分为三类：鱼侯甲类是平上声字以及与入声不发

---

① 章氏说（《国故论衡》上，20页）："古音本无药觉职德沃屋烛铎陌锡诸部，是皆宵之幽侯鱼支之变声也。"

生关系的去声，拟测为 o、u；乙类是入声字，拟测为 ok、uk；丙类是与入声发生关系的去声字，拟测为 og、ug。这就做得很不彻底。"莫"声有"模"，"尃"声有"博"，鱼部入声不也与平声发生关系吗？"娄"声有"数"（"数"字有所矩、所句、所角三切），"具"声有"俱、窶"（居玉切），"朱"声有"咮"（"咮"同"噣"，有都豆、陟救、竹角三切），"取"声有"趣"，"趣"又通"促"，侯部平上声不也与入声发生关系吗？陆志韦、董同龢都批评了高本汉的不彻底，他们把高本汉的鱼部甲乙两类并为一部，一律拟测为 ag，侯部甲乙两类并为一部，一律拟测为 ug。彻底是彻底了，但是更加不合理了。据我所知，世界各种语言一般都有开音节（元音收尾）和闭音节（辅音收尾）。个别语言（如哈尼语）只有开音节，没有闭音节；但是，我们没有看见过只有闭音节、没有开音节的语言。如果把先秦古韵一律拟测成为闭音节，那将是一种虚构的语言。高本汉之所以不彻底，也许是为了保留少数开音节。但是他的闭音节已经是够多的了，仍旧可以认为是虚构的语言。

把之支鱼侯宵幽六部拟测为 -g、-k 两种韵尾，也是站不住脚的。大家知道，汉语入声字的塞音韵尾都是一种唯闭音（只有成阻，没有除阻），叫作"不爆破"，唯闭音要听出清浊两种塞音来是困难的，它不像英语的塞音收尾一般是爆破音，清浊可以分辨出来，因此，高氏的 -g、-k 分立也是一种虚构。

高氏把平上去声拟测成为浊尾，入声拟为清尾（不但之支鱼侯宵幽六部是这样，其他各部也是这样），这样造成入声与平上去三声的对立，也是不对的。段玉裁说："古平上为一类，去入为一类。上与平一也，去与入一也。上声备于《三百篇》，去声备于魏晋。"段氏的话完全正确。黄侃赞成段氏古无去声之说，把与入声有关的去声字（即高氏收 -g）都归到入声韵部里去，也是对的。高氏把关系密切的去入声拆成两类，把关系疏远的上去声合成一类，则是完全错误的。

（2）关于微脂歌物质月六部

高本汉对于微脂歌物质月六部的拟测，也有许多不合理的地方。

脂微应分为两部，质为脂之入，物为微之入。高氏不知道脂微分立，这是他的缺点。

高氏于脂部字和歌部一小部分字都拟测一个 -r 尾，这是从谐声偏旁看问题。"斤"声有"旂"，"军"声有"辉"等，文微对转，高氏以为文部既收音于 -n，微部（高氏并入脂部）应该收音于 -r（-n 与 -r 发音部位相同）。高氏的歌部甲，"果"声有"祼"，"尔"声有"狝"等，高氏以为可见 -n、-r 相通；"妥"声有"绥"，"衰"声有"蓑"（"衰"即"蓑"的本字）等，高氏以为脂微既收尾于 -r，歌部甲也应收尾于 -r。这些论据都是很脆弱的。现在我们把脂微歌三部拟测为 -i 尾，-i 是舌面元音，不是也可以和舌面 -n 尾对转吗？

高氏把物质月各分两类，去声收 -d，入声收 -t，陆志韦、董同龢更进一步，把脂微两部也一律收 -d。这个错误和高氏把之支鱼侯宵幽六部拟测为 -g、-k 的错误是一样的。唯闭音韵尾不可能有清浊音。上古去入为一类，不宜分为两类。陆志韦把歌部拟测为收 -g，那更奇怪了。

（3）关于阴阳对转

孔广森阴阳对转之说，是很大的发明。阴阳对转，可以解释谐声偏旁，可以解释通假，可以解释合韵（不完全韵，如《诗经·郑风·女曰鸡鸣》以"赠"dzəŋ 叶"来"lə）。我们可以由此判断古韵拟测是否合理。高本汉把歌月元拟测为 ɑːɑt（ɑd）:ɑn，侯屋东拟测为 uː uk（ug）: uŋ 等，是合乎原则的[①]。至于他把鱼部拟测为 o，却又把铎阳拟测为 ɑk（ɑg）ɑŋ，那就不合乎阴阳对转的原则了，对于上古"莽"读如"姥"、"亡"读为"无"，就不好解释了。

---

① 我并不同意把侯屋东拟为 uːuk(ug):uŋ。我只是说，按阴阳对转的原则说，他既把侯拟测为 u，就不能不把屋东拟测为 uk (ug): uŋ。

(4) 关于等呼

依照前人"古本韵"的理论，对于上古韵部音值的拟测，没有等呼的问题。因为如果古本韵是洪音，就没有细音；如果古本韵是细音，就没有洪音。古本韵只有一个等，没有几个等，所以没有等呼问题。但是，上文说过，古本韵的理论是不符合比较语言学原则的。一个上古韵部，到了中古分化为几个韵，那么，中古这几个韵的字的韵母在上古必然不完全相同，或者是韵头不同，或者是主要元音不同。高本汉采用的是后一种方式，即主要元音不同。试举先秦古韵元部为例：

开一	寒 ân	干安单叹看檀旦难残侃散
合一	桓 wân	官冠桓团潘钻算澣
开二	删 an	姦菅颜潸晏谏雁慢赧讪汕
合二	删 wan	关还班蛮患惯串篡宦睆板
开二	山 ǎn	间闲山简栈僝产办茼涧
合二	山 wǎn	顽①
开三	元 i̯ǎn	轩言建揵键宪献巘
合三	元 i̯wǎn	元袁原源冤烦樊番喧怨反
开三	仙 i̯an	乾骞仙延绵邅免面贱羡变
合三	仙 i̯wan	权拳圆宣缘喘卷眷绢
开四	先 ian	边豜研肩前显见宴遍片
合四	先 iwan	涓駽县悬复

这样，先秦古韵元部共有三个主要元音：ân, an, ǎn。这恐怕是不符合事实的。《诗经》用韵是谐和的（段玉裁有《古音韵至谐说》），绝不会是不同的几个元音通韵。我们不应该用拟测韵摄的方法拟测先秦韵部。现在我们采用的拟测是：同韵部开合四等的分别只是韵头的不同，不是

---

① 顽，删韵字，高氏依《韵镜》入山韵。

主要元音不同。我们认为：开口一等无韵头，二等韵头 e（或全韵为 e），三等韵头 i̯，四等韵头 i；合口一等韵头 u，二等韵头 o，三等韵头 i̯u，四等韵头 iu。这样，先秦古韵元部的音值是：

开一寒	ɑn	合一桓	uɑn
开二删山	eɑn	合二删山	oɑn
开三元仙	i̯ɑn	合三元仙	i̯uɑn
开四先	iɑn	合四先	iuɑn

删山本是一韵，元仙本是一韵①，所以不必加以区别。其余各部照此类推。

此外还有一个唇音开合口的问题。在《广韵》反切中，唇音开合口的系统相当乱，主要是三等字。例如"变"字读方眷切，"眷"属合口，所以《韵镜》把"变"归入合口三等。其实"变"字应该属开口，高本汉把它归入开口三等是对的，《七音略》仙韵合三不收"变"字也是对的。高本汉解释这种唇音开合混乱的现象，认为合口呼是韵头圆唇，所以唇音开口字容易被误会为合口。高氏的话是有道理的。但是他所分的唇音开合口尚未十分恰当，例如他把"慢"字归开口，而"蛮"字归合口，"蛮、慢"同音异调，怎能有开合口的不同？应该认为，"蛮"字也属开口。《广韵》中一部分唇音合口三等字，应该改为开口三等。列表如下：

支韵②	陂彼
脂韵	悲丕邳鄙嚭濞泌
真韵	愍
仙韵	绵免变褊缅面灭③
庚韵	兵平明丙皿柄病命
昔韵	碧

---

① 元部三等喉牙音和三等合口唇音后来变为元韵，其余变为仙韵。
② 举平声包括上去入。
③ "褊缅面灭"是假四等，真三等。

以上关于先秦韵部音值的讨论，是为了说明本书的拟测系统的。

先秦 29 韵部例字表①

(1) 之部 [ə]

开一 [ə]　　哉来偲台莱才采载殆宰在息改海能灾待财骀态辞旗字寺；备；霾薶埋②。

合一 [uə]　　佩鋂梅楳悔晦痗每媒倍；畝母；怪③。

开三 [iə]　　丝治思淇姬蚩期坻贻其骐狸基时矣箕诗僛饴薶苡趾子事滓汜以李里已耳齿止俟涘里杞士喜屺鲤耜祉苢试仕史使似恃梓耻起敏嶷祀；鄙駓秠丕。

合三 [iuə]　　訧谋尤丘裘邮牛絿友否有久右妇玖负旧疚祐肬侑；龟洧鲔。

(2) 职部 [ək]

开一 [ək]　　克得特北德忒则螣贼黑堛匐塞繣默；革麦；戒④。

合一 [uək]　　国或惑；馘⑤。

开三 [iək]　　识食翼式侧弋极饰力直息襋棘亿稷饬敕穑色亟嶷织；异意。

合三 [iuək]　　緎域蜮；囿或牧伏福服，富菖。

(3) 蒸部 [əŋ]

开一 [əŋ]　　增憎恒崩朋腾登縢。

合一 [uəŋ]　　薨肱。

开三 [iəŋ]　　绳掤升兴承惩兢胜冰陾冯膺陵渑凌仍孕。

合三 [iuəŋ]　　弓梦雄。

---

① 例字采自段玉裁《诗经韵分十七部表》《群经韵分十七部表》，适当增减一些字。
② "霾薶埋"等字后来变入二等。
③ "怪"字后来读入二等。
④ "戒革麦"后来转入二等。
⑤ "馘"后来转入二等。

（4）支部 [e]

开二 [e]　　佳蟹解懈邂街厓崖睚。

合二 [oe]　　卦挂絓卙蛙鼃。

开三 [ie]　　支知斯枝岐伎技雌此衹篪卑兒疕粺埤企跂翅只咫是氏。

合三 [iue]　　危规窥闚跬恚。

开四 [ie]　　提隄鞮题倪奚豀傒。

合四 [iue]　　觿圭攜桂奎闺畦。

（5）锡部 [ek]

开二 [ek]　　策责册隔厄轭觋；隘派。

合二 [oek]　　画。

开三 [iek]　　易辟刺摘適益謫蜴；赐譬臂避。

合三 [iuek]　　役。

开四 [iek]　　皙翟锡鬄甓鵙惕绩脊蹐蹢幦狄覓閱逖歷获鼏；帝。

合四 [iuek]　　鶪。

（6）耕部 [eŋ]

开二 [eŋ]　　嘤耕争。

合二 [oeŋ]　　轰。

开三 [ieŋ]　　成城盈征旌莹声清名正甥菁姓笙惊楹醒政程桢牲赢敬聘骋；驚。

合三 [iueŋ]　　萦营罃倾琼顷颍颖憼荆生甥笙平命领苹鸣令①。

开四 [ieŋ]　　丁星青庭宁听冥定经屏灵泾馨刑霆零苓。

合四 [iueŋ]　　颎坰扃冏迥。

（7）鱼部 [a]

开一 [a]　　瘏乎乌都苏阇荼芦素壶租胡帤图涂徒辜怃屠徂罟祜土顾苦

---

① "令"字和从"令"得声的字，应依孔广森入耕部不入真部。

怒虎组五浒户杜鹽怙鼓股酤午祖堵扈殳吐稌房瞽鲁故岵固呼。

合一 [ua]　　痛铺浦孤呱觚狐刳瓠污袴蒲匍补圃捕溥布怖。

开二 [ea]　　家牙葭犯瑕騢马下稼暇罜假煆祸雅迓。

合二 [oa]　　华瓜寡夸諻姱跨。

开三 [ia]　　车居诸虚旟据著渠餘与苴砠樗据去豫除虑洳书鱼庐菹胥誉舒与沮袪苣处渚阻暑纾予许举所鱮鼠黍湑禦紓语薁芧旅御圉助茹绪柜且楚。

合三 [iua]　　吁夫虞娱肤盱羽雨舞甫父武踽栩麌黼赋俘脯嘘瞿釜芋訏。

开四 [ia]①　　罝邪且舍野。

（8）铎部 [ak]

开一 [ak]　　莫恶度作落擇薄酢错阁橐号壑雒柞诺恪；度暮恶露愬路鹭妒蠹。

合一 [uak]　　濩穫鞹廓霍霍。

开二 [eak]　　伯泽宅客格白柏赫貊。

合二 [oak]　　獲虢。

开三 [iak]　　若脚郤著略掠斫；庶著。

合三 [iuak]　　矍攫缚。

开四 [iak]②　　夕石席蓆綌數戟奕舄绎怿蹋炙籍逆尺昔；夜射柘写。

（9）阳部 [aŋ]

开一 [aŋ]　　冈颃铛臧雱唐堂桑汤杭旁狼荡苍稂刚藏傍仓抗伉丧康囊卬纲螗鸧芒行牂。

合一 [uaŋ]　　黄荒肓簧光皇遑洸广。

开二 [eaŋ]　　行虻盲彭衡珩亨祊羹庚梗。

合二 [oaŋ]　　觥喤。

开三 [iaŋ]　　伤将裳良凉央襄详长乡姜上疆爽梁粱阳墙扬翔昌瀼跄霜

---

① 这类字后来转入开三。
② 这类字后来转入开三。

尝杨场飨羊斯享祥床痒浆章箱庆仰张让商璋相粮尚肠糨餳錫穰香庄养掌两向。

合三 [iuaŋ]　筐方亡忘防狂望房魴王往贶。

开四 [iaŋ]①　兵英明盟炳景竞。

合四 [iuaŋ]②　兄永泳。

（10）侯部 [ɔ]

开一 [ɔ]　娄侯逅笱後媰口厚糇（饫）句鍭斗漏觏媾豆后。

开三 [i̯ɔ]　驹姝隅蹰驱殳濡渝枢榆刍株诹趣趋揄愚枸棆瘉侮树数主醹乳具孺呒句取附舁。

（11）屋部 [ɔk]

开一 [ɔk]　禄木谷族屋檄鹿读毂仆穀卜渌沐；奏。

开二 [eɔk]　角椓琢浊渥握岳。

开三 [i̯ɔk]　属欲狱足束玉辱曲䕬续粟绿局；裕。

（12）东部 [ɔŋ]

开一 [ɔŋ]　僮公东同蓬罿聪童功濛攻讧空恫奉幪哄动总控送洪。

开二 [eɔŋ]　双庞邦江龙巷降绛泽。

开三 [i̯ɔŋ]　埔讼从缝纵雍㺜封庸容凶松龙充颙䨜傭讻诵用邛共重衝枞镛鐘鍾廱豐巩勇爖竦丰。

（13）宵部 [o]

开一 [o]　劳旄敖桃刢号膏蒿嗷刀藻盗毫到滔韬潦高姚逃骜蹈。

开二 [eo]　殽巢儌教。

开三 [i̯o]　夭骄镳朝瑶苗摇挢消麃乔遥漂要儦谣飘嘌鸮谯翘昭旐悄嚣鷮濠笑小少摽沼炤照庙㧟懦姚挠。

开四 [io]　苕訾晓窕寮恍潦。

---

① 这类字后来转入开三。
② 这类字后来转入合三。

（14）沃部［ok］

开一［ok］　　凿襮沃嚣熇乐；暴。

开二［eok］　　驳濯邈乐；罩貌。

开三［i̯ok］　　龠爵药躍削；曜燿。

开四［iok］　　翟栎的溺；弔。

（15）幽部［u］

合一［u］　　漕陶翿好袍矛綯裒橐叟曹牢骚老牡道鸨茂栲考保皓慅枣稻草戊祷擣昊宝冒报。

合二［eu］①　　昂胶茅炮匏苞饱卯茆。

合三［i̯u］　　鸼洲逑流求遒休仇雠售悠懰遊裯犹舟忧游救脩抽瘳周收觩幽孚臭輈緌逎苃柔酧浮丑酒妯樛蹂酋刘优囚搜球旒诱手轨埽狩首阜虯杻篸缶懰受寿韭舅咎罶莠柳朽。

合四［iu］　　啸潇聊条蜩调鸟。

（16）觉部［uk］

合一［uk］　　笃毒督毊；奥；告。

合二［euk］　　觉学罃罶；觉。

合三［i̯uk］　　蓼淑轴宿朒燠奥菽畜复蹙俶肃穆祝六鞠覆育陆蓫腹竹肉熟目。

合四［iuk］　　戚迪籴；敫。

（17）微部［əi］

开一［əi］　　凯恺哀。

合一［uəi］　　嵬隤垒枚靁雷崔推火罪䐗。

开二［eəi］　　排俳。

合二［oəi］　　怀坏淮。

---

① 幽、觉二部合口二等不拟成［ou］、［ouk］，是因为［ou］是复合元音，［u］就变为韵尾。

开三 [iəi]　　衣依悲幾畿饑机希睎岂祈沂颀。

合三 [i̯uəi]　　飞归绥薇违霏非妃畏骓腓维推追围威尾燬毁鷩菲炜桦遗衰帏。

（18）物部 [ət]

开一 [ət]　　齕纥；概溉慨忾爱僾。

合一 [uət]　　忽兀軏没殁；寐妹内退悖。

开三 [i̯ət]　　仡乞讫迄；墍既气。

合三 [i̯uət]　　出卒述律聿遹弗茀拂；谓溃匮遂穟醉檖隧萃瘁蔚渭位费沸。

（19）文部 [ən]

开一 [ən]　　根痕艮恳垦很恨恩。

合一 [uən]　　孙门奔啍昆存论鹑飧亶遯豚壸。

开二 [eən]　　詵艰盼。

合二 [oən]　　鳏。

开三 [i̯ən]　　振缙殷贫巾勤旂闵晨瘽芹欣辰堇忍。

合三 [i̯uən]　　麇春君陨溳闻谆雲员轮沦困群镎煇犉物云雰熏芬川焚濆纯训顺问允愠。

开四 [iən]　　先轸。

（20）脂部 [ei]

开二 [ei]　　开^①阶皆喈偕。

开三 [i̯ei]　　私饥祁夷迟姨眉湄坻师耆毗麋伊资郿鸱祇死姊指几旨矢兕比砒履视匕穉妣秭美尸次咨洟纰。

合三 [i̯uei]　　夔葵骙睽揆癸。

开四 [iei]　　妻萋黄蜻犀凄跻隮氐体荠穧济弟泲礼鳢泥秭黎藜细。

---

① "开"字后来转入一等。

（21）质部 [et]

开二 [et] 戛黠八瑟栉；届。

开三 [i̯et] 疾实室七吉日栗慄禋一窒逸帙抑毕密秩匹；肄弃利溧四驷肆屃。

合三 [i̯uet] 恤；季悸。

开四 [iet] 噎袺襭节即齧结垤趹；棣替戾翳逮。

合四 [iuet] 阕穴血；惠穗。

（22）真部 [en]

开二 [en] 蓁棒溱臻莘。

开三 [i̯en] 人蘋滨身信薪姻申仁邻駰亲陈臣宾矜民泯烬频神尽引。

合三 [i̯uen] 洵均询钧旬。

开四 [ien] 天田千颠年闉翩贤甸坚填电。

合四 [iuen] 渊玄。

（23）歌部 [ɑi]

开一 [ɑi] 紽歌何河他佗磋阿罗多荷莪瘥左俄傞那傩可瑳我拖贺左。

合一 [uɑi] 过磨蔼吪和娑破讹祸。

开二 [eɑi] 珈麻加嘉鲨驾沙。

合二 [oɑi] 瓦。

开三 [i̯ɑi] 皮离施仪宜猗靡罹池陂縭骑椅驰罢议牺掎侈地哆尔祢迩灑弭。

合三 [i̯uɑi] 为吹。

开四 [iɑi]① 嗟蛇。

（24）月部 [ɑt]

开一 [ɑt] 渴达葛闼褐曷；害大艾旆带带盖丐。

---

① 这类字后来转入了开口三等。

合一 [uɑt]　秣茇拔阔活溅撮敠拨夺脱；外祋兑駾哕。
开二 [eɑt]　辇辖；败迈瘵虿拜。
合二 [oɑt]　刮；夬快哙狯话。
开三 [i̯ɑt]　揭列烈枊桀孽竭偈灭威舌杰哲蘖；憩厉逝泄晢晰勩愒世势艺。
合三 [i̯uɑt]　伐茷蕨愒月说悦阙發髪阅雪越；岁帨税吠卫蹶肺芮。
开四 [iɑt]　蔑絜洁截偰；契。
合四 [iuɑt]　缺决玦抉；嚖。

（25）元部 [an]

开一 [an]　干叹乾檀餐安单残啴瘅亶旦岸粲罕烂衍翰汉难。
合一 [uan]　宽瑞管冠栾搏莞丸溥痯泮馆涣贯乱锻段。
开二 [ean]　颜姦菅谏板雁晏慢蛮班；间蕳涧闲僴简山讪。
合二 [oan]　关还儇卝。
开三 [i̯an]　言展涟迁廛斿然焉轩宪僝献连巘虔梴洒浼鲜践愆彦羡衍幝偃。
合三 [i̯uan]　祥媛垣园鬈卷悁原幡怨樊反远燔嫄繁宣藩番转选喧狟谖阪愿婉援。
开四 [ian]　肩典禋籑宴燕。
合四 [iuan]　县涓悬犬畎。

（26）缉部 [əp]

开一 [əp]　合荅蛤沓遝杂飒。
合一 [uəp]　纳軜。
开二 [eəp]　洽。
开三 [i̯əp]　揖蛰及湿邑隰翕溅集缉入辑急立泣笠苙粒。

（27）侵部 [əm]

开一 [əm]　三南耽骖湛男。

合一 [uəm]　　冬潨宗宋。

开二 [eəm]　　咸鹹缄减黵掺。

合二 [oəm]　　降绛洚。

开三 [i̯əm]　　林心音葚衿钦阴芩琴骎谂壬煁饮谌譖簪临深琛綅黕寝锦甚枕。

合三 [i̯uəm]　　风中宫虫蟲忡禯穷冲躬戎浓融终崇仲隆豐；凡。

开四 [iəm]　　忝簟念僭。

合口呼一、二、三等到战国时代分化为冬部。"凡"字除外。

（28）盍部 [ɑp]

开一 [ɑp]　　盍阖嗑蹋榻臘。

开二 [eɑp]　　甲狎匣压。

开三 [i̯ɑp]　　葉涉鞢业捷猎馌烨厌劫怯胁；聂慴甑妾。

合三 [i̯uɑp]　　法乏。

开四 [iɑp]　　叠牒蝶燮协荚侠挟。

（29）谈部 [ɑm]

开一 [ɑm]　　谈惔涵甘馠蓝菼敢菡滥。

开二 [eɑm]　　岩斩监谗槛。

开三 [i̯ɑm]　　瞻詹襜俨贬淹炎箝掩险俭检盐沾阎廉谄占冉髯染奸佥渐严剑欠。

合三 [i̯uɑm]　　犯范範氾泛。

开四 [iɑm]　　玷恬銛点兼谦蒹嫌歉。

《诗经》用韵例证

（1）之部 [ə]

《王风·君子于役》（节录）

　　君子于役，不知其期 [gi̯ə]。

曷至哉［tsə］?
鸡栖于埘［ziə］。
日之夕矣，牛羊下来［lə］。
君子于役，如之何勿思［si̯ə］?

（2）职部［ək］

《魏风·伐檀》（节录）
坎坎伐辐［pi̯uək］兮，
寘之河之侧［tʃi̯ək］兮。
河水清且直［di̯ək］猗。
不稼不穑，胡取禾三百亿［i̯ək］兮?
不狩不猎，胡瞻尔庭有县特［dək］兮?
彼君子兮，不素食［di̯ək］兮。

（3）蒸部［əŋ］

《小雅·无羊》（节录）
尔牧来思，以薪以蒸［təŋ］，
以雌以雄［ɣi̯uəŋ］。
尔羊来思，矜矜兢兢［ki̯əŋ］，
不骞不崩［pəŋ］。
麾之以肱［kuəŋ］，
毕来既升［ɕi̯əŋ］。

（4）支部［e］

《小雅·小弁》（节录）
鹿斯之奔，维足伎伎［gi̯e］。
雉之朝雊，尚求其雌［tsʻie］。
譬彼坏木，疾用无枝［ȶie］。
心之忧矣，宁莫之知［ȶie］。

（5）锡部［ek］

《鄘风·君子偕老》（节录）

玼兮玼兮，其之翟［diek］也①。

鬒发如云，不屑髢［diek］也②。

玉之瑱也，象之揥［t'iek］也。

扬且之皙［siek］也。

胡然而天也，胡然而帝［tiek］也。

（6）耕部［eŋ］

《小雅·节南山》（节录）

不弔昊天，乱靡有定［dieŋ］。

式月斯生［ʃeŋ］。

俾民不宁［nieŋ］。

忧心如酲［dieŋ］。

谁秉国成［zieŋ］?

不自为政［tieŋ］，

卒劳百姓［sieŋ］。

（7）鱼部［ɑ］

《大雅·韩奕》（节录）

韩侯出祖［tsɑ］，

出宿于屠［dɑ］。

显父饯之，清酒百壶［ɣɑ］。

其殽维何？炰鳖鲜鱼［ŋiɑ］。

其蔌维何？维笋及蒲［buɑ］。

其赠维何？乘马路车［kiɑ］。

---

① 翟，读如"狄"。

② 髢，同"鬄"。

笾豆有且 [tsi̯a]。
侯氏燕胥 [si̯a]。
　　　　（8）铎部 [ak]
《小雅·楚茨》(节录)
执爨踖踖 [tsiak]，
为俎孔硕 [ziak]，
或燔或炙 [ti̯ak]。
君妇莫莫 [mak]，
为豆孔庶 [ɕi̯ak]。
为宾为客 [kʻeak]。
献酬交错 [tsʻak]。
礼仪卒度 [dak]，
笑语卒获 [ɣoak]。
神保是格 [keak]。
报以介福，万寿攸酢 [dzak]。
　　　　（9）阳部 [aŋ]
《大雅·公刘》(节录)
笃公刘，匪居匪康 [kʻaŋ]。
乃埸乃疆 [ki̯aŋ]，
乃积乃仓 [tsʻaŋ]，
乃裹餱粮 [li̯aŋ]，
于橐于囊 [naŋ]。
思辑用光 [kuaŋ]。
弓矢斯张 [ti̯aŋ]，
干戈戚扬 [ʎi̯aŋ]。
爰方启行 [ɣeaŋ]。

（10）侯部 [ɔ]

《唐风·山有枢》(节录)

山有枢 [ɕi̯ɔ]，

隰有榆 [ʎi̯ɔ]。

子有衣裳，弗曳弗娄 [li̯ɔ]；

子有车马，弗驰弗驱 [kʻi̯ɔ]。

宛其死矣，他人是愉 [ʎi̯ɔ]！

（11）屋部 [ɔk]

《召南·行露》(节录)

谁谓雀无角 [keɔk]？

何以穿我屋 [ɔk]？

谁谓女无家？何以速我狱 [ŋi̯ɔk]？

虽速我狱 [ŋi̯ɔk]，

室家不足 [tsi̯ɔk]！

（12）东部 [ɔŋ]

《小雅·车攻》(节录)

我车既攻 [kɔŋ]，

我马既同 [dɔŋ]。

四牡庞庞 [beɔŋ]，

驾言徂东 [tɔŋ]。

（13）宵部 [o]

《卫风·硕人》(节录)

硕人敖敖 [ŋo]，

说于农郊 [keo]。

四牡有骄 [ki̯o]，

朱幩镳镳 [pi̯o]，

翟茀以朝 [di̯o]，
大夫夙退，无使君劳 [lo]。
　　　　（14）沃部 [ok]
《大雅·桑柔》（节录）
为谋为毖，乱况斯削 [si̯ok]。
告尔忧恤，诲尔序爵 [tsi̯ok]。
谁能执热，逝不以濯 [deok]？
其何能淑？载胥及溺 [ni̯ok]！
　　　　（15）幽部 [u]
《鲁颂·泮水》（节录）
思乐泮水，薄采其茆 [meu]。
鲁侯戾止，在泮饮酒 [tsi̯u]。
既饮旨酒 [tsi̯u]，
永锡难老 [lu]。
顺彼长道 [du]，
屈此群丑 [t'i̯u]。
　　　　（16）觉部 [uk]
《小雅·小明》（节录）
昔我往矣，日月方奥 [i̯uk]。
曷云其还，政事愈蹙 [tsi̯uk]！
岁聿云莫，采萧穫菽 [ɕi̯uk]。
心之忧矣，自诒伊戚 [ts'i̯uk]！
念彼共人，兴言出宿 [si̯uk]。
岂不怀归？畏此反覆 [p'i̯uk]！
　　　　（17）微部 [əi]
《周南·卷耳》（节录）

陟彼崔嵬 [ŋuəi]，
我马虺隤 [duəi]。
我姑酌彼金罍 [luəi]，
维以不永怀 [ɣoəi]。

(18) 物部 [ət]

《邶风·日月》(节录)

日居月诸，东方自出 [tʻi̯uət]。
父兮母兮，畜我不卒 [tsi̯uət]。
胡能有定？报我不述 [d̥i̯uət]！

(19) 文部 [ən]

《魏风·伐檀》(节录)

坎坎伐轮 [li̯uən] 兮，
寘之河之漘 [d̥i̯uən] 兮。
河水清且沦 [li̯uən] 猗。
不稼不穑，胡取禾三百囷 [kʻi̯uən] 兮？
不狩不猎，胡瞻尔庭有县鹑 [zi̯uən] 兮？
彼君子兮，不素飧 [suən] 兮！

(20) 脂部 [ei]

《大雅·板》(节录)

天之方懠 [dziei]，
无为夸毗 [bi̯ei]。
威仪卒迷 [miei]。
善人载尸 [ɕi̯ei]。
民之方殿屎 [xi̯ei]，
则莫我敢葵 [gi̯uei]。
丧乱蔑资 [tsi̯ei]，

曾莫惠我师［ʃi̯ei］。
(21) 质部［et］

《唐风·山有枢》(节录)

山有漆［tsʻi̯et］,
隰有栗［li̯et］。
子有酒食，何不日鼓瑟［ʃet］？
且以喜乐，且以永日［ŋi̯et］。
宛其死矣，他人入室［ɕi̯et］！
(22) 真部［en］

《小雅·雨无正》(节录)

如何昊天［tʻien］,
辟言不信［si̯en］！
如彼行迈，则靡所臻［tʃen］。
凡百君子，各敬尔身［ɕi̯en］。
胡不相畏，不畏于天［tʻien］！
(23) 歌部［ɑi］

《大雅·凫鹥》(节录)

凫鹥在沙［ʃeɑi］,
公尸来燕来宜［ŋi̯ɑi］。
尔酒既多［tɑi］,
尔殽既嘉［keɑi］。
公尸燕饮，福禄来为［ɣi̯uɑi］。
(24) 月部［ɑt］

《商颂·长发》(节录)

武王载旆［bɑt］,
有虔秉钺［ɣi̯uɑt］。

如火烈烈［liat］,
则莫我敢曷［at］①。
苞有三蘖［ŋi̯at］,
莫遂莫达［dat］,
九有有截［dzi̯at］。
韦顾既伐［bi̯uat］,
昆吾夏桀［gi̯at］。

(25) 元部［an］

《魏风·伐檀》(节录)

坎坎伐檀［dan］兮,
寘之河之干［kan］兮。
河水清且涟［li̯an］猗。
不稼不穑,胡取禾三百廛［di̯an］兮!
不狩不猎,胡瞻尔庭有县貆［xi̯uɑn］兮!
彼君子兮,不素餐［ts'an］兮!

(26) 缉部［əp］

《王风·中谷有蓷》(节录)

中谷有蓷,暵其湿［ɕi̯əp］矣。
有女仳离,啜其泣［k'i̯əp］矣。
啜其泣［k'i̯əp］矣,
何嗟及［gi̯əp］矣!

(27) 侵部［əm］

《大雅·云汉》(节录)

旱既大甚,蕴隆虫虫［di̯uəm］。

---

① "曷"读作"遏"。

不殄禋祀，自郊徂宫［kǐuəm］。
上下奠瘗，靡神不宗［tsuəm］。
后稷不克，上帝不临［lǐəm］。
耗斁下土，宁丁我躬［kǐuəm］。

《诗经》时代，冬侵应该合韵。严可均古韵十六部，冬侵合韵。章炳麟晚年也主张冬侵合韵①。他们是对的。这样，《七月》协"冲、阴"，《公刘》协"饮、宗"，《荡》协"谌、终"，都得到了解释。至于《文王有声》二章，段玉裁认为协"功、崇、豐"，其实"功"字不入韵，"豐"则是侵部字②。到了战国时代，侵部分化为侵冬两部，开口呼属侵，合口呼（韵头 u、iu）属冬。

（28）盍部［ɑp］

《卫风·芄兰》（节录）

芄兰之葉［ʎǐɑp］，
童子佩韘［ɕǐɑp］。
虽则佩韘［ɕǐɑp］，
能不我甲［kɐɑp］?

（29）谈部［ɑm］

《小雅·节南山》（节录）

节彼南山，维石岩岩［ŋeɑm］。
赫赫师尹，民具尔瞻［tǐɑm］。
忧心如惔［dɑm］，
不敢戏谈［dɑm］。
国既卒斩［tɐɑm］，
何用不监［kɐɑm］!

---

① 参看章炳麟《音论》（见光华大学《中国语文学研究》）。
② "豐隆"是叠韵连绵字。战国时代转入冬部。

三、先秦的声调

关于先秦的声调，在我以前，有各种不同的说法，这里择要叙述，并加以评论。

（1）古无四声说。陈第《毛诗古音考》说："四声之辨，古人未有。"这种议论是站不住脚的。《诗经》一般都是以平协平，以上协上，以入协入。偶然以平上相协，那只是平上通押，像元曲和今天的曲艺一样。至于平去相协，则因那个去声字在上古本读平声（如"庆"本读如"羌"）；上去相协，则因那去声字本读上声（如"济"）。

（2）四声一贯说。这是顾炎武的主张。所谓四声一贯，就是四声通押。通押的说法是可以成立的，但是我们得承认古有四声，并且得承认，在《诗经》里，以同调相押为常规，以异调相押（通押）为变格。顾炎武《音学五书·音论》说：

> 《诗》三百篇中亦往往用入声之字。其入与入为韵者什之七；入与平上去为韵者，什之三。以其什之七，而知古人未尝无入声也；以其什之三，而知入声可转为三声也。

什之七，已经足以证明是常规，何况实际上远远不止什之七。入与平上为韵非常罕见①，入与去为韵比较常见，则因那些去声字本属入声。

（3）古有四声说。江永主张这一说。此说和四声一贯说不同。它不强调通押，而强调常规。江永说：

> 四声虽起江左，按之，实有其声……平自韵平，上去入自韵上去入者，恒也。亦有一章两声或三四声者，随其声讽诵咏歌，亦自谐适，不必皆出一声。

---

① 而且可以认为一字两读，例如"来"字可能有平入两读。

第一章 先秦音系（ —前206年）

江有诰起初也认为古无四声，后来他走另一个极端，不但承认古有四声，而且基本上否认通押。他以为，《诗经》除两处外，用韵都是同调相协，绝对没有异调通押的情况。他说：

> 至今反复紬绎，始知古人实有四声，特古人所读之声与后人不同。陆氏编韵时，不能审明古训，特就当时之声误为分析。有古平而误收入上声者，如"享饗颈颡"等字是也。有古平而误收入去声者，如"讼化震患"等字是也。有古上而误收入平声者，"偕"字是也。有古上而误收入去声者，如"狩"字是也。有一字平上两音而仅收入上声者，如"怠"字是也。有一字平上两音而仅收入平声者，如"悠"字是也。有一字平去两音而仅收入去声者，如"信"字是也。有一字平去两音而仅收入平声者，如"居"字是也。有一字上去两音而仅收入上声者，如"喜"字是也。有一字上去两音而仅收入去声者，如"顾"字是也。有一字去入两音而仅收入去声者，如"意"字是也。有一字去入两音而仅收入入声者，如"得"字是也。有一字平上去三音而遗其上去者，如"时"字是也。有一字平去入三音而遗其去入者，如"来"字是也。有一字上去入三音而遗其上入者，如"至"字是也。有一字平上去三音而遗其平声者，如"上"字是也。有一字平上去三音而遗其平去者，如"静"字是也……有诰因此撰成《唐韵四声正》一书。

江有诰关于古四声的议论是错误的，是不合逻辑的。他不是用归纳的方法，而是用演绎的方法考证古四声。他先假设一个大前提：上古韵文必须同调相协，然后得出结论说，如果用今音读来不是同调相协，那么必然是那字在古代另有某调。他的大前提是站不住脚的（上古韵文可以有异调通押的情况），他的整个结论都将被推翻。按照他的原则来推断古声调，那就有很大的偶然性：假如他们根据的材料少，一字数调的情况就会少；假如他所根据的材料多，一字数调的情况就会多，怎能得出正确的结论呢？王念孙不赞成"至"字古有上声，就是因为他不承认《诗经·小雅·宾之初筵》的"至"字和"礼"字押韵（王念孙是对的），同时他也没有看到江有诰所举"至"字读上声的例子。江有诰举了许多一字三声的字，差不多等于四声一贯，表面上承认古有四声，实际上是说每字古无定声。

（4）古无入声说。孔广森主此说。孔广森是曲阜人，为方音所囿，以致斥入声为吴音。此说显然是不合理的，不必详加讨论。

（5）古无去声说。段玉裁主此说。他说：

> 古四声不同今韵，犹古本音不同今韵也。考周秦汉初之文，有平上入而无去。洎乎魏晋，上入声多转而为去声。

在诸家之说中，段玉裁古无去声说最有价值。他所说的"洎乎魏晋，上入声多转而为去声"这一句话最值得玩味。这就是说，中古的去声来自上古的上声和入声。什么字来自上声，什么字来自入声呢？可以拿谐声偏旁作为标准。凡从平上声字得声，或此字作为平上声字的谐声偏旁者，应认为古上声，例如"怒"从"奴"声，《广韵》"怒"字有上去两读，应以上声为古读。"恕"字从"如"得声，"恕"字在上古应属上声。"顾"字从"雇"得声，"顾"字在上古应属上声。凡从入声字得声，或此字作为入声字的谐声偏旁者，应认为古入声，例如"代"从"弋"声，应以入声为古读。"極"从"亟"声，《广韵》"亟"字有去入两读，应以入声为古读。"察"从"祭"声，"祭"在上古应属入声。

段玉裁的古韵十七部，所包括的声调有四种情况：

①具备平上入三声者：之部，幽部，鱼部，脂部；

②只有平上两声者：侯部；

③只有平入两声者：侵部，谈部，真部，支部；

④只有平声者：宵部，蒸部，东部，阳部，耕部，文部，元部，歌部。

段氏在这里有五个错误：第一，侯部应有入声，段氏幽部入声字，一半应改属侯部①；第二，侵谈两部的入声应该独立；第三，支部应有上声，宵部应有上声和入声；第四，歌元真文东阳耕等部应有上声；第五，真部应无入声，段氏真部入声字，应独立成为质部，若依段氏的体系，也应改属脂部。

段氏古无去声之说，可以认为是不刊之论。只是需要补充一点，就是上古有两种入声，即长入和短入，下文将再谈到。

（6）古无上去两声说。黄侃主此说。他的《音略》说：

> 古无去声，段君所说。今更知古无上声，惟有平入而已。

黄侃的论据并不充分。段玉裁《诗经韵分十七部表》中，有六部是有上声的，确凿可据。黄侃说上古只有平入两声，等于否认有声调，因为入声字和平声字的差别只是有无塞音韵尾的差别，并不就是声调的差别。古无上去两声的说法是不能成立的。

（7）五声说。王国维主此说。他说（《观堂集林》卷八）：

> 古音有五声。阳类一，与阴类之平上去入四，是也。说以世俗之语，则平声有二（实则阳类自为一声，谓之平声，语不甚切），上去入各一，是为五声。自《三百篇》以至汉初，此五声者大抵自相通叶，罕有出入。汉中叶以后，阳类之声，一部讹变而为上去，于是有阳声三，阴声四，而古之五声增而为七矣。

王氏看见段玉裁《诗经韵分十七部表》蒸部、东部、阳部、耕部、文部、元部都只有平声，惟于侵谈真三部有入声，而这三部有入声是错误的，王念孙把缉盍质独立是对的。因此得出结论：阳类只有平声，没有入声。

王氏把韵类与调类混为一谈是不对的。阳声与阴声是韵类，平上去

---

① 段氏晚年在《答江晋三论韵》中，承认了这个错误。

入是调类，不能混为一谈。依照江永异平同入说，阳类未尝不可以有入声。依我看，阳类也能有上声，例如《诗经·小雅·斯干》"簟、寝"相协，《大雅·召旻》"玷、贬"相协，《王风·大车》"槛、菼、敢"相协，《陈风·泽陂》"菡、俨、枕"相协，《齐风·南山》"两、荡"相协，《小雅·北山》"仰、掌"相协，《小雅·桑扈》的"领、屏"，《小雅·楚茨》的"尽、引"，《邶风·柏舟》的"转、卷、选"，《鄘风·载驰》的"反、远"，《豳风·伐柯》的"远、践"，《小雅·杕杜》的"幝、痯、远"，《小雅·角弓》的"反、远"，《周颂·执竞》的"简、反、反"，《周易·坎卦》的"坎、窞"，又"坎、枕、窞"，《损卦》的"往、享"，《楚辞·九章·抽思》的"敢、憯"，《惜诵》的"忍、轸"等，都可以认为上声韵。因此，王氏阳类只有平声的说法也不能成立。

（8）长去短去说。陆志韦主此说。他说（《古音说略》）：

> 我猜想上古跟入声通转的那个"去声"正可以是这样一个短音……上古的短去声通入声，因为音量的相像。后来混入长去声，因为调子的相像。上古长去声通平上声，那另是一回事。这可升可降的短去声可以叫做上古的第五声。

陆氏的结论和我的结论有很相似的地方：他把去声分为两类：一类是促音（短去），来自入声；另一类是舒声（通平上声），来自平上声。这是完全正确的。但是他的结论和我的结论也有不同之点：第一，他认为上古有两种去声（长去、短去），我认为上古没有去声（依段玉裁说）；第二，他认为上古短去声通入声是因为音量相像，我的意见正相反，我认为上古入声有两种：一种是长入，其音较长，后来变为去声；另一种是短入，其音较短，直到今天许多方言里还保存这种促音。

现在应该讲到我的结论了。我认为上古有四个声调，分为舒促两类，即：

舒声	平声，高长调
	上声，低短调
促声	长入①，高长调
	短入，低短调

上古四声不但有音高的分别，而且有音长（音量）的分别。必须是有音高的分别的，否则后代声调以音高为主要特征无从而来；又必须是有音长的分别的，因为长入声的字正是由于读音较长，然后把韵尾塞音丢失，变为第三种舒声（去声）了。

所谓高调、低调，不一定是平调。高调可能是高升调或高降调，低调可能是低升调或低降调。年代久远，我们不可能作太具体的拟测。

《公羊传·庄公二十八年》："春秋伐者为客，伐者为主。"何休注："伐人者为客，读伐长言之，齐人语也"，"见伐者为主，读伐短言之，齐人语也。"长言之就是长入，短言之就是短入。"伐"字本有长入、短入两读。《诗经·鲁颂·泮水》"其旂茷茷"，《释文》："伐，蒲害反，又普贝反。本又作茷。"陆德明所见《诗经》本作"其旂伐伐"，但"伐"读"茷"音，蒲害反，又普贝反。今《广韵》"茷"读符废切，音吠，即《释文》的蒲害反（音稍变）；又读博盖切，音贝，即《释文》的普贝反（音稍变）。《广雅·释诂三》："伐，败也。"《一切经音义》卷六引《白虎通》："伐者何？伐，败也，欲败去之。"《古微书》引《春秋说题辞》："伐之为言，败之也。"这些都可以证明，"伐"字古有去声一读，也就是长入一读。

由"伐"字类推，许多入声字都可以有去入两读，也就是长入、短入两读，例如：

积，子智切［tsi̯eːk］；　　又子昔切［tsi̯ek］。
刺，七赐切［tsʻi̯eːk］；　　又七亦切［tsʻi̯ek］。

---

① 现在苗语、瑶语中还有长入、短入的分别。详见陈其光《苗瑶语入声的发展》（《民族语文》1979 年第 1 期）。

易，以豉切 [ʎie̯:k]；　　　　　　又以益切 [ʎie̯k]。
帅，所类切 [ʃiue̯:t]；　　　　　　又所律切 [ʃiue̯t]。
质，陟利切 [tie̯:t]；　　　　　　又之日切 [tie̯t]。
比，毗至切 [bie̯:t]；　　　　　　又扶必切① [bie̯t]。
出，尺类切 [tʻiue̯:t]；　　　　　　又昌律切 [tʻiue̯t]。
识，职吏切 [tie̯:t]；　　　　　　又赏职切 [ɕie̯k]。
植，直吏切 [die̯:k]；　　　　　　又市力切 [zie̯k]。
食，祥吏切 [zie̯:k]；　　　　　　又乘力切 [die̯k]。
亟，去吏切 [kʻie̯:k]；　　　　　　又纪力切 [kie̯k]。
尉，於胃切 [iue̯:t]；　　　　　　又纡物切 [iue̯t]。
气（乞），去既切 [kʻie̯:t]；　　　又去讫切 [kʻie̯t]。
著，陟虑切 [tia̯:k]：　　　　　　又张略切② [tia̯k]。
醵，其据切 [gia̯:k]；　　　　　　又其虐切 [gia̯k]。
足，子句切 [tsio̯:k]；　　　　　　又即玉切 [tsio̯k]。
数，所据切 [ʃɔ:k]；　　　　　　又色角切③ [ʃɔk]。
搏，方遇切 [piua:k]；　　　　　　又布莫切 [pak]。
趣，七句切 [tsʻio̯:k]；　　　　　又亲足切④ [tsʻio̯k]。
莫，莫故切 [mɑ:k]；　　　　　　又慕各切 [mɑk]。
度，徒故切 [dɑ:k]；　　　　　　又徒各切 [dɑk]。
恶，乌路切 [ɑ:k]；　　　　　　又乌各切 [ɑk]。
错，仓故切 [tsʻɑ:k]；　　　　　　又千各切 [tsʻɑk]。
作，藏故切 [tsɑ:k]；　　　　　　又则落切 [tsɑk]。

---

① "比"字共有房脂、必履、毗至、扶必四切。
② "著"字还有长略一切。
③ "数"字还有色矩一切。
④ "趣"字还有七俱、仓苟二切。

切，七计切［tsʻieːt］；　　　　又千结切［tsʻiet］。
契，苦计切［kʻiaːt］；　　　　又苦结切［kʻiat］。
闭，博计切［pieːt］；　　　　又方结切［piet］。
缀，陟卫切［ti̯uaːt］；　　　　又丁劣切［ti̯uat］。
挈，尺制切［tʻi̯aːt］；　　　　又尺折切［tʻi̯at］。
泄，余制切［ʎi̯aːt］；　　　　又私列切［si̯at］。
揭，起例切［kʻi̯aːt］；　　　又丘竭切①［kʻi̯at］。
啜，尝芮切［zi̯uaːt］；　　　又臣劣切［zi̯uat］。
害，胡盖切［ɣaːt］；　　　　又何割切②［ɣat］。
阨，乌懈切［eːk］；　　　　又於革切［ek］。
画，胡卦切［ɣoeːk］；　　　又胡麦切［ɣoek］。
责，则卖切③［tʃeːk］；　　又侧革切［tʃek］。
杀，所拜切［ʃeaːt］；　　　又所八切［ʃeat］。
悖孛浡，蒲昧切［buəːt］；　又蒲没切［buət］。
幅，古对切［kuəːk］；　　　又古获切［koək］。
塞，先代切［səːk］；　　　　又苏则切［sək］。
祓，方肺切［pi̯uaːt］；　　又敷物切［pʻi̯uat］④。
吊，多啸切［tiuːk］；　　　又都历切［tiuk］。
激，古吊切［kioːk］；　　　又古历切［kiok］。
溺，奴吊切⑤［nioːk］；　　又奴历切［niok］。
约，於笑切［i̯oːk］；　　　　又於略切［i̯ok］。

---

① 《广韵》作居竭切，此依《经典释文》。
② 此依《集韵》。
③ 此依《集韵》。
④ 敷物切应是［pʻi̯uət］，但上古音应是［pʻi̯uat］。余仿此。
⑤ 此依《集韵》。

觉，古孝切 [keuːk]；　　　又古岳切 [keuk]。
较，古孝切 [keuːk]；　　　又古岳切 [keuk]。
乐，五教切 [ŋeoːk]；　　　又五角切[1] [ŋeok]。
斮，陟孝切[2] [teoːk]；　　又竹角切 [teok]。
告，古到切 [kuːk]；　　　又古沃切 [kuk]。
暴，薄报切 [boːk]；　　　又蒲木切 [bok]。
奥隩燠，乌到切 [uːk]；　　又於六切[3] [i̯uk]。
嚇，呼讶切 [xɑːk]；　　　又呼格切 [xɑk]。
藉，慈夜切 [dzi̯ɑːk]；　　又慈亦切 [dzi̯ɑk]。
借，子夜切 [tsi̯ɑːk]；　　又将昔切 [tsi̯ɑk]。
炙，之夜切 [ti̯ɑːk]；　　　又之石切 [ti̯ɑk]。
射，神夜切 [d̑i̯ɑːk]；　　　又食亦切[4] [d̑i̯ɑk]。
囿，于救切 [ɣi̯uəːk]；　　又于目切 [ɣi̯uək]。
噈嚼，陟救切 [ti̯ɔːk]；　　又竹角切 [teok]。
祝，职救切 [ti̯ɔːk]；　　　又之六切 [ti̯ɔk]。
辐，方副切 [pi̯uəːk]；　　又方六切 [pi̯uək]。
副，敷救切 [pʻi̯uəːk]；　　又芳福切 [pʻi̯uək]。
宿，息救切 [si̯uːk]；　　　又息逐切 [si̯uk]。
畜，许救切 [xi̯uːk]；　　　又许竹切[5] [xi̯uk]。
復，扶富切 [bi̯uəːk]；　　又房六切 [bi̯uək]。
伏，扶富切 [bi̯uəːk]；　　又房六切 [bi̯uək]。

---

[1] "乐"又读卢各切。
[2] "斮"又读都导切。
[3] 此依《经典释文》。
[4] "射"又读羊谢、羊益二切，又音石。
[5] "畜"又读丑六切。

  毅，力救切 [li̯u:k]；   又力竹切 [li̯uk]。
  踣，匹候切 [pʻə:k]；   又蒲北切 [bək]。
  读，大透切① [dɔ:k]；   又徒谷切 [dɔk]。
  蔟，仓奏切 [tsʻɔ:k]；   又仓谷切 [tsʻɔk]。

以上诸例，绝大多数都是去声与入声等呼相同，甚至整个字音相同，只是音量（长短）不同，足以证明段玉裁"去入同一类"的说法。段氏又说（《六书音均表》）：

  古无去声之说，或以为怪。然非好学深思，不能知也。不明乎古四声，则于古谐声不能通。

的确，从谐声系统看，去声字和入声字的关系最为密切，例如：

1. 声符为入声，所谐的字为去声者。

  背邶，北声。   代，弋声。
  厕，则声。   富，畐声。
  渍，责声。   缢，益声。
  繫，毄声。   臂譬避，辟声。
  路赂，各声。   䕶，蒦声。
  赦，赤声。   妧，毛声。
  措醋，昔声。   柘，石声。
  诉泝，斥声。   窦，卖声。
  赴，卜声。   裕，谷声。
  觳彀縠，殻声。   耨，辱声。
  漱，敕声。   嗾，族声。
  罩淖悼掉，卓声。   豹钓，勺声。
  爝醮，爵声。   嗷竅，敫声。

---

① 此依《集韵》。

燿燿，翟声。 躓，质声。
祟，出声。 翠萃粹悴醉，卒声。
沸，弗声。 怪，圣声。
殪饐饖暍，壹声。 祕闷毖，必声。
愒（憩），曷声。 蔼，谒声。
岁，戌声。 逝誓，折声。
缀，叕声。 例，列声。
酹，孚声。 癈，發声。
沛旆肺，巿（普活切）声。 蹶鱖，厥声。
话，昏（古活切）声。 赖，剌声。

2. 声符为去声，所谐的字为入声者。

適谪嫡滴，啻声。 垩，亚声。
昨，乍声。 液掖，夜声。
奠，奥声。 鹄梏牿，告声。
桎室窒鸷挃姪绖蛭垤銍，至声。
奈（他曷切），大声。 脱说阅，兑声。
撮，最声。 割辖，害声。
决缺抉玦，夬声。 曷，匃（丐）声。
泄，世声。 察，祭声。
熱褻熱，埶（藝）声。 獭，赖声。

由此可见，中古去声与入声发生关系的字，在上古就是入声字。

我所订的上古声调系统，和段玉裁所订的上古声调系统基本一致。段氏所谓平上为一类，就是我所谓舒声；所谓去入为一类，就是我所谓促声。只有我把入声分为长短两类，和段氏稍有不同。为什么上古入声应该分为两类呢？这是因为，假如上古入声没有两类，后来就没有分化的条件了。

既然长入、短入有所不同，所以《诗经》长入、短入分用的情况占百分之九十四，合用的情况只占百分之六。长入、短入合用，和平上合用的情况是一样的。现在把《诗经》长入独用的情况列举如下：

《周南·汝坟》二章：肄弃

《召南·甘棠》二章：败憩

《召南·甘棠》三章：拜说①

《召南·摽有梅》三章：塈谓

《召南·野有死麕》三章：脱帨吠②

《邶风·终风》三章：曀曀嚔

《邶风·匏有苦葉》一章：厉揭③

《邶风·谷风》六章：溃肄塈

《邶风·二子乘舟》二章：逝害

《卫风·芄兰》一、二章：遂悸

《卫风·有狐》二章：厉带

《王风·黍离》二章：穗醉

《王风·采葛》三章：艾岁

《魏风·陟岵》二章：季寐弃

《魏风·十亩之间》二章：外泄逝④

《唐风·蟋蟀》二章：逝迈外蹶⑤

《秦风·晨风》三章：棣檖醉

《陈风·东门之枌》三章：逝迈

《陈风·东门之杨》二章：肺晢⑥

---

① 说，音税。
② 脱，音兑；帨，音帅。
③ 揭，去例切，音憩。
④ 泄，馀制切。
⑤ 蹶，居卫切。
⑥ 晢，征例切。

《陈风·墓门》二章：萃讯
《曹风·候人》一章：芾醉
《小雅·出车》二章：旆瘁
《小雅·庭燎》二章：艾晣哕①
《小雅·小旻》五章：艾败
《小雅·小宛》四章：迈寐
《小雅·小弁》四章：嘒淠届寐
《小雅·蓼莪》二章：蔚悴
《小雅·楚茨》五章：备戒告
《小雅·大田》三章：穗利
《小雅·采菽》二章：淠嘒驷届
《小雅·菀柳》二章：愒瘵迈
《小雅·都人士》四章：厉虿迈
《小雅·隰桑》四章：爱谓
《小雅·白华》五章：外迈
《大雅·大明》五章：妹渭
《大雅·皇矣》二章：翳栵
《大雅·生民》四章：旆穟
《大雅·既醉》五章：匮类
《大雅·假乐》四章：位墍
《大雅·泂酌》三章：溉墍
《大雅·板》二章：蹶泄
《大雅·荡》三章：类怼对内
《大雅·抑》四章：寐内

---

① 晣，征例切，同"晢"。哕，呼会切。

《大雅·桑柔》六章：僾逮

《大雅·桑柔》十三章：隧类对醉悖

《大雅·瞻卬》一章：惠厉瘵届

《大雅·瞻卬》五章：类瘁

《鲁颂·泮水》一章：茷哕大迈①

《鲁颂·閟宫》五章：大艾岁害

由此可见，长入（去声）是有它的独立性的。长入与短入②，既有关系，又有分别。有关系，所以同属促声（入声）；有分别，所以分为长入、短入。这大概可以作为定论。

    *   *   *

以上我们对先秦音系作了较详细的叙述，因为这是汉语的源头，后代的语音都是由此演变来的。

---

① 茷，博盖切；哕，呼会切。

② 现代某些汉语方言也有长入短入的分别，如广州话的"八"[paːt]和"不"[pɑt]。汉藏语系某些语言（如壮语）也有长入短入的分别。这可以作为上古汉语有长入短入的分别的旁证。参看欧阳觉亚《声调与音节的互相制约关系》(《中国语文》1979年第5期)。

第二章 汉代音系（前206—220年）

这里讲汉代音系，主要是讲公元1、2世纪即张衡时代的音系。这是因为西汉时代音系和先秦音系相差不远，到东汉变化才较大；同时也因为张衡词赋材料较多，容易考证出一个音系来。

一、汉代的声母

关于汉代的声母，我们没有足够的材料可供考证，这里缺而不论。可以假定，汉代声母和先秦声母一样，或者说变化不大。

二、汉代的韵部

根据张衡及其同时代的作家（如马融）的韵文分析，汉代共有二十九个韵部，如下页表。

乍看起来，汉代韵部与先秦韵部基本相同；其实差别相当大。首先应当注意音值有所改变。歌部由 ai 变为 a，鱼部由 a 变为 ɔ，药部由 ok 变为 ɔk[①]，屋部由 ok 变为 ok，东部由 oŋ 变为 oŋ。阴阳入三声的对应关系也有一些改变，歌部与阳铎两部对应，鱼部与药部对应，宵部与东屋两部对应，都和先秦不同。

---

① 随着读音的演变，原名沃部也改名药部。

阴声		入声		阳声	
无韵尾	之部 ə	韵尾 -k	职部 ək	韵尾 -ŋ	蒸部 əŋ
	支部 e		锡部 ek		耕部 eŋ
	歌部 a		铎部 ak		阳部 aŋ
	鱼部 ɔ		药部 ɔk		
	宵部 o		屋部 ok		东部 oŋ
	幽部 u		觉部 uk		冬部 uŋ
韵尾 -i	微部 əi	韵尾 -t	物部 ət	韵尾 -n	文部 ən
	脂部 ei		质部 et		真部 en
			月部 at		元部 an
		韵尾 -p	缉部 əp	韵尾 -m	侵部 əm
			盍部 ap		谈部 am

其次，更重要的是各部包括的字的问题。汉代韵部与先秦韵部基本相同，但是许多韵部包括的字与先秦韵部不尽相同或大不相同。应该注意下面这些韵部的变迁：

（1）支部范围扩大。先秦歌部"仪宜移施麾奇螭披池离皮垂罴猗陂随议妳褵谊撝疲驰羲为迤丽蘺被靡弥篪欹崎醨戵地"等字转入支部。

（2）耕部范围扩大。先秦阳部"英京兵明萌庚兄行卿衡横庆亨甍迎彭喤坑觥秔竟病景"等字转入耕部。

（3）歌部范围改变。先秦鱼部"家华牙邪车葭瑕瓜芽野马下夏者雅寡"等字转入歌部；先秦歌部"仪宜"等字转入支部（见上文）。

（4）阳部范围缩小。先秦阳部"英京"等字转入耕部（见上文）。

（5）鱼部范围改变。先秦侯部"符臾珠姝儒俱隅驱腴区趣愚踰煦榆渝殊貐诛拘驹愉岖妪株厨躯乌须枢蹰襦趋嵎鬚雏"等字转入鱼部；先秦鱼部"家华"等字转入歌部（见上文）。

（6）宵部范围扩大。先秦幽部"嗥咆曹皋翱牢陶嘈醪骚袍涛茅庖雕蜩聊萧条彫寥调保考道草抱稻阜宝造好导报奥老枣浩早扫巧爪卯饱鸟篠扰"等字转入宵部。

（7）幽部范围改变。先秦侯部"侯投沤头厚後耉口偶走斗垢后苟狗诟构偷候"等字转入幽部①；先秦幽部"曹陶包"等字转入宵部（见上文）。

（8）文部范围缩小。先秦文部"辰珍震贫振畛银"等字转入真部。

由上文所述，可以看出，汉代韵部已经接近《切韵》的韵部了。兹更按等呼分析如下：

（1）之部 [ə]

开一 [ə]	《切韵》咍（大部分）	例字：来臺
合一 [uə]	《切韵》灰（小部分）	例字：灰梅
开三 [iə]	《切韵》之	例字：时期
合三 [iuə]	《切韵》尤（小部分）	例字：谋尤

（2）职部 [ək]

开一 [ək]	《切韵》德	例字：得塞
合一 [uək]	《切韵》德	例字：国惑
开三 [iək]	《切韵》职	例字：极直
合三 [iuək]	《切韵》屋三等（小部分）	例字：服郁

（3）蒸部 [əŋ]

开一 [əŋ]	《切韵》登	例字：朋腾
合一 [uəŋ]	《切韵》登	例字：弘肱
开三 [iəŋ]	《切韵》蒸	例字：兴升
合三 [iuəŋ]	《切韵》东三等（小部分）	例字：梦

（4）支部 [e]

| 开二 [e] | 《切韵》佳 | 例字：佳柴 |

---

① 汉代没有侯部，因为先秦侯部字都转入鱼幽两部去了。

合二［oe］	《切韵》佳	例字：蛙
开三［ie］	《切韵》支	例字：知卑
开三［ie］	《切韵》支（来自歌）	例字：离仪
合三［iue］	《切韵》支	例字：危规
合三［iue］	《切韵》支（来自歌）	例字：为随
开四［ie］	《切韵》齐开（小部分）	例字：谿堤
合四［iue］	《切韵》齐合	例字：珪携

（5）锡部［ek］

开二［ek］	《切韵》麦	例字：策翮
合二［oek］	《切韵》麦	例字：画
开三［iek］	《切韵》昔（部分）	例字：益適
合三［iuek］	《切韵》昔	例字：役
开四［iek］	《切韵》锡（大部分）	例字：歷击
合四［iuek］	《切韵》锡	例字：鵙

（6）耕部［eŋ］

开二［eŋ］	《切韵》耕	例字：耕争
开二［eŋ］	《切韵》庚（来自阳）	例字：行羹
合二［oeŋ］	《切韵》耕	例字：轰
合二［oeŋ］	《切韵》庚（来自阳）	例字：横觥
开三［ieŋ］	《切韵》清	例字：城鸣
开三［ieŋ］	《切韵》庚（来自阳）	例字：迎明
合三［iueŋ］	《切韵》清	例字：倾营
合三［iueŋ］	《切韵》庚（来自阳）	例字：兄
开四［ieŋ］	《切韵》青	例字：形庭
合四［iueŋ］	《切韵》青	例字：扃螢

（7）歌部 [a]

开一 [a]	《切韵》歌	例字：河罗
合一 [ua]	《切韵》戈①	例字：和波
开二 [ea]	《切韵》麻	例字：沙嘉
开二 [ea]	《切韵》麻（来自鱼）	例字：家牙
合二 [oa]	《切韵》麻	例字：瓦②
合二 [oa]	《切韵》麻（来自鱼）	例字：华瓜
开三 [i̯a]	《切韵》麻	例字：嗟蛇

（8）铎部 [ak]

开一 [ak]	《切韵》铎（大部分）	例字：作阁
合一 [uak]	《切韵》铎	例字：郭藿
开二 [eak]	《切韵》陌	例字：客宅
合二 [oak]	《切韵》陌	例字：虢雘
开三 [i̯ak]	《切韵》药（小部分）	例字：若略
合三 [i̯uak]	《切韵》药	例字：玃缚
开四 [iak]③	《切韵》陌	例字：逆戟
开四 [iak]	《切韵》昔（部分）	例字：石液

（9）阳部 [aŋ]

开一 [aŋ]	《切韵》唐	例字：冈郎
合一 [uaŋ]	《切韵》唐	例字：光黄
开三 [i̯aŋ]	《切韵》阳	例字：强长
合三 [i̯uaŋ]	《切韵》阳	例字：狂方

---

① 陆法言《切韵》无戈韵，这里据《广韵》。
② "瓦"是麻韵的上声字。
③ 铎部开四的字，后来转入开三。

(10) 鱼部 [ɔ]

开一 [ɔ]　　　　《切韵》模　　　　　　例字：都姑
合一 [uɔ]　　　　《切韵》模　　　　　　例字：孤逋
开三 [iɔ]　　　　《切韵》鱼　　　　　　例字：居书
合三 [iuɔ]　　　　《切韵》虞　　　　　　例字：娱扶
合三 [iuɔ]　　　　《切韵》虞（来自侯）　例字：珠驱

(11) 药部 [ɔk]

开一 [ɔk]　　　　《切韵》铎（小部分）　例字：乐鹤
开一 [ɔk]　　　　《切韵》沃（小部分）　例字：沃襮
开二 [eɔk]　　　　《切韵》觉（部分）　　例字：驳卓
开三 [iɔk]　　　　《切韵》药（大部分）　例字：酌虐
开四 [iɔk]　　　　《切韵》锡（小部分）　例字：激的

(12) 宵部 [o]

开一 [o]　　　　《切韵》豪　　　　　　例字：桃高
开一 [o]　　　　《切韵》豪（来自幽）　例字：陶袍
开二 [eo]　　　　《切韵》肴　　　　　　例字：交巢
开二 [eo]　　　　《切韵》肴（来自幽）　例字：茅庖
开三 [io]　　　　《切韵》宵　　　　　　例字：朝桥
开四 [io]　　　　《切韵》萧　　　　　　例字：茗尧
开四 [io]　　　　《切韵》萧（来自幽）　例字：条聊

(13) 屋部 [ok]

开一 [ok]　　　　《切韵》屋一等　　　　例字：縠鹿
开二 [eok]　　　　《切韵》觉（大部分）　例字：角浊
开三 [iok]　　　　《切韵》烛　　　　　　例字：玉足

(14) 东部 [oŋ]

开一 [oŋ]　　　　《切韵》东一等　　　　例字：功同

开二 [eoŋ]　　　　《切韵》江（大部分）　　　　例字：江邦
开三 [i̯oŋ]　　　　《切韵》锺　　　　　　　　　例字：封龙

（15）幽部 [u]

合一 [u]　　　　　《切韵》侯　　　　　　　　　例字：侯头
合三 [i̯u]　　　　　《切韵》尤（大部分）　　　　例字：流求
合四 [iu]　　　　　《切韵》幽　　　　　　　　　例字：幽彪

（16）觉部 [uk]

合一 [uk]　　　　　《切韵》沃（大部分）　　　　例字：毒鹄
合二 [euk]　　　　《切韵》觉（小部分）　　　　例字：觉学
合三 [i̯uk]　　　　《切韵》屋三等（大部分）　　例字：目宿
合四 [iuk]　　　　《切韵》锡（小部分）　　　　例字：戚迪

（17）冬部 [uŋ]

合一 [uŋ]　　　　　《切韵》冬　　　　　　　　　例字：宗农
合二 [euŋ]　　　　《切韵》江（小部分）　　　　例字：降绛[①]
合三 [i̯uŋ]　　　　《切韵》东三等（大部分）　　例字：中宫

（18）微部 [əi]

开一 [əi]　　　　　《切韵》咍（小部分）　　　　例字：哀皑
合一 [uəi]　　　　《切韵》灰（大部分）　　　　例字：回雷
开二 [eəi]　　　　《切韵》皆（小部分）　　　　例字：排俳
合二 [oəi]　　　　《切韵》皆　　　　　　　　　例字：怀淮
开三 [i̯əi]　　　　《切韵》微　　　　　　　　　例字：旂衣
合三 [i̯uəi]　　　《切韵》微　　　　　　　　　例字：飞归
合三 [i̯uəi]　　　《切韵》脂合（大部分）　　　例字：衰追

---

① "绛"是江韵去声字。

（19）物部 [ət]

开一 [ət]	《切韵》没（小部分）	例字：乾纥
合一 [uət]	《切韵》没	例字：骨勃
开三 [i̯ət]	《切韵》迄	例字：乞讫
合三 [i̯uət]	《切韵》物	例字：忽佛
合三 [i̯uət]	《切韵》术（大部分）	例字：卒出

（20）文部 [ən]

开一 [ən]	《切韵》痕	例字：恩根
合一 [uən]	《切韵》魂	例字：门存
开三 [i̯ən]	《切韵》欣	例字：勤斤
合三 [i̯uən]	《切韵》文	例字：云闻
合三 [i̯uən]	《切韵》谆（大部分）①	例字：春伦

（21）脂部 [ei]

开二 [ei]	《切韵》皆（大部分）	例字：阶斋
开三 [i̯ei]	《切韵》脂开	例字：师饥
合三 [i̯uei]	《切韵》脂合（小部分）	例字：葵夔
开四 [iei]	《切韵》齐（大部分）	例字：妻泥

（22）质部 [et]

开二 [et]	《切韵》栉	例字：瑟栉
开二 [et]	《切韵》黠	例字：黠八
开三 [i̯et]	《切韵》质	例字：日室
合三 [i̯uet]	《切韵》术（小部分）	例字：恤
开四 [iet]	《切韵》屑（大部分）	例字：结节
合四 [iuet]	《切韵》屑	例字：血穴

---

① 陆法言《切韵》没有谆韵，此据《广韵》。

(23) 真部 [en]

开二 [en]	《切韵》臻	例字：榛莘
开三 [i̯en]	《切韵》真	例字：人辰
合三 [i̯uen]	《切韵》谆（小部分）	例字：均旬
开四 [ien]	《切韵》先（部分）	例字：天贤
合四 [iuen]	《切韵》先	例字：渊玄

(24) 月部 [ɑt]

开一 [ɑt]	《切韵》曷	例字：达葛
合一 [uɑt]	《切韵》末	例字：阔夺
开二 [eat]	《切韵》黠（部分）	例字：杀察
开二 [eat]	《切韵》鎋	例字：辖辖
合二 [oat]	《切韵》鎋	例字：刮
开三 [iat]	《切韵》薛	例字：列折
开三 [i̯at]	《切韵》月	例字：竭讦
合三 [iuat]	《切韵》薛	例字：绝说
合三 [i̯uat]	《切韵》月	例字：越伐
开四 [iat]	《切韵》屑（小部分）	例字：絜臬
合四 [iuat]	《切韵》屑（小部分）	例字：决玦

(25) 元部 [ɑn]

开一 [ɑn]	《切韵》寒①	例字：安餐
合一 [uɑn]	《切韵》桓	例字：冠盘
开二 [ean]	《切韵》删	例字：姦蛮
开二 [ean]	《切韵》山（大部分）	例字：山间
合二 [oan]	《切韵》删	例字：关还

---

① 陆法言《切韵》无寒韵，此据《广韵》。

开三 [i̯ɑn]	《切韵》仙	例字：然鞭
开三 [i̯ɑn]	《切韵》元	例字：言轩
合三 [i̯uɑn]	《切韵》仙	例字：宣传
合三 [i̯uɑn]	《切韵》元	例字：原繁
开四 [iɑn]	《切韵》先（部分）	例字：前肩
合四 [iuɑn]	《切韵》先（部分）	例字：悬涓

（26）缉部 [əp]

开一 [əp]	《切韵》合	例字：杂纳
开二 [eəp]	《切韵》洽	例字：洽
开三 [i̯əp]	《切韵》缉	例字：集入

（27）侵部 [əm]

开一 [əm]	《切韵》覃	例字：南潭
开二 [eəm]	《切韵》咸	例字：咸鹹
开三 [i̯əm]	《切韵》侵	例字：音心
开三 [i̯əm]	《切韵》盐（小部分）	例字：潜
合三 [i̯uəm]	《切韵》凡（部分）	例字：凡帆
开四 [iəm]	《切韵》添（小部分）	例字：簟念[①]

（28）盍部 [ɑp]

开一 [ɑp]	《切韵》盍	例字：榻腊
开二 [eɑp]	《切韵》狎	例字：甲翣
开三 [i̯ɑp]	《切韵》葉	例字：接猎
开三 [i̯ɑp]	《切韵》业	例字：胁劫
合三 [i̯uɑp]	《切韵》乏	例字：法乏
开四 [iɑp]	《切韵》怗	例字：协牒

[①] "簟"是添韵的上声，"念"是添韵的去声。

(29) 谈部 [am]

开一 [am]	《切韵》谈	例字：甘蓝
开二 [eam]	《切韵》衔①	例字：巖监
开三 [i̯am]	《切韵》盐（大部分）	例字：廉瞻
开三 [i̯am]	《切韵》严	例字：严醃
合三 [i̯uam]	《切韵》凡	例字：犯范②
开四 [iam]	《切韵》添（大部分）	例字：谦兼

汉代韵文例证

(1) 之部 [ə]

《东京赋》（节录）　　　　　　　　　　　　张衡

坚冰作于履霜，寻木起于蘖栽 [tsə]。
昧旦丕显，后世犹怠 [də]。
况初制于甚泰，服者焉能改裁 [dzə]?
故相如壮上林之观，扬雄骋羽猎之辞 [tsʻi̯ə]，
虽系以隙墙填壍，乱以收罝解罘 [bi̯uə]，
卒无补于风规，祇以昭其愆尤 [ɣi̯uə]。
臣济爹以陵君，忘经国之长基 [ki̯ə]。
故函谷击柝于东，西朝颠覆而莫持 [di̯ə]。

(2) 职部 [ək]

《思玄赋》（节录）　　　　　　　　　　　　张衡

恭夙夜而不贰兮，固终始之所服 [bi̯uək]。
夕惕若厉以省愆兮，惧余身之未敕 [tʻi̯ək]。
苟中情之端直兮，莫吾知而不恧 [ni̯uək]。

---

① "衔"字原属侵部，转入谈部。
② "犯范"是凡韵的上声。

（3）蒸部 [əŋ]

《西京赋》（节录）　　　　　　　　　　　张衡

神明崛其特起，井幹叠而百增 [tsəŋ]。
跱游极于浮柱，结重栾以相承 [d̑i̯əŋ]。
累层构而遂阤，望北辰而高兴 [xi̯əŋ]。
消雾埃于中宸，集重阳之清澂 [di̯əŋ]。
瞰宛虹之长鬐，察云师之所凭 [bi̯əŋ]。
上飞闼而仰眺，正睹瑶光与玉绳 [d̑i̯əŋ]。
将乍往而未半，怵悼慄而兢兢 [ki̯əŋ]。
非都卢之轻趫，孰能超而究升 [ɕi̯əŋ]？

（4）支部 [e]

《西京赋》（节录）　　　　　　　　　　　张衡

百马同辔，骋足并驰 [di̯e]。
橦末之伎，态不可弥 [mi̯e]。
弯弓射乎西羌，又顾发乎鲜卑 [pi̯e]。

（5）锡部 [ek]

《西京赋》（节录）　　　　　　　　　　　张衡

正殿路寝，用朝群辟 [pi̯ek]。
大夏耽耽，九户开闢 [bi̯ek]。
嘉木树庭，芳草如积 [tsi̯ek]。
高门有闶，列坐金狄 [diek]。

（6）耕部 [eŋ]

《东京赋》（节录）　　　　　　　　　　　张衡

其内则含德章臺，天禄宣明 [mi̯eŋ]。
温饬迎春，寿安永宁 [nieŋ]。
飞阁神行，莫我能形 [ɣi̯eŋ]。

（7）歌部［ɑ］

《西京赋》（节录） 张衡

若夫翁伯、浊、质、张里之家［keɑ］，
击钟鼎食，连骑相过［kuɑ］，
东京公侯，壮何能加［keɑ］？

（8）铎部［ɑk］

《西京赋》（节录） 张衡

若夫游鹬高翚，绝阬踰斥［tʻiɑk］，
毚兔联猭，陵峦超壑［xɑk］，
比之东郭，莫之能獲［ɣoɑk］。

（9）阳部［aŋ］

《思玄赋》（节录） 张衡

俗迁渝而事化兮，泯规矩之员方［piuaŋ］。
宝萧艾于重笥兮，谓蕙茝之不香［xiaŋ］。
斥西施而弗御兮，絷騕褭以服箱［siaŋ］。
行颇僻而获志兮，循法度而离殃［iaŋ］。
惟天地之无穷兮，何遭遇之无常［ziaŋ］！
不抑操而苟容兮，譬临河而无航［ɣaŋ］。
欲巧笑以干媚兮，非余心之所尝［ziaŋ］。
袭温恭之黻衣兮，被礼义之绣裳［ziaŋ］。
辫贞亮以为鞶兮，杂伎艺以为珩［ɣeaŋ］。
昭綵藻与琱琢兮，璜声远而弥长［diaŋ］。
淹栖迟以恣欲兮，耀灵忽其西藏［dzaŋ］。
恃己知而华予兮，鹍鸠鸣而不芳［pʻiuaŋ］。
冀一年之三秀兮，遒白露之为霜［ʃiaŋ］。
时亹亹而代序兮，畴可与乎比伉［kʻaŋ］。

咨姤嫭之难并兮，想依韩以流亡［mi̯uaŋ］。
恐惭冉而无成兮，留则蔽而不彰［ti̯aŋ］。

（10）鱼部［ɔ］

《四愁诗》（节录）　　　　　　　　　　张衡

美人赠我貂襜褕［ʎi̯uʏ］，
何以报之明月珠［ti̯uʏ］。
路远莫致倚踟蹰［di̯uʏ］，
何为怀忧心烦纡［i̯uʏ］。

（11）药部［ɔk］

《西京赋》（节录）　　　　　　　　　　张衡

通天䜣以竦峙，径百常而茎擢［deɔk］。
上辩华以交纷，下刻陗其若削［si̯ɔk］。
翔鶔仰而不逮，况青鸟与黄雀［tsʻi̯ɔk］！
伏櫺槛而頮听，闻雷霆之相激［ki̯ɔk］。

（12）宵部［o］

《长笛赋》（节录）　　　　　　　　　　马融

故其应清风也，纤末奋蒱［ʃeo］，
铮鏦謍嚆［xeo］，
若絙瑟促柱，号钟高调［dio］。

（13）屋部［ok］

《南都赋》（节录）　　　　　　　　　　张衡

绿碧紫英，青䐑丹粟［si̯ok］。
太一余粮，中黄瑴玉［ŋi̯ok］。
松子神陂，赤灵解角［keok］。
耕父扬光于清泠之渊，游女弄珠于汉皋之曲［ki̯ok］。

(14) 东部 [oŋ]

《东京赋》（节录） 张衡

春日载阳，合射辟雍 [ioŋ]。
设业设虡，宫悬金镛 [ʎi̯oŋ]。
鼖鼓路鼗，树羽幢幢 [deoŋ]。
于是备物，物有其容 [ʎi̯oŋ]。
伯夷起而相仪，后夔坐而为工 [koŋ]。

(15) 幽部 [u]

《思玄赋》（节录） 张衡

追荒忽于地底兮，轶无形而上浮 [biu]。
出石密之暗野兮，不识蹊之所由 [ʎi̯u]。
速烛龙令执炬兮，过钟山而中休 [xi̯u]。
瞰瑶谿之赤岸兮，吊祖江之见刘 [li̯u]。

(16) 觉部 [uk]

《东京赋》（节录） 张衡

於是阴阳交和，庶物时育 [ʎi̯uk]。
卜征考祥，终然允淑 [zi̯uk]。
乘舆巡乎岱岳，劝稼穑于原陆 [li̯uk]。
同衡律而壹轨量，齐急舒于寒燠 [i̯uk]。
省幽明以黜陟，乃返旆而回復 [bi̯uk]。

(17) 冬部 [uŋ]

《东京赋》（节录） 张衡

区宇乂宁，思和求中 [ti̯uŋ]。
睿哲玄览，都兹洛宫 [ki̯uŋ]。
曰止曰时，昭明有融 [ʎi̯uŋ]。

既光厥武，仁洽道豐 [pʻi̯uŋ]①。
登岱勒封，与黄比崇 [dzi̯uŋ]。

  （18）微部 [əi]

   《思玄赋》（节录）   张衡

悲离居之劳心兮，情悁悁而思归 [ki̯əi]。
魂眷眷而屡顾兮，马倚辀而徘徊 [ɣuəi]。
虽游娱以媮乐兮，岂愁慕之可怀 [ɣoəi]？

  （19）物部 [ət]

   《西京赋》（节录）   张衡

尔乃廓开九市，通阛带阓 [ɣuət]。
旗亭五重，俯察百隧 [zi̯uət]。
周制大胥，今也惟尉 [i̯uət]。
瓌货方至，鸟集鳞萃 [dzi̯uət]。
鬻者兼赢，求者不匮 [gi̯uət]。

  （20）文部 [ən]

   《西京赋》（节录）   张衡

都邑游侠，张赵之伦 [li̯uən]。
齐志无忌，拟迹田文 [mi̯uən]。
轻死重气，结党连群 [gi̯uən]。
寔蕃有徒，其从如雲 [ɣi̯uən]。

  （21）脂部 [ei]

   《东京赋》（节录）   张衡

经途九轨，城隅九雉 [di̯ei]。
度堂以筵，度室以几 [ki̯ei]。

---

① "豐"字应属冬部，理由见上文。

京邑翼翼，四方所视 [ziei]。
汉初弗之宅，故宗绪中圮 [biei]①。

(22) 质部 [et]

《东京赋》（节录） 张衡

尔乃孤竹之管，云和之瑟 [ʃet]。
雷鼓㶸㶸，六变既毕 [piet]。
冠华秉翟，列舞八佾 [ʎiet]。
元祀惟称，群望咸秩 [diet]。
飏槱燎之炎炀，致高烟乎太一 [iet]。
神歆馨而顾德，祚灵主以元吉 [kiet]。

(23) 真部 [en]

《思玄赋》（节录） 张衡

彼天监之孔明兮，用棐忱而祐仁 [ŋien]。
汤蠲体以祷祈兮，蒙厖褫以拯民 [mien]。
景三虑以营国兮，荧惑次于他辰 [zien]。
魏颗亮以从治兮，鬼亢回以毙秦 [dzien]。

(24) 月部 [ɑt]

《东京赋》（节录） 张衡

奉引既毕，先辂乃發 [piuɑt]。
鸾旗皮轩，通帛绮旆 [bɑt]。
云罕九斿，闟戟轇輵 [kɑt]。
髶髦被绣，虎夫戴鹖 [ɣɑt]。
駙承华之蒲梢，飞流苏之骚杀 [sɑt]②。

---

① 许慎《说文解字》："圮，从土，已声。"重文"壐"，"从非，配省声"。按"圮"当是脂部字，疑"圮"亦当从配省声。
② "杀"，这里读桑葛切。

总轻武于后陈，奏严鼓之嘈嘁 [dzɑt]。
戎士介而扬挥，戴金钲而建黄钺 [ɣi̯uɑt]。

  （25）元部 [ɑn]

   《西京赋》（节录）   张衡

于是蚩尤秉钺，奋鬣被般 [peɑn]。
禁御不若，以知神奸 [keɑn]。
魑魅魍魉，莫能逢旃 [ti̯ɑn]。
陈虎旅于飞廉，正垒壁乎上兰 [lɑn]。

  （26）缉部 [əp]

   《思玄赋》（节录）   张衡

尚前良之遗风兮，恫后辰而无及 [gi̯əp]。
何孤竹之营营兮，子不群而介立 [li̯əp]！
感鸾鷖之特栖兮，悲淑人之希合 [ɣəp]。

  （27）侵部 [əm]

   《思玄赋》（节录）   张衡

收畴昔之逸豫兮，卷淫放之遐心 [si̯əm]。
修初服之娑娑兮，长余佩之参参 [tʃʼi̯əm]。
文章奂以粲烂兮，美纷纭以从风 [pi̯uəm]。
御六艺之珍驾兮，游通德之平林 [li̯əm]。
结典籍而为罟兮，敺儒墨以为禽 [gi̯əm]。
玩阴阳之变化兮，咏雅颂之徽音 [i̯əm]。
嘉曾氏之归耕兮，慕历阪之钦崟 [ŋi̯əm]。

  （28）盍部 [ɑp]

   《西京赋》（节录）   张衡

乃览秦制，跨周法 [pi̯uɑp]。
狭百堵之侧陋，增九筵之迫胁 [xi̯ɑp]。

正紫宫于未央，表峣阙于闾阖［ɣap］。
疏龙首以抗殿，状巍峨以岌嶪［ŋiap］。
亘雄虹之长梁，结棼橑以相接［tsiap］。
蒂倒茄于藻井，披红葩之狎猎［liap］。
饰华榱与璧珰，流景曜之铧晔［ɣiap］。

（29）谈部［am］

《东京赋》（节录） 张衡

于东则洪池清籞，渌水澹澹［dam］。
内阜川禽，外丰葭菼［t'am］。
献鳖蜃与龟鱼，供蜗蠯与菱芡［giam］。

分部归字问题

之职蒸三部，与先秦古韵一致。

支部加入先秦歌部三等字。冯衍《显志赋》叶"知仪"，班固《西都赋》叶"池涯堤猗陂"，张衡《南都赋》叶"螭觿蛇池陂涯"等，皆可为证。

锡部与先秦古韵一致。

耕部加入先秦阳部二等字和四等字（《切韵》庚韵字）。这些字（"京、明"等字）在西汉时代还属阳部，到了东汉时代就转入耕部了。[①] 冯衍《显志赋》叶"英征京"，又叶"冥英"，班固《西都赋》叶"情京"，又叶"精灵成明京"，又叶"庚荧生"，又叶"荣生嵘茎英刑庭宁"，《辟雍诗》叶"兄明行成"，《幽通赋》叶"灵声京"，《南巡颂》叶"经明庭旌"，《窦将军北征颂》叶"明冥城径庭"，皆可为证。

歌部加入先秦鱼部的二等字和部分开口三等字（《切韵》麻韵字）。东汉时代歌麻不分，和越南语的汉语借词一样。班固《答宾戏》叶"波华"，张衡《西京赋》叶"家过加"，又叶"歌葭阿娥蛇"，又叶"飔车葩蛇"，又

---

① 参看罗常培、周祖谟：《汉魏晋南北朝韵部演变研究》第一分册，181—198页。

叶"家华何",《南都赋》叶"荷瓜",皆可为证。这样一来,造成"麻蟆"同音,"嗟罝"同音,"瓜骎"同音,"嘉家"同音,与《切韵》相一致了。

铎部与先秦铎部一致。

阳部减去先秦阳部二、四等字(《切韵》部分庚韵字)。

鱼部加入先秦侯部三等字(《切韵》部分虞韵字)。王逸《九思·逢尤》叶"愚虚苏隅",班固《典引》叶"趣如",张衡《思玄赋》叶"符敷居庐",又叶"娱区",《东京赋》叶"图诛",《西京赋》叶"衢榆渝",《南都赋》叶"陬岖纡隅踰",《归田赋》叶"舒匃庐书模如",皆可为证。这样一来,造成"虞愚"同音,"衢匃"同音,"扶符"同音,与《切韵》相一致了。

西汉时代,鱼部还加入先秦侯部一等字(《切韵》的侯韵字)。例如扬雄《解嘲》叶"馀傅渔侯驱",《长杨赋》叶"隅侯",枚乘《七发》叶"注构",王褒《四子讲德论》叶"寇仆",《僮约》叶"具窭鬥",又叶"聚偷"等。但是,到了东汉时代,先秦侯部一等字已经转入幽部去了(见下文)。

药部与先秦沃部一致。

宵部加入先秦幽部一、二、四等字(《切韵》豪肴萧韵字)。西汉时代已经是这样。例如枚乘《柳赋》叶"醪庖彫寥髦袍毛醪撩",王褒《责须髯奴辞》叶"调苗飘",《四子讲德论》叶"宝尧",扬雄《羽猎赋》叶"道草镐杳",《长杨赋》叶"道笑",《解嘲》叶"鸟少",《城门校尉箴》叶"少保"。到了东汉时代,也一样常见了。例如王逸《九思·守志》叶"遥峣条鸮怊",张衡《思玄赋》叶"敖陶涛聊",班固《竹扇赋》叶"妙篠",崔骃《达旨》叶"表宝道",无名氏《太学中谣八俊》叶"交条",《妇病行》叶"交抱道",傅毅《七激》叶"妙好奥"等。凡此皆可为证。

屋部与先秦屋部一致。

东部与先秦东部一致。

东汉时代,幽部加入先秦侯部一等字(《切韵》侯韵字)。其实从西汉时代起,先秦侯部一等字就有一些转入幽部。例如枚乘《七发》叶

"酒口"，王褒《四子讲德论》叶"兽茂母"。到了东汉时代，那就更多了。张衡《归田赋》叶"丘流钩鳉"，《西京赋》叶"阜守久朽茂"，又叶"疢酒叟寿"，又叶"袤郚旧"，《东京赋》叶"寿叟"，无名氏《太学中谣八俊》叶"秀茂"，马融《广成颂》叶"舟帱流讴浮游"，赵壹《迅风赋》叶"求讴留"，无名氏《茅山父老歌》叶"流头周忧游"，《皓如山上雪》叶"头流"，《古歌》叶"愁愁忧头脩"，杜笃《首阳山赋》叶"耆寿"，崔骃《酒箴》叶"酒缶後"，李尤《平乐观赋》叶"扰受虬走耦盲阜缶"①，阙名《樊毅修华岳碑》叶"后舅久"，《高颐碑》叶"胄偶"，皆可为证。

冬部与先秦冬部一致。汉代冬部，极少和东部押韵。汉武帝《策封齐王闳》叶"中终躬"，司马相如《美人赋》叶"忠宫"，又叶"中宫"，《封禅文》叶"戎隆终"，刘胥《歌一首》叶"终穷"，刘向《九叹·远游》叶"宫穷"，扬雄《甘泉赋》叶"中宫"，《羽猎赋》叶"宫崇"，《兖州箴》叶"忠宗"，刘歆《甘泉宫赋》叶"宫中融"，无名氏《紫宫谚》叶"雄宫"，班固《西都赋》叶"宫中"，崔骃《车左铭》叶"躬中"，黄香《九宫赋》叶"宫崇"，李尤《平城门铭》叶"中宫融"，张衡《思玄赋》叶"宫彤终"，《西京赋》叶"隆宫中"，王延寿《鲁灵光殿赋》叶"宫崇"，都是冬部独用的。

"弓穹雄"等字，本属蒸部三等，汉代转入冬部。早在秦代，吕不韦《吕氏春秋·本生》已叶"中弓"，西汉无名氏《紫宫谚》叶"雄宫"，扬雄《羽猎赋》叶"穷雄中"②，东汉崔瑗《和帝诔》叶"宫穹穷"。

"风"字本属侵部合口三等，与"中宫"等字同呼同等。冬部从侵部分化出来后，"风"字应即陪同"中宫"等字一起转入冬部，至少在汉代已经转入了。因此，西汉刘胜《文木赋》叶"风隆"，东汉边让《章华台

---

① "扰"，读作"柔"上声。
② 《羽猎赋》："野尽山穷，囊括其雌雄。沉沉溶溶，遥噱乎纮中。""溶"字应认为不入韵，或为"融"字之误。

赋》叶"终风中雄隆",赵壹《迅风赋》叶"风充中终"①,都应该认为用本韵,不应该认为是冬侵合韵。

微物两部与先秦一致。

文部减去先秦文部"辰珍"等字(《切韵》真韵字)。

脂质两部与先秦一致。

真部加入先秦文部"辰珍"等字(《切韵》真韵字)。贾谊《吊屈原赋》叶"珍螾",司马相如《子虚赋》叶"银鳞",梁竦《悼骚赋》叶"珍仁真",傅毅《北海王诔》叶"亲旻",崔骃《东巡颂》叶"震辚",李尤《平乐观赋》叶"珍邻",张衡《思玄赋》叶"仁民辰秦",《东京赋》叶"陈辚畛神",《七辩》叶"榛珍",《鲍德诔》叶"邻频震",马融《广成颂》叶"渊佃震年",《东巡颂》叶"辰神",皆可为证。这样一来,就造成"真振"同音,"因禋"同音,"辰臣"同音,"珍镇"同音②,与《切韵》相一致了。

月元两部与先秦一致。

缉盍谈三部与先秦一致。

侵部减去先秦侵部合口呼的字(《切韵》冬韵及东韵三等字),只有唇音合口三等"凡帆"等仍留在侵部内。

冬部虽从侵部分化出来,但在某些方言里,直到西汉,还没有分化出来。司马相如《子虚赋》叶"蓼风音宫穷",《长门赋》叶"心音宫临风淫阴音襜闉吟南中宫崇穷"③,扬雄《太玄·沈》叶"阴宫",《太玄·进》叶"阴融",《太玄·玄莹》叶"深崇中",可见当时四川方言侵冬两部尚未分立④。

---

① "充"字本属东部,在汉代转入冬部。
② "振""镇"皆读平声。
③ "襜"字是合韵,"闉"可能是错字。
④ 司马相如、扬雄都是成都人。

韵部音值的拟测

我对汉代音系拟测的总原则是：要把汉代音系看成是上古音系到中古音系的过渡，特别对韵部是如此。

之职蒸三部的音值没有变化。

支部是先秦歌部三等和先秦支部的合流。这个韵部应拟成 [e]。

锡部的音值没有变化。

耕部是先秦阳部二、四等和先秦耕部的合流。原四等字并入三等，于是"京惊"同音，"黥擎"同音，和《切韵》相一致了。这时韵部仍应拟成 [eŋ]。

歌部是先秦歌部一、二、四等和先秦鱼部二、四等的合流。原四等字并入三等。这个韵部应该拟成原鱼部的 [ɑ] 呢，还是拟成原歌部的 [ɑi] 呢？我认为应该是 [ɑ]，因为这是向中古歌韵的 [ɑ] 和麻韵的 [a] 过渡。汉代鱼部已演变为 [ɔ]，所以和歌部的 [ɑ] 并不冲突。

铎部的音值没有变化。

阳部减去二等字和四等字。音值没有变化。

鱼部减去二等字和四等字，加入先秦侯部三等字。音值拟成 [ɔ]，是向中古的 [o] 过渡。《切韵》鱼韵应该是个 [o]，见下文。

药部在先秦是 [ok]，汉代演变为 [ɔk]。药部字大多数在《切韵》的药部。汉代药部三等字拟成 [i̯ɔk]，是向中古的 [i̯ɑk] 过渡。

宵部的音值没有变化，只是宵部收字多了。原幽部的一、二、四等字都与宵部合流，成为《切韵》萧宵肴豪四韵。

屋部在先秦是 [ok]，汉代演变为 [ɔk]。屋部一等字，直到《切韵》时代仍是 [ok]；屋部三等字，在《切韵》里属烛韵，读 [i̯uk]。汉代读 [i̯ɔk]，是由 [i̯ɔk] 向 [i̯uk] 过渡。参看下文第四章。

东部在先秦是 [oŋ]，汉代演变为 [ɔŋ]。东部一等字，直到《切韵》

时代仍是[oŋ]；东部三等字，在《切韵》里属锺韵，读[i̯uŋ]。汉代读[i̯oŋ]，是由[i̯oŋ]向[i̯uŋ]过渡。参看下文第四章。

幽部在《切韵》属尤侯幽三韵，音值没有变化，只是收字少了。《切韵》侯韵字在先秦属侯部，汉代并入幽部。在汉代，侯韵为幽部一等，读[u]，和"老好"等字没有矛盾，因为后者已经转入宵部去了。幽部三等读[i̯u]，四等读[iu]，与先秦同。

觉部音值没有变化。觉部一等字，在《切韵》属沃韵，读[uk]；觉部二等字，在《切韵》属觉韵，汉代读[euk]，《切韵》时代读[ɔk]；觉部三等字，在《切韵》属屋韵三等，汉代读[i̯uk]，《切韵》时代读[i̯ok]。

冬部音值没有变化。冬部一等字，在《切韵》属冬部，读[uŋ]；冬部二等字，在《切韵》属江韵，汉代读[euŋ]，《切韵》时代读[ɔŋ]；冬部三等字，在《切韵》属东韵三等，汉代读[i̯uŋ]，《切韵》时代读[i̯oŋ]。

微物文月元五部音值没有变化。

缉侵盍谈四部音值没有变化。

三、汉代的声调

汉代的声调系统和先秦的声调系统是否一致？汉代是否产生一个新的声调——去声？这是我们所要解决的问题。

有些音韵学家（如江有诰等）认为上古有去声，我在上章已经批评了他们。我深信段玉裁古无去声的说法。现在的问题是：汉代是否产生了去声？我起初以为汉代已经产生去声了；后来经过仔细考察，我认为汉代还没有产生去声。段玉裁说："去声备于魏晋。"[①] 我认为他的话是对的。现在我从六个方面来证明汉代没有去声。

（1）原属平声，《切韵》归去声。

---

① 段玉裁《六书音均表·古四声说》。

"冻凤控颂诵讼众议义戏畏去坏震信献运宪患眩化怆怅壮葬抗伉庆命性径定"原读平声。

《易林·复之需》叶"冻通功"，《易林·家人之剥》叶"凤公通"，班固《西都赋》叶"蹤锋控双"，扬雄《羽猎赋》叶"裳颂"，阙名《武荣碑》叶"功同诵"，《易林·节之讼》叶"戎众锋"，东方朔《七谏·怨世》叶"嵯多移加何戏议为"，崔骃《达旨》叶"亏随议"，王逸《九思·伤时》叶"施戏"，《九思·疾世》叶"驰羲乖池义岐"，枚乘《七发》叶"畏隈追坏"，《淮南子·俶真》叶"去居衢无"，《易林·蒙之既济》叶"车沟去庐"，《师之革》叶"雏去夫"，《比之革》叶"车去夫居"，《贲之震》叶"庐去"，《大畜之小过》叶"车去舆"，《蹇卦》叶"舆去夫居"，《解之比》叶"去雏与"，《夬之谦》叶"雏去"，扬雄《兖州箴》叶"震晨殷"，班固《西都赋》叶"震天渊"，《东都赋》叶"珍文云震"，《答宾戏》叶"鳞云震门根"，崔骃《大将军西征赋》叶"云震"，《东巡颂》叶"震鳞"，蔡邕《李林碑》叶"勤纯分遵欣震仁珍文邻年"，冯衍《显志赋》叶"信亲"，班固《幽通赋》叶"信真"，《窦将军北征颂》叶"先垠军仁信"，李尤《河铭》叶"信津殷邻珍"，班昭《东征赋》叶"仁人神信"，张衡《思玄赋》叶"真信身"，蔡邕《述行赋》叶"溱遵勤坟殷晨文运欣"，扬雄《交州箴》叶"难乾宪"，贾谊《鵩鸟赋》叶"抟患"，刘向《九叹·离世》叶"还患"，扬雄《解嘲》叶"安患"，刘歆《遂初赋》叶"患原"，又叶"然患"，班彪《北征赋》叶"漫怨患"，蔡琰《悲愤诗》叶"患单关蛮漫叹安餐乾难颜"，班固《十八侯铭·郦商》叶"献刊"，马融《广成颂》叶"谨眩昏"，严忌《哀时命》叶"加罗波为罗化颇差"，司马谈《论六家要旨》叶"化宜多"，王褒《洞箫赋》叶"嗟嵯柯和阿跎多劘化蛇阿歌和加罗池"，冯衍《显志赋》叶"蛇化"，边让《章华台赋》叶"加化华波嗟"，王逸《九思·哀岁》叶"凉朗唐穰怆章光房阳荒"，张衡《四愁诗》叶"怅伤"，《易林·鼎之蹇》叶"长壮"，李尤《屏风铭》叶"张方抗常"，张衡《思玄赋》叶"方香箱殃常航尝裳珩长藏芳霜伉亡章"，东方朔《七谏·沈江》叶"伤忘彰殃亡望垄同芳狂伤香攘阳明光旁降长伤藏葬行当"，古诗《乌生》叶"生命"，《王子乔》叶"令平明宁命"，班固《白雉诗》叶"容精成庆"，桓帝初《东京童谣》叶"平姓"，扬雄《解嘲》叶"定平"，班固《窦将军北征颂》叶"明冥城径庭"。

（2）原属平声，《切韵》有平去两读。

"镇振怨漫叹卷令"原读平声。

冯衍《显志赋》叶"镇玄亲神"，扬雄《博士箴》叶"陈遵振宾"，刘向《杖铭》叶"怨言"，扬雄《大鸿胪箴》叶"官漫"，班彪《北征赋》叶"漫怨患藩誉残"，班昭《东征赋》叶"卷闲叹焉"，张衡《南都赋》叶"娟卷"，皇甫规《女师箴》叶"官闲繁怨"，扬雄《太史令箴》叶"令征"，古诗《王子乔》叶"令平明宁命"。

（3）原属上声，《切韵》归去声。

"事御顾蒐惧附步狩兽茂疚旧寿妙诟丽"原读上声。

《易林·随之坤》叶"事有"，《复之谦》叶"事己殆"，《姤之井》叶"事否市"，《遯之巽》叶"氾子市顾悔"，扬雄《长杨赋》叶"巧御"，蔡邕《吊屈原文》叶"顾补"，无名氏《长安谣》叶"蒐贾"，扬雄《解嘲》叶"懼举"，《太仆箴》叶"附主"，马融《广成颂》叶"步籞罟蛊斧户旅"，《易林·解之同人》叶"牡狩酒"，王褒《四子讲德论》叶"兽茂母"，张衡《西京赋》叶"守久朽茂"，《东京赋》叶"疚酒叟寿"[①]，冯衍《显志赋》叶"茂友"，唐山夫人《安世房中歌》叶"保寿"，班固《幽通赋》叶"道茂"，《竹扇赋》叶"妙篠"，《汉书·叙传·魏田韩传赞》叶"旧朽咎"，刘向《九叹·愍命》叶"腐诟"，扬雄《羽猎赋》叶"丽靡"。

---

① "寿"字有上去两读。

（4）原属上声，《切韵》归上去两声。

"右寿后後"原读上声。

张衡《西京赋》叶"阯杞峙右汜"，阙名《镜铭》叶"纪右子耳士悔"，蔡邕《胡硕碑》叶"右理祉俟士己纪"，唐山夫人《安世房中歌》叶"保寿"，古诗《董逃行》叶"寿首右守"，杜笃《首阳山赋》叶"耇寿"，阙名《樊毅修华岳碑》叶"后舅久"，崔骃《酒箴》叶"酒岳後"，胡广《侍中箴》叶"道右守"，司马谈《论六家要旨》叶"後主"，张衡《南都赋》叶"寿叟"。

（5）原属入声，《切韵》归去声。

"至悴肆匮祟位类遂谥溉沛滞旆瘵队退溃庡愦气计乂迈弊裔界制逝大艾际外会带濑势害泰败废窜秽噬濊惠蔚二懿味醉萃内渭毅厉介䅻贵世"原读入声。

《淮南子·兵略》叶"挃至"，扬雄《太玄·少赞》叶"至恤"，《易林·小畜之旅》叶"至瑟"，《益之鼎》叶"至恤"，刘向《九叹·怨思》叶"拂悴"，《惜贤》叶"鬱悴"，扬雄《太玄·灻赞》叶"肆郄节"，《灻测》叶"肆失"，《易林·蒙之坤》叶"弼匮"，《蒙之睽》叶"趺祟"，《讼之大畜》叶"卒出位"，《否之泰》叶"屈退吉"，《噬嗑之坤》叶"节类"，《大壮之丰》叶"沸溃室"，《塞之旅》叶"嫉遂"，《益之丰》叶"律队庡祟"，《夬之中孚》叶"出祟愦"，《艮之贲》叶"律遂"，《渐之旅》叶"屈出类"，班固《典引》叶"孼缺制哲"，崔骃《达旨》叶"囚阙發沛滞"，又叶"制设灭"，张衡《东京赋》叶"發旆辖鹢杀䬸钺"，《七辩》叶"烈瘵列折"，无名氏《皑如山上雪》叶"雪月绝会"，蔡邕《胡广黄琼颂》叶"类懿位绂䅻蔚贵遂二"，杜笃《论都赋》叶"渭类实溉遂"，王逸《荔支赋》叶"味气出贵"，张衡《西京赋》叶"醉萃屈绂遂贵"，无名氏《古诗为焦仲卿妻作》叶"内日"，班固《答宾戏》叶"计谥实日"，马融《长笛赋》叶"毅厉介戾气制察说惠"，班固《西都赋》叶"厉窜秽蠛折噬杀"①，《封燕然山铭》叶"裔外界碣世"，崔骃《太尉箴》叶"大杀艾际"，张衡《东京赋》叶"苅制臬弊裔碣世"，桓鳞《七说》叶"發外"，《七辩》叶"律会带"，阙名《袁良碑》叶"厉际濊迈乂碣世"，《辛通达李仲曾造桥碑》叶"结逝"，司马相如《哀秦二世赋》叶"濑世势绝"，又叶"沫逝"，扬雄《廷尉箴》叶"害割杀泰败谒"，刘向《九叹·惜贤》叶"血废"，扬雄《将作大匠箴》叶"世泏室卒"。

（6）原属入声，《切韵》归去入两声。

马融《围棋赋》叶"突卒没闭"，扬雄《冀州箴》叶"替弊"。②

从上面大量的例证来看，汉代确实还有长入一类声调，基本上还没有变为去声。但是，并不排除有少数字已经变为去声。留待再考。

---

① "窜"，取外切。
② "卒""杀"等字也兼有去入两读，由于一般不读去声，故不入此类。

第三章　魏晋南北朝音系（220—581年）

一、魏晋南北朝的声母

魏晋南北朝共有三十三个声母，如下表：

发音方法＼发音部位			双唇	舌尖前	舌尖中	舌叶	舌面前	舌根	喉
塞音	清	不送气	p（帮非）		t（端知）			k（见）	ʔ（影）
塞音	清	送气	p'（滂敷）		t'（透彻）			k'（溪）	
塞音	浊		b（並奉）		d（定澄）			g（群）	
鼻音			m（明微）		n（泥娘）		ȵ（日）	ŋ（疑）	
边音					l（来）				
塞擦音	清	不送气		ts（精）		tʃ（庄）	tɕ（照）		
塞擦音	清	送气		ts'（清）		tʃ'（初）	tɕ'（穿）		
塞擦音	浊			dz（从）		dʒ（床）	dʑ（神）		

发音方法 \ 发音部位	双唇	舌尖前	舌尖中	舌叶	舌面前	舌根	喉
擦音 清		s（心）		ʃ（山）	ɕ（审）	x（晓）	
擦音 浊		z（邪）		ʒ（俟）	ʑ（禅）	ɣ（匣 喻三）	
半元音					j（喻四）		

由上表可以看出，魏晋南北朝声母的名称和数目与先秦完全相同，只是音值稍有改变，那就是：（一）照穿神三母的音值由 [t][tʻ][d] 变为 [tɕ][tɕʻ][dʑ]；（二）喻四的音值由 [ʎ] 变为 [j]。由于"精清从"和"庄初床"的同化作用，"照穿神"由塞音变为塞擦音；由于韵头 [i] 的影响，喻四由舌面前的边音 [ʎ] 变为发音部位相同的半元音 [j]，这是很自然的演变。

从什么地方可以看出这种演变呢？

第一，从南北朝某些方言神禅混合的情况可以看出，照穿神三母已经由塞音变为塞擦音，因为塞擦音和擦音相近，才容易相混。《颜氏家训·音辞篇》说："南人……以'石'为'射'……以'是'为'舐'。"又说："刘昌宗《周官音》读'乘'若'承'。此例甚广，必须考校。""射、舐、乘"都是神母字，"石、是、承"都是禅母字，神禅相混，为颜之推所讥，这是南北朝照穿神三母已由塞音变为塞擦音的明证。

第二，从南北朝某些方言喻四和喻三混合的情况可以看出，喻三已经由舌根擦音 [ɣ] 变为半元音 [j]。因为 [ji] 和 [ɣi] 音相近，才容易相混。正如现代吴语"形"（匣四）、"盈"（喻四）相混一样，都读成 [ɦiŋ]。《颜氏家训·音辞篇》说："梁世有一侯，尝对元帝饮谑……谓'鄄州'

为'永州'。元帝启报简文。简文云：'庚辰吴入①，遂成司隶②。'"这是喻四由 [ʎ] 变 [j] 的明证。

《颜氏家训·音辞篇》批评南人以"钱"为"涎"、以"贱"为"羡"，现代吴语还是这样。"钱、贱"是从母字，"涎、羡"是邪母字。当时南人混了，北人不混。

《颜氏家训·音辞篇》批评徐仙民（邈）《左传音》切"椽"为"徒缘"，似乎可以证明，知彻澄已经从端透定中分化出来了。"椽"读直挛切，是澄母字，古无舌上音，"椽"应属定母，徐邈切"椽"为"徒缘"不算错，而颜之推说错，那是因为在他的方言中澄母已经从定母分化出来了。但是，在《经典释文》反切中，知彻澄还没有从端透定中分化出来（见下文）。因此我们认为，南北朝时代还没有产生知彻澄三母。有知彻澄三母的至多只是一部分方言而已。

二、魏晋南北朝的韵部

魏晋南北朝共有四十二个韵部，如下页表。

魏晋南北朝韵部例字表

（1）之部 [ə]

开三 [iə]　《切韵》之止志

　　平声：兹时菑辞飔持丝期萁嗤辎诗之嶷其欺。
　　上声：起止士仕汜子耳始已理裏梓里杞似纪市俟。
　　去声：志置忌事炽嗣驶异饵廙记吏。

（2）职部 [ək]

开三 [i̯ək]　《切韵》职

---

① 《左传·定公四年》："庚辰，吴入郢。"
② 当时永州属司隶。

直极识翼食侧测饰式色抑蚀逼息织力棘膱仄恻职昃陟。

合三 [iuək]　《切韵》职

域蜮罭淢洫侐阈。

阴　声		入　声		阳　声	
无韵尾	1 之部 ə	韵尾 -k	2 职部 ək	韵尾 -ŋ	3 蒸部 əŋ
			4 德部 ɐk		5 登部 ɐŋ
	6 支部 e		7 锡部 ek		8 耕部 eŋ
	9 歌部 ɑ		10 铎部 ɑk		11 阳部 ɑŋ
	12 鱼部 ɔ				
	13 模部 o		14 屋部 ok		15 东部 oŋ
	16 宵部 ou				
	17 幽部 u		18 沃部 uk		19 冬部 uŋ
韵尾 -i	20 微部 əi	韵尾 -t	21 物部 ət	韵尾 -n	22 文部 ən
	23 脂部 ei		24 质部 et		25 真部 en
	26 灰部 ɐi		27 没部 ɐt		28 魂部 ɐn
	29 泰部 ɑi		30 曷部 ɑt		31 寒部 ɑn
	32 祭部 æi		33 薛部 æt		34 仙部 æn
		韵尾 -p	35 缉部 əp	韵尾 -m	36 侵部 əm
			37 业部 ɐp		38 严部 ɐm
			39 合部 ɑp		40 覃部 ɑm
			41 葉部 æp		42 盐部 æm

（3）蒸部 [əŋ]

开三 [iəŋ]　切韵蒸拯证

平声：陵绳惩膺承升昇凭凝冰仍兴胜蝇称澄缯绫凌菱鹰应矜。

上声：拯。

去声：证孕媵应甑胜凭称。

$$（4）德部 [ɐk]$$

开一 [ɐk] 　《切韵》德

　　　默勒德得墨黑匿北贼则刻塞忒欆克纆。

合一 [uɐk] 　《切韵》德

　　　国或惑。

$$（5）登部 [ɐŋ]$$

开一 [ɐŋ] 　《切韵》登等嶝

平声：登棱曾层朋滕腾䠷灯恒鹏崩藤能僧熷。

上声：等肯。

去声：邓亘赠嶝。

合一 [uɐŋ] 　《切韵》登

平声：肱弘薨。

$$（6）支部 [e]$$

开三 [ie] 　《切韵》支纸寘

平声：掎知枝疵披施崖宜斯池羁雌奇迤驰岐移知离澌仪卮疲差螭漪支縻儿赀卑羲。

上声：纸枳只是諀靡彼被技伎倚绮此紫弛。

去声：义议寘解避臂詈荔赐易谊致戏翅智。

合三 [iue] 　《切韵》支纸寘

平声：规闚亏垂鵗腄吹麾为随窥危萎妫。

上声：燬毁委诡跪髓累揣捶箠。

去声：惴为伪恚睡瑞谇。

$$（7）锡部 [ek]$$

开二 [ek] 　《切韵》陌麦

　　　格陌宅白客赫柏百泽；厄摘谪隔麦策翻册革。

合二 [oek]　《切韵》陌麦

　　　　　　　虢获画。

开三 [i̯ek]　《切韵》陌昔

　　　　　　　逆隙戟撠綌郤；石適迹跡襞碧夕璧积惜奕席帟射藉籍尺益亦液碛怿斁炙。

合三 [i̯uek]　《切韵》昔

　　　　　　　役。

开四 [iek]　《切韵》锡

　　　　　　　激狄析戚惕鹢歷滴敌寂壁。

合四 [iuek]　《切韵》锡

　　　　　　　阒郹砉。

　　　　　　　　（8）耕部 [eŋ]

开二 [eŋ]　《切韵》庚梗映，耕耿诤

　　平声：庚秔行更羹阬盲祊生牲彭亨衡；茎峥争耕铿薨萌氓甍。

　　上声：梗绠埂冷杏猛省眚；耿幸。

　　去声：更孟行；诤迸。

合二 [oeŋ]《切韵》庚梗映，耕耿诤

　　平声：横黌喤觥；轰。

开三 [i̯eŋ]　《切韵》庚梗映，清静劲

　　平声：兵英鸣鲸平明麖迎评苹惊京荆盟擎黥勍；清晴情精菁嬴赢瀛婴缨撄贞桢赪盛呈旌城诚成盈征声钲名并饧。

　　上声：丙炳秉境警景影皿；静靖阱井逞郢骋领岭饼请省颈。

　　去声：映敬竟镜竞庆命病柄；劲正政圣郑性姓令聘偋净盛。

合三 [i̯ueŋ]　《切韵》庚梗映，清静劲

　　平声：兄荣荧嵘；倾琼营茔縈荣惸骍。

　　上声：永憬；顷颖颍。

去声：咏泳。

开四［ieŋ］　《切韵》青迥径

　　平声：庭汀灵经刑硎星腥亭停听宁螟瞑萍青泾邢型莛蜓霆丁仃馨猩惺醒屏瓶龄柠零伶铃冥溟。

　　上声：茗顶鼎酊梃挺铤町謦醒並。

　　去声：定胫订锭磬罄听。

合四［iueŋ］　《切韵》青迥径

　　平声：扃駉坰萤荧荥。

　　上声：炯迥颍。

(9) 歌部 [ɑ]

开一［ɑ］　《切韵》歌哿箇

　　平声：歌柯哥蹉瑳多娑挲驼沱鼍陀酡驮佗醝瘥莪峨娥俄拖它他罗萝那傩何河荷苛诃呵珂轲阿痾。

　　上声：哿舸觰舵我荷可坷左爸①。

　　去声：箇个贺佐轲饿驮那些。

合一［uɑ］　《切韵》戈果过

　　平声：戈过锅莎蓑梭婆郡皤摩磨讹騾挼颇坡禾和稣科窠蜗。

　　上声：果裹蜾朵锁琐堕惰妥椭麽坐裸蠃倭跛簸叵颇祸火颗脞。

　　去声：过和挫课唾蜕播簸磨破座卧货惰涴。

开二［eɑ］　《切韵》麻马祃

　　平声：麻蟆拏嘉加家葭痂枷珈遐霞虾葩巴鸦丫桠叉杈沙鲨牙衙芽查楂茶爬杷琶。

　　上声：马雅贾槚假姆犌洒哑下夏厦把。

　　去声：祃骂驾嫁稼架假亚娅吓罅迓讶诧佗咤吒妊诈榨乍褯蜡嗄夏下

---

① "爸"字，《广韵》补可切，果韵。按：补可切当入哿韵。

霸怕嘎。

合二 [oa] 《切韵》麻马祃

  平声：华骅铧划瓜騧娲蜗花誇夸胯洼蛙。

  上声：踝寡瓦剐鲜。

  去声：化跨华。

开三 [ia] 《切韵》麻马祃

  平声：车奢赊邪耶琊椰斜遮嗟些爹罝蛇裹闍。

  上声：者也冶捨舍姐惹撦。

  去声：谢榭藉夜射卸泻借舍麝赁。

合三 [iua] 《切韵》歌

  靴。

（10）铎部 [ak]

开一 [ak] 《切韵》铎

  铎度臭幕溴膜落洛雒络烙珞乐骆託橐鐸拓跅作凿鑿错各阁胳恪愕鄂谔噩搏薄泊亳臐郝索涸鹤昨酢怍筰博诺。

合一 [uak] 《切韵》铎

  霍藿郭崞椁扩廓臛穫濩。

开三 [iak] 《切韵》药

  药躍禴钥龠籥略掠脚蹻屩灼斫勺酌妁烁若弱箬绰约却虐杓芍卼斮爵雀鹊著。

合三 [iuak] 《切韵》药

  嚄醵瞿戄缚。

（11）阳部 [aŋ]

开一 [aŋ] 《切韵》唐荡宕

  平声：唐堂糖棠郎廊琅狼当珰仓苍沧刚冈纲亢桑丧康航行杭远茫芒臧藏囊旁傍卬昂帮。

上声：荡盪颡榜驵曩傥帑党莽朗盎。
去声：宕浪盎葬丧傍藏抗钢。

合一 [uɑŋ] 《切韵》唐荡宕
平声：荒肓黄璜潢皇惶簧蝗凰光汪慷洸。
上声：广晃幌。
去声：旷圹纩。

开三 [i̯ɑŋ] 《切韵》阳养漾
平声：阳扬羊洋良凉梁粱香乡商伤殃章璋昌羌强畺疆姜长常裳张穰攘襄相厢箱囊将创疮霜戕锵枪央鸯殃泱庄。
上声：养痒象像奖蒋两鞅掌仰爽抢享敞丈仗昶长上壤赏。
去声：漾恙炀亮谅状让饷帐怅相唱畅昶向仗酿匠障嶂尚上。

合三 [i̯uɑŋ] 《切韵》阳养漾
平声：房方防坊匡亡忘望筐王狂。
上声：纺仿髣罔网枉往。
去声：望访忘况贶诳。

（12）鱼部 [ɔ]

开三 [i̯ɔ] 《切韵》鱼语御
平声：鱼渔初书舒居裾琚车渠余馀舆旟予胥沮雎锄摅疏虚墟徐於猪庐胪间诸除如袪。
上声：语圄敔吕旅侣伫苎与女许巨拒虡鉅所楚础阻俎咀举莒筥叙序绪抒。
去声：御驭虑据锯踞觑去署恕庶著翥饫飫箸遽醵茹洳豫誉预絮。

（13）模部 [o]

开一 [o] 《切韵》模姥暮
平声：模谟酺蒲胡湖乎壶瓠孤姑沽辜屠图涂途荼奴呼膴幠吾梧吴卢苏徂乌汙枯粗租都。
上声：姥土杜肚鲁卤虏睹堵古鼓嘏蛊盬贾诂五午伍簿祖组虎浒坞苦

弩户怙岵普浦补。
去声：暮慕度渡路露辂赂妒蠹兔菟吐顾故锢误寤晤护互诉愬遡素祚布恶措库袴捕步。

开三 [i̯o]　《切韵》虞麌遇

平声：虞愚隅刍無毋芜巫诬无于迂雩竽訏吁衢鸜儒濡襦须鬚需株邾朱貐殊殳铢逾踰臾腴谀榆渝区驱躯珠蒌扶符凫敷孚俘痡诹肤夫纡输枢姝厨蹰拘驹䳌。

上声：麌羽禹雨宇聚甫脯斧颇俯府黼武舞庑父辅釜拊抚柱诩煦庾愈主柱媰乳数矩缕。

去声：遇寓树住附赙注铸骤屦句瞿酗戍裕喻谕赴簉雾鹜惧具芋数付赋傅驻屡。

（14）屋部 [ok]

开一 [ok]　《切韵》屋

屋独读渎匮默縠谷鹄斛哭秃速鹿禄漉族蔟暴朴仆扑卜濮木沐。

开三 [i̯ok]　《切韵》屋

福腹複幅辐蝠伏復服馥匐缩六陆戮僇逐轴菊掬鞠匊麴孰熟塾俶叔育毓鬻肉粥竹祝倏菽畜蓄蔌竺筑築蹙蹴矗恧蝮覆郁彧燠䐁肃宿蓿夙目牧穆。

（15）东部 [oŋ]

开一 [oŋ]　《切韵》东董送

平声：东同童桐僮瞳空公功攻工蒙濛幪雾笼聋洪红虹鸿丛翁聪忽葱囱通恫狨蓬篷芃烘。

上声：董蠓孔桶总苯蛛琫。

去声：送贡赣弄冻栋㡣控糉瓮（甕）洞痛哄。

开三 [i̯oŋ]　《切韵》东董送

平声：中衷忠虫冲终漎螽崇嵩戎弓躬宫融雄夢梦穹穷风枫丰充隆癃

去声：仲中讽梦凤。

(16) 宵部 [ou]

开一 [ou]　《切韵》豪皓号
　　平声：豪号毫嗥濠高膏皋羔囊劳牢醪蒿毛髦旄氂饕韬弢滔條刀忉骚缫搔袍褒陶桃逃綯涛翿敖遨嗷曹槽麈獠尻操。
　　上声：皓昊浩镐抱老好宝保潦讨道稻脑恼擣祷倒岛草早澡蚤枣皁造杲堡袄媼考攷栲。
　　去声：号导纛蹈盗到倒告诰缟傲骜鼻冒帽芼涝劳操暴报好奥譟埽犒靠耗。

开二 [eou]　《切韵》肴巧效
　　平声：肴殽爻淆交蛟胶郊巢铙呶怓梢筲蛸茅猫虓哮包苞抛敲聱嘲庖咆抄鲍㚎坳。
　　上声：巧佼饱挠卯昴绞狡搅姣爪鲍齩炒拗。
　　去声：效傚効校教孝罩豹貌窌稍桡淖乐。

开三 [iou]　《切韵》宵小笑
　　平声：宵消霄销超朝晁鼂嚻枵樵谯骄娇焦椒饶遥瑶姚摇韶昭飙标镳瀌瓢飘苗描要邀乔桥侨鳌妖夭䩌杓漂翘燎。
　　上声：小肇兆赵旐夭少扰绕摽缥绍杪渺眇矫表皫悄剿。
　　去声：笑肖照诏耀曜燿要召邵峤剽漂燎少疗醮庙。

开四 [iou]　《切韵》萧篠啸
　　平声：萧箫桃佻挑貂凋雕彫刁迢条鬐跳蜩调苕骁枭浇徼辽僚聊尧幺。
　　上声：篠皎皦缴鸟了瞭朓晓杳窈窕挑湫。
　　去声：啸枭眺吊钓蔦徼叫尿掉调茇窍料窔。

(17) 幽部 [u]

合一 [u]　《切韵》侯厚候
　　平声：侯猴餱篌讴沤鸥楼娄蒌搂髅彄抠緅陬偷头投钩沟篝兜裒。

上声：厚後后母牡某亩拇部斗苟狗笱偶耦藕彀叟擞薮吼剖呕嵝走。

去声：候后後厚寇诟茂贸戊袤懋仆踣窦逗斗耨嗽奏透沤遘构雊锼腠陋漏蔻。

合三［i̯u］　《切韵》尤有宥

平声：尤邮訧忧优麀刘留流秋猷犹由攸悠油游遊卣繇牛遒酋脩修羞抽瘳妯犫周州洲舟雠酬柔蹂收丘鸠不紑搜蒐邹驺陬愁休庥囚泅俦輈求裘球浮桴谋牟矛眸侔。

上声：有友柳狃杻丑肘朽久九玖韭灸首手守醜妇负阜缶否不糗臼舅咎纣酉诱牖槱受绶寿滫酒帚。

去声：宥又佑祐右囿侑救灸厩究疚胄酎宙繇籀昼咮狩兽臭呪祝旧柩瘦漱皱副富畜溜霤秀绣宿僦骤复糅狖授售寿。

合四［iu］　《切韵》幽黝幼

平声：幽呦虯觩彪镠樛烋缪鹨。

上声：黝纠赳。

去声：幼谬缪。

（18）沃部［uk］

合一［uk］　《切韵》沃

沃毒笃督酷喾鹄鹊仆梏瑁熇襮。

合二［euk］　《切韵》觉

觉角桷玨搉嶽岳乐浞捉朔稍数卓斲涿诼琢啄剥驳邈雹嚳璞殼浊濯渥握幄逴学。

合三［i̯uk］　《切韵》烛

烛属瞩玉狱旭顼局跼偈蜀触辱蓐褥缛欲浴慾躅录绿醁箓曲瘃劚赎续幞促俗粟亍。

（19）冬部［uŋ］

合一［uŋ］　《切韵》冬宋

平声：冬彤佟儱鼕賨琮淙潨宗农依泺。

去声：宋综统。

合二 [euŋ] 《切韵》江讲绛

平声：江扛庞狵庞窗邦降泽泷双逄釭缸腔幢悥椿。

上声：讲港耩棒蚌项。

去声：绛降巷哄戆。

合三 [iuŋ] 《切韵》锺肿用

平声：锺鐘龙舂松容衝庸墉鏞镕封凶胸兇讻颙邕雍癕浓醲秋重从傭逢缝峰蜂丰烽纵蹤鏦茸蛩筇恭供龚鬆枞。

上声：肿种踵宠陇垄拥壅宂重冢奉捧勇涌甬蛹俑恐臩拱巩竦悚耸。

去声：用颂诵讼俸缝共供雍雍纵种重从。

（20）微部 [əi]

开三 [iəi] 《切韵》微尾未

平声：祈旂顽畿機幾讥蘄矶饑希稀晞稀衣沂。

上声：岂幾颀扆俋。

去声：既墍禨毅气衣。

合三 [iuəi] 《切韵》微尾未

平声：微薇挥辉翬徽帏围韦霏妃菲騑飞扉非肥腓淝威葳巍归。

上声：尾亹娓斐菲朏匪篚蜚韡棐鞋鬼虺卉。

去声：未味贵胃渭谓魏沸费痱诽尉慰畏讳狒翡。

（21）物部 [ət]

开三 [iət] 《切韵》迄

迄仡肐汔讫吃屹乞。

合三 [iuət] 《切韵》物

物勿弗绂黻绋郁菀尉蔚屈剧诎倔崛佛怫拂被。

（22）文部 [ən]

开三 [iən]　《切韵》欣隐焮

　　平声：欣昕訢勤芹懃殷慇斤筋垠狺鄞。

　　上声：隐谨堇龂近听。

　　去声：焮靳近。

合三 [iuən]　《切韵》文吻问

　　平声：文闻纹蚊云雲芸耘氲汾坟氛濆棼粉颁蕡扮分群裙熏薰獯君军芬纷。

　　上声：吻刎抆粉愤忿悃蕴韫醖。

　　去声：问璺絻闻运晕郓训忿糞奋醖愠捃郡分。

（23）脂部 [ei]

开三 [iei]　《切韵》脂旨至

　　平声：脂祗泜夷姨彝痍洟师狮邚咨资粢姿饥肌鸱绨郗茨瓷尼怩墀迟坻私尸鸤屍菭耆祁伊梨眉湄楣徽麋悲邳丕伾秠駓胝纰。

　　上声：旨指厎视美鄙咒蘳几机秫姊匕比妣矢屎雉死履否痞圮仳皵。

　　去声：至贽挚郿媚魅祕懑閟嚳秘泌费邲濞渒备奰精痣嗜视利莅腻屁劓致蒉踬质弃致稚寐冀骥洎坒二贰次忾懿饐四肆泗驷器鼻比畀痹庇地肆示諡自。

合三 [iuei]　《切韵》脂旨至

　　平声：葵追龟蕤绥衰惟维唯遗累蔂虽眭遗夔馗骙锥騅谁帷鎚椎推蕹檇。

　　上声：轨宄洧鲔水垒蕌诔末揆癸蕊唯。

　　去声：位遂隧燧穗醉邃崇谇粹类泪累匮蒉馈餽櫃愧帅喟翠坠怼季悸怉。

（24）质部 [et]

开二 [et]　《切韵》栉

　　栉瑟虱。

开三 [i̯et]　《切韵》质

　　质桎櫍蛭鸷铚锧日馹衵实秩帙袟姪悉膝蟋一壹七漆匹吉拮暍（昵）逸佚佾溢轶镒泆诘抶栗慄溧室庢铚疾嫉失室蜜谧宓必毕筚跸鬐玭彈姞佶郆苾汨比密弼乙笔。

合三 [i̯uet]　《切韵》术

　　术述秫沭橘崒聿遹䫻卒䘏恤戌律黜怵窋术出率①。

　　　　　　　（25）真部 [en]

开二 [en]　《切韵》臻

　　平声：臻蓁溱榛莘駪侁诜甡。

开三 [i̯en]　《切韵》真轸震

　　平声：真甄因茵禋闉駰湮姻新辛辰晨宸人仁神亲申身娠呻宾滨邻麟鄰辚鳞珍陈尘津瞋嗔秦螓寅夤缤频蘋颦银誾囂巾珉閩缗旻贫彬斌豳邠民。

　　上声：轸缜疹畛肾蜃忍矧哂引纼朕紧尽牝脪蚓愍闵悯敏泯。

　　去声：震振赈娠信刃仞胤遴吝藺傧殡鬓阵慎晋搢缙进衅釁镇瞋仅觐殣橪衬龀印疢趁。

合三 [i̯uen]　《切韵》谆准稕；真轸震（合口）

　　平声：谆惇肫椿荀鄟询峋洵畇纯蓴醇鹑淳犉唇湉伦沦轮纶屯窀迍逡竣皴遵春匀旬巡驯循均钧；麇筠囷。

　　上声：准允尹狁笋隼蠢盾吮；窘菌。

　　去声：稕峻濬迅殉徇儁俊畯骏馂舜瞬闰润顺。

　　　　　　　（26）灰部 [ɐi]

开一 [ɐi]　《切韵》咍海代

　　平声：咍开哀埃臺苔该赅垓栽哉才财材裁来莱駼灾胎台孩䚡呆。

---

① "率"，所律切，術韵字。今本《广韵》误入质韵。

上声：海醢凯恺宰𩣡殆待怠迨给乃迺改亥采採綵寀彩在欸。
去声：代岱黛逮载再赛塞贷态溉概慨忾铠碍爱僾瀣劲耐鼐戴賚俫菜载。

开二 [eɐi] 《切韵》皆骇怪
平声：皆偕阶喈湝谐骸排俳豺埋霾斋豺侪。
上声：骇楷锴骇。
去声：瘵戒诫界介届疥芥械薤瀣拜湃惫鎩杀。

开三 [i̯ɐi] 《切韵》废
去声：刈乂㞞。

合一 [uɐi] 《切韵》灰贿队
平声：灰豗㷮恢诙悝魁盔隈煨回洄迴徊蛔枚媒煤梅禖鋂傀瑰瓌雷纆隤崔缞堆摧裴徘培陪杯醅桅嵬胲。
去声：队憝佩錞𨛬悖背妹昧穄配诲悔晦醋痗对碓倅淬焠退愦溃块碎纇辈。

合二 [oɐi] 《切韵》皆怪
平声：乖怀槐淮。
去声：怪坏䎯聩。

合三 [i̯uɐi] 《切韵》废
去声：废袯肺秽吠喙茷。

（27）没部 [ɐt]

开一 [ɐt] 《切韵》没
麧纥齕。

开三 [i̯ɐt] 《切韵》月
谒阏歇许揭羯竭蠍。

合一 [uɐt] 《切韵》没
没歿骨汩勃渤荸咄突凸忽笏惚兀窟矻讷窣猝卒捽。

合三 [i̯uɐt] 《切韵》月

月刖伐筏阀罚越钺粤曰厥阙蹶掘髮發韍。

(28) 魂部 [ɐn]

开一 [ɐn]　《切韵》痕很恨

　　平声：痕根跟恩吞。

　　上声：很垦恳。

　　去声：恨艮。

开三 [iɐn]　《切韵》元阮愿

　　平声：言轩鶱犍蔫。

　　上声：偃鄢寋巚幰。

　　去声：建堰献。

合一 [uɐn]　《切韵》魂混恩

　　平声：魂浑昆晜裈鹍温门扪臀孙飧尊樽存敦惇墩暾屯豚臀郭村盆奔
　　　　　论崙掄昏惛婚阍。

　　上声：混忖本损稳囷盾鯀。

　　去声：恩顿巽逊困嫩闷钝遁遯寸论。

合三 [iuɐn]　《切韵》元阮愿

　　平声：元原源沅爰袁猿援辕烦蹯繁蘩蕃樊番翻幡暄萱壎狟鸳冤蜿
　　　　　藩园。

　　上声：阮远晚挽鞔反阪返卷婉苑琬绻饭。

　　去声：愿愿券绻萬蔓饭远。

(29) 泰部 [ɑi]

开一 [ɑi]　《切韵》泰

　　去声：泰太汰盖丐艾蔼霭柰奈大害带贝沛霈旆愒蔡赖籁癞濑。

开二 [eai]　《切韵》佳蟹卦

　　平声：佳街鞋牌柴紫钗差厓涯崖。

　　上声：蟹解买獬澥廌罢矮洒。

去声：懈邂瘵睚稗派债隘。

合一 [uai]　《切韵》泰

去声：会绘侩脍桧浍郐狯刽最哕翙濊酹外祋荟蕞。

合二 [oai]　《切韵》佳蟹卦

平声：娲蛙娃洼。

上声：拐。

去声：卦挂诖罢画。

（30）曷部 [at]

开一 [at]　《切韵》曷

曷褐鹖蝎怛妲囤佸挞獭达遏闼剌辣癞渴葛割萨擦捺。

开二 [eat]　《切韵》黠

黠札紥拔劼八察戛轧揠殺煞鎩。

合一 [uat]　《切韵》末

末昧靺秣抹妺沫拨钵括鸹适阔活夺脱豁斡撮捋跋。

合二 [oat]　《切韵》黠

滑猾鹘豽。

（31）寒部 [an]

开一 [an]　《切韵》寒旱翰

平声：寒韩翰邯汗豻单郸丹殚箪安鞍难餐滩叹摊跚珊坛檀残弹干乾竿肝奸玕阑兰澜看刊。

上声：旱亶疸坦散伞但担诞趱懒（懒）。

去声：翰捍扞汗悍炭叹按案旦盰幹矸岸犴侃衍汉暵烂难粲灿散赞鄼。

开二 [ean]　《切韵》删潸

平声：删潸班斑蛮颜姦菅攀。

上声：潸版板赧。

去声：谏鴈（雁）贗晏鷃涧讪慢嫚谩栈。

合一 [uɑn]　《切韵》桓缓换
　　平声：桓完丸芄貆邧端剬𥷚豌剜湍团漙剸搏攒官棺观冠銮鸾栾峦欢讙钻槃盘瘢磻磐般鑾瞒馒潘。
　　上声：缓澣浣短盌疃管琯痯卵款暖纂伴断。
　　去声：换逭惋腕贯裸馆瓘灌观冠鹳盥窜爨玩忨乱断锻段彖唤焕算蒜幔漫墁半绊判泮叛畔攒。

合二 [oɑn]　《切韵》删潸谏
　　平声：关擐弯湾还环鬟寰。
　　上声：绾睆鲩皖莞。
　　去声：患宦豢惯卝篡。

（32）祭部 [æi]

开二 [eæi]　《切韵》夬
　　去声：迈败犗虿。

开三 [i̯æi]　《切韵》祭
　　去声：祭际弊獘敝蔽袂制掣製誓逝曳洩瘗艺呓滞嶭例厉疠励砺粝憩愒揭世势贳猘屭瘵偈傺掣。

开四 [iæi]　《切韵》齐荠霁
　　平声：齐脐蛴憍黎藜犁鳘璆妻萋凄骊低氐碑鞮羝鍉啼提题梯䵣骒狴鸡稽笄卟奚徯蹊兮鷍鹥倪霓猊醯西棲犀嘶梯鼙批赉䶒齌跻挤迷麛泥谿（溪）。
　　上声：荠礼澧醴鳢劙体涕济邸抵坻诋底牴柢弟祢洗泚启稽棨綮徯米眯陛。
　　去声：霁陼济帝谛嚏柢蒂螮剂替涕剃第悌棣杕递逮砌妻细壻诣羿睨计继系繫蓟髻系契挈翳曀殪谜闭薜丽戾隶荔㧏唳沴泥。

合二 [oæi]　《切韵》夬
　　去声：夬狤哙快喝。

合三［i̯uæi］　《切韵》祭

　　去声：岁卫彗芮汭枘赘兓脆锐睿蜹缀醊啜惙餟税说蜕帨刿鳜蹶。

合四［iuæi］　《切韵》齐荠霁

　　平声：圭珪闺奎睽奎刲携畦觹。

　　去声：桂嗜慧惠蕙。

（33）薛部［æt］

开二［eæt］　《切韵》鎋

　　　　鎋（牽）辖刹瞎獭捌。

开三［i̯æt］　《切韵》薛

　　　　薛继泄亵渫蹀卨蛰列烈洌洌裂苅栵哲桀傑杰竭碣偈热晢浙折舌孽蘖谳闑蘖鳖别辙彻澈撤子讦揭设。

开四［iæt］　《切韵》屑

　　　　屑切窃结絜洁桔祜拮节癤垤耋迭跌绖瓞咥铁餮撷颉襭涅捏苶截臬陧蔑蠛巀噎挈瞥蟞芯窒齧。

合二［oæt］　《切韵》鎋

　　　　刮鸹。

合三［i̯uæt］　《切韵》薛

　　　　绝雪悦说阅缺爇拙辍惙餟歠啜掇劣埒锊刷茁。

合四［iuæt］　《切韵》屑

　　　　血决阕缺玦诀鴂觖抉穴。

（34）仙部［æn］

开二［eæn］　《切韵》山产裥

　　平声：山间艰菅闲娴悭孱潺殷。

　　上声：产汕限简僩柬拣划羼棧棧眼盏。

　　去声：裥间觇苋瓣办盼扮绽。

开三［i̯æn］　《切韵》仙狝线

平声：仙偓鲜钱迁韀煎湔鬋然燃延埏筵䢳旃氈鹯遭潺孱羶扇煽蝉禅澶嬗缠躔廛嫣连联涟篇扁翩便梗緜绵乾虔犍骞褰焉。

上声：狝鲜癣薛演衍践饯俴展辗浅阐啴遣缱寋謇善蟺鄢剪戬辇甂件辨辩缅沔褊免娩勉冕。

去声：線（线）战颤缮膳禅单嬗彦唁谴遣面偭箭鬋扇煽卞汴忭弁贱羨饯衍便变。

开四 [iæn]　《切韵》先铣霰

平声：先跹前千仟阡芊笺韀溅天坚肩豜贤弦絃烟燕莲怜田畋填阗滇年颠巅傎牵妍研蹁眠骈骈髌䎺边籩编蝙。

上声：铣跣燹腆典蝘珍茧岘倪睍撚扁匾。

去声：霰先茜倩电殿甸奠佃钿瑱练见现砚燕荐薦麫片。

合二 [oæn]　《切韵》山产裥

平声：鳏纶。

去声：幻。

合三 [iuæn]　《切韵》仙狝線

平声：全牷泉宣揎鐫翾儇穿川沿铅捐鸢旋缘璿渷娟悁蜎船诠铨痊筌縓专甄颛遄员圆拳权鬈挛传。

上声：兖转圈软舛篆剸选撰。

去声：眷倦篹馔传啭转。

合四 [iuæn]　《切韵》先铣霰

平声：渊涓蠲鹃駽玄悬。

上声：法铉畎犬。

去声：绚县炫衒狷。

（35）缉部 [əp]

开三 [iəp]　《切韵》缉

缉葺十什拾执汁习袭隰集辑楫入挹挹湿及立苙笠粒急汲伋给

级泣涩灢吸歙弇戢溅邑悒。

(36) 侵部 [əm]

开三 [i̯əm] 　《切韵》侵寝沁

　　平声：侵骎绺寻浔鹭林淋琳临琛斟针鍼箴沈湛碪（砧）谌壬任纴深淫祲琴禽吟歆钦金今衿襟音阴森参岑簪。

　　上声：寝锓朕廪懔凛荏饪稔枕沈审葚甚噤蕈禀饮品。

　　去声：沁浸祲任妊鸩枕禁赁荫廕饮渗譖譀临。

(37) 业部 [ɐp]

开三 [i̯ɐp]　《切韵》业

　　业邺崇胁怯呿劫跲腌。

合三 [i̯uɐp]　《切韵》乏

　　乏法。

(38) 严部 [ɐm]

开三 [i̯ɐm]　《切韵》严俨酽；梵

　　平声：严杴醃。

　　上声：俨㺁。

　　去声：酽。

合三 [i̯uɐm]　《切韵》凡范梵

　　平声：凡帆。

　　上声：范範。

　　去声：梵汎泛。

(39) 合部 [ɑp]

开一 [ɑp]　《切韵》合

　　合阖部答嗒飒卅沓遝踏杂匝拉纳魶。

开二 [ɐɑp]　《切韵》洽

　　洽狭袷峡恰掐夹跲眨臿插歃。

（40）覃部 ［ɑm］

开一 ［ɑm］　《切韵》覃感勘

　　平声：覃潭谭蟫昙眈参骖南男枏谙庵含函涵婪蚕簪探贪耽湛龛堪戡毷弇①。

　　上声：感禫窞醓黕菩惨坎颔菡。

　　去声：勘绀淦憾玲暗闇。

开二 ［eɑn］　《切韵》咸豏陷

　　平声：咸鹹缄掺嵓喃谗。

　　上声：豏减喊湛斩掺黵。

　　去声：陷。

（41）葉部 ［æp］

开一 ［æp］　《切韵》盍

　　盍阖嗑腊榻塔遢蹋闸榼。

开二 ［eæp］　《切韵》狎

　　狎枷匣喋鸭压押甲胛翣呷。

开三 ［iæp］　《切韵》葉

　　葉接摄涉猎鬣躐捷聂蹑謵慑嗫慴摺妾辄晔馌箑魇厣。

开四 ［iæp］　《切韵》怗

　　帖怗贴协叶勰颊挟侠蛱悏箧牒谋堞叠蝶茶敜籋燮蜨浹。

（42）盐部 ［æm］

开一 ［æm］　《切韵》谈敢阚

　　平声：谈郯惔痰佄甘柑泔担儋三蓝褴篮酣聃慙酺蚶。

　　上声：敢橄览榄揽荧毯胆噉唊澹淡萏嵌。

　　去声：阚瞰滥鉴缆憨儋暂。

---

① "弇"，古南切。又音衣检切。

开二［eæm］　《切韵》衔槛鑑

　　平声：衔巉镶巖岩搀衫芟监。

　　上声：槛舰黤。

　　去声：鉴监忺。

开三［ĭæm］　《切韵》盐琰艳

　　平声：盐阎阽檐廉簾匳猃帘砭纤籤佥詹占瞻蟾苫襜髯黏霑觇淹崦醃
　　　　阉尖歼渐潜箝钳黔钤憸剑欠①。

　　上声：琰剡燄敛激险狳玁贬颭赚俭芡检睑黶冉苒染陕闪谄奄掩搉弇渐。

　　去声：艳焰赡厌餍窆砭验捦堑椠殓敛觇占。

开四［iæm］　《切韵》添忝㮇

　　平声：添鬏谦兼蒹鲢嫌拈鲇。

　　上声：忝點玷簟嗛歉慊。

　　去声：㮇念店坫垫僭。

　　魏晋南北朝韵部的分析，主要是以阳夏"四谢"（谢灵运385—433、谢惠连397—433、谢庄421—466、谢朓464—499）的诗赋为根据，因为：（一）"四谢"的材料较多，便于分析；（二）"四谢"同时代、同地域，不至有方音的差异；（三）"四谢"距离张衡（78—139）四百余年，语音应有较大的变化。同时参考了同时代的韵文，如范晔的《后汉书》传赞，刘勰的《文心雕龙》的赞和颜延之、沈约、江淹等人的诗赋②。

南北朝韵部例证

（1）之部［ə］

《初发石首城》　　　　　　　　　　　　　　　　谢灵运

白圭尚可磨，斯言易为缁［tʃĭə］。

---

① "剑欠"二字，《广韵》入梵韵，南北朝应属艳韵。参看下文所举《文心雕龙》的例证。
② 参看王力《南北朝诗人用韵考》，见《汉语史论文集》1—59页，科学出版社1958年版。

虽抱中孚爻，犹劳贝锦诗 [ɕiə]。
寸心若不亮，微命察如丝 [siə]。
日月垂光景，成贷遂兼兹 [tsiə]。
出宿薄京畿，晨装搏曾飔 [siə]。
重经平生别，再与朋知辞 [ziə]。
故山日已远，风波岂还时 [ziə]？
迢迢万里帆，茫茫终何之 [tɕiə]？
游当罗浮行，息必庐霍期 [giə]。
越海陵三山，游湘历九嶷 [ŋiə]。
钦圣若旦暮，怀贤亦栖其 [kiə]。
皎皎明发心，不为岁寒欺 [kʻiə]。

(2) 职部 [ək]

《酬德赋》（节录） 　　　　　　　谢　朓

悲夫四时游之代序，六龙骛而不息 [siək]。
轻盖靡于骏奔，玉衡劳于拊翼 [jiək]。
嗟岁晏之尟欢，曾阴默以悽恻 [tʃʻiək]。
玄武伏于重介，宛虹潜以自匿 [niək]。
览斯物之用舍，相群芳之动植 [ziək]。
吊悴躯于华省，理衣簪而自敕 [tʻiək]。
思披文而信道，散忿懑于胸臆 [ʔiək]。

(3) 蒸部 [əŋ]

《恨赋》（节录） 　　　　　　　江　淹

若乃赵王既虏，迁于房陵 [liəŋ]。
薄暮心动，昧旦神兴 [xiəŋ]。
别艳姬与美女，丧金舆及玉乘 [dziəŋ]。
置酒欲饮，悲来填膺 [ʔiəŋ]。

千秋万岁，为怨难胜［ɕiəŋ］！
　　（4）德部［ɐk］
　《拟魏太子邺中集诗》（陈琳）　　　　　　谢灵运
皇汉逢迍邅，天下遭氛慝［t'ɐk］。
董氏沦关西，袁家拥河北［pɐk］。
单民易周章，窘身受羁勒［lɐk］。
岂意事乖己，永怀恋故国［kuɐk］。
相公实勤王，信能定蟊贼［dzɐk］。
复睹东都辉，重见汉朝则［tsɐk］。
馀生幸已多，矧乃值明德［tɐk］！
爱客不告疲，饮谯遗景刻［k'ɐk］。
夜听极星烂，朝游穷曛黑［xɐk］。
哀哇动梁埃，急觞荡幽默［mɐk］。
且尽一日娱，莫知古来惑［ɣuɐk］！
　　（5）登部［ɐŋ］
　《郭杜孔张廉王苏羊贾陆传赞》　　　　　范　晔
范得其朋［bɐŋ］，
堂任良肱［kuɐŋ］。
二苏劲烈，羊贾廉能［nɐŋ］。
季宁拒策，城陨衝輣①［bɐŋ］。
　《文心雕龙·章句赞》　　　　　　　　　刘　勰
断章有检，积句不恒［ɣɐŋ］。
理资配主，辞忌失朋［bɐŋ］。
环情草调，宛转相腾［dɐŋ］。

---

① 李贤注："輣，兵车也，音彭，协韵音普滕反。"其实范晔时代"輣"读如"朋"，不是协韵。

离合同异，以尽厥能 [nɐŋ]。
（6）支部 [e]
《将游湘水寻句溪》　　　　　　　　　　谢　朓

既从陵阳钓，挂鳞骖亦螭 [tʻie]。
方寻桂水原，竭帝苍山垂 [ziue]。
辰哉且未会，乘景弄清漪 [ʔie]。
瑟汩泻长淀，潺湲赴两岐 [gie]。
轻苹上靡靡，杂石下离离 [lie]。
寒草分花映，戏鲔乘空移 [jie]。
兴以暮秋月，清霜落素枝 [tʃie]。
鱼鸟余方玩，缨緌君自縻 [mie]。
及兹畅怀抱，山川长若斯 [sie]！

（7）锡部 [ek]
《雪赋》（节录）　　　　　　　　　　　谢惠连

其为状也，散漫交错，氛氲萧索① [ʃiek]。
蔼蔼浮浮，瀌瀌奕奕 [jiek]。
联翩飞洒，徘徊委积 [tsiek]。
始缘甍而冒栋，终开帘而入隙 [kʻiek]。
初便娟于墀庑，末萦盈于帷席 [ziek]。
既因方而为珪，亦遇圆而成璧 [piek]。
眄𣋏则万顷同缟，瞻山则千岩俱白 [bek]。

《耿弇传赞》　　　　　　　　　　　　　范　晔

图国久策 [tʃʻek]。
分此凶狄 [diek]。

---

① "索"，山戟切。

秉洽胡情，夔单房迹 [tsi̯ek]。
慊慊伯宗，枯泉飞液 [ji̯ek]。

(8) 耕部 [eŋ]

《初去郡》　　　　　　　　　　　　　谢灵运

彭薛裁知耻，贡公未遗荣 [ɣiueŋ]。
或可优贪竞，岂足称达生 [ʃeŋ]。
伊余秉微尚，拙讷谢浮名 [mi̯eŋ]。
庐园当栖岩，卑位代躬耕 [keŋ]。
顾己虽自许，心迹犹未并 [pi̯eŋ]。
无庸妨周任，有疾像长卿 [xi̯eŋ]。
毕娶类尚子，薄游似邴生 [ʃeŋ]。
恭承古人意，促装返柴荆 [ki̯eŋ]。
牵丝及元兴，解龟在景平 [bi̯eŋ]。
负心二十载，于今废将迎 [ŋi̯eŋ]。
理棹遄还期，遵渚骛修垧 [kiueŋ]。
溯溪终水涉，登岭始山行 [ɣeŋ]。
野旷沙岸净，天高秋月明 [mi̯eŋ]。
憩石挹飞泉，攀林搴落英 [ʔi̯eŋ]。
战胜臞者肥，鉴止流归停 [dieŋ]。
即是羲唐化，获我击壤情 [dzi̯eŋ]。

(9) 歌部 [ɑ]

《雪赋》（节录）　　　　　　　　　　谢惠连

于是河海生云，朔漠飞沙 [ʃɑ]。
连氛累霭，掩日韬霞 [ɣɑ]。
霰淅沥而先集，雪纷糅而遂多 [tɑ]。

　　　　《第五钟离宋寒传赞》　　　　　　　　范　晔
伯鱼子阿 [a]。
矫急去苛 [ɣa]。
临官以洁，匡帝以奢 [ɕia]。
　　　　《班梁传赞》　　　　　　　　　　　范　晔
定远慷慨，专功西遐 [ɣea]。
坦步葱雪，咫尺龙沙 [ʃea]。
懔亦抗愤，勇乃负荷 [ɣa]。

　　（10）铎部 [ak]
　　　　《斋中读书》　　　　　　　　　　　谢灵运
昔余游京华，未尝废丘壑 [xak]。
矧乃归山川，心迹双寂寞 [mak]。
虚馆绝诤讼，空庭来鸟雀 [tsiak]。
卧疾丰暇豫，翰墨时间作 [tsak]。
怀抱观古今，寝食展戏谑 [xiak]。
既笑沮溺苦，又哂子云阁 [kak]。
执戟亦以疲，耕稼岂云乐 [lak]！
万事难并欢，达生幸可托 [t'ak]。

　　（11）阳部 [aŋ]
　　　　《暂使下都夜发新林至京邑》　　　　谢　朓
大江流日夜，客心悲未央 [ʔiaŋ]。
徒念关山近，终知反路长 [diaŋ]。
秋河曙耿耿，寒渚夜苍苍 [ts'aŋ]。
引顾见京室，宫雉正相望 [miuaŋ]。
金波丽鳷鹊，玉绳低建章 [tɕiaŋ]。
驱车鼎门外，思见昭丘阳 [jiaŋ]。

驰晖不可接，何况隔两乡 [xiaŋ]！
风云有鸟路，江汉限无梁 [li̯aŋ]。
常恐鹰隼击，时菊委严霜 [ʃi̯aŋ]。
寄言嬛罗者，寥廓已高翔 [zi̯aŋ]。

　　　　（12）鱼部 [ɔ]

　　　《游东堂咏桐》　　　　　　　谢　朓

孤桐北窗外，高枝百尺余 [ji̯ɔ]。
叶生既婀娜，叶落更扶疏 [ʃi̯ɔ]。
无华复无实，何以赠离居 [ki̯ɔ]？
裁为圭与瑞，足可命参墟 [xi̯ɔ]。

　　　　（13）模部 [o]

　　　《邓寇传赞》　　　　　　　　范　晔

元侯渊谟 [mo]，
乃作司徒 [do]。
明启帝略，肇定秦都 [to]。
勋成智隐，静其如愚 [ŋi̯o]。

　　　　（14）屋部 [ok]

　　　《和王著作融八公山》　　　　谢　朓

二别阻汉坻，双崤望河澳 [ʔi̯ok]。
兹岭复巑岏，分区奠淮服 [bi̯ok]。
东限琅琊台，西距孟诸陆 [lok]。
阡眠起杂树，檀栾荫修竹 [ti̯ok]。
日隐涧疑空，云聚岫如複 [pʰi̯ok]。
出没眺楼雉，远近送春目 [mi̯ok]。
戎州昔乱华，素景沦伊榖 [kok]。
阽危赖宗衮，微管寄明牧 [mi̯ok]。

长蛇故能翦，奔鲸自此曝 [bok]。
道峻芳尘流，业遥年运倏 [ɕiok]。
平生仰令图，吁嗟命不淑 [ziok]。
浩荡别亲知，联翩戒征轴 [di̯ok]。
再远馆娃宫，两去河阳谷 [kok]。
风烟四时犯，霜雨朝夜沐 [mok]。
春秀良已凋，秋场庶能筑 [ti̯ok]。

（15）东部 [oŋ]

《月赋》（节录）　　　　　　　　　　　谢　庄

胸朓警阙，朏魄示冲 [di̯oŋ]。
顺辰通烛，从星泽风 [pi̯oŋ]。
增华台室，扬采轩宫 [ki̯oŋ]。
委照而吴业昌，沦精而汉道融 [ji̯oŋ]。

（16）宵部 [ou]

《从游京口北固应诏》　　　　　　　　　谢灵运

玉玺戒诚信，黄屋示崇高 [kou]。
事为名教用，道以神理超 [tʻi̯ou]。
昔闻汾水游，今见尘外镳 [pi̯ou]。
鸣笳发春渚，税銮登山椒 [tsi̯ou]。
张组眺倒景，列筵瞩归潮 [di̯ou]。
远岩映兰薄，白日丽江皋 [kou]。
原隰荑绿柳，墟囿散红桃 [dou]。
皇心美阳泽，万象咸光昭 [tɕi̯ou]。
顾己枉维絷，抚志惭场苗 [mi̯ou]。
工拙各所宜，终以反林巢 [dʒeou]。
曾是萦旧想，览物奏长谣 [ji̯ou]。

《酬从弟惠连》（节录） 谢灵运

暮春虽未交 [keou]，
仲春善游遨 [ŋou]。
山桃发红萼，野蕨渐紫苞 [peou]。
鸣嘤已悦豫，幽居犹郁陶 [dou]。
梦寐伫归舟，释我吝与劳 [lou]。

《游后园赋》（节录） 谢朓

于是敞凤闱之蔼蔼，耸云馆之迢迢 [diou]。
周步檐以升降，对玉堂之沉寥 [liou]。
追夏德之方暮，望秋清之始飙 [pi̯ou]。
藉宴私而游衍，时寤语而逍遥 [ji̯ou]。

（17）幽部 [u]

《鼓吹曲》 谢朓

江南佳丽地，金陵帝王州 [tɕi̯u]。
逶迤带绿水，迢递起朱楼 [lu]。
飞甍夹驰道，垂杨荫御沟 [ku]。
凝笳翼高盖，叠鼓送华辀 [ti̯u]。
献纳云台表，功名良可收 [ɕi̯u]。

（18）沃部 [uk]

《雪赋》（节录） 谢惠连

携佳人兮披重幄 [euk]，
援绮衾兮坐芳褥 [ŋi̯uk]，
燎薰鑪兮炳明烛 [ɕi̯uk]，
酌桂酒兮扬清曲 [kʽi̯uk]。

（19）冬部 [uŋ]

《豫章行》 谢惠连

轩帆遡遥路，薄送瞰遐江 [keuŋ]。

舟车理殊缅，密友将远从 [dzi̯uŋ]。
九里乐同润，二华念分峰 [pʻi̯uŋ]。
集欢岂今发？离散自古锺 [tɕi̯uŋ]。
促生靡缓期，迅景无迟踪 [tsi̯uŋ]。
缁发迫多素，憔悴谢华莑 [pʻi̯uŋ]。
婉娩寡留晷，窈窕闭淹龙 [li̯uŋ]。
如何阻行止，愤愠结心胸 [xi̯uŋ]。
既微达者度，欢戚谁能封 [pi̯uŋ]？
愿子保淑慎，良讯代徽容 [ji̯uŋ]。

（20）微部 [əi]

《休沐重还丹阳道中》　　　　　　　　　　　　谢　朓

薄游第从告，思闲愿罢归 [ki̯uəi]。
还邛歌赋似，休汝车骑非 [pi̯uəi]。
霸池不可别，伊川难重违 [ɣi̯uəi]。
汀葭稍靡靡，江荚复依依 [ʔi̯əi]。
田鹤远相叫，沙鸨忽争飞 [pi̯uəi]。
云端楚山见，林表吴岫微 [mi̯uəi]。
试与征途望，乡泪尽沾衣 [ʔi̯əi]。
赖此盈樽酌，含景望芳菲 [pʻi̯uəi]。
问我劳何事，沾沐仰清徽 [xi̯uəi]。
志狭轻轩冕，恩甚恋闱闱 [ɣi̯uəi]。
岁华春有酒，初服偃郊扉 [pi̯uəi]。

（21）物部 [ət]

《应诏讌曲水作诗》（节录）　　　　　　　　　颜延之

仰阅丰施，降惟微物 [mi̯uət]。
三妨储隶，五尘朝黻 [pi̯uət]。
途泰命屯，恩充报屈 [kʻi̯uət]。

有悔可悛，滞瑕难拂［pʻi̯uət］。
　　（22）文部［ən］
　　　《侍东耕》　　　　　　　　　　　　　谢　庄
肃镳奉晨发，恭带厕朝闻［mi̯uən］。
仙乡降朱霭，神郊起青云［ɣi̯uən］。
阴台承寒彩，阳树迎初熏［xi̯uən］。
观德欣临藉，瞻道乐游汾［bi̯uən］。
　　（23）脂部［ei］
　《咏邯郸故才人嫁为厮养卒妇》　　　　　谢　朓
半生宫阁里，出入侍丹墀［di̯ei］。
开笥方罗縠，窥镜比蛾眉［mi̯ei］。
初别意未解，去久日生悲［pi̯ei］。
憔悴不自识，娇羞余故姿［tsi̯ei］。
梦中忽仿佛，犹言承燕私［si̯ei］。
　　（24）质部［et］
　　《登永嘉绿嶂山》　　　　　　　　　　谢灵运
裹粮杖轻策，怀迟上幽室［ɕi̯et］。
行源径转远，距陆情未毕［pi̯et］。
澹潋结寒姿，团栾润霜质［tɕi̯et］。
涧委水屡迷，林迥岩逾密［mi̯et］。
眷西谓初月，顾东疑落日［ŋi̯et］。
践夕奄昏曙，蔽翳皆周悉［si̯et］。
蛊上贵不事，履二美贞吉［ki̯et］。
幽人常坦步，高尚邈难匹［pʻi̯et］。
颐阿竟何端？寂寂寄抱一［ʔi̯et］。
恬如既已交，缮性自此出［tɕʻi̯uet］。

(25) 真部 [en]

  《雪赋》（节录）   谢惠连

曲既扬兮酒既陈 [di̯en]，

朱颜酡兮思自亲 [ts'i̯en]。

愿低帷以昵枕，念解佩而褫绅 [ɕi̯en]。

怨年岁之易暮，伤后会之无因 [ʔi̯en]。

君宁见阶上之白雪，岂鲜耀於阳春 [tɕ'i̯uen]？

(26) 灰部 [ɐi]

  《奉和随王殿下》（其一）   谢 朓

玄冬寂修夜，天围静且开 [k'ɐi]。

亭皋霜气怆，松宇清风来 [lɐi]。

高琴时以思，幽人多感怀 [ɣoɐi]。

幸藉汾阳想，岭首正徘徊 [ɣuɐi]。

  《奉和随王殿下》（其七）   谢 朓

清房洞已静，闲风伊夜来 [lɐi]。

云生树阴远，轩广月容开 [k'ɐi]。

宴私移烛饮，游赏藉琴台 [dɐi]。

风猷冠淄邺，衽席愧唐枚 [muɐi]。

  《奉和随王殿下》（其十）   谢 朓

睿心重离析，歧路清江隈 [ʔuɐi]。

四面寒飚举，千里白云来 [lɐi]。

川长别馆思，地迥翻旗回 [ɣuɐi]。

还顾昭阳阙，超远章华台 [dɐi]。

置酒巫山日，为君停玉杯 [puɐi]。

(27) 没部 [ɐt]

  《游赤石进帆海》   谢灵运

首夏犹清和，芳草亦未歇 [xi̯ɐt]。

水宿淹晨暮，阴霞屡兴没 [muɐt]。
周览倦瀛壖，况乃陵穷髮 [pi̯uɐt]！
川后时安流，天吴静不發 [pi̯uɐt]。
扬帆采石华，挂席拾海月 [ŋi̯uɐt]。
溟涨无端倪，虚舟有超越 [ɣi̯uɐt]。
仲连轻齐组，子牟眷魏阙 [kʻi̯uɐt]。
矜名道不足，适己物可忽 [xuɐt]。
请附任公言，终然谢天伐 [bi̯uɐt]。

（28）魂部 [ɐn]

《石门新营所住四面高山回溪石濑茂林修竹》　　谢灵运

跻险筑幽居，披云卧石门 [muɐn]。
苔滑谁能步？葛弱岂可扪 [muɐn]？
嫋嫋秋风过，萋萋春草繁 [bi̯uɐn]。
美人游不还，佳期何繇敦 [tuɐn]？
芳尘凝瑶席，清醑满金尊 [tsuɐn]。
洞庭空波澜，桂枝徒攀翻 [pʻi̯uɐn]。
结念属霄汉，孤景莫与谖 [xi̯uɐn]。
俯濯石下潭，仰看条上猿 [ɣi̯uɐn]。
早闻夕飙急，晚见朝日暾 [tʻuɐn]。
崖倾光难留，林深响易奔 [puɐn]。
感往虑有复，理来情无存 [dzuɐn]。
庶持乘日车，得以慰营魂 [ɣuɐn]。
匪为众人说，冀与智者论 [luɐn]。

（29）泰部 [ɑi]

《答王世子》　　谢朓

飞雪天山来，飘聚绳櫺外 [ŋuɑi]。

苍云暗九重，北风吹万籁［lai］。
有酒招亲朋，思与清颜会［ɣuai］。
熊席惟尔安，羔裘岂吾带［tai］。
公子不垂堂，谁肯怜萧艾［ŋai］？

（30）曷部［at］

《阳给事诔》（节录） 颜延之

师老变形，地孤援阔［kʻuat］。
卒无半菽，马实拑秣［muat］。
守未焚衝，攻已濡褐［ɣat］。
烈烈阳子，在困弥达［dat］。
勉慰痍伤，拊巡饥渴［kʻat］。
力虽可穷，志不可夺［duat］。
义立边疆，身终锋栝［kuat］。

（31）寒部［an］

《秋怀》 谢惠连

平生无志意，少小婴忧患［ɣoan］。
如何乘苦心，矧复值秋晏［ʔean］。
皎皎天月明，奕奕河宿烂［lan］。
萧瑟含风蝉，寥唳度云雁［ŋean］。
寒商动清闺，孤灯暖幽幔［muan］。
耿介繁虑积，展转长宵半［puan］。
夷险难豫谋，倚伏昧前算［suan］。
虽好相如达，不同长卿慢［mean］。
颇悦郑生偃，无取白衣宦［ɣoan］。
未知古人心，且从性所翫［ŋuan］。
宾至可命觞，朋来当染翰［ɣan］。

高台骤登践，清浅时陵乱 [luɑn]。
颓魄不再圆，倾羲无两旦 [tɑn]。
金石终消毁，丹青暂凋焕 [xuɑn]。
各勉玄髪欢，无贻白首叹 [tʻɑn]。
因歌遂成赋，聊用布亲串 [kɑn]。

(32) 祭部 [æi]

《游敬亭山》　　　　　　　　　　　　谢　朓

兹山亘百里，合沓与云齐 [dziæi]。
隐沦既已托，灵异居然栖 [siæi]。
上干蔽白日，下属带回谿 [kʻiæi]。
交藤荒且蔓，樛枝耸复低 [tiæi]。
独鹤方朝唳，饥鼯此夜啼 [diæi]。
渫云已漫漫，夕雨亦凄凄 [tsʻiæi]。
我行虽纡组，兼得寻幽蹊 [ɣiæi]。
缘源殊未极，归径窅如迷 [miæi]。
要欲追奇趣，即此陵丹梯 [tʻiæi]。
皇恩竟已矣，兹理庶无睽 [kʻiuæi]。

《陶微士诔》（节录）　　　　　　　　颜延之

仁焉而忠，智焉而毙 [biæi]。
黔娄既没，展禽亦逝 [ziæi]。
其在先生，同尘往世 [ɕiæi]。
旌此靖节，加彼康惠 [ɣiuæi]。

《宋文皇帝元皇后哀策文》（节录）　　颜延之

谓道辅仁，司化莫晰 [tɕiæi]。
象物方臻，眂祲告沴 [liæi]。
太华既融，收华委世 [ɕiæi]。

兰殿长阴，椒涂弛卫［ɣi̯uæi］。

（33）薛部［æt］

《雪赋》（节录） 谢惠连

未若兹雪［si̯uæt］，
因时兴灭［mi̯æt］。
玄阴凝不昧其洁［kiæt］，
太阳曜不固其节［tsiæt］。

《九日从宋公戏马台集送孔令》 谢灵运

季秋边朔苦，旅雁违霜雪［si̯uæt］。
凄凄阳卉腓，皎皎寒潭絜［kiæt］。
良辰感圣心，云旗兴暮节［tsiæt］。
鸣葭戾朱宫，兰卮献时哲［ti̯æt］。
饯宴光有孚，和乐隆所缺［k'i̯uæt］。
在宥天下理，吹万群芳悦［ji̯uæt］。
归客遂海隅，脱冠谢朝列［li̯æt］。
弭棹薄枉渚，指景待乐闋［k'i̯uæt］。
河流有急澜，浮骖无缓辙［di̯æt］。
岂伊川途念，宿心愧将别［bi̯æt］。
彼美丘园道，喟焉伤薄劣［li̯uæt］！

（34）仙部［æn］

《还旧园作见颜范二中书》 谢灵运

辞满岂多秩，谢病不待年［niæn］。
偶与张邴合，久欲还东山［ʃæn］。
圣灵昔迥眷，微尚不及宣［si̯uæn］。
何意冲飙激，烈火纵炎烟［ʔiæn］。
焚玉发昆峰，余燎遂见迁［ts'i̯æn］。

投沙理既迫，如邛愿亦愆 [kʻi̯æn]。
长与欢爱别，永绝平生缘 [ji̯uæn]。
浮舟千仞壑，总辔万寻巅 [ti̯æn]。
流沫不足险，石林岂为艰 [keæn]？
闽中安可处？日夜念归旋 [zi̯uæn]。
事踬两如直，心愯三避贤 [ɣi̯æn]。
托身青云上，栖岩挹飞泉 [dzi̯uæn]。
盛明荡氛昏，贞休康屯邅 [ti̯æn]。
殊方感成贷，微物豫采甄 [ki̯æn]。
感深操不固，质弱易扳缠 [di̯æn]。
曾是反昔园，语往实款然 [ŋi̯æn]。
曩基即先筑，故池不更穿 [tɕʻi̯uæn]。
果木有旧行，壤石无远延 [ji̯æn]。
虽非休憩地，聊取永日闲 [ɣeæn]。
卫生自有经，息阴谢所牵 [kʻi̯æn]。
夫子照情素，探怀投往篇 [pʻi̯æn]。

《从斤竹涧越岭溪行》　　　　　　　谢灵运

猿鸣诚知曙，谷幽光未显 [xi̯æn]。
岩下云方合，花上露犹泫 [ɣi̯uæn]。
逶迤傍隈隩，迢递陟陉岘 [ɣi̯æn]。
过涧既厉急，登栈亦陵缅 [mi̯æn]。
川渚屡径复，乘流玩回转 [ti̯uæn]。
蘋萍泛沈深，菰蒲冒清浅 [tsʻi̯æn]。
企石挹飞泉，攀林摘叶卷 [ki̯uæn]。
想见山阿人，薜萝若在眼 [ŋeæn]。
握兰勤徒结，折麻心莫展 [ti̯æn]。

情用赏为美，事昧竟谁辨 [bi̯æn]。
观此遗物虑，一悟得所遣 [k'i̯æn]。
　　（35）缉部 [əp]
　　　《夏始和刘潺陵》　　　　　　　　　谢　朓
威仰弛苍郊，龙曜表皇隰 [zi̯əp]。
春色卷遥甸，炎光丽近邑 [ʔi̯əp]。
白蘋望已骋，湘荷纷可袭 [zi̯əp]。
徒愿尺波旋，终怜寸景戢 [tʃi̯əp]。
对窗斜日过，洞幌鲜飚入 [ŋi̯əp]。
浮云去欲穷，暮鸟飞将及 [gi̯əp]。
柔翰缜芳尘，清源非易挹 [ʔi̯əp]。
回江难绝济，云谁畅仵立 [li̯əp]。
良宰勗夜渔，出入事朝汲 [ki̯əp]。
积羽余既裳，更赋子盈粒 [li̯əp]。
椅梧何必零？归来共栖集 [dzi̯əp]。
　　（36）侵部 [əm]
　　　《登池上楼》　　　　　　　　　　谢灵运
潜虬媚幽姿，飞鸿响远音 [ʔi̯əm]。
薄霄愧云浮，栖川怍渊沈 [di̯əm]。
进德智所拙，退耕力不任 [ŋi̯əm]。
徇禄反穷海，卧痾对空林 [li̯əm]。
衾枕卧节候，褰开暂窥临 [li̯əm]。
倾耳聆波澜，举目眺岖嵚 [k'i̯əm]。
初景革绪风，新阳改故阴 [ʔi̯əm]。
池塘生春草，园柳变鸣禽 [gi̯əm]。
祁祁伤豳歌，萋萋感楚吟 [ŋi̯əm]。

索居易永久，离群难处心 [siəm]。
持操岂独古，无闷徵在今 [kiəm]。

（37）业部 [ɐp]

《文心雕龙·通变赞》　　　　　　　　　刘　勰

文律运周，日新其业 [ŋiɐp]。
变则其久，通则不乏 [biuɐp]。
趋时必果，乘机无怯 [kʻiɐp]。
望今制时，参古定法 [piuɐp]。

（38）严部 [ɐm]

缺例。

（39）合部 [ɑp]

《落日同何仪曹煦》　　　　　　　　　谢　朓

参差复殿影，氤氲绮罗杂 [dzɑp]。
风入天渊池，芰荷摇复合 [ɣɑp]。
远听雀声聚，回望树阴沓 [dɑp]。
一赏桂尊前，宁伤蓬鬓飒 [sɑp]？

《文心雕龙·物色赞》　　　　　　　　　刘　勰

山沓 [dɑp]，
水匝 [tsɑp]；
树杂 [dzɑp]，
云合 [ɣɑp]。
目既往还，心亦吐纳 [nɑp]。
春日迟迟，秋风飒飒 [sɑp]。
情往似赠，兴来如答 [tɑp]。

（40）覃部 [ɑm]

《文心雕龙·明诗赞》　　　　　　　　　刘　勰

民生而志，咏歌所含 [ɣɑm]。

兴发皇世，风流二南 [nɑm]。
神理共契，政序相参 [ts'ɑm]。
英华弥缛，万代永耽 [tɑm]。

（41）葉部 [æp]

《登上戍石鼓山》　　　　　　　　　　　谢灵运

旅人心长久，忧忧自相接 [tsi̯æp]。
故乡路遥远，川陆不可涉 [zi̯æp]。
泪泪莫与娱，发春托登蹑 [ni̯æp]。
欢愿既无并，戚虑庶有协 [ɣiæp]。
极目睐左阔，回顾眺右狭 [ɣeæp]①。
日没涧增波，云生岭逾叠 [diæp]。
白芷竞新苕，绿苹齐初葉 [ji̯æp]。
摘芳芳靡谖，愉乐乐不燮 [siæp]。
佳期缅无像，骋望谁云愜 [k'iæp]？

《文心雕龙·附会赞》　　　　　　　　　刘勰

篇统间关，情数稠叠 [diæp]。
原始要终，疏条布葉 [ji̯æp]。
道味相附，悬绪相接 [tsi̯æp]。
如乐之和，心声克协 [ɣiæp]。

（42）盐部 [æm]

《文心雕龙·祝盟赞》　　　　　　　　　刘勰

毖祀钦明，祝史惟谈 [dæm]。
立诚在肃，修辞必甘 [kæm]。
季代弥饰，绚言朱蓝 [læm]。

---

① "狭"字，《广韵》侯夹切，徐锴《说文解字系传》户甲切，当依《系传》归狎韵。

  神之来格，所贵无惭［dzæm］。
   《文心雕龙·比兴赞》   刘 勰
  诗人比兴，触物玄览［læm］。
  物虽胡越，合则肝胆［tæm］。
  拟容取心，断辞必敢［kæm］。
  攒杂咏歌，如川之澹［dæm］①。
   《李王邓来传赞》   范 晔
  李邓豪赡［zi̯æm］，
  舍家从谶［tʃ'eæm］②。
  少公虽孚，宗卿未验［ŋi̯æm］。
  王常知命，功惟帝念［ni̯æm］。
  款款君叔，斯言无玷［ti̯æm］③。
  方献三捷，永坠一剑［ki̯æm］。

韵部的分合和转移

  从汉代到南北朝，韵部有分有合，有转移。总的来说，已经接近《切韵》音系。可以说，《切韵》所代表的语音系统是南北朝的语音系统，例如支脂之分立，就是南北朝的韵部。江淹以后，脂之已混用；隋唐时代，连支也和脂之混用了。《切韵》的支脂之分立，只是存古。

  魏晋南北朝韵部分合转移的情况如下述：

  （1）之部的范围缩小了。之部一等（来梅）已转入了灰部［ɐi］，由无韵尾变为有韵尾 -i；之部合三（谋尤）已转入了幽部。剩下来只有之部开三的字，等于《切韵》之韵。

---

① "澹"，今本作"涣"。黄侃《文心雕龙札记》云："涣字失韵。当作澹，字形相近而误。澹淡，水貌也。"黄说是。
② "谶"，《广韵》楚谮切，沁韵。这里当读如"忏"，楚鉴切，鑑韵。
③ "玷"，《广韵》多忝切，忝韵。这里当读如"店"，都念切，㮇韵。

第三章　魏晋南北朝音系（220—581年）……157

（2）职部分化为职德两部，相应地，蒸部也分化为蒸登两部。大量的例子都证明这一点。除上述谢朓《酬德赋》协"息翼恻匿植敕臆"（职部）、谢灵运《拟魏太子邺中集诗》协"慝北勒国贼则德刻黑默惑"（德部）、江淹《恨赋》协"陵兴乘兴胜"（蒸部）、范晔《郭杜孔张廉王苏羊贾陆传赞》协"朋肱能朷"（登部）、刘勰《文心雕龙·章句赞》协"恒朋腾能"（登部）外，还有范晔《杜崇丁鸿传赞》协"翼饰食"（职部）、《李杜传赞》协"职力稷极直"（职部）、颜延之《宋文皇帝元皇后哀策文》协"饰测侧极"（职部）、谢惠连《鸂鶒赋》协"鶒色息侧"（职部）、《顺东南门行》协"力息直识侧"（职部）、沈约《郊居赋》协"棘即息翼力植直"（职部）、《相逢狭路间》协"忆侧食直翼色织即翼"（职部）、《赤松涧》协"测息陟翼食侧"（职部）、《梦见美人》协"息忆色食侧忆"（职部）、江淹《江上之山赋》协"色逼息仄力极"（职部）、刘桢《感遇》协"色直翼职饰侧恻"（职部）；范晔《光武纪赞》协"国塞德"（德部），《和殇帝纪》协"则慝德克"（德部），《百官志赞》协"墨德克忒国"（德部），《冯岑贾传赞》协"克德贼国"（德部），《杨震传赞》协"德国惑忒则"（德部），《刘虞公孙瓒陶谦传赞》协"德北国"（德部），《独行传赞》协"忒惑德"（德部），刘勰《文心雕龙·程器赞》协"德北则国"（德部），谢灵运《山居赋》协"默勒国得"（德部），颜延之《宋文皇帝元皇后哀策文》协"则德塞国"（德部），谢惠连《秋胡行》协"德惑"（德部），谢朓《敬皇后哀策文》协"忒则国德"（德部），《海陵王昭文墓铭》协"则嘿克德"（德部），沈约《需雅》协"国德则忒塞"（德部），江淹《齐太祖诔》协"德国克黑则默"（德部），又协"国德塞则"（德部），《荐豆呈毛血歌辞》协"则德塞默黑国"（德部）；范晔《明帝纪赞》协"兢胜陵"（蒸部），《马援传赞》协"升兴陵"（蒸部），《杜栾刘李谢传赞》协"陵兴"（蒸部），《儒林传赞》协"陵承兴征澄"（蒸部），《文心雕龙·定势赞》协"承绳凝陵"（蒸部），《神思赞》协"孕应兴胜"

（蒸部），颜延之《宋文皇帝元皇后哀策文》协"升凭凝膺蝇"（蒸部），谢惠连《雪赋》协"穷升凝冰兴缯"（蒸部）①，《代古》协"绫绳兴凌升绳"（蒸部），沈约《介雅》协"升仍应"（蒸部）；范晔《郑孔荀传赞》协"腾朋"（登部），《文心雕龙·事类赞》协"亘邓赠懵"（登部），谢灵运《宋武帝诔》协"弘登翸縢"（登部），颜延之《赭白马赋》协"登稜层腾"（登部），等等。如此分用画然，绝不是偶然的②。

（3）支部范围缩小了。支部二等（佳蛙）转入泰部 [ɑi]，由无韵尾变为有韵尾 -i。四等（豯珪）转入祭部 [æi]，也是由无韵尾变为有韵尾 -i。剩下来只有三等字，等于《切韵》支韵。

（4）锡部的范围扩大了，一部分药部字转入此部。

（5）耕部和汉代一样，无变化。

（6）汉代的歌部到南北朝初期还没有变化，这就是说，《切韵》歌戈与麻尚未分立。例如除上述谢惠连《雪赋》协"沙霞多"，范晔《第五钟离传赞》协"阿苛奢"，《班梁传赞》协"遐沙荷"外，还有谢灵运《撰征赋》协"波过沙"，《长溪赋》协"华罗沙"，《感时赋》协"赊河跎过何科"，颜延年《秋胡行》协"河华过柯阿"，谢惠连《咏螺蚌》协"罗加沙和"。直到南北朝后期，歌戈与麻才分立了。

（7）铎部的范围扩大了，大部分药部字（酌虐）都转入此部。

（8）汉代的阳部，到南北朝没有变化。

（9）汉代的鱼部，到南北朝分化为鱼模两部。南北朝诗人用韵，也有鱼虞模混用的，但是分用的居多。

（10）屋觉两部有一个大变动：屋部三等和觉部三等对调，屋部三等变为觉部三等，觉部三等变为屋部三等。相应地，东冬两部也有一个

---

① "穷"字合韵。
② 我在《南北朝诗人用韵考》中，早已证明职德分立，蒸登分立。这里不过是补充一些例证，以示证据确凿。

大变动：东部三等和冬部三等对调，东部三等变为冬部三等，冬部三等变为东部三等。《切韵》觉韵，原来主要属屋部，南北朝改隶沃部，《切韵》东冬锺江、屋沃烛觉的次序是对的，应该是冬锺江合为一部，沃烛觉合为一部。冬锺江同用的例子有：江淹《哀千里赋》协"峰江"，《丽色赋》协"双容龙邦"，《江上之山赋》协"江峰重"，《镜论语》协"纵重峰窗"，昭明太子《七契》协"邦封从"，又协"冬从"。南北朝诗人用韵，也有东韵与冬锺江同用的，但是分用的居多。

（11）幽部和汉代一样，无变化。

（12）职德锡铎屋觉六部中的长入声字，如"置代赐路漱啸"等，都变了去声，由入声韵变为阴声韵，分别转入之灰支鱼模宵幽各部。

（13）微部的范围缩小了。原来微部一等（哀回）、二等（排怀）都转入了灰部；三等舌齿音字（衰追）也转入了脂部。

（14）脂部有变动：原来脂部二等（阶斋）转入了灰部；原来微部三等舌齿字（衰追）转入此部。

（15）物文两部的范围都缩小了。原来物部一等合口字（骨勃）转入了没部；原来物部三等舌齿音字（卒出）转入了质部。原来文部一等字（恩根、门存）转入了魂部；原来文部三等字（春伦）转入了真部。这样，物文两部只剩下三等喉牙唇音字了。

（16）质真两部有变动：原来物部三等舌齿音字（卒出）转入了质部；原来质部四等字（结节、血穴）转入了薛部。原来文部三等舌齿音字（春伦）转入了真部；原来真部四等字（天贤、渊玄）转入了仙部。

（17）物质两部的长入声字，到魏晋南北朝变为去声，分别转入微脂灰祭四部，例如"气费"转入微部，"弃醉"转入脂部，"对碎"转入灰部，"计戾"转入祭部。

（18）灰部［ɐi］是一个新兴的韵部，一等开口字主要来自之部，一等合口和二等主要来自脂微两部，三等来自月部长入。《切韵》皆灰咍同用，例如颜延之《阳给事诔》协"恢莱埃骸才台"，谢朓《拟风赋》协"才徕台怀"，《奉和随王殿下》协"隈来回台杯"，又协"开淮台来"，又协"来开台枚"，沈约《饮马长城窟》协"堆回台埃"，《三日侍凤光殿》协"台哉回"。

（19）没部〔ɐt〕是一个新兴的韵部，一等字来自物部，二、三等喉牙唇音字来自月部。《切韵》月没同用，例如，除上述谢灵运《游赤石进帆海》协"歇没髮發月越阙忽伐"外，还有颜延之《赭白马赋》协"骨髪月没阙越"，《为织女赠牵牛》协"月阙髪越發没歇"，沈约《却出东西门行》协"阙没發谒月歇髪越渤窟"，《和竟陵王》协"阙月没歇髪"，江淹《水山神女赋》协"月發没"，《石劫赋》协"髪没發阙"。

（20）魂部〔ɐn〕是一个新兴的韵部，一等字（恩根、门存）来自文部，三等喉牙唇音字（言轩、原繁）来自元部。《切韵》元魂痕同用，我曾经怀疑是否符合实际（因为无论在先秦两汉，或在隋唐，元都和仙同用，不和魂痕同用）；现在经过分析阳夏四谢的用韵，才深信元魂痕确曾构成一个韵部。首先我们看魂韵独用的例子，如谢灵运《入彭蠡湖》协"论奔荪屯昏门存魂温敦"，这就证明魂韵脱离了文部。其次，我们看元魂痕同用的例子，除上述谢灵运《石门新营所住四面高山回溪石濑茂林修竹》协"门扪蘩敦尊翻谖猿暾奔存魂论"外，还有范晔《朱景王杜马刘傅坚马传赞》协"存轩翻"，《郭杜孔张廉王苏羊贾陆传赞》协"藩昏言辕"，《左周黄传赞》协"言元蕃昏"，《伏侯宋蔡冯赵牟韦传赞》协"远本损衮"，《窦何传赞》协"怨愿困"，《文心雕龙·总术赞》协"门源繁存"，《论说赞》协"论寸邃劝"，颜延之《挽歌》协"昏门园根"，谢庄《怀园引》协"荪樊园喧门"，江淹《恨赋》协"原魂论"，又协"冤魂门恩言"，沈约《酬谢宣城》协"门谊翻园尊荪存昆繙源"，《奉和竟陵王》协"魂存门园樽论"，等等。可见元魂痕合成一个韵部确是事实。

（21）魏晋南北朝的泰部〔ɑi〕有两个来源：（一）一等字（盖大）来自月部一等的长入声，这些字由 -t 尾变为 -i 尾，转化为去声，即《切韵》

的泰韵字；(二) 二等字 (街卦) 来自支部。

(22) 魏晋南北朝的祭部 [æi] 是一个新兴的韵部，有三个来源：(一) 二等字 (迈快) 来自月部二等的长入声，这些字由 -t 尾变为 -i 尾，转化为去声，即《切韵》的夬韵字；(二) 三等字 (艺岁) 也来自月部的长入声，这些字由 -t 尾变为 -i 尾，转化为去声，即《切韵》的祭韵字；(三) 四等字来自质部 (计戾)，也有少数字来自锡部 (系帝)。

(23) 曷部 [ɑt] 只有一、二等字，来自月部的短入，一等字即《切韵》曷末两韵字，二等字即《切韵》黠韵字。

(24) 薛部 [æt] 是一个新兴的韵部，没有一等字，二、三等字来自月部的短入，二等字即《切韵》的鎋韵，三等字即《切韵》的薛韵；四等字主要来自质部 (结节、血穴)，小部分来自月部 (洁臬、决玦)，即《切韵》的屑韵。

(25) 寒部 [ɑn] 只有一、二等字，来自元部，一等字即《切韵》的寒桓韵字，二等字即《切韵》的删韵字。

(26) 仙部 [æn] 是一个新兴的韵部，没有一等字，二、三等字来自元部，二等字即《切韵》的山韵字，三等字即《切韵》的仙韵字；四等字主要来自真部 (天贤、渊玄)，小部分来自元部 (前肩、悬涓)。

(27) 删山分立，是魏晋南北朝韵部的特点。《切韵》删韵归寒部，山韵归仙部，界限很清楚。寒桓删同用的例子，除上述谢惠连《秋怀》协 "患晏烂雁幔半算慢宦玩翰乱旦焕叹串" 外，还有谢庄《孝武宣贵妃诔》协 "纨阑寒栾攀"，《怀园引》协 "关寒还"，江淹《丹砂可学赋》协 "观澜纨安颜"，《横吹赋》协 "冠寒还"，《王太子》协 "丹岏兰还"，《山中楚辞》协 "峦团寒难还兰"，《赠炼丹法》协 "还颜攀丹欢箪寒鸾"，《采石上菖蒲》协 "看端澜丹欢宽颜还"，《古离别》协 "关还团寒"，《学梁王兔园赋》协 "雁汉散"，等等；仙先山同用的例子，除上述谢灵运《还旧园作见颜范二中书》协 "年山宣烟迁愆缘巅艰旋贤泉遄甄缠然穿延间牵篇"，《从斤竹涧越岭溪行》协"显泫岘缅转浅卷眼展辨遣"外，还有颜延之《阳给事诔》协"甄贤间先传"，《赤权颂》协"宣玄天间"，《从军行》协"间山天川涓燕弦边前悬烟怜"，谢惠连《雪赋》协"鲜山"，《甘赋》协"圆山"，谢庄《月赋》协"涓闲燕玄传"，《舞马赋》协"荐盼箭练袨"，谢灵运《入华子岗》协"山泉贤阡烟筌传前湲然"，等等。

（28）缉侵两部的范围缩小了。缉部一等字（杂纳）和二等字（洽）转入了合部；相应地，侵部一等字（南潭）和二等字（咸鹹）转入了覃部。

（29）业严两部［ɐp、ɐm］是新兴的韵部，和没魂两部［ɐt、ɐn］相当，但是只有三等字。三等开口即《切韵》的业严两韵及其上去声，三等合口即《切韵》的乏凡两韵及其上去声。业部是窄韵，而《文心雕龙·通变》协"业乏怯法"，足见它是一个独立的韵部。由此类推，严部也应该是一个独立的韵部。

（30）合部［ɑp］和曷部相当，只有一、二等字，一等字即《切韵》的合韵，二等字即《切韵》的洽韵。

（31）葉部［æp］是一个新兴的韵部，和薛部相当。没有一等字，二、三、四等字主要来自盍部。二等字即《切韵》的狎韵，三等字即《切韵》葉韵，四等字即《切韵》的帖韵。

（32）覃部［ɑm］和寒部［ɑn］相当，只有一、二等字，主要来自侵部。一等字即《切韵》覃韵，二等字即《切韵》咸韵。

（33）盐部［æm］是一个新兴的韵部，和仙部［æn］相当，主要来自谈部。一等字即《切韵》谈韵，二等字即《切韵》衔韵，三等字即《切韵》盐韵，四等韵即《切韵》添韵。

（34）《切韵》覃谈两韵，在南北朝是分立的，界限很清楚。覃韵独用的例子，除上述《文心雕龙·明诗》协"含南参耽"外，还有谢灵运《山居赋》协"南潭参耽"，鲍照《采菱歌》协"潭南"，昭明太子《七契》协"耽南"等；谈韵独用的例子，除上述《文心雕龙·祝盟》协"谈甘蓝惭"，

《比兴》协"览胆敢澹"外,还有简文帝《七励》协"三甘谈惭"等。至于咸韵与覃韵同归覃部,衔韵、谈韵、盐韵、添韵同归盐部,则是从删韵与寒桓同归寒部,山仙先同归仙部推断出来的,是否有当,尚待详考。

以上所述魏晋南北朝的韵部,基本上是与我从前所作《南北朝诗人用韵考》的结论相符合的[①]。

韵部音值的拟测

（1）之部音值没有变化,仍是 [ə],实际上,只有三等开口字的 [i̯ə]。

（2）职部分化为职德两部。职部仍是 [ək],实际上只有三等字的 [i̯ək] [i̯uək];德部应是 [ɐk],实际上只有一等字的 [ɐk] [uɐk]。所以拟测为 [ɐk],是因为:（一）[ɐ] 与 [ə] 都是央元音;（二）之部一等字已转入灰部 [ɐi],这 [ɐi] 也包含有央元音 [ɐ]。

（3）蒸部分化为蒸登两部。蒸部仍是 [əŋ],实际上只有三等字的 [i̯əŋ] [i̯uəŋ];登部应是 [ɐŋ],实际上只有一等字 [ɐŋ] [uɐŋ]。

（4）支部音值没有变化,仍是 [e],实际上只有三等字 [i̯e] [i̯ue]。

（5）锡耕两部音值没有变化,仍是 [ek] [eŋ]。

（6）歌部由 [ɑi] 演变为 [ɑ]。这种演变从汉代就开始了。我之所以这样拟测,是因为魏晋南北朝佛经译语和外国对音都把歌部字译 [ɑ][②]。由 [ɑi] 变 [ɑ] 是语音发展史上常见的事,现代北京话"佳涯卦画"等字,上海话"矮带柴"等字以及白话音"街鞋"等字,都是由中古的 [ɑi] 演变为现代的 [ɑ]。

（7）铎阳两部的音值没有变化,仍是 [ɑk] [ɑŋ]。

（8）鱼部音值没有变化,仍是 [ɔ],但因为范围缩小了,实际上只有

---

① 参看王力《汉语史论集》55–59 页。那里平声 36 部,入声 18 部,共 54 部,现在把歌麻、虞模、皆灰、萧肴豪、锺江、庚青、寒删、覃谈、烛觉、陌锡、合盍各合为一部,结果是 42 部。

② 参看汪荣宝《歌戈鱼虞模古读考》(北京大学《国学季刊》第一卷第二号)。

开口三等的［i̯ɔ］。

（9）模部来自鱼部合口呼，拟测为［o］，是向隋唐音［u］的过渡。

（10）屋东两部音值没有变化，仍是［ok］［oŋ］。

（11）宵部音值由汉代的［o］演变为复合元音［ou］，是向隋唐音［ɑu］［au］［æu］的过渡。

（12）幽部音值和汉代一样，没有变化。幽部一等（《切韵》侯）是［u］，三等（《切韵》尤）是［i̯u］，四等（《切韵》幽）是［iu］。汉魏六朝人译佛经，以"优"译 u，以"鸠"译 ku，以"楼"或"娄"译 ru，以"兜"或"斗""输"译 tu，以"头"或"豆"译 du，以"浮"译 bu，以"牟"译 mu，以"首"或"修"译 su，以"睺"译 hu①。由此可见，我们对幽部音值的拟测是正确的。

（13）沃冬两部的音值没有变化，仍是汉代的［uk］［uŋ］。

（14）微物文三部的音值没有变化，仍是［əi］［ət］［ən］，只是由于韵部范围缩小了，实际上只有三等字的［i̯əi］［i̯uəi］［i̯ət］［i̯uət］［i̯ən］［i̯uən］了。

（15）脂质真三部的音值没有变化，仍是［ei］［et］［en］。只是由于韵部范围缩小了，实际上只有三等字的［i̯ei］［i̯uei］［i̯et］［i̯uet］［i̯en］［i̯uen］了。

（16）灰部、泰部、祭部，就是等韵的蟹摄字。蟹摄在魏晋南北朝应分为三个韵部：（一）灰部与没魂两部对应，所以拟测为［ɐi］；泰部与曷寒两部对应，所以拟测为［ɑi］；祭部与薛仙两部对应，所以拟测为［æi］。

（17）《切韵》月韵是废韵的入声。月韵在南北朝属没部。没部的平声是魂部。魂部是［ɐn］，则没部应该是［ɐt］。

（18）《切韵》曷韵是泰韵的入声，曷韵的平声是寒韵。泰曷寒三部

---

① 参看汪荣宝《歌戈鱼虞模古读考》。

对应，其音值应该是 [ɑi][ɑt][ɑn]。

（19）《切韵》薛韵是祭部的入声，薛韵的平声是仙韵。祭薛仙三部对应，其音值应该是 [æi][æt][æn]。

（20）业严两部和没魂两部的三等字相同，因此，业部应该是 [ɐp]，严部应该是 [ɐm]。

（21）合覃两部和曷寒两部相应，因此，合部应该是 [ɑp]，覃部应该是 [ɑm]。

（22）葉盐两部和薛仙两部相应，因此，葉部应该是 [æp]，盐部应该是 [æm]。

各韵部的音值，是按照"承先启后"的原则来定的。承先，就是继承前期的音值或变为邻近的音；启后，就是变为隋唐音或接近隋唐音。这样拟测音值，应该是比较可靠的。

三、魏晋南北朝的声调

魏晋南北朝的声调和《切韵》的声调是一致的，即具有平上去入四声。段玉裁说："古四声不同今韵，犹古本音不同今韵也。考周秦汉初之文，有平上入而无去[①]，洎乎魏晋，上入声多转而为去声，平声多转为仄声，于是乎四声大备，而与古不侔。"段玉裁的考证是正确的。上古也有四个声调，那是平、上、长入、短入，魏晋以后的四声则是平、上、去、入。魏晋时代产生去声。阴声韵的去声字，多由长入字转来（去声产生后不再存在长入声），少数由平上声转来；阳声韵的去声字由平上声转来。

《南史·陆厥传》载，周颙以平上去入为四声，沈约撰《四声谱》，以为在昔词人累千载而不悟。他们不知道，汉代以前，根本没有平上去入四声之分，在昔词人怎能"悟"得出来呢？

---

① 不但汉初，直到东汉，也是有平上入而无去。

下面举出魏晋南北朝诗人用去声韵的诗为证：

《皇太子宴玄圃宣猷堂》（节录） 陆　机

　　自彼河汾，奄齐七政。
　　时文惟晋，世笃其圣。
　　钦翼昊天，对扬成命。
　　九区克咸，谠歌以咏。

《大将军讌会》（节录） 陆　云

　　皇皇帝祜，诞隆骏命。
　　四祖正家，天禄保定。
　　睿哲惟晋，世有明圣。
　　如彼明月，万景攸正。

《应诏讌曲水作诗》（节录） 颜延之

　　道隐未形，治彰既乱。
　　帝迹悬衡，皇流共贯。
　　惟王创物，永锡洪筭。
　　仁固开周，义高登汉。
　　祚融世哲，业光列圣。（换韵）
　　太上正位，天临海镜。
　　制以化裁，树之形性。
　　惠浸萌生，信及翔泳。
　　崇虚非徵，积实莫尚。（换韵）
　　岂伊人和？实灵所贶。
　　日完其朔，月不掩望。
　　航琛越水，辇赆逾障。
　　帝体丽明，仪辰作贰。（换韵）
　　君彼东朝，金昭玉粹。

德有润身，礼不愆器。
柔中渊映，芳猷兰秘。

《皇太子释奠会》（节录） 颜延之

虞庠饰馆，睿图炳晬。
怀仁憬集，抱智麕至。
踵门陈书，蹑蹻献器。
澡身玄渊，宅心道秘。
伊昔周储，聿光往记。（换韵）
思皇世哲，体元作嗣。
资此夙知，降从经志。
遏彼前文，规周矩值①。

---

① 值，直吏切。

第四章 隋—中唐音系（581—836年）

从前有人说，《切韵》音系就是隋唐音系。其实，《切韵》并不代表一时一地之音[①]。现在我们以陆德明《经典释文》和玄应《一切经音义》的反切为根据，考证隋唐音系，这样就比较合理。《经典释文》书成于陈后主至德元年癸卯（583），玄应《一切经音义》书成于贞观年间，与《切韵》书成的期间（601）先后距离不远，正好拿来对比。玄应从贞观十九年（645）到龙朔元年（661）左右，一直在长安工作。他在书中屡次提到正音，应该就是长安音。因此，本章所述的音系，应该算是第六世纪末到第七世纪中期的语音系统。

一、隋—中唐时代的声母

隋—中唐时代共有三十三个声母，如下页表。

由下表可以看出，隋—中唐时代的声母和魏晋南北朝声母的名称、数目和音值完全相同。只有一点，表中舌面前音加括号的（ȶ 知、ȶ' 彻、ȡ 澄）乃是唐天宝年间由端透定分化出来的，和原来三十三声母加起来，得三十六声母。

[①] 参看周祖谟《切韵的性质和它的音系基础》，载《问学集》上册434—473页，中华书局1966年版。

发音方法 \ 发音部位		双唇	舌尖前	舌尖中	舌叶	舌面前	舌根	喉
塞音	清 不送气	p（帮非）		t（端知）		ṭ（知）	k（见）	ʔ（影）
	清 送气	pʻ（滂敷）		tʻ（透彻）		ṭʻ（彻）	kʻ（溪）	
	浊	b（並奉）		d（定澄）		ḍ（澄）①	g（群）	
鼻音		m（明微）		n（泥娘）		ȵ（日）	ŋ（疑）	
边音				l（来）				
塞擦音	清 不送气		ts（精）		tʃ（庄）	tɕ（照）		
	清 送气		tsʻ（清）		tʃʻ（初）	tɕʻ（穿）		
	浊		dz（从）		dʒ（床）	dʑ（神）		
擦音	清		s（心）		ʃ（山）	ɕ（审）	x（晓）	
	浊		z（邪）		ʒ（俟）	ʑ（禅）	ɣ（匣、喻三）	
半元音						j（喻四）		

隋唐时代，唇音还没有分化为重唇（双唇）、轻唇（唇齿），这就是说，还没有产生轻唇音。下面是《经典释文》的例子：

帮非混切②：

---

① 根据《晋书音义》的反切，看出舌上音［ṭ］知、［ṭʻ］彻、［ḍ］澄在唐天宝年间已经分化出来了。
② 所谓"帮非混切"，是指以非母字切帮母字，或以帮母字切非母字，这是守温字母的概念，并非隋—中唐时代已有帮非之分。下仿此。

瀌，方苗反　　　　　贬，方犯反
堋，甫赠反　　　　　瞥，方血反
闭，方结反　　　　　坒，方代反
鞪，方木反　　　　　鸔，方木、方角反
襮，方沃反　　　　　䬳，方满、方但、方旦反
败，甫迈反　　　　　编，方千、方绵、甫连反
鳊，方仙反　　　　　麃，方遥反
宾、摈，方刃反　　　秕，甫姊、甫里反
髀，方尔反　　　　　禀，方鸩反
臂，方纸反　　　　　比，方二反
畀，甫至反　　　　　藦，方弭、方寐反
并，方政反　　　　　蔽，甫世、方四、方计反
縪，甫必反　　　　　辟，甫亦、方狄反

滂敷混切：
　杓，敷招反　　　　　摽，敷萧反
　撆，芳灭反　　　　　秠，孚悲反
　副，孚逼反　　　　　擗，芳益、芳石反
　扑，敷卜反　　　　　犤，芳表、芳赵、芳老反
　扳，敷闲反　　　　　伻，敷耕反
　呲，方尔反　　　　　纰，芳夷、芳齐反
　剽，方妙反　　　　　庀，芳美、芳鄙、芳指反
　漂，敷妙反　　　　　秠，孚鄙、孚婢反
　泛，匹剑反　　　　　敷、痛，普吴反①

---

① "泛、敷、痛"三例是以滂切敷。

並奉混切：

貔，扶夷反　　　嬪，符真反
蠙，父賓反　　　飄，扶遙反
牝，扶死反　　　馮，父冰、符冰反
辨、汴，扶免反　　辟，扶亦、符亦反
龐，扶公反　　　芃，符雄、扶雄、扶東反
倍，扶來反　　　朋，扶恆反
部，扶苟反　　　背，扶代反
暴，扶沃反　　　拔，房末反
亳，扶各反　　　茇，房末、扶蓋反
庖，扶交反　　　阪，扶板反
鼊，父幸反　　　排，扶拜反
朡，符人反　　　罷，扶買、扶罵反
被，扶義反　　　比，扶至、扶志、扶必反
幣，扶世反　　　蔽，符世、扶滅、伏滅反
毖，扶設反　　　弊，扶世、扶計、扶滅反
弁，扶變反　　　牝，扶忍、扶死、扶緬反
便，扶絹反　　　批，父迷、父結反
骿，扶賢、扶經反
繁，步干反　　　樊，步干、步丹、畔干反①

明微混切：

楣、郿，亡悲反　　彌，亡移、亡皮、亡氏、亡爾反
珉，武巾反　　　旻，武巾、亡巾反
閩，亡巾反　　　泯，亡軫、亡忍、武軫反

---

① "繁、樊"二例是以並切奉。

綿，武延反　　　　　　　猫，亡朝、武交反
名，武征反　　　　　　　靡，亡彼反
每、媒，亡回反　　　　　蒙，亡公、武工、亡钩反
脢，武杯反　　　　　　　枚，亡回、武回、武杯反
莽，亡荡反　　　　　　　虋，亡昆、亡津反
矇，无孔反　　　　　　　儚，亡崩、亡冰反
䢡，亡界反　　　　　　　姆，亡甫、亡久、亡又反
曼，武半反　　　　　　　牡，亡后、亡古反
耄、耄，亡报反　　　　　沫，亡对、武盖、亡曷反①
贸，亡救反　　　　　　　昧，武内、亡比反
䳺，亡卜反　　　　　　　缦，武旦、武半、武谏反
莫，武博反　　　　　　　镘，亡安、武旦反
默、纆，亡北反　　　　　冒，亡报、亡北反
駹，武邦反　　　　　　　末，亡曷、亡葛、武葛反
尨，亡江反　　　　　　　幕，武博、亡博反
蒙，武邦反　　　　　　　埋，亡皆、无皆、武皆反
霾，亡皆反　　　　　　　茅，亡交反
罞，亡包反　　　　　　　萌，武耕、亡耕反
僈，武谏反　　　　　　　盟，武耕、亡幸、武病反
瞀，亡角反　　　　　　　谩，望山、武谏反
貈，亡百反　　　　　　　慢，亡谏、武谏反
瞢，武忠反　　　　　　　藐，亡角、亡校反
攠，亡奇反　　　　　　　貊，武伯、亡百反
縻、糜，亡池反　　　　　梦，忘忠、无工、亡弄、武仲反

---

① 这里应是两个字：沫，亡对反；沫，武盖、亡曷反。

敏，亡谨反　　　　　　牟，亡侯、无不反
暋，亡巾反　　　　　　侔，亡侯、亡又反
袂，武世反　　　　　　矛、蝥、缪，亡侯反
䁕，忘忍反　　　　　　洒，亡婢、亡忍、亡免反
麋，亡兮反　　　　　　泯，武谨、亡谨反
螟、铭，亡丁反　　　　冥，亡丁、亡经、亡定反
蔑，亡结反　　　　　　幂、鼏、冀，亡歷反
瞑，亡千、亡丁反

下面是玄应《一切经音义》的例子：

帮非混切：

　　仳，父美反　　　　　　匾，方殄反
　　讽，不凤反

滂敷混切：

　　潘，敷袁反　　　　　　蜂，匹凶反
　　孚，匹于反　　　　　　泛，匹剑反

並奉混切：

　　骲，扶忍反　　　　　　邲，扶必反

明微混切：

　　牧，亡福反　　　　　　睦，亡竹反
　　昴，亡饱反　　　　　　眇，亡绍反
　　俛，无辩反　　　　　　密，亡一反
　　浼，亡善反　　　　　　䫨，亡交、亡包反
　　怃，莫禹反

隋唐时代的前期，舌音还没有分化为舌尖中（舌头）、舌面前（舌上）两类，这就是说，还没有产生舌上音。下面是《经典释文》的例子：

端知混切：
  猪，丁鱼反   长，丁丈、丁两反
  柱，丁主反   廌、踟、憘，丁四反
  转，丁恋反   缀，丁卫、丁劣、丁悦反
  罩，都学反   剹，丁录反
  窒，得悉反   斲、涿、琢，丁角反
  挃，丁秩反   窋，丁律反
  辍，丁劣反   剟，丁悦反
  著，丁略反   摘，都革反
  縶，丁立反   霱，丁立、丁邑反
透彻混切：
  朾，他贞反   畜，他六反
  卓，吐浊反   瞳，菟绛反
  台，勑来反   侗、恫，勑动反
  吞，勑恩反   滩，勑丹、勑旦反
  弢，敕刀反   窕，敕彫、勑吊反
  它，敕多反   祧、挑，勑彫反
  稌，勑古反   坦，敕但反
  贷，敕代反   儻，勑党、勑荡反
  大，勑佐反   逖、剔，勑歷反
定澄混切：
  淖，徒较反   轴，大六反
  濯，大角反   值，徒力、徒吏反
  惮，直丹、直旦、丈旦反   翟、覿、糴，直歷反
  姪、絰、軼、迭、咥，直结反   涤，直的、直歷反
  茎，直黎反

泥娘混切：
　　伲，乃私反　　　　　　　　桡，乃教反
　　溺，奴学反　　　　　　　　淖、铙，乃孝反
　　暱，乃吉反　　　　　　　　呐，奴劣反
　　籋，奴辄反

下面是玄应《一切经音义》的例子：

端知混切：
　　湩，都用、都洞反　　　　　啄，丁角反
　　斵、椓、拄，都角反　　　　谪、讁、摘，都革反

透彻混切：
　　虿，他迈反　　　　　　　　讨，耻老反
　　涕，敕计反　　　　　　　　惕，敕歷反

定澄混切：
　　撞，徒江反　　　　　　　　茶，徒加、徒迦反
　　瞪，徒萌反　　　　　　　　怼，徒泪反
　　袒，徒苋反　　　　　　　　擢，徒角、徒卓反
　　濯，徒角反

泥娘混切：
　　赧，奴盏反　　　　　　　　祢，女履反
　　喃，女函反

陈澧以为，在《切韵》的反切中，端系和知系已经分开了。其实不是的。罗常培考证了《切韵》和今本《广韵》，发现《切韵》有八处是端系和知系混切的，这八例是：

　　绛韵　戆　《切韵》丁降反　《广韵》陟降切
　　陷韵　玷　《切韵》都陷反　《广韵》陟陷切
　　觉韵　斲　《切韵》丁角反　《广韵》竹角切

寘韵　縋　《切韵》驰伪反　《广韵》地伪切
祭韵　滞　《切韵》直例反　《广韵》徒例切
语韵　女　《切韵》乃据反　《广韵》尼据切
潸韵　赧　《切韵》怒版反　《广韵》女版切
侯韵　羺　《切韵》女沟反　《广韵》奴钩切

罗氏还在《广韵》反切的又音中发现了端系和知系混切的现象，例如：

褚，丑吕切，又张吕切，又丁吕切①

传，直恋切，又丁恋切，又知恋切

长，直良切，又丁丈切，又知丈切

嘟，都豆切，又丁救切，又陟救切

缀，陟卫切，又丁劣切，又陟劣切

涂，直鱼切，又直胡切，又同都切

掉，女角切，又杖吊切，又徒吊切

獳，人朱切，又女侯切，又奴钩切

桡，如招切，又女教切，又奴教切

肭，女滑切，又女骨切，又内骨切

其实，《广韵》还有很多端系和知系混切的例子，例如：

椿，都江切　《集韵》株江切

胝，丁尼切　《集韵》张尼切

贮，丁吕切　《集韵》展吕切

箠，丑戾切

蛭，丁悉切

窡，丁滑切　《玉篇》竹刮切，《集韵》张滑切

獭，他镨切

---

① 两个又音，实同一音，下仿此。

鵽，丁刮切　《集韵》张刮切

𪜫，丁全切　《集韵》作"𪜫"，珍全切

罩，都教切　《集韵》陟教切

䩅，都贾切　《集韵》展贾切

絮，奴下切　《集韵》女下切

胒，乃亚切

牚，他孟切　《集韵》耻孟切

瑒，徒杏切　《集韵》丈梗切

䑕，乃庚切　《集韵》尼庚切

㮇，丁力切　又丁六切

湛，徒减切　《集韵》丈减切

𦍙，孄佳切

𥱼，杜怀切　《集韵》幢乖切

搱，诺皆切　《集韵》尼皆切

妠，奴还切　《集韵》尼还切

伱，乃里切

嬭，奴蟹切　《集韵》女蟹切

髬，陟贿切

𢻹，奴板切　大徐《说文》女版切

𢴦，奴巧切　《集韵》女巧切

𢱢，乃禁切　《集韵》女禁切

𢳆，丑歷切　《集韵》他歷切

　　根据《晋书音义》的反切，我们看到唐代中期，舌上音从舌头音分出，即从舌尖中塞音分出舌面前塞音，但是只分出知彻澄三母，没有分出娘母。娘母实际上是不存在的[①]。敦煌石室《南梁汉比丘守温述》说：

---

① 参看李荣《切韵音系》125—126 页。

"知彻澄日是舌上音。"非常正确。可见隋唐时代，日母应是舌上音，它是和知彻澄同一发音部位的鼻音。

在《经典释文》反切中，还有神禅混切、从邪混切、于喻混切等情况，因为与《切韵》相差太大，疑是方言现象。待再详考。

声母音值的拟测

庄初床山四母，高本汉拟测为 [tʂ] [tʂʻ] [dʐʻ] [ʂ]，陆志韦拟测为 [tʃ] [tʃʻ] [dʒ] [ʃ]。陆志韦是对的。除陆氏所说的理由外①，以常识判断，也不应该是 [tʂ] [tʂʻ] [dʐʻ] [ʂ]。依汉语的习惯，卷舌音是不能和韵头 i 相拼的。

知彻澄三母，高本汉拟测为 [ṭ] [ṭʻ] [ḍʻ]，陆志韦也拟测为 [ṭ] [ṭʻ] [ḍ]，罗常培拟测为 [tʂ] [tʂʻ] [dʐʻ]。高本汉和陆志韦是对的。罗常培先生根据梵文对译断定知彻澄是卷舌音②，恐怕是靠不住的。因为音译往往只是近似，不是完全同音。

二、隋—中唐时代的韵部

隋—中唐时代共有五十个韵部，如下表：

元音\韵类	阴	声	入	声	阳	声
u	u 模		uk 沃		uŋ 冬	
o	o 鱼	ou 侯	ok 屋		oŋ 东	
ɔ			ɔk 觉		ɔŋ 江	

---

① 参看陆志韦《古音说略》13—17 页。《燕京学报》专号之 20，1947 年。
② 罗常培《知彻澄娘音值考》，《罗常培语言学论文选集》22—53 页，中华书局 1963 年。编者按：罗常培拟测为 [ṭ] [ṭʻ] [ḍʻ]。

（续表）

元音\韵类	阴声			入声			阳声		
ɑ	ɑ 歌	ɑu 豪	ɑi 咍	ɑk 铎	ɑt 曷	ɑp 合	ɑŋ 阳	ɑn 寒	ɑm 覃
a	a 麻	au 肴	ai 皆		at 黠	ap 洽		an 删	am 咸
ɐ			ɐi 废	ɐk 陌	ɐt 月	ɐp 业	ɐŋ 庚	ɐn 元	ɐm 严
æ		æu 宵	æi 祭		æt 薛	æp 葉		æn 仙	æm 盐
ə			əi 微	ək 职	ət 物		əŋ 蒸	ən 文	
i	i 脂			ik 锡	it 质	ip 缉	iŋ 青	in 真	im 侵

（1）模部［u］

合一［u］　　《切韵》模姥暮
合三［i̯u］　　《切韵》虞麌遇

反切例证①:

以虞切模：

汙，纡巫反*

以姥切麌：

庬，莫杜反　　　梀，况浦反

数，所古反

唐诗例证②（虞无号，模*）：

《洞庭湖》　　　　　　　　　　宋之问

地尽天水合，朝及洞庭湖*［ɣu］。

初日当中涌，莫辨东西隅［ŋi̯u］。

---

① 加星号*者为玄应《一切经音义》的反切，无号者为《经典释文》的反切。下仿此。
② 尽可能举初唐诗为例。

第四章　隋—中唐音系（581—836年）……181

晶耀目何在？滢荧心欲无［mi̯u］。
灵光晏海若，游气耿天吴＊［ŋu］。
张乐轩皇至，征苗夏禹徂＊［dzu］。
楚臣悲落叶，尧女泣苍梧＊［ŋu］。
野积九江润，山通五岳图＊［du］。
风恬鱼自跃，云夕雁相呼＊［xu］。
独此临泛漾，浩将人代殊［zi̯u］。
永言洗氛浊，卒岁为清娱［ŋi̯u］。
要使功成退，徒劳越大夫［pi̯u］。

（2）沃部［uk］

合一［uk］　《切韵》沃
合三［i̯uk］　《切韵》烛

唐诗例证：

《和同府李祭酒休沐田居》　　　　　　　　　李　峤

列位簪缨序，隐居林野躅［di̯uk］。
徇物爽全直，栖真昧均俗［zi̯uk］。
若人兼吏隐，率性夷荣辱［ńi̯uk］。
地藉朱邸基，家在青山足［tsi̯uk］。
暂弭西园盖，言事东皋粟［si̯uk］。
筑室俯涧滨，开扉面岩曲［kʻi̯uk］。
庭幽引夕雾，檐迥通晨旭［xi̯uk］。
迎秋谷黍黄，含露园葵绿［li̯uk］。
胜情狎兰杜，雅韵锵金玉［ŋi̯uk］。
伊我怀丘园，愿心从所欲［ji̯uk］。

（3）冬部［uŋ］

合一［uŋ］　《切韵》冬宋

合三 [i̯uŋ]　《切韵》锺肿用
　　唐诗例证：

《途中》　　　　　　　　　　　　　　杨　炯

　　悠悠辞鼎邑，去去指金墉 [ji̯uŋ]。
　　途路盈千里，山川亘百重 [di̯uŋ]。
　　风行常有地，云出本多峰 [pʻi̯uŋ]。
　　郁郁园中柳，亭亭山上松 [zi̯uŋ]。
　　客心殊不乐，乡泪独无从 [dzi̯uŋ]！

（4）鱼部 [o]

开三 [i̯o]　《切韵》鱼语御
　　唐诗例证：

《奉和幸韦嗣立山庄侍宴》　　　　　　宋之问

　　枢掖调梅暇，林园艺槿初 [tʻi̯o]。
　　入朝荣剑履，退食偶琴书 [ɕi̯o]。
　　地隐东岩室，天回北斗车 [ki̯o]。
　　旌门临岪崒，辇道属扶疏 [ʃi̯o]。
　　云罕明丹壑，霜筛彻紫虚 [xi̯o]。
　　水疑投石处，溪似钓璜馀 [ji̯o]。
　　帝泽颁卮酒，人欢颂里闾 [li̯o]。
　　一承黄竹咏，长奉白茅居 [ki̯o]。

（5）侯部 [ou]

开一 [ou]　《切韵》侯厚候
开三 [i̯ou]　《切韵》尤有宥
开四 [iou]　《切韵》幽黝幼
　　反切例证：
　　　以侯切尤：

第四章 隋—中唐音系（581—836年）……183

陬、菆，子侯反　　　　　　驺，侧侯反
緅，祖侯反　　　　　　　　鍪、伞，亡侯反
鬏，茂侯反　　　　　　　　牟，木侯、亡侯、莫侯反
眸，莫侯、茂侯反　　　　　蟊，莫侯、莫沟反
谋，莫侯反*　　　　　　　 眸，莫侯反*
鍪，莫侯反*　　　　　　　 矛，莫侯反*

以幽切尤：

休，虚虯、许虯反　　　　　捄，音虯

以侯切幽：

缪，亡侯反

以尤切幽：

觓，音求　　　　　　　　　璆，其休、旧周反
觩，巨秋反　　　　　　　　虯，渠周、渠留反
缪，莫浮反*

以有切厚：

某，莫有反

以有切黝：

黝，於柳、殀柳反　　　　　纠，居酉反
纠，居柳反*

以幼切宥：

滫，相幼反

唐诗例证：

　　　　　《三阳宫侍宴》　　　　　　　　　　宋之问

　　　离宫秘苑胜瀛洲 [ţiou]，
　　　别有仙人洞壑幽 [ʔiou]。
　　　岩边树色含风冷，石山泉声带雨秋 [ts'iou]。

鸟向歌筵来度曲，云依绛殿结为楼 [lou]。
微臣昔忝方明御，今以还陪八骏游 [ji̯ou]。

（6）屋部 [ok]

开一 [ok]　《切韵》屋
开三 [i̯ok]　《切韵》屋

唐诗例证：

《温泉庄卧病》　　　　　　　　　宋之问

移疾卧兹岭，寥寥倦幽独 [dok]。
赖有嵩丘山，高枕长在目 [mi̯ok]。
兹山栖灵异，朝夜翳云族 [dzok]。
是日濛雨晴，返景入岩谷 [kok]。
羃羃涧畔草，青青山下木 [mok]。
此意方无穷，环顾怅林麓 [lok]。
伊洛何悠漫，川原信重复 [p'i̯ok]。
夏余鸟兽蕃，秋末禾黍熟 [zi̯ok]。
秉愿守樊圃，归闲欣艺牧 [mi̯ok]。
惜无载酒人，徒把凉泉掬 [ki̯ok]。

（7）东部 [oŋ]

开一 [oŋ]　《切韵》东董送
开三 [i̯oŋ]　《切韵》东董送

唐诗例证：

《秋日仙游观赠道士》　　　　　　　王　勃

石图分帝宇，银牒洞灵宫 [ki̯oŋ]。
回丹萦岫室，复翠上岩栊 [loŋ]。
雾浓金灶静，云暗玉坛空 [k'oŋ]。
野花常捧露，山叶自吟风 [pi̯oŋ]。

$$\text{林泉明月在，诗酒故人同 [doŋ]。}$$
$$\text{待余逢石髓，从尔命飞鸿 [ɣoŋ]。}$$

（8）觉部 [ɔk]

开二 [ɔk]　《切韵》觉

　　反切例证：

　　　　较，古岳反　　　泧，仕角、在角反
　　　　穛，侧角反　　　汋，士泧反
　　　　濯，大角反　　　藐，莫角、亡角反
　　　　镯，直角反

（9）江部 [ɔŋ]

开二 [ɔŋ]　《切韵》江讲绛

　　反切例证：

　　　　駹，武邦反　　　　撞，丈江反

唐诗例证：

《江楼夜宴》（其三）　　　　杜　甫

$$\text{对月那无酒，登楼况有江 [kɔŋ]。}$$
$$\text{听歌惊白鬓，笑舞拓秋窗 [tʃʰɔŋ]。}$$
$$\text{樽蚁添相续，沙鸥并一双 [ʃɔŋ]。}$$
$$\text{尽怜君醉倒，更觉片心降 [ɣɔŋ]。}$$

（10）歌部 [ɑ]

开一 [ɑ]　　《切韵》歌哿箇
合一 [uɑ]　　《切韵》戈果过①
合三 [iuɑ]　《切韵》戈果过

　　反切例证：

---

① 陆法言《切韵》无戈果过韵，这里指《广韵》。

以戈切歌：

  蛾，我波反

以歌切戈：

  娑，素河反　　繁、皤，步何反

  莎，素何反　　摩，末何、末多反

  番，布何反　　颇，普河、破多、破河反

以哿切果：

  簸，波我反　　跛，波我、波可、彼我反

  颇，破可反　　播，波可、波左反

以箇切过：

  簸，府佐反　　播，波饿、波佐、波贺反

  攞，莫贺反

唐诗例证（歌无号，戈*）：

　　　　《别之望后独宿蓝田山庄》　　　　　　　　宋之问

　　鹡鸰有旧曲，调苦不成歌[ka]。

　　自叹兄弟少，常嗟离别多[ta]。

　　尔寻北京路，予卧南山阿[ʔa]。

　　泉晚更幽咽，云秋尚嵯峨[ŋa]。

　　药栏听蝉噪，书幌见禽过*[kua]。

　　愁至愿甘寝，其如乡梦何[ɣa]！

　　　　　（11）豪部 [au]

开一 [au]　《切韵》豪皓号

唐诗例证：

　　　　《渡汉江》　　　　　　　　　　　　　　　李百药

　　东流既瀰瀰，南纪信滔滔[tʻau]。

　　水激沈碑岸，波骇弄珠皋[kau]。

含星映浅石，浮盖下奔涛 [dɑu]。
　　　　　　　　　△
溜阔霞光近，川长晓气高 [kɑu]。
　　　　　　　　　　△
樯乌转轻翼，戏鸟落风毛 [mɑu]。
　　　　　　　　　　△
客心既多绪，长歌且代劳 [lɑu]。
　　　　　　　　　　△

（12）咍部 [ɑi]

开一 [ɑi]　　《切韵》咍海代，泰
合一 [uɑi]　　《切韵》灰贿队，泰

反切例证：

以咍切灰：
　　倍①，扶来反　　　　楳，莫来反
以海切贿：
　　培，父宰反　　　　每，莫载、莫改反*
以贿切海：
　　倍②，步罪、蒲罪反
以代切队：
　　背，扶代反　　　　邶，方代反
　　敦③，都爱反　　　　倅，仓爱反
以队切泰：
　　襘，户对反　　　　绘，户妹反
　　駾，徒对反　　　　沬，亡对反
　　沛，补昧反*
以泰切队：
　　背，蒲贝反*　　　　类，力外反*

---

① 《集韵》："倍，蒲枚切。"
② 《广韵》："倍，薄亥切。"
③ 《集韵》："敦，都内切。"

以泰切代：

殆①，田赖反

唐诗例证（灰队无号，哈代＊，泰×）：

《赠许左丞从驾万年宫》　　　　　　　　　　卢照邻

闻道上之回 [ɣuɑi]。

诏跸下蓬莱＊ [lɑi]。

中枢移北斗，左辖去南台＊ [dɑi]。

黄山闻凤笛，清跸侍龙媒 [muɑi]。

曳日朱旗卷，参云金障开＊ [k'ɑi]。

朝参五城柳，夕宴柏梁杯 [puɑi]。

汉畤光如月，秦祠听似雷 [luɑi]。

寂寂芸香阁，离思独悠哉＊ [tsɑi]！

《信行远修水筒》　　　　　　　　　　　　杜　甫

汝性不茹荤，清净仆夫内 [nuɑi]。

秉心识本源，于事少滞碍＊ [ŋɑi]。

云端水筒坼，林表山石碎 [suɑi]。

触热藉子修，通流与厨会× [ɣuɑi]。

往来四十里，荒险崖谷大× [dɑi]。

日曛惊未餐，貌赤愧相对 [tuɑi]。

浮瓜供老病，裂饼常所爱＊ [ʔɑi]。

于斯答恭谨，足以殊殿最× [tsuɑi]。

讵要方士符？何假将军盖× [kɑi]？

行诸直如笔，用意崎岖外× [ŋuɑi]。

（13）铎部 [ɑk]

开一 [ɑk]　《切韵》铎

---

① 《广韵》去声无"殆"字，今以上声类推。

第四章 隋—中唐音系（581—836年）……189

合一 [uɑk] 《切韵》铎
开三 [i̯ɑk] 《切韵》药
合三 [i̯uɑk] 《切韵》药
  唐诗例证（药无号，铎*）：

《过郭代公故宅》   杜 甫

   豪隽初未遇，其迹或脱略 [li̯ɑk]。
   代公尉通泉，放意何自若 [n̡i̯ɑk]。
   及夫登衮冕，直气森喷薄* [bɑk]。
   磊落见异人，岂伊常情度* [dɑk]！
   定策神龙后，宫中翕清廓* [k'uɑk]。
   俄顷辨尊亲，指挥存顾托* [t'ɑk]。
   群公有惭色，王室无削弱 [n̡i̯ɑk]。
   迥出名臣上，丹书照台阁* [kɑk]。
   我行得遗迹，池馆皆疏凿* [dzɑk]。
   壮公临事断，顾步涕横落* [lɑk]。
   高咏宝剑篇，神交付冥漠* [mɑk]。

（14）曷部 [ɑt]

开一 [ɑt] 《切韵》曷
合一 [uɑt] 《切韵》末
  反切例证：
   以末切曷：
    曷，何末反   怛（怛），丹末反
    阏，安末反   遏，乌末反
    挞、达、汰，他末反
   以曷切末：
    沫，亡曷反   末，亡葛、武葛、亡曷反

秣，莫葛反　　　　　拔，步葛反
跋，补葛反　　　　　茇，蒲葛反
軷，步葛、步曷反　　 拨，补达反＊

（15）合部 [ɑp]

开一 [ɑp]　《切韵》合盍

反切例证：

以盍切合：
蛤，古盍反　　　　　䪹，子盍、子腊反＊
䎱，子盍反＊　　　　 唼①，子盍、祖盍反

以合切盍：
䪞，音合　　　　　　䶀，力合反
闒，汤荅反　　　　　䶀，土合反＊

（16）阳部 [ɑŋ]

开 · [ɑŋ]　《切韵》唐荡宕
合一 [uɑŋ]　《切韵》唐荡宕
开三 [i̯ɑŋ]　《切韵》阳养漾
合三 [i̯uɑŋ]　《切韵》阳养漾

唐诗例证（阳无号，唐＊）：

《同临津纪明府孤雁》　　　　　　　　　卢照邻

三秋违北地，万里向南翔 [zi̯ɑŋ]。
河洲花稍白，关塞叶初黄＊[ɣuɑŋ]。
避缴风霜劲，怀书道路长 [ḍi̯ɑŋ]。
水流疑箭动，月照似弓伤 [ɕi̯ɑŋ]。
横天无有阵，度海不成行＊[ɣɑŋ]。

---

① 《集韵》："唼，作荅切。"

会刷能鸣羽，还赴上林乡[xi̯aŋ]。
　　　　　（17）寒部[an]

开一[an]　　《切韵》寒旱翰
合一[uan]　《切韵》桓缓换

反切例证：

以寒切桓：

槃，薄寒反　　　　　　　盘，步干、畔干反
鞶，步干反　　　　　　　磐，步干、步丹、畔干反
弁，步干、步寒反　　　　般，薄寒、蒲安、步干反
胖，步丹反　　　　　　　潘，判丹、判干反
䐻、曼，莫干反　　　　　蟠，蒲寒反*
瘢，薄寒、薄兰、蒲兰反*

以换切翰：

翰，寒半反

以翰切换：

漫、熳，末旦反　　　　　缦，武旦、未旦反
镘，亡旦反　　　　　　　判，普旦反*

唐诗例证（寒无号，桓*）：

　　　　　《奉和九日幸临渭亭登高》　　　　　宋之问
　　　令节三秋晚，重阳九日欢*[xuan]。
　　　仙杯还泛菊，宝馔且调兰[lan]。
　　　御气云霄近，乘高宇宙宽*[kʻuan]。
　　　今朝万寿引，宜向曲中弹[dan]。

　　　　　（18）覃部[am]

开一[am]　　《切韵》覃感勘，谈敢阚

反切例证：

以敢切感：坎，苦敢反
以感切敢：紞，丁坎反

唐诗例证（覃无号，谈*）：

《战城南》 卢照邻

将军出紫塞，冒顿在乌贪 [tʻɑm]。
笳喧雁门北，阵翼龙城南 [nɑm]。
琱弓夜宛转，铁骑晓参驔 [dɑm]。
应须驻白日，为待战方酣* [ɣɑm]。

（19）麻部 [a]

开二 [a]　《切韵》麻马祃
合二 [ua]　《切韵》麻马祃
开三 [i̯a]　《切韵》麻马祃

唐诗例证：

《送丰城王少府》 杨　炯

愁结乱如麻 [ma]，
长天照落霞 [ɣa]。
离亭隐乔树，沟水浸平沙 [ʃa]。
左尉才何屈！东关望渐赊 [ɕi̯a]。
行看转牛斗，持此报张华 [ɣua]。

（20）肴部 [au]

开二 [au]　《切韵》肴巧效

唐诗例证：

《宋公宅送宁谏议》 宋之问

宋公爱创宅，庾氏更诛茅 [mau]。
间出人三秀，平临楚四郊 [kau]。
汉臣来绛节，荆牧动金铙 [nau]。

尊溢宜城酒，笙裁曲沃匏 [bau]。
露荷秋变节，风柳夕鸣梢 [ʃau]。
一散阳台雨，方随越鸟巢 [dʒau]。

（21）皆部 [ai]

开二 [ai] 　《切韵》佳蟹卦，皆骇怪，夬
合二 [uai] 　《切韵》佳蟹卦，皆骇怪，夬

反切例证：

以皆切佳：

洼，乌乖反　　　柴，士皆、仕皆、巢谐反

以怪切卦：

责（债），侧界反

以夬切怪：

䢵，户快反　　　芥，吉迈、古迈、姬迈反
芥，加迈反*　　　䁖，牛快反*

以卦切夬：

败，必卖反

以怪切夬：

嘬，初怪反　　　嘎，於介反
㸄，音界　　　　虿，敕介、丑介反*
呗，蒲芥反*　　　迈，莫介反*
餲，乌芥反*　　　会，口坏、苦坏反

唐诗例证（皆无号，佳*）：

《遣悲怀》　　　　　　　　　　　　　　元　稹

谢公最小偏怜女，自嫁黔娄百事乖 [kuai]。
顾我无衣搜荩箧，泥他沽酒拔金钗* [tʃ'ai]。
野蔬充膳甘长藿，落叶添薪仰古槐 [ɣuai]。

今日俸钱过十万，与君营奠复营斋［tʃai］！

（22）黠部［at］

开二［at］　《切韵》黠鎋
合二［uat］　《切韵》黠鎋
　反切例证：
　　以鎋切黠：
　　　劀，音刮　　　　　　猾，胡刮反*
　　以黠切鎋：
　　　楬，苦八反　　　　　刮，古滑、苦八反

（23）洽部［ap］

开二［ap］　《切韵》洽狎
　反切例证：
　　以狎切洽：
　　　狭，户甲反　　　　　歃，所甲反

（24）删部［an］

开二［an］　《切韵》删潸谏，山产裥
合二［uan］　《切韵》删潸谏，山产裥
　反切例证：
　　以山切删：
　　　班，伯山反　　　　　谩，望山反
　　　扳，敷闲反　　　　　顽，五鳏反
　　　顽，吴鳏、五鳏反
　　以删切山：
　　　矜，古顽反　　　　　鳏，故顽、古顽反*
　　　纶，古顽反　　　　　瘝，古顽、工顽反
　　　顠，苦颜反　　　　　铿，苦颜反

以产切潸：

　　㯰①，胡简反　　　　　栈，仕板＊、士板反

　　㹞，奴盏、女盏反　　　輚、虥，仕板反

以裥切谏：

　　串，诰幻反　　　　　铲②，叉苋反＊

　　屗，初苋反＊

唐诗例证（删无号，山＊）：

《初到陆浑山庄》　　　　　　　　　　　宋之问

授衣感穷节，策马凌伊关［kuan］。

归齐逸人趣，日觉秋琴闲＊［ɣan］。

寒露衰北阜，夕阳破东山＊［ʃan］。

浩歌步榛樾，栖鸟随我还［ɣuan］。

（25）咸部［am］

开二［am］　《切韵》咸豏陷，衔槛鑑

反切例证：

以衔切咸：

　　掺，所衔反　　　　　咸，音衔

以咸切衔：

　　监，古咸反　　　　　衔，音咸

以豏切槛：

　　槛，户减、下斩反

以陷切鑑：

---

① 《集韵》："㯰，下㹞反。"
② 《广韵》："铲，初雁反。"

鉴，工陷反

唐诗例证（咸无号，衔*）：

《酬司门卢四兄云夫院长望秋作》　　　　韩　愈

长安雨洗新秋出，极目寒镜开尘函①［ɣam］。
终南晓望蹋龙尾，倚天更觉青巉巉*［dʒam］。
自知短浅无所补，从事久此穿朝衫*［ʃam］。
归来得便即游览，暂似壮马脱重衔*［ɣam］。
曲江荷花盖十里，江湖生目思莫缄［kam］。
乐游下瞩无远近，绿槐萍合不可芟*［ʃam］。
白首寓居谁借问？平地寸步屙云岩*［ŋam］。
云夫老兄有狂气，嗜好与俗殊酸咸［ɣam］。
日来省我不肯去，论诗说赋相諵諵②［nam］。
望秋一章已惊绝，犹言抵抑避谤讒［dʒam］。
若使乘酣骋雄怪，造化何以当镵劖*［dʒam］？
嗟我小生值强伴，怯胆变勇神明鉴*③［kam］。
驰坑跨谷终未悔，为利而止真贪馋［dʒam］。
高揖群公谢名誉，远追甫白感至諴［ɣam］。
楼头完月不共宿，其奈就缺行攙攙［ʃam］！

（26）废部［ɐi］

开三［iɐi］　《切韵》废
合三［iuɐi］　《切韵》废

（27）陌部［ɐk］

开二［ɐk］　《切韵》陌麦

---

① 《广韵》："函，胡谗切。"
② 《广韵》："諵，女咸切。"
③ 《广韵》："鉴，古衔切。"

合二〔uɐk〕　《切韵》陌麦
开三〔i̯ɐk〕　《切韵》陌昔
合三〔i̯uɐk〕　《切韵》陌昔

　　反切例证：
　　　以陌切麦：
　　　　栅，楚格反　　　　　　核，幸格反
　　　以麦切昔：
　　　　摘，都革反　　　　　　躑，治革、持革反
　　　薜，布革反
　　唐诗例证（陌无号，昔*）：
　　　　　　　《答田徵君》　　　　　　　　　　　宋之问
　　　　　家临清溪水，溪水绕盘石*〔zi̯ɐk〕。
　　　　　绿萝四面垂，裹裹百余尺*〔tɕʻi̯ɐk〕。
　　　　　风泉度丝管，苔藓铺茵席*〔zi̯ɐk〕。
　　　　　传闻颍阳人，霞外漱灵液*〔ji̯ɐk〕。
　　　　　忽枉岩中翰，吟望朝复夕*〔zi̯ɐk〕。
　　　　　何当遂远游，物色候逋客〔kʻɐk〕。

（28）月部〔ɐt〕

开一〔ɐt〕　《切韵》没
合一〔uɐt〕　《切韵》没
开三〔i̯ɐt〕　《切韵》月
合三〔i̯uɐt〕　《切韵》月
　　唐诗例证（月无号，没*）：
　　　　　《送从弟邕下第后寻会稽》　　　　　　孟浩然
　　　　　疾风吹征帆，倏尔向空没*〔muɐt〕。
　　　　　千里去俄顷，三江坐超忽〔xuɐt〕。

向来共欢娱，日夕成楚越[ɣiuɐt]。
落羽更分飞，谁能不惊骨*[kuɐt]？

(29) 业部 [ɐp]

开三 [iɐp]　《切韵》业
合三 [iuɐp]　《切韵》乏

　反切例证：

　　以乏切业：

　　　鎑①，于法反

(30) 庚部 [ɐŋ]

开二 [ɐŋ]　《切韵》庚梗映，耕耿诤
合二 [uɐŋ]　《切韵》庚梗映，耕耿诤
开三 [iɐŋ]　《切韵》庚梗映，清静劲
合三 [iuɐŋ]　《切韵》庚梗映，清静劲

　反切例证：

　　以耕切庚：

　　　更，古鹦反　　　　喤，音宏
　　　盟，武耕反　　　　鎗②，初耕反

　　以清切庚：

　　　荣、莹，音营

　　以耕切清：

　　　甖，於耕反

　　以耿切梗：

　　　省、𤯆，所幸反

　　以梗切耿：

---

① 《玉篇》："鎑，于劫反。"
② 《广韵》："鎗，楚庚切。"

耿，工永反

以映切净：

迸，北孟反

唐诗例证（庚无号，耕*，清×）：

《羌村》（其三） 杜　甫

群鸡正乱叫，客至鸡斗争* [tʃɐŋ]。
驱鸡上树木，始闻叩柴荆 [ki̯ɐŋ]。
父老四五人，问我久远行 [ɣɐŋ]。
手中各有携，倾榼浊复清× [tsʼi̯ɐŋ]。
苦辞酒味薄，黍地无人耕* [kɐŋ]。
兵革既未息，儿童尽东征× [tɕi̯ɐŋ]。
请为父老歌，艰难愧深情× [dzi̯ɐŋ]。
歌罢仰天叹，四座泪纵横 [ɣuɐŋ]！

(31) 元部 [ɐn]

开一 [ɐn]　《切韵》痕很恨
合一 [uɐn]　《切韵》魂混慁
开三 [i̯ɐn]　《切韵》元阮愿
合三 [i̯uɐn]　《切韵》元阮愿

反切例证：

以痕切魂：

臀，徒恩反

以很切混：

颂①，其恳反

唐诗例证（元无号，魂*，痕×）：

---

① 《广韵》："颂，苦本切。"

《三月曲水宴》　　　　　　　　　　　　卢照邻

　　风烟彭泽里，山水仲长园 [ɣi̯uɐn]。
　　由来弃铜墨，本自重琴尊* [tsuɐn]。
　　高情邈不嗣，雅道今复存* [dzuɐn]。
　　有美光时彦，养德坐山樊 [bi̯uɐn]。
　　门开芳杜径，室距桃花源 [ŋi̯uɐn]。
　　公子黄金勒，仙人紫气轩 [xi̯ɐn]。
　　长怀去城市，高咏狎兰荪* [suɐn]。
　　连沙飞白鹭，孤屿啸玄猿 [ɣi̯uɐn]。
　　日影岩前落，云花江上翻 [pʻi̯uɐn]。
　　兴阑车马散，林塘夕鸟喧 [xi̯uɐn]。

　　　《别李义》　　　　　　　　　　　　　　杜　甫

　　神尧十八子，十七王其门* [muɐn]。
　　道国洎舒国，实惟亲弟昆* [kuɐn]。
　　中外贵贱殊，余亦忝诸孙* [suɐn]。
　　丈人嗣王业，之子白玉温 [ʔuɐn]。
　　道国继德业，请从丈人论 [luɐn]。
　　丈人领宗卿，肃穆古制敦 [tuɐn]。
　　先朝纳谏诤，直气横乾坤* [kʻuɐn]。
　　子建文笔壮，河间经术存* [dzuɐn]。
　　温克富诗礼，骨清虑不喧 [xi̯uɐn]。
　　洗然遇知己，谈论淮湖奔* [puɐn]。
　　忆昔初见时，小襦绣芳荪* [suɐn]。
　　长成忽会面，慰我久疾魂* [ɣuɐn]。
　　三峡春冬交，江山云雾昏 [xuɐn]。
　　正宜且聚集，恨此当离罇* [tsuɐn]。

莫怪执杯迟，我衰涕唾烦 [bi̯ɐn]。
重问子何之，西上岷江源 [ŋi̯uɐn]。
愿子少干谒，蜀川足戎轩 [xi̯ɐn]。
误失将帅意，不如亲故恩 ˣ[ʔɐn]。
少年早归来，梅花已飞翻 [pʻi̯uɐn]。
努力慎风水，岂惟数盘飧 *[suɐn]！
猛虎卧在岸，蛟螭出无痕 ˣ[ɣɐn]。
王子自爱惜，老夫困石根 ˣ[kɐn]。
生别古所嗟，发声为尔吞 ˣ[tʻɐn]！

（32）严部 [ɐm]

开三 [i̯ɐm] 《切韵》严俨酽
合三 [i̯uɐm] 《切韵》凡范梵

（33）宵部 [æu]

开三 [i̯æu] 《切韵》宵小笑
开四 [iæu] 《切韵》萧篠啸

反切例证：

以宵切萧：

铫，七遥反

以萧切宵：

钊，姜辽反　　燋，祖尧反　　瓢，扶尧反
螵，平尧反　　摽，敷萧反　　翛，音萧
瞟，普幺反 *

以小切篠：

窈，於表反　　湫，子小反　　裹，音绕

以篠切小：

赵，徒了反　　鷕，耀皎、户了反

　　　　膘，扶了反　　　　挢，古了反　　　　燎，力鸟、力皎反
　　以笑切啸：
　　　　啸，萧妙反
　　以啸切笑：
　　　　燎，力吊反
　　唐诗例证（萧无号，宵*）：
　　　　　　《长宁公主东庄侍宴》　　　　　　　　　　李　峤
　　　　　别业临青甸，鸣銮降紫霄*[si̯æu]。
　　　　　长筵鹓鹭集，仙管凤凰调[di̯æu]。
　　　　　树接南山近，烟含北渚遥*[ji̯æu]。
　　　　　承恩咸已醉，恋赏未还镳*[pi̯æu]。
　　　　　　　　（34）祭部[æi]

开三[i̯æi]　《切韵》祭
合三[i̯uæi]　《切韵》祭
开四[iæi]　《切韵》齐荠霁
合四[iuæi]　《切韵》齐荠霁
　　反切例证：
　　　以祭切霁：
　　　　翳，乌例反　　　　　　　　唳，力制反
　　　以霁切祭：
　　　　敝，步计反　　　　　　　　蔽，博壻、方计、补弟反
　　　　瘗，於计反　　　　　　　　弊，薄计、蒲计、扶计反
　　　　偈，丘丽反　　　　　　　　掜，勒帝反
　　唐诗例证（齐荠无号，祭*）
　　　　　　《山庄休沐》　　　　　　　　　　　　　卢照邻
　　　　　兰署承闲日，蓬扉狎遁栖[siæi]。

龙柯疏玉井，凤叶下金堤［tiæi］。
川光摇水箭，山气上云梯［t'iæi］。
亭幽闻唳鹤，窗晓听鸣鸡［kiæi］。
玉轸临风奏，琼浆映月携［ɣiuæi］。
田家自有乐，谁肯谢青溪［k'iæi］？

《自衡阳至韶州谒能禅师》　　　　　　　　　宋之问

谪居窜炎壑，孤帆淼不系［kiæi］。
别家万里余，流目三春际*［tsi̯æi］。
猿啼山馆晓，虹饮江皋霁［tsiæi］。
湘岸竹泉幽，衡峰石囷闭［piæi］。
岭嶂穷攀越，风涛极沿济［tsiæi］。
吾师在韶阳，欣此得躬诣［ŋiæi］。
洗虑宾空寂，焚香结精誓*［zi̯æi］。
愿以有漏躯，聿熏无生慧［ɣiuæi］。
物用益冲旷，心源日闲细［siæi］。
伊我获此途，游道回晚计［kiæi］。
宗师信舍法，摈落文史艺*［ŋi̯æi］。
坐禅罗浮中，寻异穷海裔*［ji̯æi］。
何辞御魑魅，自可乘炎疠*［li̯æi］。
回首望旧乡，云林浩亏蔽*［pi̯æi］。
不作离别苦，归期多年岁*［si̯uæi］。

（35）薛部［æt］

开三［i̯æt］　《切韵》薛
合三［i̯uæt］　《切韵》薛
开四［iæt］　《切韵》屑
合四［iuæt］　《切韵》屑

反切例证：

以薛切屑：

阹，语折反　　　　　　嫳，匹舌反

懱，芳灭反

唐诗例证（屑无号，薛*）：

《辽城望月》　　　　　　　　　唐太宗

玄兔月初明，澄辉照辽碣*[giæt]。
映云光暂隐，隔树花如缀*[tiuæt]。
魄满桂枝圆，轮亏镜彩缺*[k'iuæt]。
临城却影散，带晕重围结[kiæt]。
驻跸俯九都，停观妖氛灭*[miæt]。

（36）葉部［æp］

开三［iæp］《切韵》葉
开四［iæp］《切韵》怗

反切例证：

以葉切怗：

堞，养涉反　　　　　　燮，苏接反

唐诗例证（葉无号，怗*）：

《春日宴乐游园赋韵得接字》　　　　王　勃

帝里寒光尽，神皋春望浃*[tsiæp]。
梅郊落晚英，柳甸惊初葉[jiæp]。
流水抽奇弄，崩云洒芳牒*[diæp]。
清尊湛不空，暂喜平生接[tsiæp]。

（37）仙部［æn］

开三［iæn］《切韵》仙狝線
合三［iuæn］《切韵》仙狝線

开四 [iæn] 《切韵》先铣霰
合四 [iuæn] 《切韵》先铣霰

　　反切例证：

　　　以仙切先：

　　　　研，倪延反　　　　编，卑绵反　　　　　蜎，一全反
　　　　编，必连、必绵、必緤、甫连、方緤、必然、必仙反

　　　以先切仙：

　　　　篯，步贤反

　　　以狝切铣：

　　　　畎，古善反

　　　以铣切狝：

　　　　褊，必殄反　　　　　　　辇，连典反
　　　　旋，信犬反　　　　　　　沔，莫显反

　　　以霰切线：

　　　　羡，辞见、徐荐反
　　　　战，之见反*　　　　　　　颤，之见反*

　　唐诗例证（先无号，仙*）：

　　　　　　　　《春日玄武门宴群臣》　　　　　　　　唐太宗
　　　　　　韶光开令序，淑气动芳年 [niæn]。
　　　　　　驻辇华林侧，高宴柏梁前 [dziæn]。
　　　　　　紫庭文珮满，丹墀衮绂连* [liæn]。
　　　　　　九夷簉瑶席，五狄列琼筵* [jiæn]。
　　　　　　娱宾歌湛露，广乐奏钧天 [tʻiæn]。
　　　　　　清尊浮绿醑，雅曲韵朱弦 [ɣiæn]。
　　　　　　粤余君万国，还惭抚八埏* [ɕiæn]。
　　　　　　庶几保贞固，虚己厉求贤 [ɣiæn]。

(38) 盐部 [æm]

开三 [i̯æm] 《切韵》盐琰艳
开四 [iæm] 《切韵》添忝㮇

反切例证：

以忝切琰：

  厌、黡，乌簟反   厌、黶，於簟反

唐诗例证（盐无号，添*）：

《苦寒》   韩　愈

四时各平分，一气不可兼* [ki̯æm]。
隆寒夺春序，颛顼固不廉 [li̯æm]。
太昊弛维纲，畏避但守谦* [k'i̯æm]。
遂令黄泉下，萌牙夭勾尖 [tsi̯æm]。
草木不复抽，百味失苦甜* [di̯æm]。
凶飙搅宇宙，铓刃甚割砭 [pi̯æm]。
日月虽云尊，不能活乌蟾 [ti̯æm]。
羲和送日出，恇怯频窥觇 [t'i̯æm]。
炎帝持祝融，呵嘘不相炎 [ɣi̯æm]。
而我当此时，恩光何由沾 [ti̯æm]。
肌肤生鳞甲，衣被如刀镰 [li̯æm]。
气寒鼻莫齅，血冻指不拈* [ni̯æm]。
浊醪沸入喉，口角如衔箝 [gi̯æm]。
将持匕箸食，触指如排籤 [ts'i̯æm]。
侵炉不觉暖，炽炭屡已添* [t'i̯æm]。
探汤无所益，何况纩与襜* [ki̯æm]！
虎豹僵穴中，蛟螭死幽潜 [dzi̯æm]。
荧惑丧躔次，六龙冰脱髯 [ȵi̯æm]。

芒砀大包内，生类恐尽歼 [tsi̯æm]。
啾啾窗间雀，不知已微纤 [si̯æm]。
举头仰天鸣，所愿晷刻淹 [ʔi̯æm]。
不如弹射死，却得亲炰燖 [zi̯æm]。
鸾皇苟不存，尔固不在占 [tɕi̯æm]。
其余蠢动俦，俱死谁恩嫌* [ɣi̯æm]？
伊我称最灵，不能女覆苫 [ɕi̯æm]。
悲哀激愤叹，五藏难安恬* [di̯æm]。
中宵倚墙立，淫泪何渐渐 [tsi̯æm]！
天王哀无辜，惠我下顾瞻 [ti̯æm]。
褰旒去耳纩，调和进梅盐 [ji̯æm]。
贤能日登御，黜彼傲与憸 [tsʻi̯æm]。
生风吹死气，豁达如褰帘 [li̯æm]。
悬乳零落堕，晨光入前檐 [ji̯æm]。
雪霜顿消释，土脉膏且黏 [ni̯æm]。
岂徒兰蕙荣，施及艾与蒹* [ki̯æm]。
日萼行铄铄，风条坐襜襜 [tɕʻi̯æm]。
天乎苟其能，吾死意亦厌 [ʔi̯æm]！

(39) 微部 [əi]

开三 [i̯əi]　《切韵》微尾未
合三 [i̯uəi]　《切韵》微尾未

唐诗例证：

《还赴蜀中贻示京邑游好》　　　　　卢照邻

篆宿花初满，章台柳向飞 [pi̯uəi]。
如何正此日，还望昔多违 [ɣi̯uəi]！
怅别风期阻，将乖云会稀 [xi̯əi]。

敛衽辞丹阙，悬旗陟翠微 [mi̯uəi]。
野禽喧戍鼓，春草变征衣 [ʔi̯əi]。
回顾长安道，关山起夕霏 [pʻi̯uəi]。

（40）职部 [ək]

开一 [ək]　《切韵》德
合一 [uək]　《切韵》德
开三 [i̯ək]　《切韵》职
合三 [i̯uək]　《切韵》职

反切例证：

以德切职：

弋，与则反　　　杙，馀则反

唐诗例证（职无号，德*）：

《梦李白》（其一）　　　　　　　杜　甫

死别已吞声，生别常恻恻 [tʃʻi̯ək]。
江南瘴疠地，逐客无消息 [si̯ək]。
故人入我梦，明我长相忆 [ʔi̯ək]。
恐非平生魂，路远不可测 [tʃʻi̯ək]。
魂来枫林青，魂返关塞黑* [xək]。
君今在罗网，何以有羽翼 [ji̯ək]？
落月满屋梁，犹疑照颜色 [ʃi̯ək]。
水深波浪阔，无使蛟龙得* [tək]！

（41）物部 [ət]

合三 [i̯uət]　《切韵》物

（42）蒸部 [əŋ]

开一 [əŋ]　《切韵》登等嶝
合一 [uəŋ]　《切韵》登等嶝

开三 [iəŋ]　　《切韵》蒸拯證
　　　唐诗例证（蒸无号，登*）：

　　　　　　《陪章留后惠义寺饯嘉州崔都督赴州》　　　　　　杜　甫
　　　　　　　　中军待上客，令肃事有恒*[ɣəŋ]。
　　　　　　　　前驱入宝地，祖帐飘金绳[dziəŋ]。
　　　　　　　　南陌既留欢，兹山亦深登*[təŋ]。
　　　　　　　　清闻树杪磬，远谒云端僧*[səŋ]。
　　　　　　　　回策匪新岸，听攀仍旧藤*[dəŋ]。
　　　　　　　　耳激洞门飙，目存寒谷冰[piəŋ]。
　　　　　　　　出尘阅轨躅，毕景遗炎蒸[tɕiəŋ]。
　　　　　　　　永愿坐长夏，将衰栖大乘[dʑiəŋ]。
　　　　　　　　羁旅惜宴会，艰难怀友朋*[bəŋ]。
　　　　　　　　劳生共几何？离恨兼相仍[ɲiəŋ]！

　　　　　　　　　　　（43）文部 [ən]

合三 [iuən]　　《切韵》文
　　　唐诗例证：

　　　　　　《山居晚眺赠王道士》　　　　　　　　　　　　王　勃
　　　　　　　　金坛疏俗宇，玉洞侣仙群[giuən]。
　　　　　　　　花枝栖晚露，峰叶度晴云[ɣiuən]。
　　　　　　　　斜照移山影，回沙拥籀文[miuən]。
　　　　　　　　琴尊方待兴，竹树已迎曛[xiuən]。

　　　　　　《春日怀李白》　　　　　　　　　　　　　　　杜　甫
　　　　　　　　白也诗无敌，飘然思不群[giuən]。
　　　　　　　　清新庾开府，俊逸鲍参军[kiuən]。
　　　　　　　　渭北春天树，江东日暮云[ɣiuən]。
　　　　　　　　何时一尊酒，重与细论文[miuən]。

(44) 脂部 [i]

开三 [i]　　《切韵》支纸寘，脂旨至，之止志
合三 [i̯ui]　　《切韵》支纸寘，脂旨至

　　反切例证：
　　以脂切支：
　　　　蹳，音夷　　　　　　　　羸，律悲、力追反
　　　　呲，徂咨反
　　以之切支：
　　　　罹，力之反　　　　　　　疵，音慈
　　　　衹，祁之反　　　　　　　羁，音基
　　以支切脂：
　　　　脂，音支　　　　　　　　揩，音枝
　　　　彝，以支反　　　　　　　纰，匹弥、方移反
　　　　纰，毗移、婢支、补移反
　　　　貔，婢支反　　　　　　　绨，耻知、敕宜反
　　　　迟，直移反　　　　　　　祁，巨移、巨支反
　　　　耆，巨支反　　　　　　　梨，利知反，又音离
　　　　龟，居危反　　　　　　　縻，亡皮反
　　　　绥，相规反　　　　　　　梨，力知反*
　　　　縻，忙皮反*　　　　　　 饥，几池反*
　　以之切脂：
　　　　彝，以之、羊之、以而反
　　　　饥，居疑反　　　　　　　鸱，尺之反
　　　　茨，在思反　　　　　　　绨，敕其、丑疑反
　　　　尼，女持反　　　　　　　怩，女姬、乃私反
　　　　迟，直诗、直疑反　　　　坻，直基、直疑反

茎，直之、直基反　　蚔，直基、直其、丈之反
祁，巨之反　　　　　耆，巨之反
胝，陟其反　　　　　痍，羊之、与之反*
夷，以之、馀之、弋之、余之反
辝，与之反*　　　　　饥，几持、几治反*

以支切之：
诒，以支反　　　　　贻，羊皮反
貍、氂，力知反　　　漦，音离
僖，许宜反　　　　　蚩，尺移反*

以脂切之：
蕲，音祁　　　　　　词，似资反*
䅟，侧饥反*　　　　　镃，则饥反
蚩，昌夷反*　　　　　滋，子夷反

以旨切纸：
轵，音旨　　　　　　泜，音雉，又徒死反
靡，音美　　　　　　郿，于轨反
髀，必履反　　　　　庀，芳美反

以止切纸：
沶，直里反　　　　　蚁，鱼起反
踣，丰己反　　　　　俾，必耳、必以反
缉，弭耳反①　　　　　褫，直纪反*

以纸切旨：
秕，芳婢反　　　　　比，必尔、匹尔、并是反
垒，劣委反　　　　　疕，匹鄙反

---

① 编者注：该例疑有误。

以止切旨：
  视，常止、市止反　　　兕，徐子反
  比、妣，必里反　　　　匕，必以反
  朼，必李反　　　　　　秕，悲里、甫里、悲矣反
  履，利耻反　　　　　　屎，矢耳反
  希（稀），张里反　　　否，备矣、悲矣、悲己反
  旨，脂以反*　　　　　　兕，徐里、徐姊反*
  匕、秕，卑以反　　　　俟、涘，事己反*
  雉，直理反*

以至切寘：
  觯，音至　　　　　　　刺，七肆反
  譬，匹致反　　　　　　膇，直塊反
  忮，音洎　　　　　　　刺，千利反*
  翅，施致反

以志切寘：
  辟（避），毗志反　　　施，始志反
  啻，音试

以志切至：
  贽，音志　　　　　　　媚，眉记、眉忌、美记反
  嗜，市志反　　　　　　苡，音吏
  致，音置　　　　　　　踬，陟吏反
  寘，渚吏、陟值反　　　懫，勑值反
  迟，直志反　　　　　　稚，直吏反，又音值
  恣，咨嗣反　　　　　　比，毗志反
  质，音置　　　　　　　示，神志反
  致，徵吏反*　　　　　　踬，猪吏反*

第四章 隋—中唐音系（581—836年）

饐，於吏反*

以至切志：

饵，音二　　　　　　　蓄，侧冀、子冀反

惎，其器、其冀反　　　亟，欺冀、去冀反

植，直致反*　　　　　嗣，辞利反

字，慈恣反*　　　　　飤，囚恣反*

厕，侧冀反*

唐诗例证（支纸寘无号，脂旨至*，之止志×）：

《赠崔十三评事公辅》　　　　　　　　　　杜　甫

飘飘西极马，来自渥洼池[di]。

飒飘寒山桂，低徊风雨枝[tɕi]。

我闻龙正直，道屈尔何为[ɣi̯ui]？

且有元戎命，悲歌识者知[ti]。

官联辞冗长，行路洗欹危[ŋi̯ui]。

脱剑主人赠，去帆春色随[zi̯ui]。

阴沉铁凤阙，教练羽林儿[ni̯]。

天子朝侵早，云台仗数移[ji]。

分军应供给，百姓日支离[li]。

黠吏因封己，公才或守雌[tsʻi]。

燕王买骏骨，渭老得熊罴[pi]。

活国名公在，拜坛群寇疑×[ŋi]。

冰壶动瑶碧，野水失蛟螭[tʻi]。

入幕诸彦聚，渴贤高选宜[ŋi]。

骞腾坐可致，九万起于斯[si]。

复进出矛戟，昭然开鼎彝*[ji]。

会看之子贵，叹及老夫衰*[ʃi̯ui]。

岂但江曾决，还思雾一披 [pʻi]。
暗尘生古镜，拂匣照西施 [ɕi]。
舅氏多人物，无惭困翩垂 [zi̯ui]。

《自洪府舟行直书其事》　　　　　　宋之问

仲春辞国门，畏途横万里 ˣ [li]。
越淮乘楚嶂，造江泛吴汜 ˣ [zi]。
严程无休隙，日夜涉风水 ＊ [ɕi̯ui]。
昔闻垂堂言，将诫千金子 ˣ [tsi]。
问余何奇剥，迁窜极炎鄙 ＊ [pi]。
揆己道德余，幼闻虚白旨 ＊ [tɕi]。
贵身贱外物，抗迹远尘轨 ＊ [ki̯ui]。
朝游伊水湄，夕卧箕山趾 ˣ [tɕi]。
妙年拙自晦，皎洁弄文史 ˣ [ʃi]。
谬辱紫泥书，挥翰青云里 ˣ [li]。
事往每增伤，宠来常誓止 ˣ [tɕi]。
铭骨怀报称，逆鳞让金紫 [tsi]。
安位衅潜构，退耕祸犹起 ˣ [kʻi]。
栖岩实吾策，触藩诚内耻 ˣ [tʻi]。
济济同时人，台庭鸣剑履 ＊ [li]。
愚以卑自卫，兀坐去沈滓 ˣ [tʃi]。
迨兹理已极，窃位申知己 ˣ [ki]。
群议负宿心，获戾光华始 ˣ [ɕi]。
黄金忽销铄，素业坐沦毁 [xi̯ui]。
浩叹诬平生，何独恋枌梓 ˣ [tsi]。
浦树浮郁郁，皋兰覆靡靡 [mi]。
百越去魂断，九疑望心死 ＊ [si]。

未尽匡阜游，远欣罗浮美 *[mi]。
周旋本师训，佩服无生理 ×[li]。
异国多灵仙，幽探忘年纪 ×[ki]。
敝庐嵩山下，空谷茂兰芷 ×[tɕi]。
悠悠南溟远，采掇长已矣 ×[ɣi]！

《梦李白》（其二） 杜 甫

浮云终日行，游子久不至 *[tɕi]。
三夜频梦君，情亲见君意 ×[ʔi]。
告归常局促，苦道来不易 [ji]。
江湖多风波，舟楫恐失坠 *[djui]。
出门搔白首，若负平生志 ×[tɕi]。
冠盖满京华，斯人独憔悴 *[dziui]。
孰云网恢恢？将老身反累 [liui]。
千秋万岁名，寂寞身后事 [dʒi]！

（45）锡部 [ik]

开四 [ik] 　《切韵》锡
合四 [iuik] 　《切韵》锡

（46）质部 [it]

开二 [it] 　《切韵》栉
开三 [it] 　《切韵》质迄
合三 [i̯uit] 　《切韵》术

反切例证：

以质切术：

聿，于必反　　　　　　橘，均必、均栗、均笔反
驈，于密反　　　　　　욷，唯必反

以质切栉：

抌①，庄笔反　　　　　　栉，侧乙、庄乙反
瑟，所乙反　　　　　　　榔，侧笔、庄密反
瑟，所一反*

以质切迄：

迄，许乙反　　　　　　　肸，许乙、许密反
汔，许一反　　　　　　　讫，居乙反

唐诗例证（质无号，術*，栉×）：

《被弹》　　　　　　　　　　　　　　　　　　沈佺期

知人昔不易，举非贵易失 [ɕit]。
尔何按国章，无罪见呵叱 [tɕ'it]。
平生守直道，遂为众所嫉 [dzit]。
少以文作吏，手不曾开律* [liuit]。
一旦法相持，荒忙意如漆 [ts'it]。
幼子双囹圄，老夫一念室 [ɕit]。
昆弟两三人，相次俱囚桎 [tɕit]。
万铄当众怒，千谤无片实 [dzit]。
庶以白黑谇，显此泾渭质 [tɕit]。
劾吏何咆哮！晨夜闻扑抶 [t'it]。
事间拾虚证，理外存柱笔 [pit]。
怀痛不见伸，抱冤竟难悉 [sit]。
穷囚多垢腻，愁坐饶虮虱× [ʃit]。
三日唯一饭，两旬不再栉× [tʃit]。
是时盛夏中，曀赫多瘵疾 [dzit]。
瞪目眠欲闭，喑呜气不出* [tɕ'iuit]。

---

① 《集韵》："抌，侧瑟切。"

有风自扶摇，鼓荡无伦匹 [p'it]。
安得吹浮云，令我见白日 [ŋit]！

(47) 缉部 [ip]

开三 [ip]　《切韵》缉

唐诗例证：

《送率府程录事还乡》　　　　　　　　杜　甫

鄙夫行衰谢，抱病昏妄集 [dzip]。
常时往还人，记一不识十 [zip]。
程侯晚相遇，与语才杰立 [lip]。
薰然耳目开，颇觉聪明入 [ŋip]。
千载得鲍叔，末契有所及 [gip]。
意钟老柏青，义动修蛇蛰 [dip]。
若人可数见，慰我垂白泣 [k'ip]。
生别无淹晷，百忧复相袭 [zip]。
内愧突不黔，庶羞以赒给 [kip]。
素丝挈长鱼，碧酒随玉粒 [lip]。
途穷见交态，世梗悲路涩 [ʃip]。
东风吹春冰，泱莽后土湿 [ɕip]。
念君惜羽翮，既饱更思戢 [tʃip]。
莫作翻云鹘，闻呼向禽急 [kip]！

(48) 青部 [iŋ]

开四 [iŋ]　《切韵》青迥径
合四 [iuiŋ]　《切韵》青迥径

唐诗例证：

《文翁讲堂》　　　　　　　　　　　　卢照邻

锦里淹中馆，岷山稷下亭 [diŋ]。

空梁无燕雀,古壁有丹青 [ts'iŋ]。
槐落犹疑市,苔深不辨铭 [miŋ]。
良哉二千石,江汉表遗灵 [liŋ]。

《游云门寺》　　　　　　　　　宋之问

维舟探静域,作礼事尊经 [kiŋ]。
投迹一萧散,为心自杳冥 [miŋ]。
龛依大禹穴,楼倚少微星 [siŋ]。
沓峰围兰若,回溪抱竹庭 [diŋ]。
觉花涂砌白,甘露洗山青 [ts'iŋ]。
雁塔骞金地,虹桥转翠屏 [biŋ]。
人天宵现景,神鬼昼潜形 [ɣiŋ]。
理胜常虚寂,缘空自感灵 [liŋ]。
入禅从鸽绕,说法有龙听 [t'iŋ]。
劫累终期灭,尘躬且未宁 [niŋ]。
摇摇不安寐,待月咏岩扃 [kiuiŋ]。

(49) 真部 [in]

开二 [in]　《切韵》臻
开三 [in]　《切韵》真轸震,欣隐焮
合三 [iuin]　《切韵》谆准稕

　　反切例证:

　　以谆切真:

　　　麕、麏,九伦反　　　　　麕、麏,居伦、俱伦反
　　　囷,丘伦反

　　以真切臻:

　　　榛,侧巾、庄巾、仕巾、士巾、仕人反
　　　蓁,侧巾、子人反　　　莘、駪、甡、侁,所巾反

臻、溱，侧巾反　　　　　　臻，侧陈、侧巾反*
佺，所邻反*　　　　　　　　榛，仕巾、助巾、士巾反*
诜，所巾反*
以真切欣：
　　昕，许巾反　　　　　　　殷，於巾反
　　芹，其巾反　　　　　　　斤、筋，居银反*
以准切轸：
　　龀，创允反
以隐切轸：
　　朕，直谨反　　　　　　　敏，密谨、亡谨反
　　愍，眉谨反　　　　　　　潣，亡谨反
　　殒，韵谨反　　　　　　　龀，初谨、勒谨反
以轸切准：
　　允，翼刃反*
以轸切隐：
　　齔，羌愍、居敏、几敏反
以焮切震：
　　酳，士靳反　　　　　　　仅、瑾、僅、墐，其靳反
　　衅，许靳反　　　　　　　觐，巨靳反
　　櫬，初靳反　　　　　　　齔，楚靳反
以震切焮：
　　靳，居觐反　　　　　　　隐，於刃反
唐诗例证（真无号，谆*，欣×，臻△）：
　　《暇日小园散病将种秋菜督勒耕牛兼书触目》　　杜　甫
　　　不爱入州府，畏人嫌我真△[tɕin]。
　　　及乎归茅宇，旁舍未曾嗔△[tɕ'in]。

老病忌拘束，应接丧精神 [dzin]。
江村意自放，林木心所欣 × [xin]。
秋耕属地湿，山雨近甚匀 * [ji̯uin]。
冬菁饭之半，牛力晚来新 [sin]。
深耕种数亩，未甚后四邻 [lin]。
嘉蔬既不一，名数颇具陈 [din]。
荆巫非苦寒，采撷接青春 * [tɕ'i̯uin]。
飞来两白鹤，暮啄泥中芹 × [gin]。
雄者左翮垂，损伤已露筋 × [kin]。
一步再血流，尚经矰缴勤 × [gin]。
三步六号叫，志屈悲哀频 [bin]。
鸾凰不相待，侧颈诉高旻 [min]。
杖藜俯沙渚，为汝鼻酸辛 [sin]！

《别蔡十四著作》　　　　　　　　　　　杜　甫

贾生恸哭后，寥落无其人 [ɲin]。
安知蔡夫子，高义迈等伦 * [li̯uin]。
献书谒皇帝，志已清风尘 [din]。
流涕洒丹极，万乘为酸辛 [sin]。
天地则创痍，朝廷当正臣 [zin]。
异才复间出，周道日惟新 [sin]。
使蜀见知己，别颜始一伸 [ɕin]。
主人薨城府，扶榇归咸秦 [dzin]。
巴道此相逢，会我病江滨 [pin]。
忆念凤翔都，聚散俄十春 * [tɕ'i̯uin]。
我衰不足道，但愿子意陈 [din]。
稍令社稷安，自契鱼水亲 [ts'in]。

我虽消渴甚，敢忘帝力勤 [gin]！
尚思未朽骨，复睹耕桑民 [min]。
积水驾三峡，浮龙倚长津 [tsin]。
扬舲洪涛间，杖子济物身 [ɕin]。
鞍马下秦塞，王城通北辰 [zin]。
元甲聚不散，兵久食恐贫 [bin]。
穷谷无粟帛，使者来相因 [ʔin]。
若冯南辕使，书札到天垠 ˣ [ŋin]！

《赠别贺兰铦》　　　　　　　　　　杜　甫

黄雀饱野粟，群飞动荆榛 [tʃin]。
今君抱何恨，寂寞向时人 [ȵin]！
老骥倦骧首，仓鹰愁易驯 * [zi̯uin]。
高贤世未识，固合婴饥贫 [bin]。
国步初返正，乾坤尚风尘 [din]。
悲歌鬓发白，远赴湘吴春 * [tɕ'i̯uin]。
我恋岷下芋，君思千里蓴 * [zi̯uin]。
生离与死别，自古鼻酸辛 [sin]！

(50) 侵部 [im]

开三 [im]　　《切韵》侵寑沁

唐诗例证：

《在狱咏蝉》　　　　　　　　　　骆宾王

西陆蝉声唱，南冠客思深 [ɕim]。
那堪玄鬓影，来对白头吟 [ŋim]！
露重飞难进，风多响易沈 [dim]。
无人信高洁，谁为表予心 [sim]？

韵部的分合和转移

魏晋南北朝的四十二个韵部，到隋唐时代，发展为五十个韵部。有分化，有合并。

由于等呼的不同（韵头的不同）影响到主要元音的不同，于是一个韵部分化为两三个韵部。分化的情况是：

1. 歌部［ɑ］分化为歌麻两部：一等属歌部［ɑ］，二、三等属麻部［a］[①]。

2. 宵部［ou］分化为豪肴宵三部：一等属豪部［ɑu］，二等属肴部［au］，三、四等属宵部［æu］。

3. 耕部［eŋ］分化为庚青两部：二、三等属庚部［ɐŋ］，四等属青部［iŋ］。同时，锡部［ek］分化为陌锡两部：二、三等属陌部［ɐk］，四等属锡部［ik］。

4. 冬部［uŋ］分化为冬江两部：一、三等属冬部［uŋ］，二等属江部［ɔŋ］。同时，沃部［uk］分化为沃觉两部：一、三等属沃部［uk］，二等属觉部［ɔk］。

5. 灰部［ɐi］分化为咍皆两部：一等属咍部［ɑi］（与泰部一等合并）；二等属皆部［ai］（与泰部二等合并）。

6. 泰部［ɑi］分化为咍皆两部：一等属咍部［ɑi］（与灰部一等合并）；二等属皆部（与灰部二等合并）。

有些等呼相同的韵部合流了。主要的合流情况是：

1. 之支脂三部［iə、ie、ei］合并为脂部［i］。

2. 职德两部［ək、ɐk］合并为职部［ək］；同时，蒸登两部［ɐŋ、əŋ］合并为蒸部［əŋ］。

《广韵》有独用、同用例。所谓独用、同用，基本上符合隋唐韵部实际情况。同用的两韵或三韵，实际上是同一韵部。现在依《广韵》的次

[①] 《广韵》戈韵三等开口有"迦佉"等字，三等合口有"鞾"（靴）字，大概都转入麻韵。

序，分别讨论如下：

（一）东独用，冬鍾同用，江独用。这就构成东冬江三个韵部。唐诗用韵是和这些韵部相一致的。这并不是迫于功令，初唐诗韵，功令未严，而东冬分用画然。唐太宗总不该受什么功令约束吧。唐太宗《重幸武功》协"丛衷功同宫豐童空红风"，《过旧宅》（其二）协"豐丛空桐中农风"，《出猎》协"宫嵩雄红弓空风丛"，《秋日即目》协"宫丛风鸿桐中弓枕"，《秋暮言志》协"空丛红中风"，《秋日斅庾信体》协"丛风通鸿空"，《置酒坐飞阁》协"空枕红中"，《咏兴国寺佛殿前幡》协"虹中风空"，《伤辽东战亡》协"戎风功忠"，《秋日翠微宫》协"宫空丛中"，《守岁》协"宫风红中"，《远山澄碧雾》协"空红风通"，《赋得花庭雾》协"宫丛风红空"，《赋帘》协"宫风中枕"，除"农"字外，全用东韵，不杂冬鍾韵字[①]。卢照邻《结客少年场行》协"雄弓东通功中虹戎风空翁"，也不杂冬鍾韵字。宋之问《高山引》协"峰从重逢胸鍾"，全用鍾韵，不杂东韵字。

但是，在《经典释文》中，有相当多东与冬鍾混切的例子，如：虫，徒冬反；茏，力恭反；漴，在容反；狱，即容、在容反；浓，奴同反；茸，如融反；纵，在红反；氄，而充、如充反；雍，屋送反等。在玄应《一切经音义》中，也有综，子送、祖送反一例。这可能是方言现象。到了晚唐时代，肯定是东与冬鍾合流了，因为唐末李涪在《刊误》中已经批评《切韵》"何须'东冬''中终'妄别声律"了。

江韵在南北朝时代属冬部，到了隋唐时代，脱离了冬部而独立起来，但是还没有和阳唐合流。南北朝诗人孔稚珪、徐陵、庾信有江阳唐同用的例子[②]，那只是方言现象。

（二）支脂之同用，微独用，这是符合隋唐韵部的实际情况的。《经

---

① 疑"农"当是东韵字。《说文系传》"农"读奴聪反。
② 参看王力《南北朝诗人用韵考》。见《汉语史论文集》29页，科学出版社1958年版。

典释文》和玄应《一切经音义》大量例子都足以证明，隋唐时代，支脂之三韵已经合流了。《切韵》支脂之分为三韵，只是存古性质。

但是，应该承认，脂之合流较早，南北朝已经有端倪[①]；支与脂之合流则较晚，甚至晚得多。初唐时期，在诗人用韵中，支韵还是独立的，例如唐太宗《帝京篇》（其五）协"奇危差池"，《仪鸾殿早秋》协"枝移池窥"，卢照邻《宿晋安亭》协"奇疲枝池差垂知"，《芳树》协"奇斯枝差知"，《和吴侍御》协"垂支差吹"，《宴梓州南亭》协"规池垂枝疲斯"，宋之问《折杨柳》协"吹垂差知"，《奉和荐福寺应制》协"规池枝移危随"，《送合宫苏明府颋》协"规知池岐驰垂仪"，王勃《饯韦兵曹》协"垂移枝涯"，《泥溪》协"岐危移崖枝知"，骆宾王《秋夜送阎五》协"知披枝离"。直到杜甫时代，在多数情况下，他还是支韵独用，例如杜甫《偶题》协"知垂斯为规疲奇儿亏碑移枝螭危卑池麾支黧宜陂离"，共二十二韵，不杂脂之一字。《经典释文》在隋代就把支韵与脂之混切，恐怕是方言现象。待再详考。

微韵独用，有诗人用韵为证，沈佺期《和户部岑尚书参迹枢揆》协"机辉归衣希微菲闱飞"，全用微韵，不杂脂之韵字。例子很多，不一一列举。

（三）鱼独用，虞模同用。在诗人用韵中，总是这样的。试举初唐诗人为例。鱼韵独用者，如唐太宗《帝京篇》（其一）协"居馀虚疏"，杨炯《和石侍御山庄》协"居锄疎渠虚鱼"，《和酬虢州李司法》协"居胪舒闾初书疎鱼"，宋之问《故赵王属赠黄门侍郎上官公挽词》（其一）协"书伃车虚"，《奉和幸韦嗣立山庄侍宴》协"初书车疎虚馀闾居"，王勃《郊兴》协"居渠疎虚"，《观佛迹寺》协"馀疎除虚"等。虞模同用者，则有宋之问《洞庭湖》协"湖隅无吴徂梧图呼殊娱夫"，《扈从登封》协"都驱符厨俱途遇衢"等。

[①] 参看王力《南北朝诗人用韵考》。见《汉语史论文集》17页，科学出版社1958年版。

但是，在《经典释文》反切中，有鱼与虞模混切的例子。以虞切鱼者有：鉏，仕俱反；猪，音诛；萢，侧俱反。以模切鱼者有：庐，力吴反。以鱼切虞者有：吁，音虚；迂，音於；驱，起居反。以虞切语者有：拒，俱甫反。以语切虞者有：愈，音与。这应该是方言现象。

（四）齐独用，佳皆同用，灰咍同用，霁祭同用，泰独用，卦怪夬同用，队代同用，废独用。这基本上符合隋唐韵部的实际情况。只有泰部是例外。

泰部在魏晋南北朝时代，本来是和灰部（咍部）分立的；到了隋唐时代，已经和灰咍合并为一部。上文所举杜甫《信行远修水筒》一例，泰韵的"会大最盖外"和队韵的"内对"、代韵的"爱"通押，可为确证。

废韵字虽少，但是独用，因为它是与月韵对应的去声字，其音值应是 [iɐi] [iuɐi]，与月韵 [iɐt] [iuɐt] 对应。

（五）真谆臻同用①，文独用②，欣独用，元魂痕同用，寒桓同用③，删山同用，先仙同用。这基本上符合隋唐韵部的实际情况，只是欣当并入真。

段玉裁说过，杜甫诗把欣韵字都押入真韵。他的话是对的。上文已举出杜甫的几首诗作为证明。另一方面，唐人作诗用文韵时，也不杂欣韵字。试举初唐诗为例，唐太宗《赋得含峰云》协"云分文君"，卢照邻《至望喜瞩目言怀》协"分熏云纷文群君"，《赤谷安禅师塔》协"纷云闻曛文氲分云"，《晚渡滹沱》协"曛云文君"，宋之问《过函谷关》协"纷分君勋"，《夜渡吴松江怀古》协"濆群分云君闻"，王勃《杂曲》协"君熏纷云"，《山居晚眺赠王道士》协"群云文曛"，骆宾王《赋得白云抱幽石》协"云分熏文"，《宿温城望军营》协"闻军分文云氛勋君"，沈佺期《答宁处州书》协"闻云分君"，《十三四时尝从巫峡过》协"分云闻

---

① 《切韵》无谆韵。
② 今本《广韵》文欣同用，误。当依元泰定本、明本校正。
③ 《切韵》无桓韵。

氲",《从幸香山寺》协"雲闻分汾",《遥同杜员外审言过岭》协"分雲闻群君",都不杂欣韵一字。那么,为什么《切韵》要把欣韵放在文韵后面,自成一韵呢?这是为了存古,因为文欣两韵古属文部,到了隋唐时代,才转入了真部。

(六)萧宵同用,肴独用,豪独用。这是符合隋唐韵部的实际情况的。

(七)歌戈同用[1],麻独用。魏晋南北朝时代,歌麻同属一部[ɑ],到了隋唐时代,分化为歌麻两部[ɑ][a]。唐代诗人用麻韵,不杂歌戈韵字。

(八)阳唐同用,庚耕清同用,青独用,蒸登同用。这是符合隋唐韵部实况的。魏晋南北朝时代的耕部[eŋ]分化为庚青两部[ɐŋ][iŋ]。

耕部的四等字本来就和二、三等字的元音有细微的差别。古代叠韵连绵字"螟岭""蜻蜓""宁馨"等,上字和下字都是四等青韵字,足以说明这一点。后来元音的区别越来越大,二、三等字向后发展为[ɐŋ],四等字向前发展为[iŋ],就分化为庚青两个韵部。南北朝徐陵、庾信等已经以青韵独用,到了隋唐更为盛行。

(九)尤侯幽同用,是从汉代就开始了的。在汉代和魏晋南北朝时代,称为幽部;在隋唐时代称为侯部。

(十)侵独用,覃谈同用,盐添同用,咸衔同用,严凡同用,魏晋南北朝时代就是这样,隋唐时代在韵部系统上没有变化。

(十一)屋独用,沃烛同用,觉独用,这是和平声东冬锺江相对应的。唐人用韵,屋独用的例子,除了上文所举宋之问《温泉庄卧病》协"独目族谷木麓复熟牧掬"以外,还有杨炯《广溪峡》协"陆腹瀑谷鹿伏筑覆腹哭"等;烛韵独用的例子,除了上文所举李峤《和同府李祭酒休沐田居》协"躅俗辱足粟曲旭绿玉欲"以外,还有沈佺期《临高台》协

---

[1] 《切韵》无戈韵。

"续曲绿促",刘祎之《酬郑沁州》协"躅瞩局俗潏旭促踢玉曲"等。

但是在《经典释文》中,有屋与沃烛混切的例子,如:腹,大录反;暴,扶沃反;沃,於木反;督,丁木反;朂,朽目反;躅,治六反。玄应《一切经音义》也有屋沃混切的例子,如:沃,乌木、於木、乌榖反;梏,古木、古禄、孤禄反;鹄,胡哭反;耆,古木反;酷,口木、口斛反。这是和东冬锺韵字的反切相对应的。可见隋唐时代已有屋沃烛合为一韵的情况。待再详考。

(十二)质术栉同用,物独用,迄独用。这基本上符合隋唐韵部实际情况。只有迄韵应合并于质韵,这是从其平声欣韵应合并于真韵类推而知的。

(十三)月没同用,曷末同用,黠鎋同用,屑薛同用,这是符合隋唐韵部实际情况的。

(十四)药铎同用,陌麦昔同用,锡独用,职德同用,这是符合隋唐韵部实际情况的。锡韵独用虽乏例证,但从其平声青韵独用可以推知。

(十五)缉独用,合盍同用,葉怗同用,洽狎同用,业乏同用,这也是符合隋唐韵部实际情况的。

韵部音值的拟测

宋代的韵图和隋唐音系非常接近。郑樵《七音略》、张麟之《韵镜》四十三图中,具备《切韵》的每一个音节。《四声等子》《切韵指南》分十六摄,不具备《切韵》的每一个音节,然而更符合隋唐音系。依照十六摄的系统来拟测隋唐音系,特别是韵部,十得八九。现在依照《四声等子》十六摄,拟测隋唐韵部的音值如下表:

(1)遇摄

模姥暮沃　　　　　u,uk

虞麌遇烛　　　　　iu,iuk

鱼语御屋　　　　　　i̯o, ok, i̯ok

　　　　（2）流摄
侯厚候屋　　　　　　ou, ok
尤有宥屋　　　　　　i̯ou, i̯ok

　　　　（3）通摄
冬湩宋沃　　　　　　uŋ, uk
锺肿用烛　　　　　　uŋ, i̯uŋ, i̯uk
东董送屋　　　　　　oŋ, i̯oŋ, ok, i̯ok

《四声等子》《切韵指掌图》《切韵指南》异平同入，使我们拟测古音有了很可靠的根据，例如屋韵既是鱼侯东三韵的入声，我们把这四个韵互相印证，可以推知这四个韵的主要元音都是 [o]；沃烛两韵既是模虞冬锺四韵的入声，我们把这六个韵互相印证，可以推知这六个韵的主要元音都是 [u]。下面其余各摄的读音，都可以用这个方法拟测。关于异平同入，我们根据的是《四声等子》，因为《四声等子》用的是《切韵》韵目，指的是《切韵》音系。至于《切韵指掌图》和《切韵指南》用的是《平水韵》韵目，代表的是宋元时代的音系，等到下章我们讨论五代宋音系的时候，还用得着它们。

高本汉把鱼韵拟测为 [i̯ʷo]，虞韵拟测为 [i̯u]，模韵拟测为 [uo]，那是不合适的。第一，鱼韵直到隋唐时代还是开口三等韵。《韵镜》把鱼韵归入"内转第十一开"，可为确证。高本汉把鱼韵归入合口三等，是不对的。第二，《七音略》《韵镜》都是鱼韵独图，虞模合图，这和唐诗用韵是一致的，和《广韵》鱼独用、虞模同用也是一致的。高本汉把鱼拟测为 [i̯ʷo]，模拟测为 [uo]，虞拟测为 [i̯u]，那就变为鱼模同用，虞独用了，所以是不对的。

高本汉把侯韵拟测为 [ĕu]，尤韵拟测为 [i̯ĕu]，在理论上是讲得通的，但是从语音的系统性看，还是不妥当的。《四声等子》《切韵指南》

都认为侯是屋的平声,尤是烛的平声,那么,侯尤的主要元音应该是[o],所以我们把侯尤拟测为[ou][iou]。

高本汉把东冬锺拟测为[uŋ][uoŋ][i̯woŋ],屋沃烛拟测为[uk][uok][i̯wok]也不妥。东部的音值自先秦到隋唐都是开口韵,屋部亦同。《韵镜》把东韵及其入声屋韵定为"内转第一开",可为确证。因此,我们把东韵拟测为[oŋ, ioŋ],屋韵拟测为[ok, iok]。既然东屋的主要元音是[o],那么,冬锺沃烛的主要元音不可能也是[o],所以冬锺应该是[uŋ, iuŋ],沃烛应该是[uk, iuk]。

(4)江摄

江讲绛觉 　　　　　ɔŋ, ɔk

江摄,《四声等子》把字附在宕摄内,叫作"江阳同形",又把觉韵看作肴韵的入声,那只代表宋代音系。《切韵》把江韵放在东冬锺的后面,觉韵放在屋沃烛的后面,表示读音相近。高本汉把江韵拟测为[ɔŋ],觉韵拟测为[ɔk],是合理的。[ɔŋ]介乎[oŋ][aŋ]之间,[ɔk]介乎[ok][ak]之间,表现了过渡阶段。

从反切上看,江觉只有开口呼,没有合口呼(窗,楚江切;双,所江切;卓,竹角切;浊,直角切)。《切韵指南》以"江腔"等字为开口呼,"捉浊"等字为合口呼。那只代表元代音系。现代我们把隋唐时代的江韵字一律定为开口呼。

(5)果摄

歌哿箇曷① 　　　　a, at
戈果过末　　　　　ua, uat

(6)假摄

麻马祃䥽　　　　　a, ia, ua, at, uat

---

① 《四声等子》《切韵指南》以铎韵为歌戈的入声,《切韵指掌图》以曷末为歌戈的入声。今采用《切韵指掌图》。

（7）蟹摄

哈海^泰代^曷　　　　ɑi, ɑt

灰贿^泰代^末①　　　uɑi, uɑt

皆骇怪鎋②　　　　ai, uai, at, uat

齐荠祭霁薛③　　　i̯æi, i̯uæi, iæi, iuæi
　　　　　　　　　i̯æt, i̯uæt, iæt, iuæt

（8）效摄

豪皓号铎　　　　ɑu, ɑk

肴巧效○④　　　　au

宥小笑○⑤　　　　i̯æu, iæu

（9）宕摄

唐荡宕铎　　　　ɑŋ, uɑŋ, ɑk, uɑk

阳养漾药　　　　i̯ɑŋ, i̯uɑŋ, i̯ɑk, i̯uɑk

（10）梗摄（一）

庚梗映陌⑥　　　　ɐŋ, i̯ɐŋ, uɐŋ, i̯uɐŋ
　　　　　　　　　ɐk, i̯ɐk, uɐk, i̯uɐk

（11）山摄

寒旱翰曷　　　　ɑn, ɑt

桓缓换末　　　　uɑn, uɑt

---

① 《四声等子》作灰贿队末。按：泰韵有合口字。应增加泰韵。
② 《四声等子》注云："佳并入皆韵。"这是对的。"鎋"字，《四声等子》作"黠"，今改为"鎋"，与果假山三摄取得一致。
③ "薛"字，《四声等子》作"屑"，今改为"薛"，与山摄取得一致。
④ 《四声等子》作肴巧效觉，只代表宋代音系。
⑤ 《四声等子》作宵小笑药，今不取。又云："萧并入宵韵。"那是对的。
⑥ 耕清并入庚韵。

山产裥铩①	an, uan, at, uat
元阮愿月	i̯ɐn, i̯uɐn, i̯ɐt, i̯uɐt
仙狝線薛②	i̯æn, i̯uæn, i̯æt, i̯uæt

（12）臻摄（一）

| 痕很恨没 | ɐn, ɐt |
| 魂混慁没 | uɐn, uɐt |

（13）咸摄

覃感勘合	ɑm, ɑp
咸赚陷洽	am, ap
凡范梵乏	i̯ɐm, i̯uɐm
盐琰艳叶	i̯æm, iæm, i̯æp, iæp

歌哈寒、戈灰桓、曷末八韵相对应，可见这八个韵的主要元音都是[ɑ]；豪唐阳铎药五韵相对应，可见这五个韵的主要元音也都是[ɑ]。麻皆山铩四韵相对应，可见这四个韵的主要元音都是[a]。

高本汉把歌戈拟测为[ɑ, uɑ, i̯uɑ]，麻韵拟测为[a, i̯a, ʷa]，基本上是对的。

高本汉把哈灰拟测为[ɑi, uɑi]，泰韵拟测为[ɑi]，佳韵拟测为[ai]，皆韵拟测为[ai]，夬韵拟测为[ai, ʷai]，祭韵拟测为[i̯ɛi, i̯ᵻɛi]，废韵拟测为[i̯ᵻɐi]，齐韵拟测为[iei, i̯ʷei]，和我所拟稍有出入。我根据《经典释文》反切和唐诗用韵，把灰哈泰合为一个韵部，拟测为[ɑi, uɑi]；佳皆夬合为一个韵部，拟测为[ai, uai]；齐祭合为一个韵部，拟测为[i̯æi, i̯uæi, iæi, iuæi]；废韵字虽少，但是它与月元相应，独立成为一个韵部，拟测为[i̯ɐi, i̯uɐi]③。

---

① 《四声等子》注云："删并山。"这是对的。
② 《四声等子》注云："先并入仙韵。"这是对的。
③ 废韵"刈"字应属开口三等，但因没有其他开口三等字为切，所以《广韵》定为鱼肺切。

高本汉把豪韵拟测为 [ɑu]，肴韵拟测为 [au]，宵韵拟测为 [i̯ɛu]，萧韵拟测为 [ieu]，和我所拟稍有出入。我根据《经典释文》反切和唐诗用韵，把宵萧合为一部，拟测为 [i̯æu, iæu]。

高本汉把唐铎拟测为 [ɑŋ, uɑŋ][ɑk, uɑk]；阳药拟测为 [iɑŋ, i̯ʷɑŋ][iɑk, i̯ʷɑk]；庚陌拟测为 [ɐŋ, ʷɐŋ, i̯ɐŋ, i̯ʷɐŋ][ɐk, ʷɐk, i̯ɐk, i̯ʷɐk]；耕麦拟测为 [æŋ, ʷæŋ][æk, ʷæk]；清昔拟测为 [i̯ɛŋ, i̯ʷɛŋ][i̯ɛk, i̯ʷɛk]，和我所拟测有出入。我根据唐诗用韵和《经典释文》反切，把阳唐合为一个韵部，拟测为 [ɑŋ, uɑŋ, i̯ɑŋ, i̯uɑŋ]；药铎合为一个韵部，拟测为 [ɑk, uɑk, i̯ɑk, i̯uɑk]；庚耕清合为一个韵部，拟测为 [ɐŋ, uɐŋ, i̯ɐŋ, i̯uɐŋ]；陌麦昔合为一个韵部，拟测为 [ɐk, uɐk, i̯ɐk, i̯uɐk]。庚陌的主要元音可能是 [ɐ]，也可能是 [æ] 或 [ɛ]，未能确定。

高本汉把寒桓曷末拟测为 [ɑn, uɑn, ɑt, uɑt]；删黠拟测为 [an, ʷan, at, ʷat]；山鎋拟测为 [an, ʷan, at, ʷat]；仙薛拟测为 [i̯ɛn, i̯ʷɛn, i̯ɛt, i̯ʷɛt]；先屑拟测为 [ien, i̯ʷen, iet, i̯ʷet]，和我所拟稍有出入。我根据《经典释文》反切和唐诗用韵，把寒桓合为一个韵部，拟测为 [ɑn, uɑn]；曷末合为一个韵部，拟测为 [ɑt, uɑt]；删山合为一个韵部，拟测为 [an, uan]；黠鎋合为一个韵部，拟测为 [at, uat]；先仙合为一个韵部，拟测为 [i̯æn, i̯uæn]；屑薛合为一个韵部，拟测为 [i̯æt, i̯uæt]。

高本汉把覃合拟测为 [ɑm, ɑp]；谈盍拟测为 [ɑm, ɑp]；咸洽拟测为 [ɑm, ɑp]；衔狎拟测为 [am, ap]；严业拟测为 [i̯ɐm, i̯ɐp]；凡乏拟测为 [i̯ʷɐm, i̯ʷɐp]；盐叶拟测为 [i̯ɛm, i̯ɛp]；添帖拟测为 [iem, iep]，和我所拟稍有出入。我从 -m 尾韵和 -n 尾韵的对应关系看，同时参照了《经典释文》的反切，把覃谈合为一个韵部，拟测为 [ɑm]；合盍合为一个韵部，拟测为 [ɑp]；咸衔合为一个韵部，拟测为 [am]；洽狎合为一个韵部，拟测为 [ap]；严凡合为一个韵部，拟测为 [i̯ɐm, iuɐu]；业乏合为一个韵部，拟测为［iɐp，iuɐp]；盐添合为一个韵部，拟测为［iæm]；葉怗合为一个韵部，拟测为［iæp]。

高本汉把元月拟测为［nɐn, i̯ɐn, nɐt, i̯ʷɐt]，痕韵拟测为［ən]，魂没拟测为［uən, uət]，这样很不妥，高氏受韵图的影响，以为元韵和痕魂既分属山臻两摄，它们的元音必不相同。他不知道，《切韵指掌图》在许多地方只代表宋代音系，而不代表隋唐音系。我根据《经典释文》反切和唐诗用韵，肯定元魂痕三韵应该合为一个韵部，拟测为［ɐn, uɐn, i̯ɐn, i̯uɐn]；月没应该合为一个韵部，拟测为［ɐt, uɐt, i̯ɐt, i̯uɐt]。

     （14）止摄（一）
  微尾未物   əi, i̯uəi, i̯uət
     （15）臻摄（二）
  文吻问物   i̯uən, i̯uət
     （16）曾摄
  登等嶝德   əŋ, uəŋ, ək, uək
  蒸拯证职   i̯əŋ, i̯ək, i̯uək

高本汉把微韵拟测为［ĕi, ʷĕi]，文物拟测为［i̯uən, i̯uət]，登德拟测为［əŋ, uəŋ, ək, uək]，蒸职拟测为［i̯əŋ, i̯ək, i̯ʷək]，和我所拟差别不大。但是微韵仍应改拟为［əi, i̯uəi]，因为微韵是和文物对应的。

     （17）止摄（二）
  脂旨至质①   i, ui, it, uit
     （18）臻摄（三）
  真轸震质   in, it
  欣隐焮迄   in, it

---

① 《四声等子》在止摄虽只标为脂旨至质，但是图内兼收支纸寘、之止志、昔锡等韵的字。

谆准稕术　　　　　　　i̯un, i̯ut
　　　　　（19）梗摄（二）
青迥径锡　　　　　　　iŋ, uiŋ, ik, uik
　　　　　（20）深摄
侵寝沁缉　　　　　　　im, ip

　　脂质真三韵相应，可见这三个韵部的主要元音都是[i]。据《四声等子》和《切韵指掌图》，欣隐焮迄应与真轸震质同韵①，则欣隐焮迄的主要元音也应是[i]。《四声等子》"觅"为"弥"的入声，"剔"与"觅"同列，则青迥径锡的主要元音也应是[i]。从语音系统性看，-n尾的真轸震质是和-m尾的侵寝沁缉相对应的，那么，侵寝沁缉的主要元音也应是[i]。

　　高本汉把脂韵拟测为[i, ʷi]，之韵拟测为[i]，都是对的；他把支韵拟测为[iě, i̯ʷě]，也不算很错，因为如上文所论，在隋唐初期，在某些方言里，支韵还是独立的。

　　高本汉把真质拟测为[i̯ěn, i̯ʷěn, i̯ět, i̯ʷět]，谆术拟测为[i̯uěn, i̯uět]，臻栉拟测为[i̯ɛn, i̯ɛt]是不合适的。真韵应该没有合口呼。陆法言《切韵》真谆未分，今本《广韵》"麕箘䅽筠"等字入真韵，乃是误入。麕，居筠切；箘，去伦切；䅽，於伦切；筠，王春切；而"伦春"是谆韵字。质韵也应该没有合口呼。陆法言《切韵》质术未分，今本《广韵》"率"字入质韵，乃是误入。率，所律切，"律"在术韵。根据《经典释文》和《一切经音义》的反切，真臻应同属一个韵部，质栉应同属一个韵部，高氏分真臻为[i̯ěn][i̯ɛn]，分质栉为[i̯ět][i̯ɛt]，也是不对的。

---

① 《四声等子》"斤""勤"与"银"同列，"讫"为"斤"的入声，《切韵指掌图》"巾"与"勤""银"同列，"讫"为"巾"的入声，等等。

三、隋唐时代的声调

隋唐时代的声调和魏晋南北朝的声调一样，仍旧是平上去入四声，没有变化。我讲的是调类，至于调值有没有变化，就不得而知了。

第五章　晚唐—五代音系（836—960年）

本章讲晚唐—五代音系，主要是根据朱翱反切。

南唐徐锴著《说文系传》，用朱翱反切。朱翱和徐锴同为秘书省校书郎，可见朱翱也是南唐时人。徐铉本《说文解字》用孙愐反切。孙愐根据《唐韵》，《唐韵》的前身是《切韵》。朱翱的反切完全不依《切韵》，这就表明他用的是当代的音系。这是很宝贵的语音史资料。

一、晚唐—五代的声母

晚唐—五代的声母共有三十六个，如下页表。

这个声母表和守温三十六字母的差别是：

1. 非敷合为一母；
2. 从邪合为一母；
3. 床禅合为一母；
4. 照母分为庄照二母；
5. 穿母分为初穿二母；
6. 审母分为山审二母。

唇音分化为重唇（双唇）、轻唇（唇齿），是从这个时代开始的。敦煌残卷守温三十字母中的"不芳並明"实际上是"帮滂並明"，那时还没有产生轻唇音。但是在朱翱反切中，重唇与轻唇分用画然，例如：

发音方法		发音部位	双唇	唇齿	舌尖前	舌尖中	舌叶	舌面前	舌根	喉
塞音	清	不送气	p 帮			t 端		ȶ 知	k 见	ʔ 影
		送气	p' 滂			t' 透		ȶ' 徹	k' 溪	
	浊		b 並			d 定		ȡ 澄	g 群	
	鼻音		m 明	ɱ 微		n 泥		ȵ 娘	ŋ 疑	
	边音					l 来				
	闪音							r 日		
塞擦音	清	不送气			ts 精		tʃ 庄	tɕ 照		
		送气			ts' 清		tʃ' 初	tɕ' 穿		
	浊									
擦音	清			f 非敷	s 心		ʃ 山	ɕ 审		h 晓
	浊			v 奉	z 从邪		ʒ 床神禅			ɦ 匣
	半元音							j 喻		

帮母：碑，《广韵》府移，朱翱彼移。
　　　猋，《广韵》甫遥，朱翱必遥。
　　　彪，《广韵》甫烋，朱翱彼虬。
滂母：篇，《广韵》芳连，朱翱僻连。
　　　杓，《广韵》抚昭，朱翱片邀。
並母：频，《广韵》符真，朱翱婢民。
　　　便，《广韵》房连，朱翱婢篇。
明母：苗，《广韵》武瀌，朱翱眉昭。
　　　明，《广韵》武兵，朱翱眉平。
非母：风，方戎反　　飞，甫肥反　　夫，甫殳反
　　　方，甫昌反　　富，福务反　　鍑，分副反
　　　蕡，分溜反　　覂，方勇反　　匪，斧尾反
　　　粉，弗吻反
敷母：豐，孚弓反　　峰，敷容反　　纷，抚文反
　　　覆，芳富反　　忿，敷粉反　　纺，妃两反

蝮，方目反
奉母：冯，房忠反　　　肥，符非反　　　朌，扶云反
　　　烦，复喧反　　　符，凡无反　　　房，浮长反
　　　浮，附柔反　　　奉，附恐反　　　负，复缶反
　　　阜，符九反　　　凡，符芰反　　　范，浮槛反
微母：薇，尾希反　　　巫，文区反　　　闻，无云反
　　　蟁，无分反　　　亡，勿强反　　　尾，亡斐反
　　　网，文爽反　　　味，勿贵反　　　问，亡运反
　　　勿，无弗反

非母与敷母，大约先经过分立的阶段，帮母分化为 [f]，滂母分为 [fʻ]①。然后合流为 [f]。朱翱时代已经合流了，例如：

以敷切非：封，敷容切　　　分，翻文反　　　馩，翻云反
　　　　　府，芳武反　　　复，芳郁反

以非切敷：壐，甫冯反　　　丰，府蛮反　　　菲，甫肥反
　　　　　敷，甫夫反　　　孚，甫殳反　　　䣉，弗扶反
　　　　　芬，弗群反　　　旛，分轩反　　　瀗，福袁反
　　　　　芳，弗商反　　　斐，斧尾反　　　仿，分敞反
　　　　　抚，分武反　　　赴，弗孺反　　　肺，弗乂反
　　　　　寊，方目反　　　拂，分勿反　　　䘢，甫勿反

庄系和照系分立，从上古到五代都是这样。朱翱反切反映了这个情况，例如：

庄母：菹，斋居　刍，阻虞　斋，侧皆　庄，侧羊　装，侧良
　　　争，侧泓　驺，侧丘　先，侧琴　跧，邹拴　髺，邹茶
　　　滓，阻史　酸，阻限　爪，侧狡　鲊，侧瓦　斩，侧减
　　　载，侧字　瘵，侧介　诈，侧驾　诤，侧进　纣，侧救
　　　甓，侧秀 柵，阻瑟　札，侧滑　苴，侧滑　迮，滓白
　　　责，侧革　仄，斋食　葅，斋石　戢，臻邑　㴸，臻立

---

① [fʻ] 读送气是可能的。越南语的 [fʻ]（写作 Ph）就有强烈的送气。

初母：差，楚宜　差，初加　叉，初牙　创，楚霜　窗，叉江
　　　枪，测彭　琤，测亨　揣，初委　楚，衬许　铲，初简
　　　厕，侧吏　篡，测惯　㸬，叉向　怆，初访　纂，篡刮
　　　策，测麦　测，察色　插，楚洽　舀，楚筮
山母：榱，所追　疏，色居　毹，数雏　侁，所臻　删，师关
　　　潸，色关　山，色闲　疝，所间　鲨，所加　霜，色方
　　　双，所江　生，色庚　笙，色行　牲，所庚　搜，色酉
　　　森，所今　参，师今　㮷，所禁　擞，色咸　㖖，所咸
　　　芟，所监　纚，所绮　釃，疏此　史，瑟耳　所，师阻
　　　贬，山吕　数，率武　洒，所解　产，所限　辚，所简
　　　爽，所敞　晒，所寄　铩，师坏　讪，史患　稍，师棹
　　　瘦，山溜　漱，色透　帅，师密　率，所律　瑟，师讫
　　　蝨，所栉　瑟，师栉　杀，色轧　刷，师子　㩳，史迮
　　　色，疎憶　欱，山呷　蒒，山晔　翜，色呷　翜，山洽

以上大量的庄系字，其反切上字不杂照系一字，绝不是偶然的。

塞擦音缺浊母，从邪合流，床神禅合流，自成系统，这也绝不是偶然的。现代吴语正是这种情况。

在朱翱反切中，匣母与喻三、喻四合流，例如：

以喻三切匣：雄，于弓　洪，员聪　滈，矣抱

以喻四切匣：郎，移鸡　携，匀低　荁，唯专
　　　　　　岘，易显　泫，豫显　迥，余请

以匣切喻四：鹫，玄遇　呼，玄遇　茔，玄经

以喻四切喻三：玄，营先　炎，延占　矣，延耳
　　　　　　　右，延九　又，延救　粤，予厥

匣母与喻三、喻四混合，和现代吴语相符合。这恐怕是方言现象。现在我们依守温字母，把喻三、喻四合并为喻母，匣母独立。

这个时代的日母，我们拟测为闪音［r］①。理由是：韵图把来日二母排在一起，称为半舌、半齿，可见来日二母读音相近。［r］与［l］都是所谓通音（液音），所以日母应该是个［r］；现代普通话日母读［ɻ］。这个［ɻ］的前身是从元代开始的［ʐ］，［ʐ］的前身应是舌面前闪音［r］，而这个［r］则是从舌面前鼻音［ȵ］演变来的，鼻音［ȵ］也是所谓通音，由［ȵ］变为［r］也是很自然的演变。

二、晚唐—五代的韵部

晚唐—五代共有四十个韵部，如下表：

元音 \ 韵类	阴声			入声		阳声	
u	u 鱼模			uk 屋烛		uŋ 东锺	
ɔ				ɔk 觉卓		ɔŋ 江窗	
ɑ	ɑ 歌戈	ɑu 豪袍	ɑi 咍来	ɑt 曷末	ɑp 合盍	ɑn 寒桓	ɑm 覃谈
a	a 麻蛇	au 肴包	ai 佳皆	ak 药铎	ap 洽狎	aŋ 阳唐	am 咸衔
						an 删山	
ɐ			ɐi 灰堆	ɐt 没骨		ɐŋ 庚青	ɐn 魂痕
æ		æu 萧宵	æi 齐稽	æt 月薛	æp 业叶	æn 元仙	æm 严盐
ə		əu 尤侯		ək 职陌	ət 质物	əŋ 蒸登	ən 真文
i	i 脂微				ip 缉立		im 侵林
ɿ	ɿ 资思						

---

① 严格地说，应该写成［ɾ］。

（1）鱼模［u］

合一［u］　　《切韵》模姥暮
合二［u］　　《切韵》侯厚候（重唇）
合三［i̭u］　　《切韵》鱼语御、虞麌遇
合三［i̭u］　　《切韵》尤有宥（轻唇）

反切例证：

以虞切鱼[①]：
　　䲞，俱取反　　诅，即趣反　　茹，而住反　　豫，羊遇反
　　鸒，玄遇反

以鱼切虞：
　　鰸，器於反　　䢼，群许反　　禺，疑豫反　　注，支处反

以模切鱼：
　　杵，嗔伍反

以模切虞：
　　雨，于补反　　赋，方布反

以虞切模：
　　郶，吾俱反　　圃，不雨反

以虞切尤：
　　富，福务反

唐诗例证（鱼无号，虞*，模**，尤ˣ，侯ˣˣ）：

《琵琶行》（节录）　　　　　　　　白居易

自言本是京城女，
家在虾蟆陵下住*。
十三学得琵琶成，名属教坊第一部**。

[①] 举平以赅上去。下仿此。

第五章　晚唐—五代音系（836—960年）......243

曲罢能教善才服，妆成每被秋娘妒**。
五陵年少争缠头，一曲红绡不知数*。
钿头银篦击节碎，血色罗裙翻酒污**。
今年欢笑复明年，秋月春风等闲度**。
弟走从军阿姨死，暮去朝来颜色故**。
门前冷落鞍马稀，老大嫁作商人妇ˣ。
商人重利轻别离，前月浮梁买茶去。

（2）屋烛 [uk]

合一 [uk]　　《切韵》屋沃
合三 [i̯uk]　　《切韵》屋烛

反切例证：

以沃切屋：

哭，阔毒反　　灅，卢毒反

以屋切烛：

勖，喧六反　　曲，牵六反

唐诗例证（屋无号，沃*，烛ˣ）：

《田家》（节录）　　　　　　　聂夷中

二月卖新丝，五月粜新穀。
医得眼前疮，剜却心头肉。
我愿君王心，化作光明烛ˣ。
不照绮罗筵，只照逃亡屋！

（3）东锺 [uŋ]

合一 [uŋ]　　《切韵》东董送，冬（湩）宋
合三 [i̯uŋ]　　《切韵》东董送，锺肿用

反切例证：

以东切冬：

彤，杜红反　农，奴聪反

以冬切东：

霿，止宋反

以东切锺：

浓，奴聪反

以锺切东：

冯，父重反　蓬，贫容反

唐诗例证（东无号，冬*，锺ˣ）：

　　《少年》　　　　　　　　　　　　　李商隐

外戚平羌第一功△。
生平二十有重封ˣ。
宜登宣室螭头上，横过甘泉豹尾中。
别馆觉来云雨梦△，后门归去蕙兰丛△。
灞陵夜猎随田窦，不识寒郊自转蓬△。

（4）觉卓［ɔk］

开二［ɔk］　《切韵》觉

反切例证：

觉，江岳	角，古捉	玨，江学	㩧，刻学
岳，逆捉	浞，士角	鷟，式角	捉，毡岳
朔，色捉	琢，辍角	卓，竹角	聱，诛角
啄，辄角	剥，逼朔	藐，龙璞	雹，别卓
朴，坡岳	璞，匹角	浊，术渥	擢，朱渥
濯，水渥①	渥，乙卓	箹，也卓	喔，汪岳
荦，吕卓	逴，敕渥	学，遐岳	嶨，遐岳

---

① "水"是"朱"之误。

鸑，兮卓　　㟁，士角　　礐，胡角
（5）江窗 [ɔŋ]

开二 [ɔŋ]　　《切韵》江讲绛

反切例证：

　　䤸，免江　　䮶，频江　　窗，叉江　　邦，北江
　　降，侯邦　　庞，贫双　　栙，苦尨　　肯，口江
　　控，宅邦　　项，限蚌

（6）歌戈 [ɑ]

开一 [ɑ]　　《切韵》歌哿箇
合一 [uɑ]　　《切韵》戈果过
开三 [iɑ]　　《切韵》戈
合三 [iuɑ]　　《切韵》戈

反切例证：

以戈切歌：

　　歌，更和　　多，兜戈　　鲍，豆科　　莪，偶和
　　哿，间果　　哆，兜祸　　袉，图坐　　轲，可货
　　饿，岸播

以歌切戈：

　　戈，古多　　䕩，在多　　㛲，步他　　䶌，部何
　　讹，五陀　　鈋，五他　　颇，滂何　　坡，浦何
　　和，户歌　　科，苦何　　过，古多

（7）豪袍 [au]

开一 [au]　　《切韵》豪皓号

反切例证：

　　豪，行高　　高，家豪　　劳，阑刀　　蒿，哈劳
　　毛，门高　　滔，偷刀　　𢾭，偷劳　　條，土刀

刀，得高　　桃，特豪　　袍，盆毛　　褒，补袍
敖，言高　　糟，作曹　　遭，祖叨　　骚，素叨
翱，颜叨　　警，偶毛　　曹，残高　　鏖，阿高
猱，能曹　　猫，能刀　　尻，苦劳

(8) 咍来 [ai]

开一 [ai]　《切韵》咍海代，泰（开口）

反切例证：

以泰切代：

铠，苦盖反　　䝿，勒带反　　慨，苦盖反　　嘅，苦盖反

(9) 曷末 [at]

开一 [at]　《切韵》曷

合一 [uat]　《切韵》末

反切例证：

以末切曷：

搻，他末反　　挞，它末反

以曷切末：

銡，古獭反

(10) 合盍 [ap]

开一 [ap]　《切韵》合盍

反切例证：

以合切盍：

腊，卢合反　　闒，他合反

(11) 寒桓 [an]

开一 [an]　《切韵》寒旱翰

合一 [uan]　《切韵》桓缓换

反切例证：

  以桓切寒：

   旱，遐缓反 汗，侯玩反

  以寒切桓：

   馆，古翰反 玩，五汗反 穊，奴赞反

（12）覃谈 [ɑm]

开一 [ɑm] 《切韵》覃感勘，谈敢阚

  反切例证：

  以谈切覃：

   鄲，杜担 南，奴甘 谙，恩甘 函，胡甘

   歛，脱甘 挬，睆甘 罯，乌敢 赣，欲敢

   黪，此敢 蹇，走敢 顉，勒敢

  以覃切谈：

   谈，杜南 惔，狄南 甘，沟堪 甓，庚堪

   儋，兜贪 苷，钩谙 酣，侯贪 览，娄坎

（13）麻蛇 [a]

开二 [a] 《切韵》麻马祃

合二 [ua] 《切韵》麻马祃

开三 [i̯a] 《切韵》麻马祃

  反切例证：

  以蛇（开三）切麻（开二、合二）：

   麻，门车 巴，不奢 譁，忽奢 马，莫者

   把，补写 冎，古且 跨，苦夜

  以麻切蛇：

   遮，之巴 袤，辞牙 扡，似下 姐，即瓦

   谢，似下 藉，慈乍

（14）肴包 [au]

开二 [au]　《切韵》肴巧效

反切例证：

肴，侯交　　俏，鉏交　　交，加肴　　郊，古肴
迒，姑肴　　巢，士抛　　轇，事交　　鄛，助交
呹，狞交　　譊，女交　　捎，䊺巢　　茅，梦梢
孟，莫交　　虓，享茅　　哮，亨茅　　謬，火包
包，北交　　苞，比交　　刨，伯茅　　胞，浦包
敲，口交　　骰，希交　　嗃，摘抄　　訬，测嘲
匏，步包　　麃，薄交　　唠，丑交

（15）佳皆 [ai]

开二 [ai]　《切韵》佳蟹卦，皆骇怪，夬
合二 [uai]　《切韵》佳蟹卦，皆骇怪，夬

反切例证：

以皆切佳：

街，古谐　　齜，测皆　　溃，谋揩　　卖，母戒
买，忙戒　　喎，呼怪

以佳切皆：

痎，工柴　　楷，肯解　　怪，古卖　　坏，古卖
額，五隘①

以夬切卦：

額，五夬

以卦切夬：

夬，古卖

---

① 据徐锴《说文解字篆韵谱》。

以夬切怪：

　　齘，下夬　　衸，恒夬

以怪切夬：

　　败，步拜　　退，步介　　犗，苟差　　蠆，丑芥

　　餲，宧介　　喝，殷介

（16）药铎 [ak]

开一 [ak]　　《切韵》铎
合一 [uak]　　《切韵》铎
开三 [i̯ak]　　《切韵》药
合三 [i̯uak]　　《切韵》药

（17）黠鎋 [at]

开二 [at]　　《切韵》黠鎋
合二 [uat]　　《切韵》黠鎋

反切例证：

以鎋切黠：

　　𠛅，古鎋　　窡，竹刮　　𩑶，胡刮

（18）洽狎 [ap]

开二 [ap]　　《切韵》洽狎

反切例证：

以狎切洽：

　　届，楚甲　　祫，沟呷　　歃，山呷

以洽切狎：

　　枱，笏掐　　罨，山洽

（19）阳唐 [aŋ]

开一 [aŋ]　　《切韵》唐
合一 [uaŋ]　　《切韵》唐

开三［i̯aŋ］　《切韵》阳
合三［i̯uaŋ］　《切韵》阳
　　反切例证：
　　　　以唐切阳：
　　　　　　鸯，殷光
　　　　以阳切唐：
　　　　　　㢣，力量　　仺，切阳　　㾮，窈阳　　穅，彊庄
　　　　　　萌，忽强　　光，国昌　　鏜，吞匡　　鼞，吞筐
　　　　　　滂，坡良　　邙，蒙匡　　臧，走张　　榜，白良
　　　　　　荡，吞匡

（20）删山［an］

开二［an］　《切韵》删潸谏　山产裥
合二［uan］　《切韵》删潸谏　山产裥
　　反切例证：
　　　　以山切删：
　　　　　　豲，呼闲　　䉺，布山　　奸，个山　　狻，初简
　　　　以删切山：
　　　　　　纶，古还

（21）咸衔［am］

开二［am］　《切韵》咸豏陷，衔槛鑑
合三［am］　《切韵》凡范梵（唇）
　　反切例证：
　　　　以衔切咸：
　　　　　　咸，侯彡　　猎，欧彡
　　　　以咸切衔：
　　　　　　鑱，岑喦　　髟，所咸　　䕋，奸喦　　黭，欧减

以凡切衔：
　　槛，寒犯
以衔切凡：
　　凡，符芝　　范，浮槛

（22）灰堆［ɐi］

合一［uɐi］　《切韵》灰贿队
合一［uɐ］　《切韵》泰（合口）
开三［iɐi］　《切韵》废
合三［iuɐi］　《切韵》废

反切例证：
　以队切泰：
　　贝，补每　　郥，博挴
　以泰切队：
　　郝，鲁会

（23）没骨［ɐt］

开一［ɐt］　《切韵》没
合一［uɐt］　《切韵》没

反切例证：
　　没，谋骨　　骨，古没　　縎，古忽　　勃，步咄
　　咄，都突　　去，他骨　　悛，他没　　突，陀兀
　　腯，徒忽　　膃，乌骨　　忽，呼兀　　兀，吾忽
　　㔅，呼骨　　讷，奴膃　　圣，夸讷　　窣，千兀
　　猝，村讷　　捽，昨没　　䫏，昨猝　　搰，胡兀
　　卒，仓勃　　籶，很没　　齕，相兀

（24）庚青［ɐŋ］

开二［ɐŋ］　《切韵》庚梗映，耕耿诤

合二〔uɐŋ〕　《切韵》庚梗映，耕耿诤
开三〔iɐŋ〕　《切韵》庚梗映，清静劲
合三〔iuɐŋ〕　《切韵》庚梗映，清静劲
开四〔ieŋ〕　《切韵》青迥径
合四〔iueŋ〕　《切韵》青迥径
　　反切例证：
　　　以耕切庚：
　　　　祊，逋萌　　榜，补争　　䥰，母耿　　更，干诤
　　　以清切庚：
　　　　璥，居领
　　　以青切庚：
　　　　邴，布定
　　　以庚切耕：
　　　　耕，根横　　氓，没彭　　嵘，户庚　　罂，恩行
　　　　崝，测亨　　琤，测庚　　铮，测彭　　苹，尼庚
　　　　姘，披彭　　橙，澄庚　　䋣，根杏　　黾，莫幸
　　　以青切耕：
　　　　泓，乌亭
　　　以庚切清：
　　　　䏶，失生　　䞓，丑生　　省，息永　　郑，直敬
　　　以青切清：
　　　　茔，玄经　　䋣，玄经　　䇯，去挺
　　　以庚切青：
　　　　濎，叉敬
　　　以清切青：
　　　　䦎，牌并　　迥，余请　　䫜，其颈　　竝，频静

径，居正

(25) 魂痕 [ɐn]

开一 [ɐn]　《切韵》痕很恨
合一 [uɐn]　《切韵》魂混恩

 反切例证：

  以魂切痕：

   鎧，五寸①

(26) 萧宵 [æu]

开三、四 [i̯æu]　《切韵》萧篠啸，宵小笑

 反切例证：

  以宵切萧：

   鷯，令昭　嫽，力照

  以萧切宵：

   绡，相幺　鴢，弋尧　憢，吕晓　纱，於尧

(27) 齐祭 [æi]

开三 [i̯æi]　《切韵》祭
合三 [i̯uæi]　《切韵》祭
开四 [i̯æi]　《切韵》齐荠霁
合四 [i̯uæi]　《切韵》齐荠霁

 反切例证：

  以祭切霁：

   帝，的例　䘵，狄例　麑，疑制

  以霁切祭：

   鏏，回桂　鳖，鄙迷

---

① 《广韵》："鎧，五恨切。"徐锴《说文系传》："鎧，五寸反。"是以魂切痕。

(28) 月薛 [æt]

开三 [i̯æt] 《切韵》月薛

合三 [i̯uæt] 《切韵》月薛

开四 [i̯æt] 《切韵》屑

合四 [i̯uæt] 《切韵》屑

反切例证：

以月切屑：

剢，秋月

以薛切屑：

屑，私列　　偰，先列　　玦，涓雪　　阕，倾雪

蹩，并列　　鷩，弥悦

以屑切薛：

孑，经节　　妜，萦节　　䁪，幽决

(29) 业葉 [æp]

开三 [i̯æp] 《切韵》业葉

开四 [i̯æp] 《切韵》怗

反切例证：

以业切怗：

婡，羌胁

以怗切葉：

厭，於怗

以葉切怗：

帖，遏辄　　敜，奴辄　　燮，相聂　　聑，而摄

痰，丘辄　　愿，去涉

(30) 元仙 [æn]

开三 [i̯æn] 《切韵》元阮愿，仙狝線

合三 [i̯uæn]　《切韵》元阮愿，仙狝線
开四 [i̯æn]　《切韵》先铣霰
合四 [i̯uæn]　《切韵》先铣霰

　　反切例证：

　　　以先切元：

　　　　趄，羽先

　　　以仙切元：

　　　　攣，俱恋　　圏，郡宛

　　　以仙切先：

　　　　嫣，即然　　天，听连　　肙，於旋　　牑，婢篇
　　　　显，呼衍　　萹，比兖　　齞，拟件　　驈，於钏
　　　　绚，於掾　　昡，弭钏　　睊，於旋

　　　以先切仙：

　　　　迁，七先　　湔，则千　　薛，米田　　櫋，莫田
　　　　辁，丑田　　辇，里典　　辩，必撚　　贱，自见

(31) 严盐 [æm]

开三 [i̯æm]　《切韵》严俨酽，盐琰艳
合三 [i̯æm]　《切韵》凡（喉牙）
开四 [i̯æm]　《切韵》添忝桥

　　反切例证：

　　　以严切盐：

　　　　陕，收俨

　　　以凡切盐：

　　　　硷，鱼欠　　阉，於剑　　导，碧剑

　　　以添切盐：

　　　　厣，烟嗛

以盐切添：

　　槏，晓盐

以盐切严：

　　严，语醃　　籤，语淹　　儼，牛检

（32）尤侯 [əu]

开一 [əu]　《切韵》侯厚候

开三 [i̯əu]　《切韵》尤有宥

开四 [i̯əu]　《切韵》幽黝幼

反切例证：

以侯切尤：

　　郰，则侯　　鯫，去走

以尤切侯：

　　彄，可留　　沟，梗尤　　掊，步矛

以幽切尤：

　　休，喜彪　　樛，居幽　　鰌，伊纠

以尤切幽：

　　樛，饥酬　　镠，里由

（33）职陌 [ək]

开一 [ək]　《切韵》德

合一 [uək]　《切韵》德

开二 [ək]　《切韵》陌麦

合二 [uək]　《切韵》陌麦

开三 [i̯ək]　《切韵》陌昔职

合三 [i̯uək]　《切韵》陌昔职

开四 [i̯ək]　《切韵》锡

合四 [i̯uək]　《切韵》锡

反切例证：

以麦切陌：

　　乇，竹隔　　客，悭革　　苍，句索①　　㴋，虎获
　　宅，直摘　　虢，古获　　擭，乌获

以昔切陌：

　　逆，言碧　　𣝛，平碧

以陌切麦：

　　啧，鉏客　　蕀，史迕　　㭆，知白　　谪，张伯
　　哑，鸦赫

以职切麦：

　　齰，爱测　　栅，妻测

以陌切昔：

　　擿，知白

以锡切昔：

　　迹，子壁　　擗，并激

以麦切锡：

　　蒿，移隔②

以昔切锡：

　　晳，思益　　阅，许璧　　璧，卑僻　　戚，千益
　　䢟，古役

以昔切职：

　　食，神隻　　蒯，斋石

以职切昔：

　　疫，俞昃　　祐，时即　　圛，以陟

---

① 这个"索"读山责切。
② "移"字疑误。

（34）质物［ət］

开二［ət］　《切韵》栉
开三［i̯ət］　《切韵》质迄
合三［i̯uət］　《切韵》术物

　　反切例证：

　　以术切质：

　　　溧，力出　　必，毕聿　　毕，卑聿　　苾，频术
　　　袐，频述

　　以质切术：

　　　聿，与必　　黜，敕密　　䘏，相室　　律，留笔
　　　帅，疎密

　　以迄切栉：

　　　瑟，师迄

　　以栉切迄：

　　　𡹬，疑瑟

（35）蒸登［əŋ］

开一［əŋ］　《切韵》登等嶝
合一［uəŋ］　《切韵》登等嶝
开三［i̯əŋ］　《切韵》蒸拯证

　　反切例证：

　　以登切蒸：

　　　丞，视登

　　以蒸切登：

　　　恒，胡膺

（36）真文［ne］

开二［ne］　《切韵》臻

开三 [i̯ən]　　《切韵》真轸震
开三 [i̯ən]　　《切韵》欣隐焮
合三 [i̯uən]　　《切韵》谆准稕
合三 [i̯uən]　　《切韵》文吻问

反切例证：

以谆切真：

茵，伊伦　　辰，石伦　　䪳，宛旬　　囷，牵轮
旻，眉均　　䘏，支允　　纇，力準

以真切谆：

均，坚邻　　恂，息寅　　轮，吕辰　　伦，力辰
遵，七宾　　遵，踪民　　匀，与因　　准，主闵
盾，树忍　　趣，弃忍

以文切谆：

闰，耳蕴　　顺，殊问　　䩮①，愚蕴

以真切臻：

甡，色邻

以欣切臻：

龀②，楚近

以真切欣：

谨，己忍　　瑾，饥忍　　近，渠遴

以文切欣：

靳，居郡　　墐，己郡

(37) 脂微 [i]

开三 [i]　　《切韵》支脂之

---

① 徐铉本《说文解字》："䩮，牛尹切。"
② "龀"是臻韵上声字。

开三 [i]　　《切韵》微（喉牙）
合三 [i̯ui]　　《切韵》支脂
合三 [i̯ui]　　《切韵》微（喉牙唇）

反切例证：

以脂切支：

岐，巨伊　　䚩，眠伊　　巆，蚪葵　　乂，斯唯
躧，疎比　　鞞，所旨　　婢，频旨　　恚，於弃
伪，鱼醉　　赐，矩利　　箠，竹至　　诿，女至
睡，时位　　䝿，鄙媚　　眱，弋示

以之切支：

猗，玄奇　　掎，牵其　　仪，研之　　离，邻之
齮，银之　　禔，辰之　　蟄，之己　　芝，巨记
泜，子耳　　卑，宾而　　施，申而　　欜，削欺

以支切脂：

夷，寅支　　樣，羊支　　貎，鼻宜　　肌，斤离
蓍，申离　　耆，巨支　　郯，巨规　　榱，力箠
颏，甫支　　駓，浦宜　　呬，忻宜　　垒，力委
諲，缠离　　瘫，毗避　　槌，池瑞

以之切脂：

姨，寅之　　痍，以之　　荎，直而　　师，申之
眉，闽之　　稊，利之　　伊，因之　　愁，里而
比，并止　　履，六矣　　墍，许意　　矢，失止

以微切脂：

饥，居希　　瘣，此韦　　泌，频未　　祓，讫示

以支切之：

旗，虔知　　稘，居知　　骐，虔知　　菭，然知

熹，忻宜　　朞，嗔离
以脂切之：
　𡧯，弋伊　　嶷，银眉　　而，忍伊　　痴，丑迟
　痻，阻几　　吏，连致　　慈，柳嗜　　魋，敕稺
　侕，如至　　聑，仁至　　亟，气至
以微切之：
　珥，耳既
以支切微：
　祈，近离　　刉，几离　　鬼，矩毁
以脂切微：
　贵，矩位
以之切微：
　岂，丘里　　咥，忻记　　鈘，许意　　旡，居志

（38）缉立 [əp]

开三 [iəp]　《切韵》缉

反切例证：
　缉，七入　　葺，七十　　十，常入　　执，之习
　习，似入　　袭，似集　　集，墙揖　　鍱，秦入
　入，而集　　揖，伊入　　湿，伤执　　噏，姊入
　渭，沛入　　薿，子入　　及，其急　　蛰，直立
　墰，长立　　縶，知习　　立，里汲　　笠，里泣
　汲，饥泣　　给，居立　　泣，羌邑　　翪，师及
　瀶，师吸　　鈒，饰吸　　吸，希立　　䭲，忻急
　戢，臻邑　　㴸，臻立　　邑，应执　　悒，殷戢
　挹，伊湿　　湁，丑立　　熠，逸入　　鸻，彼及
　皀，皮及

（39）侵林 [əm]

开三 [iəm]　《切韵》侵寝沁

反切例证：

侵，七林	駸，子林	寻，似侵	鄩，徐林
林，力寻	琴，敕林	綝，丑林	郴，耻林
斟，止沈	沈，池心	谌，是任	忱，是吟
煁，氏吟	任，尔音	深，式琴	祲，子寻
鷣，似侵	捦，巨今	禽，巨吟	钦，却林
吟，银钦	霠，银箴	金，居斟	音，郁吟
森，所今	参，师今	窊，所禁	岑，助吟
先，阻琴			

（40）资思 [ɿ]

开一 [ɿ]　《切韵》支脂之（精系字）

反切例证：

支纸寘：

赀，子思	雌，千思	疵，才资	虒，辛兹
紫，将此	徙，宵此	刺，七赐	赐，先刺
伺，七紫			

脂旨至：

咨，子思	郪，千私	茨，疾兹	私，先兹
死，息似	恣，则四	次，七恣	自，慈四
四，素次			

之止志：

兹，则私	慈，秦思	思，息兹	词，夕兹
祠，涎兹	枲，辛子	祀，祠此	

韵部的分合和转移

鱼模合部，在朱翱反切中有许多证据。特别值得注意的是，尤侯的唇音字大部分（如"部、妇"）转入了鱼模。

东冬锺合部，屋沃烛合部，在朱翱反切中也有许多证据。李涪《刊误》说："法言平声以东农非韵，以东崇为切；上声以董勇非韵，以董动为切；去声以送种非韵，以送众为切；入声以屋烛非韵，以屋宿为切……何须东冬、中终，妄别声律！"李涪是晚唐人，可见晚唐时代已经东冬锺不分，屋沃烛不分。

江窗、觉卓仍旧独立，尚未混入阳唐、药铎，有朱翱反切为证。

麻蛇即隋—中唐的麻部，没有变化。也还没有分化为家麻、车遮两部。

豪袍独立，肴包独立，与《切韵》一致。萧宵合部，隋—中唐时代已经如此。尤侯合部，汉代以来已经是这样了。

蟹摄韵部的分合值得注意。灰咍分为两部，咍韵和泰韵开口归咍来，灰韵、废韵和泰韵合口归灰堆。佳皆合部，齐祭合部，和隋—中唐时代一样。

职陌合部，是这个时代的新情况。大量朱翱反切都证明是这样。这就说明了梗曾两摄的入声脱离了平声的对应关系而独立发展，因为梗曾两摄的平声在这个时代还是分立的。

隋—中唐的元部到晚唐分化了。元韵转入了元仙，与先仙合并；魂痕独立成部；其对应的入声月部也分化了。月韵转入了月薛，与屑薛合并；没骨独立成部。

隋—中唐的真文两部，到晚唐合并为一部；相应地，入声质物两部也合并为一部。

隋—中唐的严盐两部，到晚唐合并为一部；相应地，入声业叶也合并为一部。

隋—中唐的庚青两部，到晚唐合并为一部；相应地，入声陌锡也合并为一部，并与职德合部。

隋—中唐的脂微两部，到晚唐合并为一部。

资思是一个新兴的韵部。朱翱反切一律用齿头字切齿头字，说明了这个新情况。从此以后，一直到现代北方话和吴语等方言，都存在这个韵部。

韵部音值的拟测

鱼模合部后，其音值应该是 [u][i̯u]。鱼韵由 [i̯o] 转变为 [i̯u]，与虞合流。《四声等子》《切韵指掌图》《切韵指南》鱼虞模合图，三等鱼韵字与虞韵同一横行，说明了这个新情况。

东冬锺合部后，其音值应该是 [uŋ][i̯uŋ]。《切韵指南》以通摄为合口呼，说明了这个情况。相应地，其入声屋沃烛应该是 [uk][i̯uk]。

尤侯由 [ou][i̯ou] 转变为 [əu][i̯əu]。《切韵指掌图》以入声德栘质迄配尤侯幽，说明了这个新情况，因为晚唐的德栘质迄是 [ək][ət][i̯ət]，主要元音 [ə] 和晚唐尤侯幽的主要元音相同。

元仙合部后，其音值应该是 [iæn][i̯uæn]；相应地，其入声月薛合并后，音值应该是 [iæt][i̯uæt]。

真文合并后，其音值应该是 [i̯ən][i̯uən]；相应地，其入声质物合并后，音值应该是 [i̯ət][i̯uət]。

庚青合并后，其音值应该是 [ɐŋ][uɐŋ][i̯ɐŋ][i̯uɐŋ]。

职陌合并后，其音值应该是 [ək][uək][i̯ək][i̯uək]。

从晚唐起（或较早），三等、四等同形，也就是四等并入了三等。

脂微合并后，其音值应该是 [i]。

资思的音值应该是 [ɿ]。[ɿ] 是舌尖前元音，[ts][ts'][dz][s][z] 是舌尖前辅音，发音部位相同。资思韵字本属脂部，读音是 [tsi][ts'i][dzi][si][zi]，后来舌面元音 [i] 受舌尖前辅音的影响，转变为舌尖前元音 [ɿ]。《切韵指掌图》把"兹雌慈思词、紫此死兕、恣载自笥寺"列在一等，反映了这种情况。《切韵指南》把"资雌慈思词、姊此鹺枲似、恣次自四寺"列在一等，并在字旁加圈，也反映了这种情况。字旁加圈，表示旧韵图所无；这些字在旧韵图中，本属四等。①

三、晚唐—五代的声调

晚唐—五代的声调，基本上和隋—中唐时代的声调一样，只是浊音上声字转入去声（所谓"浊上变去"），与前代不同。

早在唐代古体诗中，就有上去通押的例子，例如杜甫《乾元中寓居同谷县作歌》（其二）："长镵长镵白木柄，我生托子以为命。黄精无苗山雪盛，短衣数挽不掩胫。此时与子空归来，男呻女吟四壁静。"又如上面所举白居易《琵琶行》协"女住部妒数污度故妇"，都是上去通押的例子，但是这些例子都不能证明浊上变去，只能说明唐代上声调值和去声调值相似，可以通押，即使是清音上声字，也可以和去声通押，例如杜甫《魏将军歌》（节录）："吾为子起歌都护，酒阑插剑肝胆露。钩陈苍苍玄武暮，万岁千秋奉明主。临江节士安足数！"诗中"主、数"都是清音上声字，而和去声字"护、露、暮"通押，可见上去通押的古体诗不能证明浊上变去。

李涪《刊误》说："吴音乖舛，不亦甚乎！上声为去，去声为上。……恨怨之恨则在去声，很戾之很则在上声。又言辩之辩则在上声，冠弁之弁则在去声。又舅甥之舅则在上声，故旧之旧则在去声。又皓白之皓则在上声，号令之号则在去声。"李涪这段话是批评《切韵》时代的。"很、辩、舅、皓"都是浊上字，这是晚唐时代浊上变去的确证。

张麟之《韵镜》凡例《上声去音字》说："凡以平侧呼字，至上声多相犯。古人制韵，间取去声字参入上声者，正欲使清浊有所辨耳（如一

---

① 参看《七音略》《韵镜》《四声等子》。

董韵有动字，三十二皓韵有道字之类矣）。或者不知，徒泥韵策，分为四声，至上声多例作第二侧读之，此殊不知变也。若果为然，则以士为史，以上为赏，以道为祷，以父母之父为甫，可乎？今逐韵上声浊位并当呼为去声。观者熟思，乃知古人制韵端有深旨。"张麟之所说"逐韵上声浊位并当呼为去声"，就是浊上变去的道理。但是他不知道语音是发展的，以为古人制韵间取去声字参入上声，则是错误的。

所谓"浊上变去"，指的是全浊字。至于次浊（又叫清浊），即明微泥娘疑喻来日八母的上声字，则不变为去声，直到今天还是如此。

第六章 宋代音系（960—1279年）

本章讲宋代音系，主要是根据朱熹反切。

朱熹的《诗集传》和《楚辞集注》都有反切。他用反切来说明叶音，那是错误的。但是，他所用的反切并不依照《切韵》，可见他用的是宋代的读音。这样，朱熹反切就是很宝贵的语音史资料。

一、宋代的声母

宋代共有二十一个声母，如下表：

发音方法		发音部位 双唇	唇齿	舌尖前	舌尖中	舌面前	舌根	喉
塞音	不送气	p 帮並			t 端定		k 见群	
	送气	p' 滂並			t' 透定		k' 溪群	
鼻音		m 明	ɱ 微		n 泥娘		ŋ 疑	
边音					l 来			
闪音						r 日		
塞擦音	不送气			ts 精从		tɕ 知澄照床		
	送气			ts' 清从		tɕ' 彻澄穿床		
擦音			f 非敷奉	s 心邪		ɕ 审禅		h 晓匣
半元音						j 影喻		

这个声母系统比晚唐五代的声母系统大大地简化了，其原因是：

1. 全浊声母全部消失了。并母并入了帮滂两母；奉母并入了非敷两母；从母并入了精清两母；邪母并入了心母；定母并入了端透两母；澄母并入了知彻两母；床母并入了照穿两母；床神禅并入了穿审两母；群母并入了见溪两母；匣母并入了晓母。

2. 舌叶音消失了。庄母字一部分并入精母，一部分并入照母；初母字一部分并入清母，一部分并入穿母；山母字一部分并入心母，一部分并入审母。

3. 娘母并入了泥母。

4. 影母并入了喻母。

反切例证：

以滂切并：

蒲，叶滂古反

以并切帮：

保，叶音鲍

以敷切非：

风，叶孚愭反　　封，叶孚音反　　纩，叶孚浮反

分，叶敷因反　　反，叶孚绚反　　阪，叶孚窝反

以敷切奉：

坟，叶敷连反　　繁，叶纷乾反

以精切从：

尽，叶子忍反　　阜，叶子句反

辑，叶祖合反　　存，叶祖陈反

以精切庄：

陬，叶子侯反　　娵，叶子侯反

以清切初：

差，叶七何反

以心切山：

生，叶桑经反

以山切心：
　　三，叶疏簪反　　　萧，叶疏鸠反　　　斯，叶所宜反
以山切床：
　　士，叶音所
以定切端：
　　得，叶徒力反
以端切定：
　　动，叶德总反　　　图，叶丁五反　　　地，叶音低
以透切定：
　　溥，叶土兖反①　　蛇，叶土何反②
以知切澄：
　　浊，叶竹六反
以娘切泥：
　　南，叶尼心反，又叶尼金反　　　能，叶音尼
以审切神：
　　神，叶式云反
以禅切审：
　　纾，叶上与反　　　施，叶时遮反　　　释，叶时若反
以照切知：
　　中，叶诸良反，又叶诸仍反　　　展，叶诸延反
以庄切照：
　　昭，叶侧豪反，又叶侧姜反
以禅切床：
　　蛇，市奢反　　　抒，上与反
以审切山：
　　侁，叶式巾反

---

① 宋本作上兖反，误。今依通行本。
② "蛇"读如驼。

以山切审：
　　施，叶所加反，又叶疏何反
以穿切禅：
　　觺，叶齿九反①
以喻₃切喻₄：
　　蛇，叶于其反　　　犹，叶于救反　　　用，叶于封反
以喻₄切喻₃：
　　有，叶音以
以影切喻：远，
　　叶於圆反　　　　　矣，叶於姬反
以见切群：
　　局，叶居亦反
以晓切匣：
　　昊，叶许候反　　　降，叶呼攻反　　　活，叶呼酷反
以匣切晓：
　　谺，叶音何

声母音值的拟测

宋代微母大约还是一个 [ɱ]，到了元代（《中原音韵》时代）才变为 [v]。

知彻澄与照穿神合并，应该是塞音并入塞擦音和擦音 [tɕ][tɕ'][ɕ]；庄初床并入照穿神的字，也应该是 [tɕ][tɕ'][ɕ]。

娘泥合并，应该是娘并于泥，即 [n]。有人说，娘母从来没有存在过，待再考。

影喻合并，应该是影并于喻，即半元音 [j]。

二、宋代的韵部

宋代共有三十二个韵部，如下表：

---

① 某些禅母平声字转入穿母，正如现代汉语"臣"读如陈，"常"读如长，"成"读如澄。

韵元音 \ 韵类	阴声			入声			阳声		
u	u 鱼模			uk 屋烛			uŋ 东锺		
ɔ	ɔ 歌戈								
a	a 麻蛇	au 豪包	ai 皆来	ak 觉药	at 曷黠	ap 合洽	aŋ 江阳	an 寒山	am 覃咸
ɐ			iɐ 灰堆		ɐt 物没		ɐŋ 庚生	ɐn 闻魂	
æ		æu 萧肴			æt 月薛	æp 业葉		æn 元仙	æm 严盐
ə		əu 尤侯		ək 麦德			əŋ 蒸登	ən 真群	
i	i 支齐			it 质职	ip 缉立①		iŋ 京青		im 侵寻
ɿ	ɿ 资思								

（1）鱼模 [u]

合一 [u]　　《切韵》模姥暮

合三 [i̯u]　　《切韵》鱼语御，虞麌遇

合三 [u]　　《切韵》虞麌遇（轻唇），尤有宥（轻唇）

反切例证：

以虞叶鱼②：

华，叶芳芜反，韵车琚，又韵居书　樗，敕雩反，韵居

父，扶雨反，韵许莫　　　　　　　写，叶想羽反，韵语处

---

① 编者注："立"原作"习"，后文作"立"。这里统一改为"立"。

② 举平以赅上去。下仿此。

以模叶鱼：

　　马，叶满补反，韵楚　　　下，叶後五反，韵筥釜，又韵处

　　顾，果五反，韵处　　　　蒲，叶滂古反，韵楚许

以鱼叶虞：

　　野，上与反，韵羽雨　　　湑，叶私叙反，韵踽父

　　野，叶上与反，韵羽宇　　予，演女反，韵雨辅

以模叶虞：

　　母，叶满补反，韵雨　　　马，叶满补反，韵武，又韵父

　　下，叶後五反，韵舞　　　子，叶子古反，韵武父宇辅

以鱼叶模：

　　夜，叶羊茹反，韵露

　　且，子余反，韵阇荼，又韵辜幠；又韵屠壶蒲

　　茹，如豫反，韵获（音护）　野，叶上与反，韵土苦罟

以虞叶模：

　　华，叶芳芜反，韵苏都

　　父，叶夫矩反，韵浒顾，又韵祖浦

　　嘘，愚甫反，韵土虎

宋词例证（鱼无号，虞＊，模×，尤○）

　　　　　　《贺新郎·送陈真州子华》　　　　　　　　刘克庄

　　　　北望神州路×[lu]，

　　　　试平章这场公事，怎生分付＊[fu]。

　　　　记得太行山百万，曾入宗爷驾驭○[ŋiu]。

　　　　今把作握蛇骑虎×[xu]。

　　　　君去京东豪杰喜，想投戈下拜真吾父＊[fu]。

　　　　谈笑里，定齐鲁×[lu]。

两河萧瑟惟狐兔ˣ [tʻu]。
问当年祖生去后，有人来否○ [fu]？
多少新亭挥泪客，谁念中原块土ˣ [tʻu]？
算事业须由人做ˣ [tsu]①。
应笑书生心胆怯，向车中闭置如新妇○ [fu]。
空目送，塞鸿去 [kʻi̯u]！

(2) 屋烛 [uk]

合一 [uk]《切韵》屋沃
合三 [i̯uk]《切韵》屋烛

反切例证：

以沃叶屋：

告，叶姑沃反，韵陆轴宿，又韵祝六　　告，叶工毒反，韵鞠

迪，叶徒沃反，韵复　　　　　　　　　活，叶呼酷反，韵縠

以烛切屋：

驱，叶居录反，韵縠　　　　　　　　　浊，叶殊玉反，韵縠

以屋切烛：

角，叶卢谷反，韵足，又韵续　　　　　渥，叶乌谷反，韵足

宋词例证（屋无号，沃*，烛ˣ）：

《桂枝香》　　　　　　　　　　　　　　　　　王安石

登临送目 [mi̯uk]。
正故国晚秋，天气初肃 [si̯uk]。
千里澄江似练，翠峰如簇 [tsʻi̯uk]。
征帆去棹残阳里，背西风，酒旗斜矗 [tɕʻi̯uk]。

---

① 做，臧祚切。

綵舟云淡，星河鹭起，画图难足 ˣ [tsi̯uk]。

念往昔，繁华竞逐 [tɕi̯uk]。
叹门外楼头，悲恨相续 ˣ [si̯uk]。
千古凭高对此，漫嗟荣辱 ˣ [ri̯uk]。
六朝旧事随流水，但寒烟衰草凝绿 ˣ [li̯uk]。
至今商女，时时犹唱，后庭遗曲 [kʻi̯uk]！

（3）东锺 [uŋ]

合一 [uŋ]　《切韵》东董送，冬宋
合三 [i̯uŋ]　《切韵》东董送，锺肿用

反切例证：

以锺叶东：

诵，叶疾容反，韵邦，叶卜工反　　丰，叶芳用反，韵送
宠，丑勇反，韵动总

以东叶冬：

临，叶力中反，韵宗　　　　　忡，叶敕众反，韵宋

以东叶锺：

总，叶子公反，韵缝　　　　双，叶所终反，韵庸从
邦，叶卜工反，韵从，又韵恭；又韵庸
降，叶乎攻反，韵庸　　　　江，叶音工，韵泂
动，德总反，韵共（居勇）竦

宋词例证（东无号，冬 ＊，锺 ˣ）：

《水调歌头》　　　　　　　　　　　辛弃疾

万事到白发，日月几西东 [tuŋ]？
羊肠九折歧路，老我惯经从 ˣ [tsʻi̯uŋ]。

第六章　宋代音系（960—1279年）……275

竹树前溪风月，鸡酒东家父老，一笑偶相逢ˣ [fuŋ]。
此乐竟谁觉？天外有冥鸿 [huŋ]。

味平生，公与我，定无同 [t'uŋ]。
玉堂金马，自有佳处着诗翁 [uŋ]。
好锁云烟窗户，怕入丹青图画，飞去了无踪ˣ [tsi̯uŋ]。
此语更痴绝，真有虎头风 [fuŋ]！

（4）歌戈 [ɔ]

开一 [ɔ] 　《切韵》歌哿箇
合一 [uɔ] 　《切韵》戈果过
开三 [i̯ɔ] 　《切韵》戈果过
合三 [i̯uɔ] 　《切韵》戈果过

反切例证：

以戈叶歌：

　　薖，苦禾反，韵阿歌　　　　　为，叶吾禾反，韵罗
　　麻，叶谟婆反，韵歌，又韵娑　　祸，胡果反，韵我可
　　驰，叶徒卧反，韵猗，叶於箇反

以歌叶戈：

　　蹉，七何反，韵磨　　　　　　　罹，叶良何反，韵吡
　　嘉，叶居何反，韵吡，又韵磨　　池，叶唐何反，韵吡

宋词例证（歌无号，戈＊）：

《太常引·建康中秋夜》　　　　　　　　辛弃疾
　一轮秋影转金波＊[puɔ]，
　飞镜又重磨＊[muɔ]。
　把酒问姮娥 [ŋɔ]：

被白发欺人奈何 [hɔ]？

乘风好去，长空万里，直下看山河 [hɔ]。
斫去桂婆娑 [sɔ]，
人道是清光更多 [tɔ]。

(5) 麻蛇 [a]

开二 [a]　　《切韵》麻马祃
开二 [a]　　《切韵》佳蟹卦（佳洒罢）
合二 [ua]　 《切韵》麻马祃
合二 [ua]　 《切韵》佳蟹卦（喉牙），夬（喉牙）
开三 [i̯a]　 《切韵》麻马祃

反切例证：

以蛇（三等）叶麻（二等）①：

车，尺奢反，韵华　　　　施，叶时遮反，韵麻

以麻（二等）叶蛇（三等）：

御，叶鱼驾反，韵射

宋词例证（麻无号，蛇*，佳ˣ，夬ˣˣ）：

《离亭燕》　　　　　　　　　　　　　　张　昇

一带江山如画ˣ [hua]，
风物向秋潇洒ˣ [sa]。
水浸碧天何处断，霁色冷光相射* [ɕi̯a]。
蓼屿荻花洲，掩映竹篱茅舍* [ɕi̯a]。

---

① 宋代麻韵尚未分化为家麻、车遮二韵。

云际客帆高挂˟ [kua]，
烟外酒旗低亚 [a]。
多少六朝兴废事，尽入渔樵闲话˟˟ [hua]。
怅望倚层楼，寒日无言西下 [ha]。

（6）豪包 [au]

开一 [au]　《切韵》豪皓号
开二 [au]　《切韵》肴巧效（唇舌齿）

　　反切例证：

　　　　茆，叶徒刀反，韵巢

　　宋词例证（豪无号，肴˟）：

　　　　　　《玉楼春》（前阕）　　　　　　　　　　　宋　祁

　　　　　　东城渐觉风光好 [xau]，
　　　　　　縠绉波纹迎客棹˟ [tsau]。
　　　　　　绿杨烟外晓寒轻，红杏枝头春意闹˟ [nau]。

（7）皆来 [ai]

开一 [ai]　《切韵》咍海代，泰（开口）
开二 [ai]　《切韵》佳蟹卦，皆骇怪，夬
合二 [uai]　《切韵》皆骇怪，夬

　　反切例证（凡读叶音而与支齐韵叶者，都是皆来韵字）：

　　　　哉，叶将黎反，韵期　　来，叶陵之反，韵霾（音貍）

　　宋词例证（佳无号，皆˟，夬˟˟，咍˟，泰˟˟）：

　　　　　　《秋波媚·登高兴亭》　　　　　　　　　　陆　游

　　　　　　秋到边城角声哀˟ [ai]，
　　　　　　烽火照高台˟ [t'ai]。

悲歌击筑，凭高酹酒，此兴悠哉[×]［tsai］！

多情谁似南山月？特地暮云开[×]［kʻai］。
灞桥烟柳，曲江池馆，应待人来[×]［lai］。

《鹧鸪天·鹅湖归》（后阕） 　　　　　　　辛弃疾
携竹杖，更芒鞋［hai］，
朱朱粉粉野蒿开[×]［kʻai］。
谁家寒食归宁女？
笑语柔桑陌上来[×]［lai］。

（8）觉药［ak］

开一［ak］　《切韵》铎
合一［uak］　《切韵》铎
开二［eak］　《切韵》觉
开三［i̯ak］　《切韵》药
合三［i̯uak］　《切韵》药

反切例证：

以药叶觉：

蹻，渠略反，韵藐濯

以铎叶觉：

伯，叶逋各反，韵藐濯

以觉叶药：

濯，直角反，嚣，户角反，韵跃　　溺，叶奴学反，韵削爵

以觉叶铎：

藐，美角反，韵乐（音洛）

第六章 宋代音系（960—1279 年）

以铎叶药：

泽，叶徒洛反，韵戟，叶讫约反

莫，叶木各反　　客，叶克各反　　获，叶黄郭反

格，叶刚鹤反　　踖，叶七略反　　硕、庶，叶陟略反

以药叶铎：

斀，弋灼反，韵莫濩　　蓆，叶祥籥反，韵作

夕，叶祥籥反，韵薄鞞

宋词例证（觉无号，药*，铎×）：

《瑞鹤仙·赋梅》　　　　　　　　　　　　　　辛弃疾

雁霜寒透幕×［mak］。

正护月云轻，嫩冰犹薄×［pak］。

溪奁照梳掠*［li̯ak］。

想含香弄粉，艳妆难学［heak］。

玉肌瘦弱*［ri̯ak］。

更重重龙绡衬着×［tsi̯ak］。

倚东风，一笑嫣然，转盼万花羞落×［lak］。

寂寞×［mak］。

家山何在？雪后园林，水边楼阁×［kak］。

瑶池旧约*［i̯ak］，

鳞鸿更仗谁托×［t'ak］？

粉蝶儿只解寻桃觅柳，开遍南枝未觉［keak］。

但伤心，冷落黄昏，数声画角［keak］！

《满江红》　　　　　　　　　　　　　　　　黄　机

万灶貔貅，便直欲扫清关洛×［lak］。

长淮路，夜亭警燧，晓营吹角 [keak]。
绿鬓将军思下马，黄头奴子惊闻鹤 ˣ [hak]。
想中原父老已心知，今非昨 ˣ [tsak]。

狂鲵剪，於菟缚 ＊ [fak]。
单于命，春冰薄 ˣ [pak]。
正人人自勇，翘关还槊 [seak]。
旗帜倚风飞电影，戈鋋射月明霜锷 ˣ [ŋak]。
且莫令榆柳塞门秋，悲摇落 ˣ [lak]！

（9）曷黠 [at]

开一 [at]　　《切韵》曷

合一 [uat]　　《切韵》末

开二 [eat]　　《切韵》黠鎋

合二 [oat]　　《切韵》黠鎋

合三 [at]　　《切韵》月（轻唇）

反切例证（凡读叶音然后与月薛韵叶者，都是曷黠韵字）：

曷韵：

葛，叶居谒反，韵月

达，叶他悦反，韵阙月，又韵杰，又韵越烈

闼，叶它悦反，韵月

怛，叶旦悦反，韵桀，又韵偈

渴，叶巨列反，韵月桀

曷，叶阿竭反，韵钺烈蘖截桀

末韵：

阔，叶苦劣反，韵说

活，叶户劣反，韵揭薛竭

佸，叶户劣反，括，叶古劣反，韵月桀

撮，叶租悦反，韵说（音悦）

拨，叶必烈反，韵烈

月韵（轻唇）：

發，叶方月反，韵揭薛竭，又韵月，又韵偈[①]

髮，叶方月反，韵说（音悦）

(10) 合洽 [ap]

开一 [ap]　《切韵》合盍
开二 [eap]　《切韵》洽狎
合三 [ap]　《切韵》乏（轻唇）

反切例证：

以合叶洽：

辑，叶祖合反，韵洽

以合叶狎：

接，叶音匣，韵甲

(11) 江阳 [aŋ]

开一 [aŋ]　《切韵》唐荡宕
合一 [uaŋ]　《切韵》唐荡宕
开二 [eaŋ]　《切韵》江讲绛
开三 [iaŋ]　《切韵》阳养漾

[①] 《切韵》月韵到朱熹时代分为两韵，轻唇字归曷黠，喉牙字归月薛，因此"發"与"月揭"虽同属月揭，朱熹还要读叶音。

合三 [i̯uaŋ] 《切韵》阳养漾

反切例证：

以唐叶阳：

行，叶户郎反，韵筐，又韵凉，又韵狂，又韵裳爽

彭，叶普郎反，韵翔，又韵央方襄

明，叶谟郎反，韵昌，又韵裳，又韵梁

庚，叶古郎反，韵阳，又韵襄章箱

以阳叶唐：

英，叶於良反，韵堂黄，又韵桑

兄，叶虚王反，韵桑，又韵冈

京，叶居良反，韵粮，又韵仓，又韵商王

饷，叶虚良反，韵藏，又韵跄羊尝将疆

宋词例证（江无号，阳*，唐ˣ）：

《西江月·黄陵庙》　　　　　　　张孝祥

满载一船明月，平铺千里秋江 [keaŋ]。
波神留我看斜阳，唤起鳞鳞细浪ˣ [laŋ]。

明月风回更好，今宵露宿何妨* [faŋ]？
水晶宫里奏霓裳，准拟岳阳楼上* [ɕi̯aŋ]？

《酒泉子》　　　　　　　辛弃疾

流水无情，潮到空城头尽白，离歌一曲怨残阳* [ji̯aŋ]。
断人肠* [tɕʻi̯aŋ]！

东风官柳舞雕墙* [tɕʻi̯aŋ]。

三十六宫花溅泪，春声何处说兴亡*［mi̯uaŋ］。
燕双双［seaŋ］。

　　　　《鹧鸪天·送元济之归豫章》　　　　　　辛弃疾
敧枕婆娑两鬓霜*［si̯aŋ］。
起听檐溜碎喧江［keaŋ］。
那边玉筋销啼粉，这里车轮转别肠*［tɕʻi̯aŋ］。

诗酒社，水云乡*［hi̯aŋ］，
可堪醉墨几淋浪×［laŋ］！
画图恰似归家梦，千里河山寸许长*［tɕʻi̯aŋ］！

（12）寒山［an］

开一［an］　　《切韵》寒旱翰
合一［uan］　《切韵》桓缓换
开二［ean］　《切韵》删潸谏，山产裥
合二［oan］　《切韵》删潸谏，山产裥
合三［an］　《切韵》元阮愿（轻唇）

反切例证（凡读叶音然后与元仙叶者，都是寒山韵字）：
寒韵：
　　安，叶于连反，韵轩原宪，又韵言连，又韵迁梴
　　岸，叶鱼战反，韵怨宴　　　贯，叶肩县反，韵娈婉选
桓韵：
　　丸，叶胡员反，韵迁梴　　　泮，叶匹见反，韵怨宴
删韵：
　　涧，叶居贤反，韵谖（音喧）　晏，叶伊佃反，韵怨宴

山韵：

　　闲，叶胡田反，韵轩原宪，又韵言连

　　山，叶所旃反，韵迁梃

元韵：

　　反，叶孚绚反，韵怨宴，又韵娈婉选

也有元仙韵字读叶音，以叶寒山韵字的：

　　彦，叶鱼肝反，韵晏粲

宋词例证（元无号，寒＊，桓＊＊，删ˣ，山ˣˣ）：

《卖花声·题岳阳楼》　　　　　　　　　　张舜民

　　　　木叶下君山ˣˣ [sean]，
　　　　空水漫漫＊＊ [muan]。
　　　　十分斟酒敛芳颜ˣ [ŋean]。
　　　　不是渭城西去客，休唱阳关ˣ [koan]。

　　　　醉袖抚危阑＊ [lan]。
　　　　天淡云闲ˣˣ [hean]。
　　　　何人此路得生还ˣ [hoan]？
　　　　回首夕阳红尽处，应是长安＊ [an]！

《江神子·和陈仁和韵》　　　　　　　　　辛弃疾

　　　　玉箫声远忆骖鸾＊＊ [luan]。
　　　　几悲欢＊＊ [huan]？
　　　　带罗宽＊＊ [k'uan]。
　　　　且对花前，痛饮莫留残＊ [ts'an]。
　　　　归去小窗明月在，云一缕，玉千竿＊ [kan]。

吴霜应点鬓云斑 ˣ [pean]。
绮窗闲，梦连环 ˣ [hoan]。
说与东风，归兴有无间 ˣˣ [kean]。
芳草姑苏台下路，和泪看，小屏山 ˣˣ [sean]！

《木兰花慢·题上饶翠微楼》　　　　　辛弃疾
旧时楼上客，爱把酒，对南山 ˣˣ [sean]。
笑白发如今，天教放浪，来往其间 ˣˣ [kean]。
登楼更谁念我？却回头西北望层栏 * [lan]。
云雨珠帘画栋，笙歌雾鬓风鬟 ˣ [hoan]。

近来堪入画图看 * [k'an]。
父老愿公欢 ** [huan]。
甚拄笏悠然，朝来爽气，正尔相关 ˣ [koan]。
难忘使君后日，便一花一草报平安 * [an]。
与客携壶且醉，雁飞秋影江寒 * [han]。

（13）覃咸 [am]

开一 [am]　　《切韵》覃感勘，谈敢阚
开二 [eam]　　《切韵》咸豏陷，衔槛鉴
合三 [am]　　《切韵》凡范梵（轻唇）

　　反切例证：
　　　以衔叶谈：
　　　　瞻，叶侧衔反，监，古衔反，韵惔谈
　　　以谈叶衔：
　　　　菼，吐敢反，韵槛

以覃叶咸：

涵，音含，韵谗

宋词例证（覃无号，谈*，咸**，衔ˣ，凡ˣˣ）：

《水调歌头·送郑厚卿赴衡州》　　　　　　　　辛弃疾

寒食不小住，千骑拥春衫ˣ[seam]。
衡阳石鼓城下，记我旧停骖[ts'am]。
襟以潇湘桂岭，带以洞庭青草，紫盖屹西南[nam]。
文字起骚雅，刀剑化耕蚕[ts'am]。

看使君，于此事，定不凡ˣˣ[fam]。
奋髯抵几堂上，尊俎自高谈*[t'am]。
莫信君门万里，但使民歌五袴，归诏凤凰衔ˣ[heam]。
君去我谁饮，明月影成三*[sam]！

《行香子·云岩道中》　　　　　　　　辛弃疾

云岫如簪，野涨挼蓝*[lam]。
向春阑，绿醒红酣*[ham]。
青裙缟袂，两两三三*[sam]。
把麹生禅，玉版句，一时参[ts'am]。

拄杖弯环，过眼嵌岩ˣ[ŋeam]。
岸轻乌，白发鬖鬖*[sam]。
他年来种，万桂千杉**[seam]。
听小绵蛮，新格磔，旧呢喃**[neam]。

（14）灰堆［ɐi］

合一［uɐi］　《切韵》灰贿队

反切例证：

怀，叶胡隈反，韵嵬隤礧，又韵靁，又韵颓嵬

遗，叶夷回反，韵摧，又韵推雷　威，叶音隈，韵雷

归，叶古回反，韵礧，又韵回

凡读叶音然后与支齐韵叶者，也是灰堆韵字，例如：

枚，叶莫悲反，韵饥

媒，叶谟悲反，韵蚩淇期

梅，叶莫悲反，韵衰，叶渠之反，又韵骐

佩，叶蒲眉反，韵来，叶陵之反

悔，叶呼洧反，韵里

悔，叶虎洧反，韵以，又韵祉，又韵时

晦，叶呼洧反，韵己喜，又韵止

（15）物没［ɐt］

合一［uɐt］　《切韵》没

合三［ɐt］　《切韵》物（轻唇）

反切例证（凡读叶音然后与质职韵叶者，都是物没韵字）：

物韵（轻唇）：

弗，叶分聿反，韵律卒　　莩、拂，叶分聿反，韵仡

没韵：

没，叶莫笔反，韵卒出　　忽，叶虚屈反，韵仡

（16）庚生［ɐŋ］

开二［ɐŋ］　《切韵》庚梗映，耕耿诤

合二［uɐŋ］　《切韵》庚梗映，耕耿诤

　　反切例证（凡读叶音然后与江阳或京青韵叶者，都是庚生韵字）：

　　　与江阳叶：

　　　　行，叶户郎反，韵筐伤，又韵臧，又韵凉雱，又韵狂，又韵汤裳爽，又韵桑梁尝常

　　　　䖟，叶谟郎反，韵狂

　　　　觥，叶古黄反，韵筐伤，又韵霜场飨羊堂

　　　　庚，叶古郎反，韵阳筐桑

　　　　笙，叶师庄反，韵将

　　　　彭，叶铺郎反，韵方央襄，又韵皇黄疆臧

　　　　衡，叶户郎反，韵乡央玱皇

　　　　喤（华彭反），叶胡光反，韵床裳璋皇王

　　　　亨，叶铺郎反，韵尝

　　　　羹，叶卢当反，韵蟥丧方

　　　与京青叶：

　　　　甥，叶桑经反，韵名清成正

　　　　生，叶桑经反，韵平宁，又韵鸣声平，又韵定宁醒成政姓，又韵令鸣征，又韵青，又韵成，又韵声灵宁

　　　　争，叶侧经反，又叶菑陉反，韵程经听成，又韵平定宁

（17）闻魂［ən］

开一［əŋ］　《切韵》痕很恨

合一［uən］　《切韵》魂混慁

合三［ən］　《切韵》文吻问（轻唇）

　　反切例证：

　　　患，叶胡门反，韵闻　　还，叶胡昆反，韵闻

　　凡读叶音然后与真群韵叶者，都是闻魂韵字。

魂韵：
　　孙，叶须伦反，韵缗
　　门，叶眉贫反，韵雲，又韵殷贫，又韵云
　　奔，叶逋珉反，韵君　昆，叶古匀反，韵濆
　　飧，叶素伦反，韵伦濆困鹑　豳，叶眉贫反，韵熏欣
　　遯，叶徒匀反，韵熏
文韵（轻唇）：
　　闻，叶微匀反，韵濆，又叶无巾反，韵邻
　　雾，叶丰匀反，韵熏　分，叶敷因反，韵陈

宋词例证（文无号，魂 *，痕 ×）：

《满庭芳》　　　　　　　　　秦　观

山抹微云，天连衰草，画角声断谯门*[muɐn]。
暂停征棹，聊共引离尊*[tsuɐn]。
多少蓬莱旧事，空回首，烟霭纷纷[fen]。
斜阳外，寒鸦万点，流水绕孤村*[ts'uɐn]。

销魂*[huɐn]！
当此际，香囊暗解，罗带轻分[fen]。
谩赢得青楼薄幸名存*[ts'uɐn]。
此去何时见也？襟袖上，空惹啼痕×[hen]。
伤情处，高城望断，灯火已黄昏*[huɐn]。

《忆王孙·春词》　　　　　　　李重元①

萋萋芳草忆王孙*[suɐn]。

---

① 此词或云秦观所作。

柳外楼高空断魂*[huɐn]。
杜宇声声不忍闻[mjen]。
欲黄昏*[huɐn],
雨打梨花深闭门*[muɐn]。

《丑奴儿》　　　　　　　　　　　　　辛弃疾
年年索尽梅花笑,疏影黄昏*[huɐn]。
疏影黄昏*[huɐn],
香满东风月一痕×[hɐn]。

清诗冷落无人寄,雪艳冰魂*[huɐn]。
雪艳冰魂*[huɐn],
浮玉溪头烟树村*[ts'uɐn]。

（18）萧肴 [æu]

开二 [eæu]　《切韵》肴巧效（喉牙舌齿）
开三 [i̯æu]　《切韵》宵小笑
开四 [i̯æu]　《切韵》萧篠啸

反切例证:

以宵叶萧:

　笑,叶思邀反,韵寮　　　飘,叶匹妙反,韵吊
　纠,叶己小反,韵皎僚（音了）

以萧叶宵:

　劳,叶音僚,韵夭　　　　蜩,徒雕反,韵葽
　僚,叶音了,韵悄　　　　纠,叶其了反,韵赵

以肴叶宵:

教，叶居爻反，韵鷮

以宵叶肴：

昭，叶之绕反，韵教

宋词例证（萧无号，宵*，肴ˣ）：

《卜算子》　　　　　　　　　　　　　　刘克庄

片片蝶衣轻，点点猩红少* [sįæu]，
道是天公不惜花，百种千般巧ˣ [kʻæu]。

朝见树头繁，暮见枝头少* [ɕįæu]，
道是天公果惜花，雨洗风吹了 [lįæu]！

（19）月薛 [æt]

开三 [įæt]　《切韵》月（喉牙）薛
合三 [įuæt]　《切韵》月（喉牙）薛
开四 [įæt]　《切韵》屑
合四 [įuæt]　《切韵》屑

反切例证：

以薛叶月：

说，音悦，韵蕨　　　　　闵，叶它悦反，韵月
达，叶他悦反，韵阙月　　活，叶户劣反，韵揭
恬，叶户劣反，括，叶古劣反，韵月
怛，叶旦悦反，韵發（叶方月反）①
拨，叶必烈反，韵越發（叶方月反）
撮，叶租悦反，韵髮（叶方月反）

---

① 朱熹时代月韵轻唇字已入曷黠韵，所以要叶音方月反，才能与月薛韵叶。

以薛叶屑：

　　厉，叶力桀反，韵结

以月叶薛：

　　㶇，许月反，韵孽　　　　髮，叶方月反，韵说（音悦）

　　發，叶方月反，韵烈

以月叶屑：

　　葛，叶居谒反，韵节　　　　發，叶方月反，韵截

宋词例证（月无号，屑*，薛×）：

《满江红》　　　　　　　　　　　　　　　岳　飞

　　怒发冲冠，凭栏处，潇潇雨歇 [hi̯æt]。
　　抬望眼，仰天长啸，壮怀激烈× [li̯æt]。
　　三十功名尘与土，八千里路云和月 [ŋi̯uæt]。
　　莫等闲白了少年头，空悲切* [tsʻi̯æt]！

　　靖康耻，犹未雪× [si̯uæt]；
　　臣子恨，何时灭× [mi̯æt]？
　　驾长车，踏破贺兰山缺* [kʻi̯uæt]。
　　壮志饥餐胡虏肉，笑谈渴饮匈奴血* [hi̯uæt]。
　　待从头收拾旧山河，朝天阙 [kʻi̯uæt]。

（20）业葉 [æp]

开三 [i̯æp]　《切韵》业葉

开四 [i̯æp]　《切韵》怗

　　反切例证：

　　　以怗叶葉：甲，叶古协反，韵葉鞢

　　　以业叶葉：及，叶极业反，韵捷

（21）元仙 [æn]

开三 [i̯æn]　　《切韵》元阮愿（喉牙），仙狝线
合三 [i̯uæn]　《切韵》元阮愿（喉牙），仙狝线
开四 [i̯æn]　　《切韵》先铣霰
合四 [i̯uæn]　《切韵》先铣霰

反切例证：

以仙叶元：

山，叶所旃反，韵言垣　　　幡，叶芳邅反，韵言①

以仙叶先：

卷，叶其员反，韵悁

展，叶诸延反，袢，叶纷乾反，韵颜，叶鱼坚反

岸，叶鱼战反，旦，叶得绢反，韵宴

以先叶元：

单，叶多涓反，韵原

泮，叶匹见反，反，叶孚绚反，韵怨

贵，叶扃县反，反，叶孚绚反，韵婉

以元叶仙：

远，叶於圆反，韵然　　　　援，于愿反，韵羡

繁，叶纷乾反，巚，叶鱼轩反，韵宣

以先叶仙：

安，叶於肩反，韵连　　　　闲，叶胡田反，韵迁虔梴

宋词例证（元无号，先*，仙×）：

《满庭芳·夏日溧水无想山作》　　　周邦彦

风老莺雏，雨肥梅子，午阴嘉树清圆×[ji̯uæn]。

---

① "幡"与"言"在《切韵》元韵，而"幡"必读叶音然后能与"言"叶韵。因为宋代元韵轻唇字已经转入寒山了。

地卑山近，衣润费炉烟＊[i̯æn]。
人静乌鸢自乐，小桥外，新绿溅溅＊[tsi̯æn]。
凭栏久，黄芦苦竹，拟泛九江船×[tɕ'i̯uæn]。

年年如社燕，飘流瀚海，来寄修椽×[tɕ'i̯uæn]。
且莫思身外，长近尊前＊[tɕ'i̯æn]。
憔悴江南倦客，不堪听，急管繁弦＊[hi̯æn]。
歌筵畔，先安簟枕，容我醉时眠＊[mi̯æn]。

（22）严盐 [æm]

开三 [i̯æm] 《切韵》盐琰艳，严俨酽，凡范梵（喉牙）
开四 [i̯æm] 《切韵》添忝㮇

反切例证：

以严叶盐：

岩，叶鱼枕反，韵詹

以盐叶严：

菭，叶待检反，枕，叶知检反，韵俨

以添叶盐：

玷，丁险反，韵贬

（23）尤侯 [əu]

开一 [əu]　《切韵》侯厚候
开三 [i̯əu]　《切韵》尤有宥
开四 [i̯əu]　《切韵》幽黝幼

反切例证：

以侯叶尤：

漕，叶徂侯反，韵悠忧	慆，叶佗侯反，韵忧休
髦，叶莫侯反，韵浮流忧	
茅，叶莫侯反，韵犹，又韵留	
滔，叶他侯反，韵浮游求	骚，叶苏侯反，韵游
苞，叶补钩反，韵流	包，叶补苟反，韵诱
老，叶鲁吼反，韵手	卯，叶莫後反，韵丑
埽，叶苏后反，韵丑，又韵杻	
道，叶徒厚反，韵丑，又韵缶翻	
好，叶许厚反，韵狩酒，又韵手魗	
鸨，叶补苟反，韵首手阜	保，叶补苟反，韵杻
稻，叶徒苟反，韵酒寿	栲，叶音口，韵杻寿
草，叶此苟反，韵阜狩，又韵首	
戊，叶莫吼反，祷，叶丁口反，韵阜丑	
茂，叶莫口反，韵犹	
饱，叶补苟反，韵首，又韵罶	
趣，叶此苟反，韵槱	昊，叶许候反，韵受
道，叶徒候反，韵犹咎	告，叶古后反，韵救

以尤叶侯：

轨，叶居有反，韵牡	考，叶去九反，韵牡
秀，叶思久反，韵好，叶许口反	
寿，叶殖酉反，韵考，叶音口	

宋词例证（尤无号，侯*，幽 ×）：

《一剪梅》　　　　　　　　　　　　　　李清照

红藕香残玉簟秋 [tsʻi̯əu]。

轻解罗裳，犹上兰舟 [tɕi̯əu]。

云中谁寄锦书来？雁字回时，月满西楼* [ləu]。

花自飘零水自流 [liəu]。
一种相思，两处闲愁 [tɕʻiəu]。
此情无计可消除，才下眉头，却上心头* [tʻəu]！

（24）麦德 [ək]

开一 [ək]　《切韵》德
合一 [uək]　《切韵》德
开二 [ək]　《切韵》陌麦
合二 [uək]　《切韵》陌麦
开二 [ək]　《切韵》职（庄系字）

反切例证：

以陌叶德：

鞠，叶各额反，韵默

以麦叶德：

抑，叶於革反，韵默

以德叶职：

服，叶蒲北反，韵侧

凡读叶音然后与陌（三等）麦职昔锡叶韵者，都是麦德韵字。

麦韵：

谪，叶竹棘反，韵适益

簀，叶侧歷反，韵锡璧　　厄，叶於栗反，韵幭（莫歷反）

革，叶讫力反，韵緎食，又韵翼奭，又韵棘

麦，叶讫力反，韵弋

德韵：

国，叶于逼反，韵棘食极，又韵饬，又韵棘，又韵翼，又韵息，又韵直，又韵戒（叶讫力），又韵福（叶笔力）

得，叶徒力反，韵息域，又韵殛，又韵极

职韵（庄系）：

侧，叶庄力反，韵息域，又韵极息

（25）蒸登 [əŋ]

开一 [əŋ] 　《切韵》登等嶝
合一 [uəŋ] 　《切韵》登等嶝
开三 [i̯əŋ] 　《切韵》蒸拯證

反切例证：

以登叶蒸：

弓，叶姑弘反，韵掤，又韵膺兴，又韵绳，又韵乘惩承

梦，叶黄登反，韵兴，韵蒸胜，又韵陵惩

以蒸叶登：

雄，叶于陵反，韵崩肱　绶，叶息陵反，韵縢增

（26）真群 [ən]

开二 [ne] 　《切韵》臻
开三 [i̯ən] 　《切韵》真轸震
合三 [i̯uən] 　《切韵》谆准稕
开三 [i̯ən] 　《切韵》欣隐焮（喉牙）
合三 [i̯uən] 　《切韵》文吻问（喉牙）

反切例证：

以谆叶真：

孙，叶须伦反；韵缙，又韵愍（叶起巾）

泉，叶才匀反，韵薪人

以真叶谆：

贤，叶下珍反，韵均　　　　　　天，叶铁因反，韵旬

坚，叶吉因反，韵钧均　　　　　信，叶师人反，韵洧

以真叶臻：

年，叶尼因反，韵臻，又韵溱

天，叶铁因反，韵臻，又韵莘　　振，音真，韵诜

以文（喉牙）叶真：

煇，叶许云反，韵晨

以真叶文（喉牙）：

奔，叶逋珉反，韵君　　　　　　罋，叶眉贫反，韵熏

门，叶眉贫反，韵雲

以谆叶文（喉牙）：

鳏，叶古伦反，韵雲　　　　　　錞，朱伦反，韵群

芬，叶豐匀反，韵熏①

焚，叶符匀反，闻，叶微匀反，邅，叶徒匀反，韵熏②

以欣叶真：

旂，叶渠斤反，韵晨

以真叶欣：

闵，叶眉贫反，韵勤　　　　　　瘽，叶武巾反，韵慇。

宋词例证（真无号，谆*，臻**，文×，欣××）：

《浣溪纱·徐门石潭谢雨道上作》　　　　　　　苏　轼

　　软草平莎过雨新 [si̯ən]，
　　　　　　　　　　△
　　轻沙走马路无尘 [tɕʻi̯ən]。
　　　　　　　　　　△

---

① "芬"读叶音然后与"熏"叶，可见宋代"芬""熏"不同韵部。"芬"属闻魂，"熏"属真群。

② "焚闻"读叶音后与"熏"叶，可见宋代"焚闻"与"熏"不同韵部。"焚闻"属闻魂，"熏"属真群。

何时收拾耦耕身[ɕiən]？

日暖桑麻光似泼，风来蒿艾气如薰˟[hi̯uən]。
使君元是此中人[ri̯ən]。

（27）支齐[i]

开三[i]　　《切韵》支纸寘，脂旨至，之止志，祭
开三[i]　　《切韵》微尾未（喉牙），废
开四[i]　　《切韵》齐荠霁
合三[i̯ui]　《切韵》支纸寘，脂旨至，祭
合三[i̯ui]　《切韵》微尾未（喉牙轻唇），废
合四[i̯ui]　《切韵》齐荠霁

反切例证：

以之叶支：

蛇，叶于其反，韵罴　　波，叶补基反，韵麾

鲜，叶想止反，韵灑

偕，叶举里反，近，叶渠纪反，韵迩

以齐叶支：

和，叶户圭反，韵吹　　何，叶音奚，韵缡仪

以支叶脂：

易，以豉反，韵帝　　柴，叶子智反，韵佽

以之叶脂：

戾，叶郎之反，韵维葵膍　　偕，叶举里反，韵旨

视，叶善止反，韵匕砥矢履

友，叶羽己反，韵采（叶此履）

以齐叶脂：

　　喈，叶居奚反，韵夷，又韵迟祈，又韵骙

　　阶，叶居奚反，韵麋伊，又韵鸥悲

　　湝，叶贤鸡反，韵悲　　　涕，叶音体，韵匕砥矢履视

以支叶之：

　　丘，叶祛奇反，韵诗之　　母，叶满彼反，韵止杞

　　谋，叶莫徙反，韵止　　　亩，叶满彼反，韵理

以脂叶之：

　　浮，叶扶毗反，韵疑

　　梅，叶莫悲反，韵裘（叶渠之），又韵尤（叶于其）

　　谋，叶谟悲反，韵时，又韵箕

　　晦，叶呼洧反，韵己喜

以齐叶之：

　　哉，叶将黎反，韵裘（叶渠之），又韵牛（叶鱼其）

以支叶齐：

　　回，叶乎为反，韵喈（叶居奚）

以脂叶齐：

　　败，叶蒲寐反，韵大（叶特计）

　　疾，叶集二反，韵戾

以微叶齐：

　　届，叶居气反，韵嘒（叶呼惠）淠（叶孚计）

以之叶齐：

　　牛，叶鱼其反，韵哉（叶将黎）

　　鲜，叶想止反，韵泚（叶此礼）

以齐叶微：

　　喈，叶居奚反，韵霏归　　阶，叶居奚反，韵幾

以脂叶微：

  私，叶息夷反，韵顾衣　　　崔，叶子虽反，韵归

  枚，叶谟悲反，韵归衣

以微叶脂：

  怀，叶胡威反，韵绥　　　哀，叶於希反，韵迟，又韵桭

  依，叶於豈反，韵幾

以微叶齐：

  哀，叶於希反，韵底（叶都黎）

  依，叶於豈反，韵济

以支叶微：

  火，叶虎委反，韵衣（上声），又韵苇。

以祭叶齐：

  暂，征例反，韵帝，又韵肺（叶普计）

  届，叶居例反，韵惠庆桂　　察，叶侧例反，韵惠

以支叶祭：

  辟，音避，韵掃

以微叶祭：

  届，叶居气反，韵厉

以脂叶祭：

  败，叶蒲寐反，韵憩，又韵泄愒厉

  外，叶五坠反，韵泄逝，又韵蹶

以祭叶脂：

  肄，叶以世反，韵墍（许器）

以废叶祭：

  艾，叶音义，韵晰哕　　　拨，叶方吠反，韵世

宋词例证（支无号，脂*，微**，之ˣ，齐ˣˣ，祭**，废**）：

《渔家傲》　　　　　　　　　　　　　　　　　　　范仲淹
　　塞外秋来风景异[×][ji]，
　　衡阳雁去无留意[×][i]。
　　四面边声连角起[×][kʻi]。
　　千嶂里[×][li]，
　　长烟落日孤城闭^{××}[pi]。

　　浊酒一杯家万里[×][li]，
　　燕然未勒归无计^{××}[ki]。
　　羌管悠悠霜满地[*][ti]。
　　人不寐[*][mjui]，
　　将军白发征夫泪[*][ljui]！

　　《念奴娇》　　　　　　　　　　　　　　　　　　　李清照
　　萧条庭院，又斜风细雨，重门须闭^{××}[pi]。
　　宠柳娇花寒食近，种种恼人天气^{**}[kʻi]。
　　险韵诗成，扶头酒醒，别是闲滋味^{**}[mjui]。
　　征鸿过尽，万千心事难寄[ki]。

　　楼上几日春寒，帘垂四面，玉阑干慵倚[i]。
　　被冷香消新梦觉，不许愁人不起[×][kʻi]。
　　清露晨流，新桐初引，多少游春意[×][i]？
　　日高烟敛，更看今日晴未^{**}[mjui]？

　　《念奴娇·和赵国兴知录》　　　　　　　　　　　　辛弃疾
　　为沽美酒，过溪来，谁道幽人难致[*][tɕi]？

更觉元龙楼百尺，湖海平生豪气^{×*}[kʻi]。
自叹年来，看花索句，老不如人意[×][i]。
东风归路，一川松竹如醉^{*}[tsi̯ui]。

怎得身似庄周，梦中蝴蝶，花底人间世^{×*}[ɕi]？
记取江头三月暮，风雨不为春计^{××}[ki]。
万斛愁来，金貂头上，不抵银饼贵^{**}[ki̯ui]。
无多笑我，此篇聊当宾戏[hi]。

（28）质职 [it]

开二 [it]	《切韵》栉
开三 [it]	《切韵》质迄
开三 [it]	《切韵》陌昔职
开四 [it]	《切韵》锡
合三 [i̯uit]	《切韵》术
合三 [i̯uit]	《切韵》物（喉牙）
合三 [i̯uit]	《切韵》陌昔职
合四 [i̯uit]	《切韵》锡

反切例证：

以术叶质：

穴，叶户橘反，韵日，又韵标，又韵室

以栉叶质：

栉，侧瑟反，韵栗室

以物叶质：

血，叶虚屈反，韵室

以职叶质：

    伯，叶音逼，韵日　　　　　结，叶讫力反，韵七一
    减，况域反，韵匹
以锡叶质：
    㰤，莫歷反，韵厄（叶於栗）
以质叶術：
    没，叶莫笔反，韵卒出
以迄叶術：
    仡，鱼乞反，韵茀拂（叶分聿）
以职叶術：
    来，叶六直反，疢，叶讫力反，至，叶朱力反，韵恤
以迄叶物：
    仡，鱼乞反，韵忽（叶虚屈）
以质叶昔：
    白，音弼，韵释　　　　　识，音失，韵又（叶夷益）
以锡叶昔：
    簀，叶侧歷反，韵璧　　　剔，它歷反，韵辟（婢亦）
以职叶昔：
    滴，叶竹棘反，韵適益　　解，叶讫力反，韵辟（音璧）
以昔叶锡：
    局，叶居亦反，韵脊蜴　　辟，婢亦反，韵剔
以昔叶职：
    侑，叶夷益反，韵棘稷翼亿食
宋词例证（质无号，術＊，栉＊＊，物＊ˣ，迄ˣ＊，陌○ˣ，昔ˣ○，锡ˣˣ，职ˣ）：

《满江红·暮春》　　　　　　　辛弃疾
　　可恨东君，把春去，春来无迹ˣ○［tsit］。

便过眼，等闲输了，三分之一[it]。
昼永暖翻红杏雨，风晴扶起垂杨力×[lit]。
更天涯芳草最关情，烘残日[rit]。

湘浦岸，南塘驿×○[it]。
恨不尽，愁如织×[tɕit]。
算年年辜负，对他寒食×[ɕit]。
便恁归来能几许？风流早已非畴昔×○[sit]。
凭画栏一线数飞鸿，沉空碧×○[pit]。

《满江红·暮春》　　　　　　　　辛弃疾

家住江南，又过了清明寒食×[ɕit]。
花径里，一番风雨，一番狼籍×○[tsit]。
红粉暗随流水去，园林渐觉清阴密[mit]。
算年年落尽刺桐花，寒无力×[lit]。

庭院静，空相忆×[it]。
无说处，闲愁极×[kit]！
怕流莺乳燕，得知消息×[sit]。
尺素如今何处也？彩云依旧无踪迹×○[tsit]。
谩教人羞去上层楼，平芜碧×○[pit]。

(29) 缉立 [ip]

开三 [ip]《切韵》缉

宋词例证：

《满江红·夜雨凉甚，忽动从戎之兴》　　　　刘克庄

　　　　金甲琱戈，记当日辕门初立［lip］。
　　　　磨盾鼻，一挥千纸，龙蛇犹湿［ɕip］。
　　　　铁马晓嘶营壁冷，楼船夜渡风涛急［kip］。
　　　　有谁怜猿臂故将军，无功级［kip］。

　　　　平戎策，从军什［ɕip］。
　　　　零落尽，慵收拾［ɕip］。
　　　　把茶经香传，时时温习［sip］。
　　　　生怕客谈榆塞事，且教儿诵花间集［tsip］。
　　　　叹臣之壮也不如人，今何及［kip］！

　　　　　　　（30）京青［iŋ］

开三［iŋ］　　《切韵》庚梗映，清静劲
合三［i̯uiŋ］　《切韵》庚梗映，清静劲
开四［iŋ］　　《切韵》青迥径
合四［i̯uiŋ］　《切韵》青迥径
　　反切例证：
　　　以青叶庚：
　　　　生，叶桑经反，韵平，又韵鸣
　　　　定，叶当丁反，争，叶菑陉反，韵平
　　　　庭，叶去声，韵敬
　　　以青叶清：
　　　　甥，叶桑经反，韵名清成正
　　　　争，叶侧陉反，韵程成
　　　　生，叶桑经反，韵成，又韵声
　　　　今，叶音经，韵正（音征）

定，都佞反，韵姓

以清叶青：

正，叶音征，韵旀星，又韵听

宋词例证（庚无号，清*，青×）：

《八声甘州·陪庾幕诸公游灵岩》　　　　　　吴文英

渺空烟四远，是何年青天坠长星×[siŋ]。

幻苍厓云树，名娃金屋，残霸宫城*[ɕiŋ]。

箭径酸风射眼，腻水染花腥×[siŋ]。

时靸双鸳响，廊叶秋声*[ɕiŋ]。

宫里吴王沈醉，倩五湖倦客，独钓醒醒×[siŋ]。

问苍天无语，华发奈山青×[ts'iŋ]。

水涵空，阑干高处，送乱鸦斜日落渔汀×[t'iŋ]。

连呼酒，上琴台去，秋兴云平[p'iŋ]。

《丑奴儿·书博山道中壁》　　　　　　辛弃疾

烟迷露麦荒池柳，洗雨烘晴*[ts'iŋ]。

洗雨烘晴*[ts'iŋ]，

一样春风几样青×[ts'iŋ]。

提壶脱袴催归去，万恨千情*[ts'iŋ]。

万恨千情*[ts'iŋ]，

各自无聊各自鸣[miŋ]。

《鹧鸪天·赋雪》　　　　　　辛弃疾

泉上长吟我独清*[ts'iŋ]，

喜君来共雪争明 [miŋ]。
已惊并水鸥无色，更怪行沙蟹有声* [ɕiŋ]。

添爽气，动离情*① [ts'iŋ]。
奇因六出忆陈平 [p'iŋ]。
却嫌鸟雀投林去，触破当楼云母屏× [p'iŋ]。

（31）侵寻 [im]

开三 [im]　《切韵》侵寝沁

反切例证：

风，叶孚愔反，韵心，又韵林钦，又韵林

南，叶尼心反，韵心，又韵林，又韵音

耽，叶持林反，韵甚

湛，叶持林反，韵芩琴心，又韵林

僭，叶七心反，韵钦琴音，又韵心

能，叶奴金反，韵林

煁，市林反，韵心

兴，叶音钦，韵林心

簟，叶徒锦反，韵寝

宋词例证：

《水调歌头·醉吟》　　　　　　辛弃疾

四座且勿语，听我醉中吟 [ŋim]。
池塘春草未歇，高树变鸣禽 [k'im]。
鸿雁初飞江上，蟋蟀还来床下，时序百年心 [sim]。

---

① 编者注：离，《全宋词》（中华书局）作"雄"。

谁要卿料理？山水有清音 [im]。
　　　　　　　　　　　△

欢多少，歌长短，酒浅深 [ɕim]。
　　　　　　　　　　　△
而今已不如昔，后定不如今 [kim]。
　　　　　　　　　△
闲处直须行乐，良夜更教秉烛，高会惜分阴 [im]。
　　　　　　　　　　　　　　　　　　△
白发短如许，黄菊倩谁簪 [tsim]？
　　　　　　　　　△

(32) 资思 [ɿ]

开三→开一 [ɿ]《切韵》支纸寘（精系），脂旨至（精系），之止志（精系）

反切例证（凡读叶音然后与支齐韵叶者，都是资思韵字）：

支韵（精系）：

斯，叶所宜反，韵知

斯，叶先齎反，韵知，又韵提

雌，叶千西反，韵伎枝知

脂韵（精系）：

私，叶息夷反，韵顾衣妻姨，又韵尸归迟，又韵萋祁

师①，叶霜夷反，韵蓍，又韵氏维比迷，又韵憏毗迷尸屎葵

资，叶笺西反，韵憏毗迷尸屎葵，又韵疑维阶（叶居奚）

死，叶想止反，韵菲体，又韵体礼

姊，叶奖礼反，韵沛祢弟

兕，叶徐履反，韵矢醴

秭，叶咨履反，韵醴妣皆（叶举里），又韵醴妣礼

之韵（精系）：

思，叶新齎反，韵霾（音貍）来（叶陵之），又韵淇姬，又韵

---

① "师"是庄系字，大约朱熹时代已转入精系，如现代客家话。

之，又韵哉（叶将黎），又韵期时，又韵佩（叶蒲眉），又韵其

丝，叶新赍反，韵蚩淇期，又韵梅（叶莫悲）骐，又韵基

兹，叶津之反，韵饴龟时，又韵之思（叶新夷）哉（叶将黎）

孳，叶津之反，韵基

俟，叶于纪反，韵有（叶羽己），又韵齿已

子，叶奖履反，韵履趾，又韵否（叶补美），又韵耳，又韵李，又韵鲤，又韵趾喜，又韵里，又韵仕已，又韵仕使，又叶奖里反，韵杞事，又韵止，又韵己，又韵祉，又韵时，又韵友（叶羽己），又韵止士使，又叶奖礼反，韵止

耔，叶养里反，韵以士，又叶羊里反，韵趾喜

汜，叶养里反，韵以

涘，叶音矣，韵母（叶满彼）有（叶羽己），又叶音以，又音始，韵已采（叶此礼），右（叶羽轨），又叶羽己反，韵止

似，叶养里反，韵采（叶此履）负（叶蒲美），又韵右（叶羽己）

耛，叶奖里反，韵蘱止士

祀，叶养里反，韵敏（叶母鄙）止，又韵秠芑，又韵时，又韵子（叶奖履），又韵耳

韵部的分合与转移

从朱熹反切中，我们发现许多韵部分合和转移的新情况，如下所述：

（1）江韵开始并入阳唐，相应地，入声觉韵也开始并入药铎。

（2）肴韵分化为二：唇音字并入豪韵，合成豪包部；喉牙舌齿字并入萧宵，合成萧肴部。

（3）咍韵与佳皆合并，成为皆来部。

（4）齐祭废并入脂微，合成支齐部。这就是说，蟹摄三、四等字转入止摄去了。

（5）职陌部发生了分化：一、二等字独立出来，成为麦德部，包括《切韵》麦德两韵字和陌韵二等字；三、四等字并入质韵，这就是说，梗曾两摄三、四等入声字脱离了平声对应关系，转入臻摄入声去了。

（6）寒桓与删山合并，成为寒山部；相应地，曷末与黠鎋合并，成为曷黠部。

（7）覃谈和咸衔合并，成为覃咸部；相应地，合盍与洽狎合并，成为合洽部。

（8）庚青部发生了分化：二等字独立出来，成为庚生部，包括《切韵》庚韵二等字和耕韵字；三、四等字分成京青部，包括《切韵》庚韵三等字和清青韵字。

（9）文韵分化为二：唇音字并入痕魂，合成闻魂部；喉牙字并入真谆，合成真群部；相应地，物韵分化为二：唇音字并入曷末，喉牙字入没韵。

（10）元韵分化为二：唇音字并入寒桓，喉牙字并入先仙；相应地，月韵分化为二：唇音字并入曷末，喉牙字并入月薛。

总的说来，宋代的韵部比晚唐五代的韵部少得多了，从四十个韵部减为三十二个韵部，少了八部。主要是由于纯二等韵都转入一等韵或三、四等韵去了，江并于阳，肴并于萧豪，佳皆并于咍，黠鎋并于曷末，洽狎并于合盍，删山并于寒桓，咸衔并于覃谈，毫无例外，这也是一种发展规律。

韵部音值的拟测

（1）歌戈部到了宋代，大约已由 [a] 转变为 [ɔ]。

（2）纯二等韵和一等韵合韵后，主要元音可能是个 [ɑ]，也可能是个 [a]。为印刷的方便，这里写作 [a]。从音位观点看，[ɑ] 和 [a] 是一样的，因为在宋代没有 [ɑ] 和 [a] 的对立。

（3）齐稽与脂微合并为支齐部后，主要元音应该是个 [i]，这是和现代汉语相一致的。

（4）质术与昔职合并为质职部后，主要元音应该是个［i］，韵尾应该是个［t］，这是和现代客家话相一致的。

三、宋代的声调

宋代的声调和晚唐五代的声调一样，仍旧是平上去入四声。宋代平声未分阴阳，朱熹反切可以证明这一点，例如：

以今阴平字切今阳平字：

梦，叶莫登反	湝，叶贤鸡反	旂，叶巨巾反
濡，叶而朱反	渝，叶容朱反	梅，叶莫悲反
来，叶陵之反	翰，叶胡千反	芹，其斤反
颜，叶鱼坚反	难，叶乃多反	

以今阳平字切今阴平字：

宫，叶居王反	萎，叶於回反	施，叶疎何反
差，於宜反	师，叶霜夷反	思，叶新才反
驰，叶袪尤反	租，子胡反	氏，叶都黎反
敦，叶都回反	熏，叶眉贫反	昆，叶古匀反
孙，叶须伦反		

朱熹时代，入声韵尾仍有 -p、-t、-k 三类的区别，除［ik］转变为［it］以外，其他都没有混乱。但是，后代入声的消失，应该是以三类入声混合为韵尾［ʔ］作为过渡的。宋词用韵反映了这种情况，以辛弃疾词最为明显，例如（-k 无号，-t*，-p$^×$）：

《满江红·建康史帅致道席上赋》　　　　辛弃疾

鹏翼垂空，笑人世苍然无物*。
又还向九重深处，玉阶山立$^×$。
袖里珍奇光五色，他年要补天西北。

且归来谈笑护长江，波澄碧。

佳丽地，文章伯。
金缕唱，红牙拍。
看尊前飞下，日边消息。
料想宝香黄阁梦，依然画舫青溪笛。
待如今端的约钟山，长相识。

《满江红·贺王帅宣子平湖南寇》　　　　　　　　　　辛弃疾
笳鼓归来，举鞭问，何如诸葛*？
人道是，匆匆五月，渡沪深入*。
白羽风生貔虎噪，青溪路断鼪鼯泣*。
早红尘一骑落平冈，捷书急*。

三万卷，龙韬客；
浑未得，文章力。
把诗书马上，笑驱锋镝。
金印明年如斗大，貂蝉却自兜鍪出*。
待刻公勋业到云霄，浯溪石。

《六么令·送玉山陆德隆侍亲东归吴中》　　　　　　辛弃疾
酒群花队，攀得短辕折*。
谁怜故山归梦，千里莼羹滑*。
便整松江一棹，点检能言鸭*。
故人欢接*。
醉怀霜桔，堕地金圆醒时觉。

长喜刘郎马上，肯听诗书说[*]。
谁对叔子风流，直指曹刘压[×]。
更看君侯事业，不负平生学。
离舫愁怯[×]。
送君归后，细写茶经煮香雪[*]。

《满江红·送信守郑舜举被召》　　　　　　　　　辛弃疾
湖海平生，算不负苍髯如戟。
闻道是，君王着意，太平长策。
此老自当兵十万，长安正在天西北。
便凤凰飞诏下书来①，催归急[×]。

车马路，儿童泣[×]。
风雨暗，旌旗湿[×]。
看野梅官柳，东风消息。
莫向蔗菴追语笑，只今松竹无颜色。
问人间谁管别离愁？杯中物[*]。

《满江红·饯郑衡州厚卿席上再赋》　　　　　　　辛弃疾
莫折荼蘼，且留取一分春色。
还记得，青梅如豆，共伊同摘。
少日对花浑醉梦，而今醒眼看风月[*]。
恨牡丹笑我倚东风，头如雪[*]。

---

① 编者注：书，《全宋词》（中华书局）作"天"。

榆荚阵，菖蒲叶[×]。
时节换，繁华歇[*]。
算怎禁风雨？怎禁鹈鴂[*]？
老冉冉兮花共柳，是栖栖者蜂如蝶[×]。
也不因春去有闲愁，因离别[*]！

由此看来，三类入声合并为一类，在宋代北方话中已经开始了。在吴方言里，大约也是从宋代起，入声韵尾已经由 [-p][-t][-k] 合并为 [ʔ] 了。至今北方某些方言还保存入声，也是以 [ʔ] 收尾的。

第七章　元代音系（1279—1368年）

本章讲元代音系，主要是根据周德清《中原音韵》和卓从之《中州音韵》。这两部书的语音系统完全相同，所以我们可以同时应用这两部书的材料。

周德清的《中原音韵》书成于1324年，刊行在1333年以后。卓从之的《中州音韵》成书年月未详，但是1351年四川杨朝英《朝野新声太平乐府》前面提到"燕山卓氏《北腔韵类》"，这《北腔韵类》就是《中州乐府音韵类编》，也就是《中州音韵》。从前有人说卓氏的《中州音韵》是根据周德清《中原音韵》修改的，此说不可靠[①]。

周德清《中原音韵》应该代表大都（今北京）的语音系统。周氏虽是江西高安人，但是他在大都居住久，而且是搞戏剧的，他的《中原音韵》必然是根据大都音的。元曲用韵与《中原音韵》完全一致，足以证明《中原音韵》是大都音。

《中州乐府音韵类编》没有反切，并且分阴字、阳字、阴阳字三类；《中州音韵》有反切[②]，并且平声不分阴阳。我们认为：《中州音韵》的反切虽未必是卓从之所作，既然它和《中原音韵》的语音系统相符合，即可以利用它来证明元代的大都音。本章的反切例证，用的

[①]　参看陆志韦《释中原音韵》(《燕京学报》31期)。
[②]　编者注：该段与第二段的《中州音韵》实际上是两本书：一是卓著，没有反切；一是王文璧的《中州》，有反切。可参看何九盈《汉语语音通史框架研究》(《语言丛稿》，商务印书馆2006)。

是《中州音韵》的反切。

一、元代的声母

元代共有二十五个声母,如下表:

发音方法 \ 发音部位		双唇	唇齿	舌尖前	舌尖中	舌尖后	舌面前	舌根
塞音	不送气	p 帮			t 端			k 见
	送气	p' 滂			t' 透			k' 溪
鼻音		m 明			n 泥			
边音					l 来			
闪音						ɽ 耳	r 日	
塞擦音	不送气			ts 精		tʂ 纸	tɕ 照	
	送气			ts' 清		tʂ' 齿	tɕ' 穿	
擦音	清		f 非	s 心		ʂ 史	ɕ 审	x 晓
	浊		v 微					
半元音		w 吴					j 喻	

罗常培先生考证《中原音韵》声母二十,太少;今依陆志韦先生的考证,参照我的意见,定为二十五个声母。和罗氏所考二十声母相比,多了五个声母。其实只是多了四个声母,因为罗氏把 [w][j] 合为一母(邕母),而我把 [w][j] 分为两母。实际上所多出的是 [tʂ、tʂ'、ʂ、ɽ] 四母。

[tʂ、tʂ'、ʂ、ɽ] 是新兴的声母。[tʂ、tʂ'、ʂ] 主要来自庄系和知系二

等；差不多所有的庄系字都由［tʃ、tʃʻ、ʃ］变为［tʂ、tʂʻ、ʂ］①，知系二等则全都由［tɕ、tɕʻ、ɕ］变为［tʂ、tʂʻ、ʂ］，例如：

江阳韵：

双艭霜孀鹴驦——师庄切［ʂuaŋ］②；不同于：商伤殇觞汤——尸张切［ɕiaŋ］。

庄桩装椿③——之霜切［tʂuaŋ］；不同于：章漳獐樟璋彰麞张——知伤切［tɕiaŋ］。

窗疮——初霜切［tʂʻuaŋ］；不同于：昌猖娼菖阊——痴伤切［tɕʻiaŋ］。

幢撞④淙床——锄霜切［tʂʻuaŋ］；不同于：长苌肠场常裳尝偿——池伤切［tɕʻiaŋ］。

爽漺——霜上声［ʂuaŋ］；不同于：赏响——声赏切［ɕiaŋ］。

状庄撞——床去声［tʂuaŋ］；不同于：帐胀涨丈仗杖障嶂瘴——知上切［tɕiaŋ］。

创刱——窗去声［tʂʻuaŋ］；不同于：唱倡畅怅鬯——痴尚切［tɕʻiaŋ］。

支思韵：

差（参差）——抽支切［tʂʅ］；不同于，齐微韵：笞痴郗蚩媸螭鸱絺——昌知切tɕʻi̯］。

师狮——生之切［ʂʅ］。

史驶使——诗止切［ʂʅ］。

鱼模韵：

疏梳蔬疎——伤初切［ʂu］；不同于：书舒输纾——商朱切［ɕiu］。

初刍——窗疏切［tʂʻu］；不同于：枢姝摅樗——昌书切［tɕʻiu］。

---

① 例外：崇［tɕʻ-］、淄［ts-］。
② "双"等字在元代已读合口呼，见《切韵指南》。
③ "椿"是知系二等字。
④ "幢撞"，澄母二等字。

锄雏——虫疏切［tʂ'u］；不同于：除蜍滁篨厨蟵蹰储——迟如切［tɕ'iu］。

阻俎——之所切［tʂu］；不同于：主煮拄渚麈——张汝切［tɕiu］。

楚础憷——初上声［tʂ'u］；不同于：杵处褚褚杼——昌汝切［tɕ'iu］。

数所——疏上声［ʂu］；不同于：鼠黍暑——伤主切［ɕiu］。

数疏——疏去声［ʂu］；不同于：恕庶树戍竖署曙——徜注切［ɕiu］。

助——锄去声［tʂu］；不同于：注澍住著柱註铸翥炷驻纻苎贮竚伫——张恕切［tɕiu］。

皆来韵：

钗差——初柴切［tʂ'ai］。

衰——舒歪切［ʂuai］。

斋——庄皆切［tʂai］。

柴豺侪祡——池斋切［tʂ'ai］。

筛——疏斋切［ʂai］。

揣——抽埋切［tʂ'uai］。

宅泽择——池斋切［tʂai］。

窄责帻摘谪侧仄昃笮——斋上声［tʂai］。

策册栅测——钗上声［tʂ'ai］。

色穑啬——筛上声［ʂai］。

债寨豸虿瘵——斋去声［tʂai］。

晒洒煞铩——双债切［ʂai］。

帅率——衰去声［ʂuai］。

真文韵：

榛蓁臻溱——之诜切［tʂən］；不同于：真珍振甄——遮人切［tɕiən］。

莘诜——尸臻切［ʂən］；不同于：申绅伸身——升真切［ɕiən］。

寒山韵：

山删潸——师间切［ʂan］。

痊——之湾切［tʂuan］。

潺——锄佺切［tʂʻan］。

盏琖——庄产切［tʂan］。

产① 铲划——疮简切［tʂʻan］。

栈绽——助讪切［tʂan］。

讪疝汕——山去声［ʂan］。

篡——初患切［tʂʻuan］。

譔撰馔②——之惯切［tʂuan］。

萧豪韵：

梢捎弰筲艄髇鞘颾——尸嘲切［ʂau］；不同于：烧——尸昭切［ɕiau］。

嘲啁③ 抓——之梢切［tʂau］；不同于：昭招朝——知饶切［tɕiau］。

抄謅钞——痴巢切［tʂʻau］；不同于：超④——痴饶切［tɕʻiau］。

巢漅——锄嘲切［tʂʻau］；不同于：潮朝晁——持饶切［tɕʻiau］。

浊濯镯擢——锥梢切［tʂau］；不同于：着——池烧切［tɕiau］。

爪——嘲上声［tʂau］；不同于：沼——知绕切［tɕiau］。

炒——抄上声［tʂʻau］。

稍——双爪切［ʂau］；不同于：少——商沼切［ɕiau］。

捉卓琢⑤——之卯切［tʂau］；不同于：酌斫灼缴——音沼［tɕiau］。

朔槊——声卯切［ʂau］。

罩棹⑥笊——潮去声［tʂau］；不同于：照诏——张邵切［tɕiau］。

---

① "产"，山母字，转入初母。
② "譔撰馔"本属仙韵上声，由于是庄系字读［tʂ-］，与韵头［i］有矛盾，转入寒山。
③ "嘲啁"，知系二等字。
④ "超"，知系二等。
⑤ "卓琢"，知系二等字。
⑥ "罩"，知二等；棹，澄二等。

钞——抄去声［tṣʻau］。

哨——双罩切［ṣau］；不同于：少绍邵烧——伤照切［ɕiau］。

家麻韵：

查楂踏吒①——之沙切［tṣa］。

挝抓髽——庄瓜切［tṣua］。

叉杈虳差艖鎈——初麻切［tṣʻa］。

茶槎②槎查——锄加切［tṣʻa］。

沙砂纱鲨裟——师查切［ṣa］。

鲊——之雅切［tṣa］。

洒傻——商鲊切［ṣa］。

耍——霜马切［ṣua］。

扎札劄③——庄洒切［tṣa］。

察插锸——抽杀切［tṣʻa］。

杀霎——双鲊切［ṣa］。

诈乍榨褯——庄嫁切［tṣa］。

汉魏奼诧④——疮诈切［tṣʻa］。

庚青韵：

筝争——之生切［tṣəŋ］；不同于：征正贞祯蒸烝徵——知声切［tɕiəŋ］。

铛铮琤瞠撑⑤——推生切［tṣʻəŋ］；不同于：称秤赪柽蛏——痴升切［tɕʻiəŋ］。

生甥笙牲——尸争切［ṣəŋ］；不同于：声升胜昇陞——施征切［ɕiəŋ］。

---

① "吒"，知系二等字。
② "茶槎"，知系二等字。
③ "劄"，知系二等字。
④ "奼诧"，知系二等字。
⑤ "瞠撑"，知系二等字。

橙枨棖①——迟生切［tʂʻəŋ］；不同于：澄呈程醒成城诚宬盛承丞乘
塍惩——池绳切［tɕʻiəŋ］。

省眚——生上声［ʂəŋ］。

诤挣——争去声［tʂəŋ］；不同于：正政郑证——征去声［tɕiəŋ］。

尤侯韵：

邹驺陬緅——之搜切［tʂəu］；不同于：周䛆赒啁週州洲舟——张柔切［tɕiəu］。

搜廋蒐颼——尸邹切［ʂəu］；不同于：收——赊周切［ɕiəu］。

愁——锄搜切［tsʻəu］；不同于：绸稠𤔡犨雔酬筹俦踌畴惆——长柔切［tɕʻəu］。

皱骤——庄瘦切［tʂəu］；不同于：昼呪胄纣宙籀咮——周去声［tɕiəu］，又不同于：奏——兹后切［tsəu］。

瘦——搜去声［ʂəu］；不同于：兽狩受授绶寿售——收去声［ɕiəu］。

侵寻韵：

簪——之参切［tʂəm］；不同于：针斟箴砧椹鱵瑊——知深切［tɕiəm］。

森槮参——尸簪切［ʂəm］；不同于：深糁——赊针切［ɕiəm］。

岑䉖䇲涔——锄森切［tʂʻəm］；不同于：沉霃湛鈂——持深切［tɕʻiəm］。

譖——簪去声［tʂəm］；不同于：朕枕鸩——沉去声［tɕʻiəm］。

讖——初禁切［tʂʻəm］。

渗罧——森去声［ʂəm］；不同于：甚葚——深去声［ɕiəm］。

监咸韵：

杉衫芟——师岩切［ʂam］。

詀②——竹咸切［tʂam］。

---

① "橙枨棖"，知系二等字。

② "詀"，知系二等字。

搀——初衔切［tʂʻam］。
谗毚巉馋镵——锄咸切［tʂʻam］。
斩——之减切［tʂam］。
蘸站赚湛——痴滥切①［tʂam］。
忏——搀去声［tʂʻam］。

注意，在《中原音韵》音系里，知系字分化为两类：知系二等读［tʂ、tʂʻ、ʂ］，与庄系合流；知系三等读［tɕ、tɕʻ、ɕ］，与照系合流。

日母字只有在支思韵读［ɻ］，其余一律读［r］，例如：

儿而洏——如之切［ɻ］。
尔迩耳駬饵珥——而止切［ɻ］。
二贰珥饵——而至切［ɻ］；不同于齐微韵的日駬——人智切［ri］。

日母在元代分化为［r］［ɻ］二母，［r］母后来转变为［ɻ］，同时［ɻ］母（耳母）转变为卷舌元音［ɚ］，二母仍不相混。这是很有趣的。

照系字只有在支思韵读［tʂ、tʂʻ、ʂ］，其余一律读［tɕ、tɕʻ、ɕ］，例如：

支枝肢卮氏栀楮之芝脂胝——争时切［tʂɻ］；不同于齐微韵的知蜘——真痴切［tɕi］。
胵——抽支切［tʂɻ］；不同于齐微韵的痴笞螭绨鸱蚩嗤——昌知切［tɕʻi］。
施诗尸屍鸤蓍——生之切［ʂɻ］。
时埘鲥匙——蛇之切［ʂɻ］；不同于齐微韵的实十什石食蚀拾——绳知切［ɕj］。
纸砥旨指止沚芷趾祉阯址徵咫——之始切［tʂɻ］。
齿——昌止切［tʂʻɻ］；不同于齐微韵的耻侈——昌里切［tɕʻi］，又不同于：尺赤吃敕——音耻［tɕʻi］。

---

① 当云知滥切。

第七章 元代音系（1279—1368年）……325

弛豕矢始屎菌——诗止切［ʂɻ］；不同于齐微韵的失室识適式拭轼饰
　　释湿螫——伤以切［ɕi］。

志誌至——之是切［tʂɻ］；不同于齐微韵的制製智置滞雉稚致治彘
　　质——张世切［tɕi］。

是氏市柿侍示谥莳恃事嗜豉试弑笹视噬——诗至切［ʂɻ］；不同于齐
　　微韵的世势逝誓——申智切［ɕi］。

在元代，微母已经由［ɱ］转变为［v］，但是它还没有和疑、喻、影
母合流，例如（微无号，疑*，喻×，影××）：

　　微，无非切①≒危*为×，吴归切；
　　尾，忘彼切≒委××伟×，汪鬼切；
　　味，忘闭切≒畏××位×魏*，汪贵切；
　　无，忘逋切≒吾*吴*，五姑切；
　　武，叶无上声≒坞××五*午*，汪古切；
　　务，亡布切≒误*悟*，王故切；恶××，汪故切②；
　　吻，叶文上声≒稳××，叶温上声；
　　问，叶文去声≒揾××，叶温上声；
　　亡，无邦切≒王×，吴光切；
　　罔，无榜切≒枉××往×，吴广切；
　　望，无放切≒旺×，吴诳切。

在元代，疑母消失了，原疑母字并入喻母，而元代的喻母包括守温
字母的影喻两母，例如（疑无号，影*，喻×）：

　　以影切疑：
　　　　义，应*计切　　　眼，衣*简切　　　讶，衣*架切
　　以喻切疑：

---

① 与"微"同音的有"惟维"，那是读喻入微，不是合流。
② 《中原音韵》"误恶"同音，《中州音韵》分为二音，误。

牙，移ˣ加切　　　尧，移ˣ交切　　　雅，移ˣ贾切
迎，移ˣ耕切　　　牛，移ˣ鸠切①　　吟，移ˣ金切
岩，移ˣ监切　　　严，移ˣ兼切　　　仰，怡ˣ讲切②
宜，盈ˣ鸡切　　　鱼，移ˣ居切　　　语，余ˣ矩切
御，叶俞ˣ去声　　玉，于ˣ句切　　　崖，移ˣ皆切
睚，羊ˣ解切　　　银，移ˣ巾切　　　鴈，移ˣ间切
原，于ˣ涓切　　　言，移ˣ坚切　　　玩，王ˣ贯切
彦，移ˣ见切

以疑切喻：

以ˣ，银几切

也有少数疑母字并入泥娘母，例如：喦臬，尼夜切。

清浊音相混，也就是全浊声母消失，并入清声母，这在宋代已经开始了（见上章）。在《中原音韵》和《中州音韵》中，也证明了这种情况③，例如：

以帮切并：

傍，逋旷切　　　鼻，兵迷切　　　被，邦妹切
白，巴埋切　　　勃，邦磨切　　　病，邦命切

以非切奉：

奉，夫贡切　　　吠，方闭切　　　妇，叶夫去声
愤，叶分去声

以精切从：

从，赍送切　　　渍，资四切　　　罪，臧遂切

---

① "牛"读移鸠切，与今北京音不合。
② "仰"字《中原音韵》独在一个圈下，是古音的残留。当从《中州音韵》与"养"字同音。
③ 有些地方，《中州音韵》似有清浊之分，如"闭、陛"不同音，"布、步"不同音，等等。这些地方应以《中原音韵》为准。《中原音韵》"闭陛"同音，"布步"同音。

在，臧赛切　　　　贱，臧线切　　　　尽，臧信切
以邪切心：
　　四，词恣切
以端切定：
　　杜，叶都去声　　　代，当赖切　　　　钝，叶敦去声
以知照切澄床：
　　仲，中去声　　　　住，张怒切　　　　阵，叶真去声
以见切群：
　　共，孤瓮切　　　　强，鸡样切　　　　忌，江异切
　　跪，光畏切　　　　巨，居遇切
以影切喻：
　　勇，因辣切　　　　用，衣诵切　　　　样，衣降切
　　异，应计切　　　　映，叶英去声
以晓切匣：
　　阅，呼贡切　　　　系，兴计切
以心切邪：
　　象，西酱切　　　　殉，叶询去声
以匣切晓：
　　向，奚降切　　　　嚇，奚价切
以床切知照：
　　戆，叶床去声
以审切床：
　　士，诗至切
以审切禅：
　　是，诗至切
以喻切影：
　　妪，叶俞去声　　　涴，王过切　　　　幼，移究切

以庄切床：
  寨，叶斋去声   骤，庄瘦切
以疑切影：
  爱，昂盖切   厄，叶崖去声

二、元代的韵部

元代的韵部，也就是《中原音韵》的韵部：1.东锺；2.江阳；3.支思；4.齐微；5.鱼模；6.皆来；7.真文；8.寒山；9.桓欢；10.先天；11.萧豪；12.歌戈；13.家麻；14.车遮；15.庚青；16.尤侯；17.侵寻；18.监咸；19.廉纤。共十九部，如下表：

韵类＼元音	阴 声			阳 声		
u	u 鱼模			uŋ 东锺		
ɔ	ɔ 歌戈				ɔn 桓欢	
a	a 家麻	au 萧豪	ai 皆来	aŋ 江阳	an 寒山	am 监咸
æ	æ 车遮				æn 先天	æm 廉纤
ə		əu 尤侯		əŋ 庚青	ən 真文	
i	i 齐微					im 侵寻
ʅɿ	ʅ, ɿ 支思					

（1）东锺 [uŋ]

合口 [uŋ]① 《切韵》东董送，冬宋

---

① 元代韵部已经没有四等的分别，这里分为开齐合撮四呼。

　　　　例字：东冬通同农风冯丛公空弓
合口〔uŋ〕　《切韵》锺肿用
　　　　例字：松逢从
合口〔uŋ〕　《切韵》庚梗映（喉牙唇），耕耿诤，登等嶝（喉牙唇）
　　　　例字：轰甍泓崩烹猛孟迸
撮口〔iuŋ〕　《切韵》东董送，锺肿用
　　　　例字：雍龙熊容庸穷锺重中充
撮口〔iuŋ〕　《切韵》庚梗映，清静劲，青迥径
　　　　例字：兄荣永咏莹迥
　反切例证：
　　以冬切东：
　　　　宋，思综切
　　以锺切东：
　　　　东，多龙切　　　　雄，携容切　　　　穷，其容切
　　　　董，多陇切　　　　丛，慈松切　　　　同，徒龙切
　　　　总，兹耸切
　　以冬切锺：
　　　　松，西宗切
　　以锺切冬：
　　　　冬，多龙切　　　　宗，兹松切
　　以东切锺：
　　　　锺，之戎切　　　　龙，驴东切　　　　恭，孤翁切
　　以东切冬：
　　　　农，奴东切
　　以东切登：
　　　　崩，逋蒙切　　　　弘，胡工切　　　　朋，蒲蒙切

以登切庚：

　　盲，麻崩切

以登切耕：

　　甍，麻崩切

以东切耕：

　　轰，呼工切　　　宏，胡工切　　　迸，逋梦切

以锺切清：

　　琼，其容切

以东切庚：

　　横，胡工切　　　彭，蒲蒙切　　　孟，叶蒙去声

以锺切庚：

　　兄，希容切　　　永，因竦切　　　荣，移浓切

以锺切青：

　　泂，胡勇切　　　莹，衣诵切

以登切东：

　　风，夫崩切

以登切锺：

　　封，夫崩切

元曲例证（东无号，冬*，锺**，庚×，耕××，清*×，青*×，登○）：

　　　　　《误入桃源·第二折》　　　　　　　　　　王子一

　　风力紧，羽衣轻；露华湿，乌巾重** [tɕiuŋ]。

　　我本为厌红尘跳出樊笼 [luŋ]。

　　只待要拨开云雾登丘陇** [liuŋ]。

　　身世外无擒纵** [tsuŋ]。

　　香渗渗落松花把山路迷，密匝匝长苔痕将野径封** [fuŋ]。

第七章　元代音系（1279—1368 年）……331

静巉巉锁烟霞古厓深洞 [tuŋ]，
高耸耸接星河峭壁巑峰** [fuŋ]。
闹炒炒栖鸦噪暮天，悲切切玄猿啸晚风 [fuŋ]。
絮叨叨鹧鸪啼转行不动 [tuŋ]。
硶磕磕踞虎豹跨上虬龙** [li̯uŋ]。
白茫茫遍观山下云深处，黄滚滚咫尺人间路不通 [t'uŋ]。
眼睁睁难辨西东 [tuŋ]。

我待学炼九转丹砂葛洪 [xuŋ]。
上万丈昆仑赤松** [suŋ]。
因此上思入风云变态中 [tɕi̯uŋ]。
则见一溪流水绿，几片落花红 [xuŋ]，
兀的把春光断送 [suŋ]！

水呵莫不黄河天上来，花呵莫不碧桃天上种** [tɕi̯uŋ]。
水呵索强如翠岩前三千丈玉泉飞迸×× [puŋ]；
花呵干闪下闹西园一队队课蜜游蜂** [fuŋ]。
水呵则是瀰漫三月雨，花呵可惜狼藉一夜风 [fuŋ]。
水呵近沧波濯尘缨一溪光莹×× [ji̯uŋ]；
花呵性轻薄乱飘零枉费春工 [kuŋ]。
水呵抵多少长江后浪推前浪，花呵早则一片西飞一片东 [tuŋ]。
岁月匆匆 [ts'uŋ]！
我这里长啸时草木振动 [tuŋ]，
怅望处风涛怒涌** [ji̯uŋ]。
不觉的悄然而悲悚然恐** [k'uŋ]。
盼不的渔家春水渡，闻不见僧寺夕阳钟** [tɕi̯uŋ]。

咱两个莫不被樵夫调哄［xuŋ］。

我这里渡危桥拄瘦筇^{**}［tɕ'iuŋ］，
俯清流靠古松^{**}［suŋ］。
见一杯胡麻饭绿波浮动［tuŋ］。
想行厨只隔云峰^{**}［fuŋ］。
进程途一二里，见楼台三四重^{**}［tɕ'iuŋ］。
势嵯峨走鸾飞凤［fuŋ］，
晃分明金碧玲珑［luŋ］。
又不是数声仙犬鸣天上，又不是几处樵歌起谷中［tɕiuŋ］。
只听的环珮丁冬[*]［tuŋ］。

你便铁石人也惹起凡心动［tuŋ］。
莫不是驾青鸾天上飞琼^{**}［tɕ'iuŋ］。
似这般花月神仙，晃动了文章巨公［kuŋ］。
没揣的撞到风流阵，引入花胡同［t'uŋ］。
摆列着金钗十二行，敢则梦上他巫山十二峰^{**}［fuŋ］。

光闪闪贝阙珠宫［kuŋ］，
齐臻臻碧瓦珠甍^{××}［muŋ］，
宽绰绰罗帏绣栊［luŋ］，
郁巍巍画梁雕栋［tuŋ］。

注金波碧筒［t'uŋ］。
烧银烛纱笼［luŋ］，
笙歌引至画堂中［tɕiuŋ］。

红遮翠拥^{**}［jiuŋ］,
人心此会应相重^{**}［tɕiuŋ］。
人情今夜初相共^{**}［kuŋ］。
人生何处不相逢^{**}［fuŋ］?
早忘却更长漏永[×]［jiuŋ］。

则见他喜孜孜幽欢密宠^{**}［tɕ'iuŋ］,
便一似悄促促私期暗通［t'uŋ］。
怎消得翠袖殷勤捧玉钟^{**}［tɕiuŋ］?
屏开金孔雀，褥隐绣芙蓉^{**}［jiuŋ］。
兀的般受用^{**}［jiuŋ］!

真乃是罗绮丛［ts'uŋ］,
锦绣中［tɕiuŋ］,
出红妆主人情重^{**}［tɕiuŋ］。
玳筵开炮凤烹龙^{**}［liuŋ］。
受用些细腰舞，皓齿歌，琉璃钟^{**}［tɕiuŋ］,
琥珀醲［nuŋ］。
抵多少文字饮一觞一咏[×]［jiuŋ］。
列两下进仙桃玉女金童［t'uŋ］。
不觉的舞低杨柳楼心月，歌尽桃花扇底风［fuŋ］。
筵宴将终［tɕiuŋ］。

记不的轩辕一枕华胥梦［muŋ］,
学不的淳于一枕南柯梦［muŋ］,
盼不的文王一枕非熊梦［muŋ］,

成不的庄周一枕蝴蝶梦［muŋ］,
倒大来福分也么哥，倒大来福分也么哥，恰做了襄王一枕高唐
  梦［muŋ］!

帽檐偏侧簪花重**［tɕi̯uŋ］,
衫袖淋漓污酒浓**［nuŋ］。
品竹调丝，移商换羽，搽粉搏酥，走斝飞觥×［kuŋ］。
一个个浓妆艳裹，一对对妙舞清歌，一声声慢拨轻拢［luŋ］。
赢得我忘怀昆仲［tɕi̯uŋ］,
拼却醉颜红［xuŋ］!

一杯未尽笙歌送［suŋ］,
两意初谐语话同［tʻuŋ］。
效文君私奔相如，比巫娥愿从宋玉，似莺莺暗约张生，学孟光
  自许梁鸿［xuŋ］。
他年不骑鹤，何日可登鳌，今夜恰乘龙**［li̯uŋ］。
说甚的只鸾单凤［fuŋ］,
天与配雌雄［xi̯uŋ］!

色笼苁，光潋滟，山环水绕天台洞［tuŋ］。
势周旋，形曲折，虎踞龙盘仙子宫［kuŋ］。
本意闲寻采药翁［wuŋ］,
谁想桃源一径通［tʻuŋ］!
谩叹人生似转蓬［pʻuŋ］!
犹恐相逢是梦中［tɕi̯uŋ］!
月满兰房夜未㞓**［ki̯uŋ］。

人在珠帘第几重** [tɕʻiuŋ]。
结煞同心心已同 [tʻuŋ],
绾就合欢欢正浓** [nuŋ]。
焚尽金炉宝篆空 [kʻuŋ],
烧罢银台烛影红 [xuŋ],
身在天台花树丛 [tsʻuŋ],
梦入阳台云雨踪** [tsuŋ]。
准备着凤枕鸳衾玉人共 [kuŋ],
成就了年少风流志诚种** [tɕiuŋ]！

（2）江阳 [aŋ]

开口 [aŋ]　《切韵》唐荡宕
　　　　　例字：冈当，长良
齐齿 [i̯aŋ]　《切韵》江讲绛，阳养漾
　　　　　例字：江腔
合口 [uaŋ]　《切韵》唐荡宕，江讲绛
　　　　　例字：光黄，双窗
撮口→开口 [aŋ]　《切韵》阳养漾
　　　　　例字：方房
撮口→合口 [uaŋ]　《切韵》阳养漾
　　　　　例字：王匡

反切例证：

以阳切江：

江，居羊切	椿，之霜切	双，师庄切
讲，居养切	绛，鸡漾切	幢，锄霜切
腔，丘羊切		

以唐切江：
　　庞，蒲忙切　　　　邦，逋忙切
以江切唐：
　　忙，麻邦切
以江切阳：
　　忘，无邦切　　　　芳，敷邦切
以唐切阳：
　　王，吴光切　　　　匡，枯黄切　　　　汪，乌光切
　　往，吴广切

元曲例证（阳无号，唐*，江×）：

　　　　　　　《汉宫秋·第三折》（节录）　　　　　　　马致远

则甚么留下舞衣裳 [tɕʻiaŋ]！
被西风吹散旧时香 [xiaŋ]。
我委实怕宫车再过青苔巷×[xiaŋ]。
猛到椒房 [faŋ]。
那一会想菱花镜里妆 [tṣuaŋ]，
风流相 [si̯aŋ]，
兜的又横心上 [ɕi̯aŋ]！
看今日昭君出塞，几时似苏武还乡 [xi̯aŋ]！

我做了别虞姬楚霸王 [waŋ]，
全不见守玉关征西将 [tsi̯aŋ]。
那里取保亲的李左车，送女客的萧丞相 [si̯aŋ]！

他去也不沙架海紫金梁 [li̯aŋ]，
枉养着那边庭上铁衣郎*[laŋ]。

您也要左右人扶侍，俺可甚糟糠妻下堂*［tʻaŋ］！
您但提起刀枪［tsʻi̯aŋ］,
却早小鹿儿心头撞×［tʂuaŋ］。
今日央及煞娘娘［ni̯aŋ］,
怎做的男儿当自强［tɕʻi̯aŋ］！

怕不待放丝缰［ki̯aŋ］,
咱可甚鞭敲金镫响［xi̯aŋ］。
你管燮理阴阳［ji̯aŋ］,
掌握朝纲*［kaŋ］,
治国安邦×［paŋ］,
展土开疆［ki̯aŋ］。
假若俺高皇差你个梅香［xi̯aŋ］,
背井离乡［xi̯aŋ］,
卧雪眠霜［ʂuaŋ］,
若是他不恋恁春风画堂*［tʻaŋ］,
我便官封你一字王［waŋ］！

说什么大王不当*［taŋ］,
恋王嫱［tsʻi̯aŋ］!
兀良怎禁他临去也回头望［vaŋ］！
那堪这散风雪旌节影悠扬［ji̯aŋ］,
动关山鼓角声悲壮［tʂuaŋ］。

呀！俺向着这迥野悲凉［li̯aŋ］,
草已添黄*［xuaŋ］,

色早迎霜 [ʂuaŋ],
犬褪得毛苍* [tsʻaŋ],
人掤起缨枪 [tsʻi̯aŋ],
马负着行装 [tʂuaŋ],
车运着糇粮 [li̯aŋ],
打猎起围场 [tɕʻi̯aŋ]。
他！他！他！伤心辞汉主，我！我！我！携手上河梁 [li̯aŋ]。
他部从入穷荒* [xuaŋ],
我銮舆返咸阳 [ji̯aŋ]。
返咸阳 [ji̯aŋ],
过宫墙 [tsʻi̯aŋ]。
过宫墙 [tsʻi̯aŋ],
绕回廊* [laŋ]。
绕回廊* [laŋ],
近椒房 [faŋ]。
近椒房 [faŋ],
月昏黄* [xuaŋ]。
月昏黄* [xuaŋ],
夜生凉 [li̯aŋ]。
夜生凉 [li̯aŋ],
泣寒螀 [tsi̯aŋ]。
泣寒螀 [tsi̯aŋ],
绿纱窗× [tʂʻuaŋ]。
绿纱窗× [tʂʻuaŋ],
不思量 [li̯aŋ]！

呀！不思量[liaŋ]，
除是铁心肠[tɕʻiaŋ]！
铁心肠也愁泪滴千行*[xaŋ]！
美人图今夜挂昭阳[ji̯aŋ]，
我那里供养[ji̯aŋ]，
便是我高烧银烛照红妆[tʂuaŋ]。

我煞大臣行说一个推辞谎*[xuaŋ]，
又则怕笔尖儿那火编修讲×[ki̯aŋ]。
不见他花朵儿精神，怎趁那草地里风光*[kuaŋ]？
唱道仁立多时，徘徊半晌[ɕiaŋ]。
猛听的塞雁南翔[si̯aŋ]，
呀呀的声嘹亮[liaŋ]，
却原来满目牛羊[ji̯aŋ]，
是兀那载离恨的毡车半坡里响[xi̯aŋ]！

(3) 支思 [ɿ] [ʅ]

齐齿→开口[ʅ]　　《切韵》支纸寘，脂旨至，之止志（照庄系）
齐齿→开口[ɿ]　　《切韵》支纸寘，脂旨至，之止志（精系）
反切例证：
以之切支：

支，争时切　　　訾，曾思切　　　儿，如之切
疵，齐兹切　　　斯，僧思切　　　雌，增思切
纸，之始切　　　此，仓子切

以之切脂：

脂，争时切　　　资，曾思切　　　茨，齐兹切

尸，生之切　　　　私，僧思切　　　　死，苏子切

以支切脂：

鸱，抽支切　　　至，之是切

以支切之：

蚩，抽支切　　　志，之是切

元曲例证（支无号，脂*，之×）：

《蝴蝶梦·第一折》　　　　　　　关汉卿

仔细寻思×[sɿ]，
两回三次*[tsʻɿ]，
这场蹊跷事×[ʂʅ]，
走的我气咽声丝×[sɿ]，
恨不的两肋生双翅[tʂʻʅ]！

俺男儿负天何事×[ʂʅ]？
拿住那杀人贼，我乞个罪名儿[ɻʅ]。
他又不曾身耽疾病，又无甚过犯公私*[sɿ]。
若是俺软弱的男儿有些死活，索共那倚势的乔才打会官司×[sɿ]。
我这里急忙忙过六街，穿三市×[ʂʅ]，
行行里挠腮擩耳×[ɻʅ]，
抹泪揉眵[tʂʻʅ]。

你觑那着伤处一堝儿青间紫[tsɿ]，
可早停着死尸*[ʂʅ]。
你可便从来忧念没家私*[sɿ]，
昨朝怎晓今朝死*[sɿ]？
今日不知来日事×[ʂʅ]！

血模糊污了一身，软苔刺冷了四肢 [tʂɿ]，
黄甘甘面色如金纸 [tʂɿ]。
干叫了一炊时 ˣ [ʂɿ]。

救不活将咱莫乱死 * [sɿ]，
咱家私 * [sɿ]，
自暗思 ˣ [sɿ]，
到明朝若是出殡时 ˣ [ʂɿ]，
又没他一陌纸 [tʂɿ]，
空排着三个儿 [ɿʴ]。
这正是家贫也显孝子 ˣ [tsɿ]。

他本是太学中殿试 ˣ [ʂɿ]，
怎想他拳头上便死 * [sɿ]！
今日个则落得长街上检尸 * [ʂɿ]。
更做道见职官，俺是个穷儒士 ˣ [ʂɿ]，
也索称词 ˣ [tsʻɿ]。

若是俺到官时 ˣ [ʂɿ]，
和您去对情词 ˣ [tsʻɿ]，
使不着国戚皇亲，玉叶金枝 [tʂɿ]。
便是他龙孙帝子 ˣ [tʂɿ]，
打杀人要吃官司 ˣ [sɿ]。
你可便斟量着做，似这般甚意儿 [ɿʴ]？
你三人平昔无瑕玼 [tsʻɿ]，
你三人打死虽然是 [ʂɿ]，

你三人倒惹下刑名事[×][ʂɿ]。
则被这清风明月两闲人，送了你玉堂金马三学士[×][ʂɿ]。

想当时[×][ʂɿ]，
你可也不三思[×][sɿ]，
似这般逞凶撒泼干行止[×][tʂɿ]！
无过恃着你有权势，有金赀[tsɿ]，
则道是长街上装好汉，谁想你血泊内也停尸[*][ʂɿ]！
正是将军着痛箭，还似射人时[×][ʂɿ]。

咱每日一瓢饮，一箪食[×][sɿ]，
有几双箸，几张匙[ʂɿ]？
若到官司使钞时[×][ʂɿ]，
则除典当了闲文字[×][tsɿ]。
你合死呵今朝便死[*][sɿ]，
虽道是杀人公事[×][ʂɿ]，
也落个孝顺名儿[ɼɿ]。

苦孜孜[tsɿ]，
泪丝丝[sɿ]，
这场灾祸从天至[*][tʂɿ]。
把俺横拖倒拽怎推辞[tsʻɿ]？
一壁厢碜可可停着老子[×][tsɿ]，
一壁厢眼睁睁送了孩儿[ɼɿ]。
可知道福无重受日，祸有并来时[×][ʂɿ]。

再休想跳龙门，折桂枝[tʂɿ]，
少不得为亲爷遭横死*[sɿ]，
从来个人命当还报，料应他天公不受私*[sɿ]。
不由我不嗟咨*[tsɿ]，
几回家看视*[ʂɿ]，
现如今拿住尔[ɿ]，
到公庭责口词×[tsʻɿ]，
下脑箍，使拶子×[tsɿ]，
这其间痛怎支[tʂɿ]？

怕不待的一确二[ɿ]，
早招承死罪无辞×[tsʻɿ]。
你为亲爷雪恨当如是[ʂɿ]。
便相次*[tsʻɿ]，
赴阴司×[sɿ]，
我也甘心做郭巨埋儿[ɿ]！

为甚我教你看诗书，习经史×[ʂɿ]？
俺待学孟母三移教子×[tsɿ]。
不能勾金榜上分明题姓氏[ʂɿ]，
则落得犯由牌书写名儿[ɿ]！
想当时×[ʂɿ]，
也是不得已为之×[tʂɿ]。
便做道审得情真，奏过圣旨*[tʂɿ]，
止不过是一人处死*[sɿ]，
须断不了王家宗祀×[sɿ]，

那里便灭门绝户了俺一家儿[tʅ]!

(4) 齐微 [i]

开口 [əi]　　《切韵》德，支纸寘，脂旨至（唇）

齐齿 [i]　　《切韵》支纸寘，脂旨至，之止志，微尾未，齐荠霁，祭，质，
　　　　　　职陌昔缉

合口 [uəi]　　《切韵》灰贿队，微尾未（喉牙）

撮口 [yi]　　《切韵》支纸寘，脂旨至，齐荠霁，泰废

反切例证：

以微切脂：

　　维，无非切

以支切微：

　　机，经移切　　归，瓜为切

以支切齐：

　　稽，经移切　　圭，瓜为切　　低，都离切
　　提，停离切

以支切脂：

　　肌，经移切

以支切之：

　　基，经移切　　痴，昌知切

以灰切脂：

　　悲，巴梅切　　丕，铺梅切　　葵，渠回切

以灰切支：

　　卑，巴梅切　　羸，卢堆切　　亏，枯隈切
　　披，铺梅切

以微切齐：

迷，明非切

以微切支：

 弥，明非切　　　麾，呼归切

以齐切支：

 离，凌低切　　　宜，移鸡切　　　羲，虚鸡切

 疲，平迷切

以齐切之：

 狸，凌低切　　　疑，移鸡切　　　熙，虚鸡切

 医，於鸡切

以齐切脂：

 梨，凌低切　　　夷，移鸡切

以脂切灰：

 梅，谟悲切　　　崔，思虽切

以齐切微：

 沂，移鸡切　　　希，虚鸡切　　　威，乌圭切

以微切灰：

 灰，呼归切　　　嵬，吴归切　　　回，胡归切

以齐切灰：

 隈，乌圭切

以支切质：

 桎，张移切　　　实，绳知切　　　日，人智切

以支切职：

 食，绳知切　　　逼，兵迷切

以支切昔：

 石，绳知切　　　掷，征移切

以支切缉：

十，绳知切　　　及，更移切

以齐切质：
　　疾，精妻切　　　膝，丧挤切

以齐切昔：
　　寂，精妻切　　　夕，星西切

以齐切缉：
　　集，精西切　　　习，星西切

以齐切锡：
　　析，丧挤切　　　戚，仓洗切

以微切职：
　　或，胡归切　　　国，叶鬼

以之切质：
　　质，张耻切　　　吉，巾以切

以之切昔：
　　隻，张耻切

以之切职：
　　陟，张耻切　　　级，巾以切

以之切缉：
　　执，张耻切　　　急，巾以切

以之切陌：
　　戟，巾以切

以脂切德：
　　则，滋美切　　　忒，他美切　　　黑，亨美切

以祭切支：
　　智，张世切　　　睡，师赘切

以祭切脂：

致，张世切　　　　雉，长世切

以祭切之：

　　置，张世切　　　　治，长世切

以齐切祭：

　　祭，精细切

以齐切废：

　　刈，应计切　　　　废，方闭切

以祭切齐：

　　细，桑际切

以微切泰：

　　桧，光畏切

以支切祭：

　　势，申智切　　　　缀，之睡切[①]

以微切祭：

　　卫，汪贵切

以微切废：

　　秽，汪贵切

以脂切祭：

　　岁，桑醉切

以脂切队：

　　碎，桑醉切　　　　诲，荒贵切

元曲例证（支无号，脂*，之**，微*△，齐×，祭××，泰**，废**，灰×△，质○，职○△，德△○，陌×○，昔○×，锡○○，缉△△）：

[①] 编者注：该例底本无，据文集本补。

《鸳鸯被·第四折》　　　　　　　　　　乔梦符

这洛阳城刘员外他是个有钱贼^{△○}［tsəi］,
只要你还了时方才死心塌地[*]［ti］。
他促眉生巧计[×]［ki］,
开口讨便宜［ji］。
总饶你泼骨顽皮［p'i］,
也少不得要还他本和利[*]［li］。

只为那举债文书我画的有亲笔迹^{○△}［tsi］,
因此上被强勒为妻室[○]［ɕi］。
这真心儿势不移［ji］。
情愿万打千敲受他磨到底[×]［ti］。
今日留得个一身归,谢哥哥肯救我亲生妹^{×△}［mui］。

则他这行装特整齐[×]［ts'i］,
书舍无俗气^{**}［k'i］。
瑶琴壁上悬,宝剑床头立^{△△}［li］。

呀!我与你搭起绿萝衣^{**}［ji］,
铺开紫藤席^{○×}［si］。
绣枕头边放,香衾手内提[×]［t'i］。
索甚么疑惑?这是我绣来的鸳鸯被［pəi］。
可不是蹊蹊[×]［xi］!
谁承望这搭儿得见你^{**}［ni］!
则他这酸黄齑怎的吃[○]［tɕ'i］!
粗米饭但充饥[*]［ki］。

第七章 元代音系（1279—1368年）

怕哥哥害渴时冰调些凉蜜水*［ɕyi］,
我玉英有句话儿敢题×［tʻi］。
问的我陪着笑卖查梨*［li］。

若问你哥哥休讳**［xyi］,
这鸳鸯被委是谁的○○［ti］？
除妹子别无甚妹子，除哥哥别无甚兄弟×［ti］。
我玉英呵，世做的所为［wəw］。
这里**［li］,
便跪膝○［si］,
则鸳鸯被要知根搭底×［ti］。

这厮倚恃钱财，虚张声势××［ɕi］。
硬保强媒×△［mui］,
把咱凌逼○△［pi］。
重则鞭笞**［tɕʻɨ］,
轻则骂詈［li］。
难道河有澄清，人无得意××［ji］！

当时曾受亏［kʻyi］,
今日也还席○×［si］。
大小荆条，先决四十△△［ɕi］,
再发有司，从公拟罪×△［tsui］。
钱可通神，法难容你**［ni］！
想人生百年能有几*△［ki］？
要博个开颜日○［ri］！

父子共团圆,夫妻重和会^{×*}[xui],
这便是出寻常天大的喜^{**}[xi]!

(5)鱼模[u]

合口[u] 《切韵》模姥暮,鱼语御(二等),虞麌遇(唇),屋沃物没
撮口[iu] 《切韵》鱼语御,虞麌遇,屋烛术物

反切例证:

以虞切鱼:

  如,人朱切   蛆,仓须切

以鱼切虞:

  愚,移居切   朱,征如切

以模切虞:

  夫,方逋切   扶,房逋切   无,忘逋切

以鱼切屋:

  育,叶於   熟,绳朱切   逐,长如切

以鱼切物:

  熨,叶於   倔,其余切   鬱,於举切

以鱼切烛:

  局,其余切   俗,词沮切   躅,成如切

  足,臧醋切

以虞切术:

  术,绳朱切   恤,叶须上声

以虞切烛:

  蜀,绳朱切

以鱼切术:

  出,叶杵   律,叶虑

以模切屋：

 独，东卢切   斛，红姑切   族，从苏切
 仆，邦模切

以模切沃：

 督，东卢切   鹄，红姑切

以模切没：

 突，东卢切   卒，从苏切   孛，邦模切
 兀，吴姑切

以虞切屋：

 服，房夫切

以虞切物：

 拂，叶府   屈，丘雨切   物，叶务

以鱼叶缉：

 入，叶如去声①

元曲例证（鱼无号，虞*，模**，屋×，沃××，烛*×，术△，物○）：

《对玉梳·第三折》（节录）   贾仲名

  秋况消疎 [ʂu]，
  远村迷淡烟深处 [tɕʻiu]。
  断桥边野水平芜* [vu]。
  盼邮亭，巴堠子，一步捱一步** [pu]。
  早则是途径崎岖* [kʻiu]，
  恼行人痛伤情绪 [siu]。

  则为俺那不心软的狠毒娘，更合着这忒忤逆的逃窜女 [niu]。

---

① "入"字当从《中原音韵》入齐微。

恰便似孟姜女送寒衣，谁曾受这般苦**[kʻu]！
苦**[kʻu]！
那里问养育情怀，则为俺夫妻恩爱，早难道割不断子母肠肚**[tu]！

按天际落霞孤鹜*[vu]，
映残阳老树啼乌**[wu]。
古道傍，飘衰叶，折枯蒲**[pʻu]。
兼葭排雁字，云水捕鱼图**[tʻu]。
洒西风，弹泪雨*[ʝiu]。

转过这山额角生惨凄，见一簇恶林郎黑模糊**[xu]。
不由我心儿里猛然添怕惧*[kʻiu]。
两耳火云烧，浑身冷汗出△[tɕʻiu]，
似钩住我皮肤*[fu]。
把不定头梢儿竖*[ɕiu]。

諕的我意慌张，心乔怯，战都速ˣ[su]。
无了魂魄，软了身躯*[kʻiu]。
则见他恶哏哏，嗔忿忿，气扑扑ˣ[pʻu]。
猛见了他面目ˣ[mu]。
事在当初[tʂʻu]，
不合将他千般数落十分怒**[nu]。
料应来命在须臾*[ʝiu]。
这厮待强风情打家截道拼着做**[tsu]。
那里讨护身符*[fu]！

第七章　元代音系（1279—1368 年）……353

这塌儿使不着我美貌娇容，用不着我花言巧语[jiu]。

这厮如此行为，恁般做出△[tɕʻiu]，

这的是你财上分明大丈夫*[fu]。

贼儿胆底虚[xiu]。

你只要窃玉偷香，省甚的殢云䬃雨*[jiu]！

你道是如何发付*[fu]，

我索避着不做**[tsu]。

我这里敛袂回身，褪后趋前，眼笑眉舒[ʂu]。

施礼数*[ɕiu]，

道万福×[fu]，

殷勤观觑*[tʂʻiu]。

施呈着我尊前席上那些假虚脾和睦×[mu]。

待将咱所图×[tʻu]，

我宁死不辱**×[ru]！

这厮笑里藏刀，节外生枝，暗地埋伏×[fu]。

这里是大道官塘，怎没个行人南来北去[kʻiu]？

天那，眼见的死的来不着坟墓**[mu]！

（6）皆来 [ai]

开口 [ai]　　《切韵》咍海代，佳蟹（齿唇），皆骇怪（齿唇），泰，夬，
　　　　　　　陌（二等）麦，职（二等），德（少数）栵

齐齿 [iai]　　《切韵》佳蟹卦（喉牙）①，皆骇怪（喉牙）

---

① 例外："佳"读 [kia]。

合口〔uai〕　《切韵》佳蟹卦（喉牙），皆骇怪（喉牙），陌麦，脂（二
　　　　　　　等），术（二等），夬，泰（喉牙）

　　反切例证：
　　　以佳切皆：
　　　　阶，鸡鞋切　　　　　揩，丘崖切
　　　以皆切佳：
　　　　柴，池斋切　　　　　筮，疎斋切　　　　　呙，口淮切
　　　　鞋，奚皆切　　　　　牌，蒲埋切　　　　　崖，移皆切
　　　以皆切脂（二等合口）：
　　　　衰，舒歪切
　　　以皆切陌（二等）：
　　　　白，巴埋切　　　　　舴，叶斋　　　　　　宅，池斋切
　　　　窄，叶斋上声　　　　客，叶楷上声　　　　虢，叶乖上声
　　　　格，叶皆上声
　　　以皆切麦：
　　　　获，胡乖切　　　　　擘，叶摆　　　　　　责，叶斋上声
　　　　馘，叶乖上声　　　　索，叶筛去声①
　　　以哈切德：
　　　　塞，叶腮　　　　　　刻，叶楷上声
　　　以佳切陌（二等）：
　　　　伯，叶摆　　　　　　拍，铺买切　　　　　陌，叶卖
　　　　额，叶崖去声
　　　以佳切麦：
　　　　策，叶钗上声　　　　隔，叶皆上声　　　　麦，叶卖

---

① 《广韵》："索，山责切，求也。"

厄，叶崖去声

以皆切职（二等）：

侧，叶斋上声　　　　色，叶筛上声

以佳切职（二等）：

测，叶钗上声

以佳切术（二等）：

率，升摆切

以皆切栟：

栟，叶斋上声

以佳切德：

墨，叶卖

以泰切麦：

搦，囊带切

以泰切咍：

戴，当赖切　　　　溉，冈害切　　　　亥，杭盖切

爱，昂盖切　　　　赉，郎带切　　　　耐，囊带切

以佳切夬：

败，旁卖切

元曲例证（佳无号，皆*，咍**，泰*×，夬*⋆，脂二等×⋆，陌△，麦△△，职△×，德×△，术○，栟○○）：

《陈州粜米·第四折》　　　　　　　　乔梦符

叩金銮亲奉帝王差[tʂ'ai]，

到陈州与民除害**×[xai]。

威名连地震，杀气和霜来**[lai]。

手执着势剑金牌[p'ai]。

哎！你个刘衙内且休怪*[kuai]！

你只要钱财**[ts'ai]，
全不顾百姓每贫穷，一味的刻×△[k'ai]！
今遭枢械*[xiai]，
也是你五行福谢做了半生灾**[tsai]。
只见他向前呵，如上吓魂台**[t'ai]，
往后呵，似入东洋海**[xai]。
投至的分尸在市街[kiai]。
我着你一灵儿先飞在青霄外**×[wai]。

难道你王粉头直恁骇**[ai]，
偏不知包待制多谋策△△[tʂ'ai]。
你道是接仓官有大钱，怎么的见府尹无娇态**[t'ai]！

呀！你只待钱眼里狠差排*[p'ai]，
今日个刀口上送尸骸*[xiai]。
你犯了萧何律难宽纵，便自有蒯通谋怎救解[kiai]？
你死也休捱[jiai]！
则俺那势剑如风快×*[k'uai]！
你死也应该**[kai]。
谁着你金锤当酒来**[lai]！

小衙内做事歹**[tai]，
小撇古且宁奈**×[nai]。
也是他自结下冤仇怎得开**[k'ai]！
非咱戒煞*[ʂai]，
须偿还你这亲爷债[tʂai]！

第七章　元代音系（1279—1368年）

从来个人命事关连天大*×① [tai]，
怎容他杀生灵似虎如豺* [tṣʻai]！
紫金锤依然还在** [tsai]，
也将来敲他脑袋** [tai]，
登时间肉拆血洒 [ṣai]，
受这般罪责 [tṣai]。
呀！才平定陈州一带*× [tai]。

猛听的叫赦书来** [lai]，
不由我临风回首笑哈哈** [xai]！
想他父子每倚势挟权大** [tai]，
到今日也运塞时衰×× [ṣuai]，
他指望着赦来时有处裁** [tsʻai]，
怎知道赦未来先杀坏* [xuai]。
这一番颠倒把别人贷** [tai]，
也非是他人谋不善，总见的个天理明白△ [pai]！

（7）真文 [ən]

开口 [ən]　《切韵》臻，痕很恨，文吻问（唇）
齐齿 [iən]　《切韵》真轸震，欣隐焮
合口 [uən]　《切韵》魂混恩
撮口 [yən]　《切韵》文吻问（喉牙），真轸震（喉牙），谆准稕

---

① "大"字在元曲里读入皆来、家麻两韵，《中原音韵》也读入皆来，家麻两韵，《中州音韵》"大"字有当赖、堂那二切。

反切例证：

以真切欣：

斤，鸡银切　　　近，其印切　　　垠，移巾切

以文切真：

麕，居云切　　　困，墟云切

以文切谆：

均，居云切　　　荀，须云切　　　旬，徐云切

以魂切谆：

遵，滋孙切　　　唇，池论切

以魂切文：

文，无奔切　　　分，敷奔切　　　焚，扶奔切

以欣切真：

因，衣巾切

以谆切文：

云，于均切

以谆切真：

筠，于均切

元曲例证（真无号，谆*，臻**，文×，欣××，魂△，痕△△）：

《赵氏孤儿·第一折》（节录）　　　纪君祥

列国纷纷×[fən]，
莫强于晋[tsiən]。
才安稳△[wən]，
怎有这屠岸贾贼臣[tɕ'iən]，
他则把忠孝的公卿损△[suən]。

不甫能风调雨顺*[ɕyən]，

太平年宠用着这般人 [riən]。
忠孝的在市曹中斩首，奸佞的在帅府内安身 [ɕiən]。
现如今全作威来全作福，还说甚半由君也半由臣 [tɕʻiən]！
他，他，他把爪和牙布满在朝门 [muən]。
但违拗的早一个个诛夷尽 [tsiən]。
多嗜是人间恶煞，可什么阃外将军 [kyən]！

他待要剪草防芽绝祸根 [kən]，
使着俺把府门 [muən]。
俺也是于家为国旧时臣 [tɕʻiən]，
那一个藏孤儿的便不合将他隐 [jiən]。
这一个杀孤儿的你可也心何忍 [riən]！
有一日怒了上苍，恼了下民 [miən]，
怎不怕沸腾腾万口争谈论 [luən]。
天也显着个青脸儿不饶人 [riən]。

却不道远在儿孙近在身 [ɕiən]，
哎！你个贼也波臣 [tɕʻiən]！
和赵盾 [tuən]，
岂可二十载同僚没些儿义分 [fən]！
便兴心使歹心，指贤人作歹人 [riən]。
他两个细评论 [luən]：
还是那个狠 [xən]？

（8）寒山 [an]

开口 [an] 《切韵》寒旱翰，元阮愿（唇），删潸谏（唇齿），山产裥（唇齿），凡范梵（唇）

齐齿 [ian]　《切韵》删潸谏（喉牙），山产讪（喉牙），仙狝线（庄系
　　　　　　合二）
合口 [uan]　《切韵》删潸谏，山产讪，仙狝线（二等）
　　反切例证：
　　　以删切元（唇）：
　　　　翻，夫班切　　　烦，扶班切　　　反，方板切
　　　以删切山：
　　　　山，师关切　　　鳏，瓜还切　　　幻，黄惯切
　　　以删切寒：
　　　　跚，思关切
　　　以山切删：
　　　　姦，笋闲切　　　颜，移间切
　　　以删切凡：
　　　　凡，扶班切
　　　以元（唇）切删：
　　　　板，邦晚切
　　　以寒切删：
　　　　赧，囊亶切
　　　以删切仙（二等合口）：
　　　　栓，尸关切　　　撰，之惯切
　　元曲例证（寒无号，删*，山**，元×，仙××，凡°）：
　　　　　　　　《风光好·第一折》（节录）　　　　　　　戴善夫
　　　那学士若见了南唐秦弱兰 [lan]，
　　　　　　　　　　　　　　　*
　　　更不说西京白牡丹 [tan]。
　　　　　　　　　　*
　　　则消得我席上歌金缕，管取他尊前倒玉山** [ʂan]。
　　　　　　　　　　　　　　　　　　　　　　*
　　　要欢喜不为难 [nan]，
　　　　　　　　*

则着这星眸略瞬盼**[pʻan]，
教他和骨头都软瘫[tʻan]！

我这里觑容颜*[ji̯an]，
待追攀*[pʻan]。
海！畅好是冷丁丁沉默默无情汉[xan]，
则见那冬凌霜雪都堆在两眉间**[ki̯an]。
恰便似额颅上挂着紫塞，鼻凹里倘着蓝关*[kuan]。
可知道秀才双脸冷，宰相五更寒[xan]！

他教莫把瑶筝按[an]，
只许凤萧闲**[xi̯an]。
他道是何用霓裳翠袖弯*[wan]，
更休撒红牙板*[pan]，
不教放筵前过盏**[tʂan]。
几时得酒阑人散[san]，
直恁般见不得歌舞吹弹[tʻan]！

他不把话头攀*[pʻan]，
諕的我毛骨寒[xan]，
战兢兢把不住台和盏**[tʂan]。
我这里承欢奉喜两三番ˣ[fan]，
太守见我退后来台意怒，学士见我向前去早恶心烦ˣ[fan]，
好教我左右没是处，来往做人难[nan]。

学士你只身在旅邸间**[ki̯an]，

着个甚罗帏锦帐单 [tan]！
学士你德行如颜子，
也索要风流仿谢安 [an]。
我劝你且开颜* [ji̯an]，
须不比寻常风范° [fan]。
你敢越聪明，越挂眼** [ji̯an]！

几时捱得酒筵阑 [lan]，
官员散 [san]，
恨不得目下天昏日晚˟ [van]！
誐的那舞女歌儿似受战汗 [xan]，
难施逞乐艺熟闲** [xi̯an]。
这其间** [ki̯an]，
春意相关* [ku̯an]。
放着满眼芳菲纵心儿拣* [ki̯an]，
争奈这寻芳人意懒 [lan]，
嬉游的心慢* [man]！
哎！不是个惜花人，休想肯凭拦 [lan]！

(9) 桓欢 [ɔn]

合口 [uɔn] 《切韵》桓缓换

反切例证：

以桓切桓：

桓，华官切	丸，吴官切	欢，花官切
观，瓜完切	端，多栾切	酸，思钻切
般，巴瞒切	弯，卢端切	瞒，麻般切

团，徒栾切　　　　盘，蒲瞒切　　　　潘，葩瞒切

以缓切缓：
　　短，当卵切　　　　碗，汪管切　　　　疃，汤卵切
　　管，光椀切　　　　款，匡椀切　　　　澣，王管切
　　暖，囊短切　　　　纂，臧管切　　　　满，忙管切
　　卵，郎短切

以换切换：
　　唤，荒贯切　　　　换，黄贯切　　　　玩，王贯切
　　段，当乱切　　　　算，桑钻切　　　　贯，光玩切
　　半，邦幔切　　　　伴，旁幔切　　　　幔，忙半切
　　窜，仓算切　　　　乱，郎断切　　　　断，当乱切
　　彖，汤乱切　　　　判，滂慢切

元曲例证：

《萧淑兰·第四折》　　　　　　　　　贾仲名

离恨闲愁早填满 [muɔn]，
俺主人非长是短 [tuɔn]。
谢兄嫂得团圞 [luɔn]，
陪羔雁花红，下正礼三千贯 [kuɔn]。
度量阔，眼皮宽 [k'uɔn]，
把断送房奁全尽管 [kuɔn]。

纳币帛绫段 [tuɔn]，
不断头花担盒盘 [p'uɔn]。
堪观，披挂的遍身红满 [muɔn]。
来往官媒一划地锦绣攒 [tsuɔn]，
人乱窜 [ts'uɔn]，

亲属交错，罗绮弥漫 [muɔn]。

这都是姻缘前判 [pʻuɔn]，
幸今生得聚完 [wɔn]。
玉肩同并赴云端 [tuɔn]，
素手相携跨彩鸾 [luɔn]，
清韵双吹鸣凤管 [kuɔn]。

划地乱讲歪谈一万端 [tuɔn]，
尚古自苦涩寒酸 [suɔn]。
听笙簧一派声撩乱 [luɔn]。
翠拥珠攒 [tsuɔn]，
舞态轻盈，歌声纡缓 [xuɔn]。
香篆霭，绛蜡明，低垂帘幔 [muɔn]。
端的个画堂深，和气暖 [nuɔn]，
受用千般 [puɔn]。

香馥馥合卺杯交换 [xuɔn]，
正良宵胜事攒 [tsuɔn]。
碧天边灿灿寒星焕 [xuɔn]，
碾冰轮皓月团团 [tʻuɔn]。
乐意的酬，尽兴的拚 [pʻuɔn]，
贪欢娱自然嫌漏短 [tuɔn]。
乐意的酬，尽兴的拚 [pʻuɔn]，
索强似风亭月馆 [kuɔn]！

酒斟着鹦鹉杯，光映着玛瑙盘 [pʻuɔn]，
茶烹着丹凤髓，香浮着碧玉碗 [wɔn]。
开银屏金孔雀绿嫩红娇，隐锦褥绣芙蓉枝繁叶乱 [luɔn]。
嵌玲珑香球，挂金缕团 [tʻuɔn]，
梅红罗鲛绡帐舞凤飞鸾 [luɔn]。
是，是，是，东邻女曾窥宋玉垣① [wɔn]，
喜，喜，喜，果相逢翡翠银花幔 [muɔn]，
早，早，早，同心带扣双挽结交欢 [xuɔn]。

我这里偷看，不由人心欢 [xuɔn]。
没褒弹 [tʻɔn]②，
忒丰韵，表正形端 [tuɔn]。
趁着这风和月圆春日暖 [nuɔn]，
逢天喜，值红鸾 [luɔn]，
配宿缘，成仙伴 [puɔn]。

荔枝浆、乳酪、蜜团 [tʻuɔn]，
甘蔗汁、酥油、糖拌 [puɔn]，
蔷薇露、秋菊、春兰、紫苏盐、姜醋荐款 [kʻuɔn]，
碧芥芽，葱针寸段 [tuɔn]。
细端详俊沈娇潘 [pʻuɔn]，
可不道尊瞻视，正衣冠 [kuɔn]。

锦片前程今美满 [muɔn]，

---

① 《中原音韵》桓欢未收"垣"字，《中州音韵》收了。
② "弹"是寒韵字，既入寒山部；此处又与桓欢部相押，可能有两读。

舞菱花一对青鸾［luɔn］,
早不入凤台闲玉管［kuɔn］。

（10）先天［æn］

齐齿［i̯æn］ 《切韵》先铣霰、仙狝線、元阮愿
撮口［yæn］ 《切韵》先铣霰、仙狝線、元阮愿

反切例证：

以仙切先：

 天，他连切 田，堂连切 边，巴绵切
 坚，鸡延切

以元切先：

 玄，奚元切

以先切仙：

 煎，臧先切 绵，麻边切 钱，齐先切
 迁，妻先切

以仙切元：

 喧，虚娟切

以先切元：

 元，于涓切 冤，衣涓切 言，移坚切
 轩，稀肩切

以元切仙：

 权，渠元切 奎，驴元切 圈，区喧切

元曲例证（先无号，仙*，元×）：

《合汗衫·第四折》（节录）   张国宾

您夺下的是轻裘肥马他这不公钱*［tsʻi̯æn］,
俺如今受贫穷有如那范丹原宪×［xi̯æn］。

俺只问金沙院在那里，不想道窝弓峪经着您山前［ts'iæn］。
可怜俺赤手空拳＊［k'yæn］，
望将军觑方便＊［piæn］。

休提起俺那小业冤×［yæn］，
他剔腾了我些好家缘＊［yæn］。
典卖了庄甲［t'iæn］，
火烧了俺宅院＊［yæn］。
直闪的俺这两口儿可也难过遣＊［k'iæn］！

（11）萧豪［au］

开口［au］　《切韵》豪皓号，肴巧效（舌齿唇），铎，觉（舌齿唇），药（唇合）

齐齿［i̯au］　《切韵》萧篠啸，宵小笑，肴巧效（喉牙），觉（喉牙），药

反切例证：

以肴切豪：
　　毛，麻包切

以萧切宵：
　　矫，江杳切　　　　　夭，衣皎切

以宵切萧：
　　萧，四焦切

以萧切肴：
　　拗，衣皎切　　　　　巧，丘杳切

以肴切萧：
　　枭，希交切　　　　　骁，居肴切　　　　　幺，衣交切
　　铙，拏刀切　　　　　尧，移交切

以肴切宵：

骄，居肴切　　　妖，衣交切　　　遥，移交切
桥，其爻切

以豪切肴：

包，巴毛切　　　抛，铺毛切　　　庖，蒲毛切
卯，忙保切

以肴切觉（舌齿唇）：

浊，锥梢切　　　雹，巴毛切　　　郭，沽卯切
廓，枯卯切

以豪切铎：

洛，叶涝　　　　莫，叶冒　　　　索，叶嫂
壑，叶好　　　　作，叶早　　　　错，叶草
各，叶杲　　　　托，叶讨　　　　锷，叶傲
鹤，叶豪　　　　恶，叶袄　　　　诺，叶闹
铎，多劳切　　　薄，巴毛切　　　凿，慈骚切

以宵切药：

绰，叶超上声　　爵，叶勦　　　　酌，叶沼
嚼，齐消切　　　削，叶小　　　　着，池烧切
弱，叶饶上声　　铄，叶少　　　　虐，叶要

以肴切药（唇合）：

缚，房包切

以萧切觉：

角，叶皎　　　　握，叶杳

以萧切药：

脚，叶皎　　　　约，叶杳　　　　略，叶料

以肴切觉（喉牙）：
  壳，叶巧
以肴切药（喉牙）：
  却，叶巧　　　　　谑，叶晓
以肴切觉（舌齿唇）：
  卓，之卯切　　　朔，声卯切　　　剥，叶饱
  倬，叶嘲去声
以药切觉：
  岳，叶耀

元曲例证（萧无号，宵*，肴**，豪×，药△，铎△△，觉○）：

　　　　《举案齐眉·第四折》　　　　　　　　　　王实甫
　　疑怪这叫喳喳灵鹊噪花梢** [ʂau]，
　　却元来得除授状元来到× [tau]。
　　若不是萤窗文史足，怎能勾虎榜姓名标* [pi̯au]？
　　谁想今朝* [tɕi̯au]，
　　天开眼自然报× [pau]！

　　我则见这一壁捧着的光闪闪金花紫诰× [kau]，
　　那一壁捧着的齐臻臻珠翠鲛绡* [si̯au]。
　　你道是才表我冰清玉洁心，又道是厮称我云锦花枝貌** [mau]。
　　我今日呵做夫人岂敢妆幺 [ji̯au]？
　　争奈我两次三番不待着△ [tɕi̯au]！
　　则怕不稳如荆钗布袄× [au]。

　　元来这象简乌纱出圣朝* [tɕʻi̯au]，
　　若是没福的也难消* [si̯au]。

只为俺读书人受过凄凉合荣耀＊［ji̯au］，
因此上把儒衣换了，换了［li̯au］！

他那曾习读古圣学°［xi̯au］？
枉惹的儒人笑＊［si̯au］。
今日个折将丹桂来，可不道俺则会打莲花落△△［lau］！

俺如今行处马头高×［kau］，
人面上逞英豪×［xau］。
则俺那美玉十分俊，不似你花木瓜外看好×［xau］。
哎！你个儿曹×［ts'au］，
谁着你行无道×［tau］？
准备着荆条［t'i̯au］，
将他扣厅阶吃顿拷×［k'au］。

往常时独自焦＊［tsi̯au］，
到今日大家乐△△［lau］。
那其间扑头扑面糠飞绕＊［ri̯au］，
今日个玉玲珑金凤翘［tɕ'i̯au］。

这的是举案齐眉有下梢＊＊［ʂau］。
你道我不改初时操×［ts'au］，
我从来贫不忧愁富不骄＊［ki̯au］，
怎肯败坏了闺门教＊＊［ki̯au］？
你昔日恩，今朝报×［pau］。
不是你拨散浮云，怎能勾得上青霄＊［si̯au］？

赶离了画阁兰堂，锦裀绣褥，珠围翠绕*[ri̯au]。
赶的我无处厮归着△[tɕi̯au]。
住的是草舍茅庵，蓬户柴门，陋巷箪瓢*[pʻi̯au]。
我可以委实难熬×[au]。

却元来晏平仲善与人交**[kʻi̯au]，
难道他掩耳偷铃，则待要见世生苗*[mi̯au]。
俺和你夫妇商量，你教外人把俺评跋，你是个君子人不念旧恶△△[au]，
想一双哀哀的父母劬劳×[lau]。
他虽然不采分毫×[xau]，
我如今怎敢轻薄△△[pau]。
且只索做小伏低，从今后望爹爹权把俺耽饶*[ri̯au]。

荷君恩特降黄麻诏*[tɕi̯au]，
谢天臣远践红尘道×[tau]。
却教我一介书生，早做了极品随朝*[tɕʻi̯au]。
畅道顿首诚惶，瞻天拜表*[pi̯au]。
则俺这犬马微劳×[lau]，
知甚日能图效**[xau]？
且自快活逍遥*[ji̯au]，
两口儿夫妻共偕老×[lau]。

（12）歌戈 [ɔ]

开口 [ɔ] 　《切韵》歌哿箇，曷，觉（舌齿），药（舌齿），铎，合，盍

合口 [uɔ] 　《切韵》戈果过，末，铎，物（唇），没（唇）

反切例证：

以戈切末：

斡，蛙果切　　　末，叶麼　　　　活，叶和

跛，叶波①　　　泼，叶颇　　　　抹，叶磨上声

拨，叶波上声　　阔，叶棵　　　　脱，叶妥

掇，叶朵

以歌切末：

夺，叶多　　　　撮，叶搓上声　　捋，叶罗去声

以歌切合：

合，叶何　　　　鸽，叶哥上声

以歌切盍：

盍，叶何　　　　磕，叶可

以戈切铎：

薄，叶波②　　　镬，叶和　　　　搏，叶波上声

霍，叶火　　　　莫，叶磨

以歌切铎：

诺，叶糯　　　　落，叶罗去声　　各，叶哥上声

恶，叶阿上声　　作，叶左　　　　铎，东那切③

萼，俄个切

以戈切觉（舌齿唇）：

浊，之磨切④　　朴，叶颇

---

① 今本《中州音韵》误作叶巴。
② 编者注：底本作包播切，文集本改，并注：今本《中州音韵》误收入作去声，包播切。
③ 今本《中州音韵》误作东挈切。
④ 今本《中州音韵》误作之麻切。

第七章 元代音系（1279—1368 年）

以戈切药：
  缚，浮波切①   弱，攘播切

以戈切物（唇）：
  佛，浮波切

以戈切没（唇）：
  勃，邦磨切②

以歌切曷：
  葛，叶哥上声 渴，叶可   喝，叶呵上声
  遏，叶阿上声

元曲例证（歌无号，戈*，易×，末××，药△，铎△△，觉○）

    《黄粱梦·第四折》   马致远

  路兜答，人寂寞△△ [mɔ]，
  山势恶△△ [ɔ]，
  险峻嵯峨 [ɔ]。
  俺不羡玉堂臣列鼎食，重裀卧* [wɔ]，
  只愿把猩猩血染头巾裹* [kuɔ]。

  寻思来，那快活×× [xuɔ]：
  这半月多遇几个滥官员经过* [kuɔ]，
  打劫下些金银段匹绫罗 [lɔ]，
  昨日共那几个 [kɔ]，
  今日共这一火* [xuɔ]。
  从不曾离了侧坐* [tsuɔ]，
  仰天的大笑呵呵 [xɔ]。

---

① 今本《中州音韵》误作浮巴切。
② 今本《中州音韵》误作邦麻切。

将那泼醅酒灪灪连糟咽，杀人剑揌揌带血磨*[muɔ]。
常则是烂醉无何[xɔ]。

不索你絮叨叨则管里问他[tʻɔ]，
则这个杀人爷爷是我[ɔ]。
你则管缠我娘亲待怎么*[muɔ]?
他怀里又没点点，与孩儿每讨饕餮*[puɔ]。
我揪住这小子领窝*[wɔ]。

我一拳打的你牙关挫*[tsʻuɔ]，
这厮死尸骸也济得狼虫饿[ɔ]。
至如将小妮子抬举的成人大[tɔ]①，
也则是害爹娘不争气的赔钱货*[xuɔ]。
不摔杀要怎么也波哥[kɔ]！
不摔杀要怎么也波哥[kɔ]！
觑着你泼残生我手里难逃脱××[tʻuɔ]！

我为贼盗呵杀人放火*[xuɔ]，
不似你贪财呵披枷带锁*[suɔ]！
你得了斗来大黄金印一颗*[kʻuɔ]，
为元帅，佐山何，倒大来显豁××[xuɔ]。

你那罪过*[kuɔ]，
怎过活××[xuɔ]？

---

① 《广韵》："大，唐佐切。"《中州音韵》："大，唐逻切。"

第七章　元代音系（1279—1368年）……375

做的来实难结末ˣˣ[muɔ]，
自揽下千丈风波*[puɔ]。
谁教你向界河[xɔ]，
受财货*[xuɔ]？
将咱那大军折挫*[tsʻuɔ]。
似这等不义财贪得如何[xɔ]？
道不的殷勤过日灾须少，侥幸成家祸必多[tɔ]。
枉了张罗[lɔ]。

我，我，我，没揣的猿臂绰[tʂʻɔ]，
斡，斡，斡，禁声的休回和*[xuɔ]。
来，来，来，宝剑似吹毛过*[kuɔ]。
休，休，休，怎避躲*[tuɔ]？
是，是，是，决难活ˣˣ[xuɔ]！
呀！呀！呀！脖项上钢刀剉*[tsʻuɔ]！

我这里稳不不土炕上迷颩没腾的坐*[tsuɔ]，
那婆婆将粗剌剌陈米来喜收希和的播*[puɔ]，
那蹇驴儿柳阴下舒着足乞留恶滥的卧*[wɔ]，
那汉子去脖项上婆娑没索的摸△△[muɔ]。
你早则醒来了也么哥[kɔ]！
你早则醒来了也么哥[kɔ]！
可正是窗前弹指时光过*[kuɔ]。

你早则省得浮世风灯石火*[xuɔ]，
再休恋儿女神珠玉颗*[kʻuɔ]。

咱人百岁光阴有几何 [xɔ]?
端的日月去似撺梭* [suɔ],
想你那受过的坎坷 [k'ɔ]。

你梦儿见了么* [muɔ]?
心儿里省得么* [muɔ]?
这一觉睡早经了二十年兵火* [xuɔ],
觉来也依旧存活×× [xuɔ]。
瓢古自放在灶窝* [wɔ],
驴古自映着树科* [k'uɔ]。
睡朦胧无多一和* [xuɔ],
半霎儿改变了山河 [xɔ]。
兀的是黄粱未熟荣华尽，世态才知鬓发皤* [p'uɔ]。
早则人事蹉跎 [t'ɔ]!

（13）家麻 [a]

开口 [a]　《切韵》麻马祃（舌齿唇），曷（舌齿），月（唇），黠（舌齿），鎋（舌齿），合（舌齿），盍（舌齿），乏（唇）

齐齿 [i̯a]　《切韵》麻马祃（喉牙），黠（喉牙），鎋（喉牙），洽，狎

合口 [ua]　《切韵》麻马祃，鎋

反切例证：

以麻切月：

伐，扶加切　　　发，方雅切

以麻切乏：

乏，扶加切　　　法，方雅切

以麻切曷：

第七章　元代音系（1279—1368年）

达，当加切　　　　挞，汤打切

以麻切镲：

镲，奚佳切①　　　刮，叶寡

以麻切黠：

滑，呼佳切　　　　拔，邦佳切　　　　黠，奚佳切

以麻切合：

杂，叶咱　　　　　纳，囊亚切　　　　沓，当加切

以麻切洽：

洽，奚佳切　　　　塔，汤打切

以麻切狎：

匣，奚佳切　　　　闸，叶查

以麻切盍：

榻，汤打切　　　　腊，郎架切

元曲例证（麻无号，佳*△，曷*，月**，黠×，镲××，合△，盍△△，洽△○，狎○△，乏○）：

《倩女离魂·第二折》（节录）　　　　郑德辉

人去阳台，云归楚峡○△ [xi̯a]。

不争他江渚停舟，几时得门庭过马 [ma]。

悄悄冥冥，潇潇洒洒*△ [ʂa]。

我这里踏岸沙 [ʂa]，

步月华 [xua]。

我觑这万水千山，都只在一时半霎△○ [ʂa]。

想倩女心间离恨，赶王生柳外兰舟，似盼张骞天上浮槎 [tʂa]。

---

① "佳"读如"家"。

汗溶溶琼珠莹脸，乱松松云髻堆鸦 [ji̯a]，
走的我筋力疲乏○ [fa]。
你莫不夜泊秦淮卖酒家 [ki̯a]？
向断桥西下 [xi̯a]，
疏刺刺秋水菰蒲，冷清清明月芦花 [xua]。

我蓦听得马嘶人语闹喧哗 [xua]，
掩映在垂杨下 [xi̯a]。
諕的我心头丕丕那惊怕 [pʻa]。
原来是响珰珰鸣榔板，捕鱼虾 [xi̯a]。
我这里顺西风悄悄听沉罢 [pa]。
趁着这厌厌露华 [xua]，
对着这澄澄月下 [xi̯a]，
惊的那呀呀寒雁起平沙 [ʂa]。

向沙堤款踏△ [tʻa]，
莎草带霜滑× [xua]，
掠湿湘裙翡翠纱 [ʂa]。
抵多少苍苔露冷凌波袜** [va]！
看江上晚来堪画*△ [xua]。
玩冰壶潋滟天上下*△ [xi̯a]，
似一片碧玉无瑕 [xi̯a]。

你觑远浦孤鹜落霞 [xi̯a]，
枯藤老树昏鸦 [ji̯a]。
听长笛一声何处发** [fa]，

歌欸乃，橹咿哑［ji̯a］。
　　　　　△

(14) 车遮 [æ]

齐齿 [i̯æ]　《切韵》麻马祃（三等），月（喉牙），屑，薛，葉，怗，业

撮口 [yæ]　《切韵》月（喉牙），屑，薛

反切例证：

以麻切屑：

屑，叶写　　　　阒，区也切　　　　咽，衣结切
结，饥也切　　　铁，汤也切　　　　节，叶姐

以麻切薛：

薛，叶写　　　　缺，区也切　　　　热，仁蔗切
拙，朱说切　　　设，商者切　　　　说，书拙切
别，邦也切　　　折，叶者　　　　　孑，饥也切
雪，须也切

以麻切月：

阙，区也切　　　谒，衣结切　　　　歇，希也切
月，鱼夜切

以麻切葉：

接，叶姐　　　　妾，叶且　　　　　猎，郎夜切
葉，叶夜

以麻切业：

劫，饥也切　　　怯，丘也切

以麻切怗：

贴，汤也切　　　叠，叶爹

以月切薛：

爇，如月切　　　劣，闾月切

元曲例证（麻无号，月**ˣ，屑**，薛*，葉ˣ，怗ˣˣ，业△）：

《墙头马上·第三折》（节录） 白仁甫

数年一枕梦庄蝶**ˣˣ [tiæ]，
过了些不明白好天良夜 [jiæ]。
想父母关山途路远，鱼雁信音绝* [tsyæ]。
为甚感叹咨嗟 [tsiæ]？
甚日得离书舍 [ɕiæ]？

凭男子豪杰* [kiæ]，
平步上万里龙庭双凤阙**ˣ [k'yæ]。
妻儿真烈* [liæ]！
合该得五花官诰七香车 [tɕ'iæ]，
也强如带满头花向午门左右把状元接ˣ [tsiæ]，
也强如挂拖地红两头来往交媒谢 [siæ]。
今日个改换别* [piæ]，
成就了一天锦绣佳风月**ˣ [jyæ]。

当拦的便去拦，我把你院公谢 [siæ]，
想昨日被棘针都把衣袂扯 [tɕ'iæ]。
将孩儿指尖儿都挝破也 [jiæ]。

便将球棒儿撇* [p'iæ]，
不把胆瓶藉 [tsiæ]。
这哥哥这其间未是他来时节** [tsiæ]，
怎抵死的要去接ˣ [tsiæ]？

接不着你哥哥，正撞见你爷爷［jiæ］。
魄散魂消，肠慌腹垫＊［riæ］，
手脚麈狂去不迭＊＊［tiæ］。
相公把挂杖掂详，院公把扫帚支吾，孩儿把衣袂掀者［tɕiæ］

小业种把拢门掩上些［siæ］，
道不的跳天撅地十分劣＊［lyæ］。
被老相公亲向园中撞见者［tɕiæ］，
諕的我死临侵地难分说＊［ɕyæ］。
氲氲的脸上羞，扑扑的心头怯△［k'iæ］。
喘似雷轰，烈似风车［tɕiæ］！

（15）庚青［əŋ］

开口［əŋ］ 《切韵》庚梗映，耕耿净，登等嶝
齐齿［iəŋ］ 《切韵》庚梗映，清静劲，青迥径，蒸拯证，侵（唇）
撮口［yəŋ］ 《切韵》青迥径

反切例证：

以庚切青：
  经，鸡英切   冥，迷兵切   屏，毗明切

以庚切蒸：
  兢，鸡英切   冰，巴明切   膺，衣京切
  凭，毗明切

以耕切庚：
  生，尸争切

以庚切耕：
  争，之生切   橙，迟生切

以清切蒸：

  征，知声切   升，施征切   绳，蛇征切

以清切青：

  扃，居名切   星，梭精切   瞑，叶名上声

以庚切清：

  名，迷兵切

以登切庚：

  冷，叶棱上声

以青切蒸：

  陵，离丁切

以清切庚：

  卿，欺盈切   亨，呵贞切

以青切清：

  精，兹星切   情，齐星切

以蒸切清：

  程，池绳切

以耕切蒸：

  仍，而争切

以清切侵（唇）：

  禀，邦茗切

元曲例证（庚无号，耕*ˣ，清*，青**，蒸△，登△△）：

    《两世姻缘·第二折》（节录）   乔梦符

  想着他锦心绣腹那才能△△ [nən]，
  怎教我月下花前不动情* [tsʻiən]？
  信口里小曲儿编捏成* [tɕʻiən]，
  端的是剪雪裁冰△ [piən]。

第七章 元代音系（1279—1368 年）……383

惺惺的自古惜惺惺^{**}[siəŋ]。

假若我乍吹箫别院声[*][ɕiəŋ]，
他便眼巴巴帘下等^{△△}[təŋ]，
直等到星移斗转二三更[kəŋ]。
入门来画堂春自生[ʂəŋ]，
紧紧的将咱搂定^{**}[tiəŋ]，
那温存，那将惜，那劳承[△][tɕʻəŋ]！

想着他和蔷薇花露清[*][tsʻiəŋ]，
点胭脂红蜡冷[ləŋ]。
整花朵心偏耐，画蛾眉手惯经^{**}[kiəŋ]。
梳洗罢将玉肩凭[△][pʻiəŋ]，
恰似对鸳鸯交颈[*][kiəŋ]。
到如今玉肌骨减了九停^{**}[tʻiəŋ]，
粉香消没了半星^{**}[siəŋ]，
空凝盼秋水横[xuəŋ]^①，
甚情将云鬓整[*][tɕʻəŋ]！
骨岩岩瘦不胜[ɕiəŋ]，
闷恹恹扮不成[*][tɕʻiəŋ]。

怕不待几番落笔强施呈[*][tɕʻəŋ]，
争奈一段伤心画不能^{△△}[nəŋ]。
腮斗上泪痕粉渍定^{**}[tiəŋ]，

---

① "横"字依《中原音韵》《中州音韵》属东锺韵，这里依《广韵》读入庚韵。

没颜色鬓乱钗横 [xuəŋ],
和我这颜眉黛欠分明 [miəŋ]。

兀的不寂寞了菱花妆镜 [kiəŋ]!
自觑了自害心疼△△ [t'əŋ]①!
将一片志诚心写入了冰绡帕*× [tʂəŋ]。
这一篇相思令* [liəŋ],
寄与多情* [ts'iəŋ],
道是人憔悴不似丹青** [ts'iəŋ]。

你道个题桥的没信行 [xiəŋ],
驾车的无准成* [tɕ'iəŋ]。
我把他汉相如厮敬重不多争*× [tʂəŋ],
我比那卓文君有上稍没了四星** [siəŋ]。
空教我叫天来不应△ [jiəŋ],
秀才呵! 岂不闻举头三尺有神明 [miəŋ]!
心事人拔了短筹,有情人太薄幸 [xiəŋ]。
他说道三年来,到如今五载不回程* [tɕ'iəŋ],
好教咱上天远,入地近,泼残生恰便似风内灯△△ [təŋ]!
比及你见俺那亏心的短命* [miəŋ],
则我这一灵儿先飞出洛阳城* [tɕ'iəŋ]!

(16) 尤侯 [əu]

开口 [əu]　《切韵》侯厚候,尤有宥(二等),屋

———————
① 疼,徒楞切,音藤。

第七章 元代音系（1279—1368年）

齐齿 [i̯əu] 《切韵》尤有宥，幽黝幼，屋，烛

反切例证：

以尤切幽：

樛，饥由切　　　彪，巴矛切　　　幽，衣鸠切

虬，其由切

以幽切尤：

牟，麻彪切

以尤切屋：

轴，直由切　　　熟，商由切　　　粥，叶周

叔，叶收　　　　烛，叶肘　　　　宿，叶羞上声

六，叶溜　　　　肉，叶柔去声

元曲例证（尤无号，侯*，幽**，屋ˣ，烛ˣˣ）：

《窦娥冤·第一折》（节录）　　　关汉卿

避凶神要择好日头*[t'əu],

拜家堂要将香火修 [si̯əu]。

梳着个霜雪般白鬏髻，怎将这云霞般锦帕兜*[təu]。

怪不的女大不中留 [li̯əu],

你如今六旬左右 [ji̯əu],

可不道到中年万事休 [xi̯əu]!

旧恩爱一笔勾*[kəu],

新夫妻两意投*[t'əu],

枉教人笑破口*[k'əu]。

你虽然是得他得他营救 [ki̯əu],

须不是笋条笋条年幼**[ji̯əu]。

划的便巧画蛾眉成配偶*[əu],

想当初你夫主遗留［li̯əu］,
替你图谋［məu］,
置下田畴［tʂ‘i̯əu］,
蚤晚羹粥[×]［tɕi̯əu］,
寒暑衣裘［k‘i̯əu］。
满望你鳏寡孤独，无捱无靠，母子每到白头[*]［t‘əu］。
公公也则落得干生受［ɕi̯əu］。

你道他匆匆喜，我替你倒细细愁［tʂ‘əu］。
愁则愁兴阑删，咽不下交欢酒［tsi̯əu］,
愁则愁眼昏腾扭不上同心扣[*]［kəu］,
愁则愁意朦胧睡不稳芙蓉褥^{××}［ʐi̯əu］。
你待要笙歌引至画堂前，我道这姻缘敢落在他人后[*]［xəu］!

我想这妇人每休信那男儿口[*]［k‘əu］,
婆婆也怕没的贞心儿自守［ɕi̯əu］。
到今日招着个村老子，领着个半死囚［ts‘i̯əu］。
则被你坑杀人燕侣莺俦［tʂ‘i̯əu］,
婆婆也你岂不知羞［si̯əu］?
俺公公撞府冲州［tʂi̯əu］,
阛阓的铜斗儿家缘百事有［ji̯əu］。
想着俺公公置就［tsi̯əu］,
怎忍教张驴儿情受［ɕi̯əu］?
兀的不是俺没丈夫的妇女下场头[*]［t‘əu］!

（17）侵寻 [im]

开口 [əm]　《切韵》侵寝沁（二等）

齐齿 [im]　《切韵》侵寝沁（三、四等）

反切例证：

寻，词侵切	侵，妻心切	针，知深切
金，饥吟切	深，赊针切	簪，之参切
森，尸簪切	琛，抽森切	音，衣金切
心，思侵切	钦，欺吟切	歆，希金切
林，离金切	壬，如今切	沉，持深切
淫，移金切	琴，其吟切	岑，锄森切

元曲例证：

《萧淑兰·第三折》　　　　贾仲名

肌削玉，钏松金 [kim]，

陡恁的闷广愁深 [ɕim]。

空着我干忍耻，枉留心 [ɕim]。

都是我忒轻浮，欠检束，正好教他撒沁 [ts'im]。

则索咬定牙儿喑 [jim]。

这文君待驾车，谁承望司马抛琴 [k'im]？

离魂魄，似失心 [sim]。

思昏沉 [tɕ'im]，

闷围愁浸 [tsim]。

白日里忘餐夜废寝 [ts'im]。

自寻思，不知因甚 [ɕim]。

嫂嫂待将咱病审 [ɕim]，

我无语，似害痳［lim］。
是前日打秋千斗草处无拘禁［kim］，
脱衣时敢被风侵［ts'im］。

至如今茶不茶，饭不饭，心内阴阴［jim］。
有时节透顶炎炎，有时节彻骨森森［ʂəm］。
头眩旋旋，眼昏暗暗，身倦沉沉［tɕ'im］。
一会家增寒脾，神凛凛［lim］；
一会家添潮热，冷汗淋淋［lim］。
病来时难灸难针［tɕim］，
心疼时难忍难禁［kim］，
人问时难诉难分，茶饭上不想寻［ɕim］。

信步谩将花径临［lim］，
掩映着柳影花阴［jim］。
害的我骨瘦岩岩死临侵［ts'im］。
端的是为您，为您［nim］！

这生好不知音［jim］！
虚度了春宵一刻价千金［kim］，
空闲了琐窗朱户鸳鸯枕［tɕim］，
翡翠罗衾［k'im］。
早则么韩吏部，李翰林［lim］，
一任教他恁［rim］。
谁想你睡梦里也将人冷侵［ts'im］！
待古里掂折了玉簪［tsəm］，

摔碎了瑶琴 [kʻim]。

把西兴路黄犬寻 [ɕim]，
南浦道青鸾任 [rim]。
信手的联成肠断词，抵多少织就回文锦 [kim]！

早难道诗对会家吟 [jim]，
他全没些惜花心 [sim]。
点勾般圈红问，描朱似刷画儿临 [lim]。
表数句佳音 [jim]，
字字胭脂渗 [ʂəm]；
书两行泥金 [kim]，
行行血泪浸 [tsim]。

病淹煎，苦被东风禁 [kim]，
泪连绵，惟把春衫渗 [ʂəm]。
饭不汤匙，绣不拈针 [tɕim]。
畅道闺思添多，愁怀转深 [ɕim]。
烟冷龙沉 [tɕʻim]，
银蜡消红淋 [lim]。
想起他这狠切的毒心 [sim]，
好着我半晌沉吟 [jim]，
倒替他嚓 [tʂʻəm]。

(18) 监咸 [am]

开口 [am] 《切韵》覃感勘，谈敢阚，咸豏陷（舌齿），衔槛鑑

（舌齿）

齐齿［i̯am］ 《切韵》咸赚陷（喉牙），衔槛鑑（喉牙）

反切例证：

以谈切覃：

谙，乌甘切　　参，仓三切　　簪，兹三切
南，那聃切　　婪，罗担切　　潭，徒蓝切
含，何甘切

以覃切咸：

掺，疎含切

以咸切衔：

监，饥咸切

以覃切谈：

三，思簪切　　甘，哥含切　　蚕，藏含切

以衔切咸：

咸，奚监切

元曲例证（覃无号，谈＊，咸×，衔××）：

《萧淑兰·第二折》　　　　　　　　　　　贾仲名

姐姐命亲分付，为张秀才丁宁使俺＊［am］。
你稳放着个先忧后喜，我空怀着个有苦无甘＊［kam］。
烦恼这场非是揽＊［lam］，
恶风声委实心惨［ts'am］。
则为他粉悴胭憔，端的是香消也那玉减×［ki̯am］。

姐姐怕不心劳意攘，哥哥又不性躁情乖，
嫂嫂可要坐守行监×× ［ki̯am］。
他如今看看衣褪，渐渐裙搀×× ［tʂ'am］。

春衫ˣˣ[ʂam],
双袖漫漫将泪揞[am]。
不明不暗[am],
几时配上金钗,接着琼簪[tsam]?

你九经三史煞曾谙[am],
习典故,观通鉴ˣˣ[kjam],
课赋吟诗有风范[fam]①,
更非凡[fam]。
临帖写字知个浓淡*[tam]。
把古今博览*[lam],
将前人比勘[kʻam],
那一事不详参[tsʻam]?

衡一味诗魔酒酣*[xam],
引不动狂心怪胆*[tam]。
圣人言不孝有三*[sam],
绝子嗣无后怎敢*[kam]?

我着些言语来探[tʻam],
将他来赚ˣ[tʂam]。
他那里急截舌紧搀ˣˣ[tʂʻam]。
秀才每自古眼睛馋ˣ[tʂʻam],
不似这生忒铜心铁胆*[tam]。

---

① "范"字,《中原音韵》《中州音韵》都入寒山韵。这里依从《广韵》入监咸。下文"凡"字同。

哎！你个颜叔子秉烛真个堪［kʻam］,
柳下惠开怀没店三*［sam］。
酸溜溜鲁论齐论，醋滴滴周南召南［nam］。

说的我面惨［tsʻam］,
转羞惭*［tsʻam］。
你因甚相通这书一缄ˣ［kiam］？
莫怪我等闲特故来摇撼*［xam］,
赤紧的张横渠不肯贪婪［lam］。
只待要坐取公侯伯子男［nam］,
气昆昂阔论高谈*［tʻam］。

俺那崔氏女正红愁绿惨［tsʻam］,
你个张君瑞待面北眉南［nam］,
着我老红娘将两下里做一担担*［tam］。
请先生省言劖ˣˣ［tʂʻam］,
喃喃［nam］！

一迷里口似泼𨱏ˣˣ［ʂam］,
怎扑揞［am］！
那里肯周而不比且包含［xam］？
本待成就您，颠倒连累咱［tsam］！
諕的我手忙脚乱似痴憨*［xam］,
似寻龙窟，觅龙潭［tʻam］。

将韩王殿忽然火燖*［lam］,

蓝桥驿平空水㳌ˣ[jiam]。
人前面古怪刚直假撇欠[kʻiam]①，
只怕您背地里荒淫愚滥*[lam]。

空着我功退似游蚕[tsʻam]，
早则罢暮四与朝三*[sam]。
这生性狠情毒，老身惊心战胆*[tam]
姐姐也你敢愁添病感[kam]。

请学士忍耐权时暂*[tsam]，
何必恁高声怒喊*[xam]？
直待教兄嫂逼临了他，着主人公葬送了俺*[am]！

（19）廉纤[æm]

齐齿[iæm]　《切韵》盐琰艳，添忝桥，严俨酽，凡范梵（喉牙）

反切例证：

以盐切添：

兼，饥盐切　　　掂，低廉切　　　甜，徒廉切
添，他廉切　　　谦，欺盐切　　　店，当敛切

以添切盐：

淹，衣兼切　　　炎，移兼切　　　敛，离店切

以添切严：

严，移兼切

以凡（喉牙）切盐：

---

① "欠"字，《中原音韵》《中州音韵》入廉纤韵。这里是借韵。

厌，衣剑切　　　艳，移剑切

以凡（喉牙）切添：

念，尼剑切

以盐切凡（喉牙）：

剑，江焰切　　　欠，欺焰切

元曲例证（盐无号，添*，严 ×，凡 ××）：

《萧淑兰·第一折》（节录）　　　　　贾仲名

伤春病染［rĭæm］，
郁闷沉沉，鬼病恹恹［jĭæm］。
相思即渐［tsĭæm］。
碧窗唾渍稠粘［nĭæm］，
几缕柔丝空系情，满院杨花不卷帘［lĭæm］。
髻鬌楚云松，懒对妆奁［lĭæm］。

晓米情厌［jĭæm］，
收拾心事上眉尖［tsĭæm］。
把金钱暗卜，龟卦时占［tɕĭæm］。
杏脸胭消娇淡淡，柳腰香褪弱纤纤［sĭæm］。
料应也是前生欠 ××［k'ĭæm］。
因无兄嫂，有失拘钤［kĭæm］。

这些时斗帐春寒起未忺 ×［xĭæm］，
睡不甜*［t'ĭæm］，
任教晓日压重檐［jĭæm］。
将他那模样儿心坎上频频垫*［tĭæm］，
名字儿口角头时时念*［nĭæm］。

想他性格儿沉，语话儿谦*［kʻi̯æm］。
绣床无意闲攀占［tɕi̯æm］，
懒把采绒拎［ɕi̯æm］。

我如今纤得金针却倒拈*［ni̯æm］，
牙尖［tsi̯æm］，
抵玉纤［si̯æm］。
罗帕上泪痕千万点*［ti̯æm］。
恐梅香冷句儿剿，怕你娘闲话儿签［tsʻi̯æm］，
我则索强支吾，陪笑脸［ki̯æm］。

向湖山紧舰［tɕʻi̯æm］，
惹游丝满脸［ki̯æm］，
惊飞花乱颭［tɕi̯æm］。
惊飞花乱颭［tɕi̯æm］，
荡残红数点*［ti̯æm］。
我礼忙迎情欲亲，他头不抬身微欠××［kʻi̯æm］，
真所谓君子谦谦*［kʻi̯æm］！

则见他气炎炎［ji̯æm］，
那里也笑掀髯［ri̯æm］，
显出些外貌威严×［ji̯æm］，
内性清廉［li̯æm］。
他避我遮遮掩掩［ji̯æm］，
抵多少等等潜潜［tsʻi̯æm］！

你恼怎么陶学士，苏子瞻 [tɕi̯æm]？
改不了强文懒醋饥寒脸 [ki̯æm]，
断不了诗云子曰酸风欠×× [k'i̯æm]，
离不了之乎者也腌穷俭 [ki̯æm]。
想你也梦不到翔龙飞凤五云楼，
心则在鸣鸡吠犬三家店*[ti̯æm]。

韵部的分合和转移

元代共有十九个韵部，比宋代三十二个韵部少了十三个韵部。

入声韵部全部消失了，并入了阴声韵部。具体情况是：

（1）宋代的屋烛并入了元代的鱼模。其中一小部分字（轴逐熟竹烛粥宿肉褥六）并入了元代的尤侯①。有些字是一字两读，如"轴逐熟竹烛粥宿褥"等②。读入鱼模者，应是文言音，读入尤侯者，应是白话音。今北京话"熟"字仍有两读；"宿"字也有两读，但住宿的"宿"不再读入尤侯（只有星宿的"宿"读入尤侯，因为它原是宥韵字）。"轴粥肉六"等字，今北京文言白话一律读入尤侯；"逐竹烛褥"等字，今北京文言白话一律读入鱼模③。

（2）宋代的觉药并入元代的歌戈和萧豪，其中一部分字（"浊濯镯铎度学缚鹤着杓阁岳乐药约跃诺落洛萼恶弱略掠虐"等）兼入歌戈和萧豪，另有一部分字（"角觉脚壳"等）则不入歌戈，只入萧豪④。并入歌戈者大约是文言音；并入萧豪者大约是白话音。今北京话"壳"字有歌戈、萧

---

① 《中州音韵》还有"孰淑珝叔倏祝竺陆"。
② 《中州音韵》还有"孰淑叔倏祝竺陆"。
③ 《中原音韵》一字两读的"孰淑叔倏祝竺陆"，今北京白话文言一律读入鱼模。
④ 《中原音韵》与《中州音韵》收字稍有不同。《中原音韵》归入萧豪的字更多些。

豪两读；"角觉脚"有萧豪、车遮两读，"杓"字只有萧豪一读。今东北话读入萧豪的字更多些，如"学弱略"等。

（3）宋代曷黠韵字在元代分为两类：曷末韵字并入歌戈，黠鎋韵字并入家麻。

（4）宋代合洽韵字在元代也分为两类：合盍韵字并入歌戈，洽狎韵字并入家麻。

（5）宋代物没韵字在元代也分为两类：物术韵字（物弗术律）和没韵喉牙舌齿音字（骨突忽卒）并入鱼模，① 没韵唇音字（勃渤）并入歌戈。②

（6）宋代的月薛并入元代的车遮。

（7）宋代的业叶也并入元代的车遮。

（8）宋代的麦德并入元代的皆来，少数字（贼则黑勒肋）入齐微。③

（9）宋代的质职并入元代的齐微。

（10）宋代的缉立也并入元代的齐微。

以下讲阴声韵。

（11）宋代的麻蛇，到元代分化为家麻和车遮两个韵部。《切韵》麻二等发展为家麻，三、四等发展为车遮。

（12）宋代的资思，到元代扩大为支思。宋代支齐韵里的一部分照庄系字转入元代的支思。

（13）宋代的豪包和萧肴，到元代合并为萧豪④。

（14）宋代的灰堆、支齐两个韵部，到元代合并为齐微（支齐一部分照庄系字则转入元代的支思）。

---

① 例外："佛"，浮波切，入歌戈。
② "没殁"，叶"暮"，入鱼模。
③ 《中原音韵》无"则"字。例外："塞"字，《中原音韵》入支思，《中州音韵》兼入支思、皆来。
④ 《中原音韵》"骄交"不同音，恐怕是存古。《中州音韵》同音，当以《中州音韵》为准。

以下讲阳声韵。

（15）东锺韵扩大了。庚生和蒸登的合口字（觥肱薨轰横泓宏弘）、撮口字（兄琼永咏）①和唇音开口字（崩烹甍盲萌彭棚鹏朋猛孟迸）都并入了东锺②。今北京话"觥肱轰宏"等字仍读入东锺（只有"横"字读如"衡"）。今西南官话，"崩烹彭朋猛孟"等字也读入东锺。

（16）宋代的庚生、蒸登、京青，到元代合并为庚青。

（17）宋代的寒山分化为元代的寒山和桓欢。寒山相当于《切韵》的寒删山，桓欢相当于《切韵》的桓。删山的合口字归寒山，不归桓欢，故"关、官"不同韵，"还、桓"不同韵。由于新产生了卷舌声母［tʂ、tʂʻ、ʂ］，所以仙韵庄系合口字（"潺撰馔"等）转入寒山。

（18）宋代闻魂和真群，到元代合并为真文。

（19）宋代的覃咸到元代不变，只有轻唇字（《切韵》凡范梵韵轻唇字）转入了寒山。

（20）宋代的侵寻到元代不变，只有重唇字转入了庚青（禀）和真文（品）。

韵部音值的拟测

字音不再分为二呼四等，而是分为开齐合撮四呼。

鱼模仍如宋代，拟测为［u、iu］。鱼模撮口呼之所以不拟测为［y］，是考虑到［y］不可能与［u］押韵。试看现代曲艺的十三辙，［y］归衣期，不归姑苏。

车遮拟测为［æ］，是因为这［æ］是由［a］分化出来，其音应与［a］相近。

---

① "倾""扃"，《中原音韵》《中州音韵》都读入庚青，是例外。
② 这些字，《中原音韵》兼入庚青，是存古。

支思拟测为 [ɿ、ʅ]，与现代北京话一致①。

桓欢拟测为 [ɔn]，是想当然。桓欢既不与寒山同韵，想必它是较后的元音。今广州话"关"字读 [kʷan]，"官"字读 [kun]，与《中原音韵》读音正相近似。

三、元代的声调

元代的声调是汉语声调的大转变，由古代的平上去入四声变为阴阳上去四声。平声分为阴阳两类了，入声消失了，古入声字并入了平上去三声。在《中原音韵》《中州音韵》的阴声韵里，我们看见"入声作平声②、入声作上声、入声作去声"字样，这并不是说当时还有入声存在，而是说诗词平仄中的入声字到了元曲中不再是入声字，而转变到平声、上声或去声了。

周德清说："平上去入四声。《音韵》无入声，派入平上去三声。"这话是最明显不过的了。但是他又说："入声派入平上去三声者，以广其押韵，为作词而设耳。然呼吸言语之间，还有入声之别。"有人抓住他这句话，就说《中原音韵》时代还有入声的存在。我认为周德清这话只是一面挡箭牌。他怕人家攻击他不用诗词平仄押韵的旧法，所以说"呼吸言语之间还有入声之别"来为自己辩护罢了。假使真的"呼吸言语之间还有入声之别"，那么当时大都话有三种入声，为什么今北京话里毫无痕迹呢？再说，入声收音于喉塞音 [ʔ]，与阴声韵收音于元音差别很大，押韵听起来很不谐和，所以绝无促声与舒声押韵的道理。《中州音韵》以阴声字切入声字，如：质，张耻切；昔，丧挤切；七，仓洗切；匹，铺米切；吉，巾以切；失，伤以切；即，将洗切；北，邦每切；则，滋美切；忒，

---

① 参看李思敬《论金元时代汉语儿词尾和儿系列字在北方话中的实际音值》，见《纪念王力先生学术活动五十周年论文集》。
② 入声作平声，指的是阴平呢，还是阳平呢？不明确。我想大约是阳平。

他美切；黑，亨美切，等等，更足以证明元代没有入声的存在了[①]。

　　古入声字在今北京话里也派入平上去三声（实际上是派入阴阳上去四声），但是所归的调类与《中原音韵》不尽相同。《中原音韵》入声字多派入上声，与今东北话一致，而今北京话古入声字派入上声的很少，多数派入了阴平、阳平和去声。古入声次浊字，《中原音韵》一律派入去声，这与今北京话则是一致的。

---

① 　参看宁继福《〈中原音韵〉无入声内证》，见宁继福《中原音韵表稿》，吉林文史出版社 1985 年。

第八章 明清音系（1368—1911年）

本章讲明清音系，主要是根据徐孝《重订司马温公等韵图经》，并参考兰茂《韵略易通》、无名氏《字母切韵要法》、樊腾凤《五方元音》[①]。

兰茂，字廷秀，云南嵩明州人。他虽是云南人，但可能是明初北方移民的后裔。他的《韵略易通》书成于正统七年（1442），书中讲述的显然是北方的普通话。我们在这章里所讲的明代声母系统就是根据他的《早梅诗》。

徐孝是明万历年间（1573-1619）人。我们在这章里所讲述的明清声母和韵部，基本上是依照他的《等韵图经》的二十二母、十三摄。徐孝讲的是顺天府（今北京）的音系，所以本章讲的明清音系以《等韵图经》为准。

《字母切韵要法》不知何人所作，《康熙字典》在卷首登了它。据赵荫棠考证，大约为明正德（1506）以后，清康熙（1662）以前的人所作[②]。我们在这章里所讲的明清韵部，基本上是依照《切韵要法》的十二摄。

樊腾凤，字凌虚，尧山人。据赵荫棠考证，《五方元音》书成当在顺治十一年至康熙十二年（1654-1673）之间[③]。我们在这里所讲的清代前期的声母系统，是依照《五方元音》的。

[①] 参看陆志韦《记兰茂韵略易通》（《燕京学报》第 32 期），《记徐孝重订司马温公等韵图经》（《燕京学报》第 32 期），《记五方元音》（《燕京学报》第 34 期）。
[②] 赵荫棠《等韵源流》260 页，商务印书馆 1957 年。
[③] 赵荫棠《等韵源流》226 页，商务印书馆 1957 年。

一、明清的声母

明代共有二十一个声母，清代前期共有二十个声母（减去 [v] 母），后期共有二十三个声母（增加 [tɕ、tɕʻ、ɕ] 三母），如下表：

发音方法		发音部位 双唇	唇齿	舌尖前	舌尖中	舌尖后	舌面前	舌根
塞音	不送气	p 帮			t 端			k 见
	送 气	pʻ 滂			tʻ 透			kʻ 溪
鼻 音		m 明			n 泥			
边 音					l 来			
闪 音						ɽ 日		
塞擦音	不送气			ts 精		tʂ 照	tɕ 见（齐撮）	
	送 气			tsʻ 清		tʂʻ 穿	tɕʻ 溪（齐撮）	
擦音	清		f 非	s 心		ʂ 审	ɕ 晓（齐撮）	x 晓
	浊		v 微					
半元音		w 吴					j 影	

明代二十一母

（1）帮母 [p]

守温字母：帮，並（仄） 　　例字：兵並比鼻①

（2）滂母 [pʻ]

守温字母：滂，並（平） 　　例字：铺蒲丕陪

---

① 例字采自《等韵图经》。

(3) 明母 [m]

守温字母：明　　　　　　例字：迷米名命

(4) 非母 [f]

守温字母：非，敷，奉　　　例字：夫福扶菲

(5) 微母 [v]

守温字母：微　　　　　　例字：无文微望[①]

(6) 精母 [ts]

守温字母：精，从（仄）　　例字：增赠栽在

(7) 清母 [tsʻ]

守温字母：清，从（平）　　例字：猜才妻齐

(8) 心母 [s]

守温字母：心，邪　　　　　例字：西席须徐

(9) 端母 [t]

守温字母：端，定（仄）　　例字：低狄登邓

(10) 透母 [tʻ]

守温字母：透，定（平）　　例字：脱陀滔陶

(11) 泥母 [n]

守温字母：泥，娘　　　　　例字：鸟内女你

(12) 来母 [l]

守温字母：来　　　　　　例字：李冷卢禄

(13) 日母 [ʐ]

守温字母：日　　　　　　例字：戎辱芮仍

(14) 照母 [tʂ]

守温字母：照，床（部分），知，澄（仄）

---

① 《等韵图经》虽列微母，但无例字，这里的例字是我补的。

例字：中众支直主逐追坠

(15) 穿母 [tʂʻ]

守温字母：穿，床（部分），彻，澄（平），禅（部分）

例字：称呈充虫初锄钗柴

(16) 审母 [ʂ]

守温字母：审，禅（部分），床（部分）

例字：生绳诗时梳蜀水瑞

(17) 见母 [k]

守温字母：见，群（仄）　　例字：该皆鸡及

(18) 溪母 [kʻ]

守温字母：溪，群（平）　　例字：欺奇盔葵

(19) 晓母 [x]

守温字母：晓，匣　　例字：呼虚红喜

(20) 吴母 [w]

守温字母：影疑喻合口字　　例字：乌吴威委歪外

(21) 影母 [j]

守温字母：影疑喻齐齿撮口字　　例字：雍容英硬妖尧

兰茂的《早梅诗》和上述二十一声母是一致的。《早梅诗》是：

东	风	破	早	梅，
[t]	[f]	[pʻ]	[ts]	[m]
向	暖	一	枝	开。
[x]	[n]	[w、j]	[tʂ]	[kʻ]
冰	雪	无	人	见，
[p]	[s]	[v]	[ɽ]	[k]
春	从	天	上	来。
[tʂʻ]	[tsʻ]	[tʻ]	[ʂ]	[l]

由于兰茂把 [w][j] 和零声母并为一母，所以只有二十个声母。

第八章　明清音系（1368—1911年）……405

清代前期声母只有二十个，是由于微母并入影母去了。《五方元音》的二十字母，和我们所讲的清代二十声母是一致的。《五方元音》的二十字母是：

梆（奔班冰边）　［p］　　　匏（盆攀平偏）　［pʻ］
木（门蛮民绵）　［m］　　　风（分番）　　　［f］
斗（登单敦端）　［t］　　　土（吞贪听天）　［tʻ］
鸟（宁年能南）　［n］　　　雷（林连棱兰）　［l］
竹（肫专真占）　［tʂ］　　　虫（春川参搀）　［tʂʻ］①
石（申善唇拴）　［ʂ］　　　日（仁然）　　　［ɽ］
剪（精尖尊钻）　［ts］　　　鹊（清千村撺）　［tsʻ］
系（新先孙宣）　［s］②　　云（因言氲元）　［j］
金（京坚根干）　［k］　　　桥（轻牵坑堪）　［kʻ］
火（兴轩昏欢）　［x］　　　蛙（文晚恩安）　［w］［○］

虽然《韵略易通》和《五方元音》都分二十个声母，实际上是《五方元音》比《韵略易通》少一个声母。试看《五方元音》把"文晚"二字归蛙母，而在《韵略易通》中，"文晚"应是无母（微母）字。这可以证明，《五方元音》把微母归并到影母去了。只是《五方元音》把［j］［w］分为二母，所以才有二十个声母；若依《韵略易通》的原则，《五方元音》只有十九个声母。所以樊腾凤在凡例中说："如《指南》之三十六，并之止该十九。"

从《等韵图经》看，则明万历年间已经没有微母了。在《等韵图经》中，"文晚味问"都被归入了影母。

《等韵图经》的二十二母是：1.见；2.溪；3.端；4.透；5.泥；6.帮；7.滂；8.明；9.非；10.敷；11.微；12.精；13.清；14.⊗；15.心；

---

① "参"，楚簪切。即参差的"参"。
② "系"应是"丝"的简写。联系的"系"属火母，见《五方元音》卷下55页。

16. 照；17. 穿；18. 稔；19. 审；20. 影；21. 晓；22. 来。⑩敷微有母无字，实际上只有十九母。这十九母和《五方元音》是一致的。

清代后期有二十三个声母，是增加了 [tɕ、tɕʻ、ɕ] 三个声母。这三个新声母并不是原来表示照系的 [tɕ、tɕʻ、ɕ]，而是从见系 [k、kʻ、x] 分化出来的。见系开合口字仍读 [k、kʻ、x]，齐撮口字则变为 [tɕ、tɕʻ、ɕ]。

清乾隆年间无名氏《圆音正考》说："试取三十六母字审之，隶见溪郡晓匣五母者属团，隶精清从心邪五母者属尖。"由此看来，似乎清初见系已经分化出 [tɕ、tɕʻ、ɕ]。明隆庆间本《韵略易通》说："见溪若无精清取，审心不见晓匣跟。"由此看来，似乎明隆庆年间（1567—1572）见系已经分化出来 [tɕ、tɕʻ、ɕ]。但是，《五方元音》以"京坚根干"同隶见母，显然见系在清代前期还没有分化为 [k、kʻ、x][tɕ、tɕʻ、ɕ] 两套。可以设想，见系的分化在方言里先走一步，在北京话里则是清代后期的事情。

明清时代，知照系字一律读 [tʂ、tʂʻ、ʂ]，不再读 [tɕ、tɕʻ、ɕ] 了①。《等韵图经》"支止至直"同列，"蛊齿尺驰"同列，"诗史世时"同列，可以为证②。

"儿而耳尔二贰"等字原属日母，在元代读 [ʐ]，到明清时代转入影母（零声母），读 [ɚ]。《等韵图经》把"尔二而"放在影母下，可以为证。同时，其他日母字则由齐微韵转入支思韵，填补"儿而耳尔二贰"的遗缺，改读为 [ʐ]③。

---

① 陆志韦说《韵略易通》和《五方元音》知照系字都有 [tɕ、tɕʻ、ɕ][tʂ、tʂʻ、ʂ] 两套，不足取。
② 在《中原音韵》里，"支止至蛊齿诗史时"属支思韵，读 [tʂ、tʂʻ、ʂ]："直尺驰世"属齐微韵，读 [tɕ、tɕʻ、ɕ]。
③ "儿而耳尔二贰"等字在《五方元音》仍读日母。在这一点上，《五方元音》不代表北京音。

二、明清的韵部

明清时代共有十五个韵部：1. 中东；2. 江阳；3. 支思；4. 衣期；5. 居鱼；6. 姑苏；7. 怀来；8. 灰堆；9. 人辰；10. 言前；11. 遥迢；12. 梭波；13. 麻沙；14. 乜邪；15. 由求。如下表：

元音	韵类	阴声			阳声	
u	u 姑苏					
ɔ	ɔ 梭波					
a	a 麻沙	au 遥迢	ai 怀来		aŋ 江阳	an 言前
e	e 乜邪					
ə		əu 由求	əi 灰堆		əŋ 中东	ən 人辰
i	i 衣期					
y	y 居鱼					
ʅɿ	ʅ、ɿ 支思					

（1）中东 [əŋ]

开口 [əŋ]　《切韵》庚（二），耕，登，清（知照系），蒸（知照系）

例字①：[kəŋ] 庚耿，[k'əŋ] 坑，[təŋ] 登等邓，[t'əŋ] 滕，[nəŋ] 能，[tsəŋ] 增赠，[ts'əŋ] 层，[səŋ] 僧，[xəŋ] 亨恒，[ləŋ] 冷楞，[tʂəŋ] 征整正，[tʂ'əŋ] 称逞秤呈，[ʂəŋ] 生省胜绳

齐齿 [iəŋ]　《切韵》庚（三），清，青，蒸

---

① 例字依《等韵图经》。

例字：[kiəŋ]京景敬，[k'iəŋ]轻顷①庆檠，[tiəŋ]丁顶定，[t'iəŋ]厅挺听亭，[niəŋ]宁，[piəŋ]兵丙並，[p'iəŋ]平，[miəŋ]茗命名，[tsiəŋ]旌井净，[ts'iəŋ]青请情，[siəŋ]星醒性饧，[jiəŋ]英郢硬②盈，[xiəŋ]兴幸行，[liəŋ]领令伶

合口[uəŋ]　《切韵》东（一），冬，东（知照系），锺（知照系），庚（唇），耕（唇），庚（合），耕（合），登（合）

例字：[kuəŋ]公拱贡，[k'uəŋ]空孔控，[tuəŋ]东董动，(t'uəŋ)通统痛同，[puəŋ]崩迸，[p'uəŋ]烹朋，[muəŋ]猛孟蒙，[tsuəŋ]宗总粽，[ts'uəŋ]聪从，[suəŋ]松竦宋，[uəŋ]翁瓮，[xuəŋ]烘哄红，[luəŋ]拢弄笼，[tʂuəŋ]中冢众，[tʂ'uəŋ]充宠铳蟲，[ɽuəŋ]冗戎，[fuəŋ]封凤冯③

撮口[yəŋ]　《切韵》东，锺，庚，清，青

例字：[kyəŋ]扃炯，[k'yəŋ]䓖穷，[jyəŋ]雍永用容，[xyəŋ]兄雄，[lyəŋ]陇龙

（2）江阳[aŋ]

开口[aŋ]　《切韵》江（唇），阳（唇，知照），唐

例字：[kaŋ]冈，[k'aŋ]康慷炕，[taŋ]当党宕，[t'aŋ]汤倘唐，[naŋ]囊，[paŋ]邦榜谤，[p'aŋ]胖庞，[maŋ]忙④，[tsaŋ]臧葬，[ts'aŋ]仓藏，[saŋ]桑丧，[aŋ]盎昂，[xaŋ]夯杭，[laŋ]朗浪郎，[tʂaŋ]章掌丈，[tʂ'aŋ]昌厂唱肠，[ɽaŋ]嚷让穰，[ʂaŋ]商赏上裳

---

① "顷"，撮口字，转入齐齿。
② "硬"，二等字，转入三等。
③ "封凤冯"等字，《等韵图经》归撮口。
④ "邦庞忙"等字，《等韵图经》归合口。编者注："[maŋ]忙"下，文集本有"[faŋ]方访放房"。

齐齿［iaŋ］　《切韵》江（喉牙），阳

　例字：［kiaŋ］江讲绛，［kʻiaŋ］羌强，［niaŋ］酿娘，［tsiaŋ］浆蒋酱，
　　　　［tsʻiaŋ］枪抢呛墙，［siaŋ］襄想像祥，［jiaŋ］央仰漾阳，［xiaŋ］
　　　　香享向降，［liaŋ］两亮良

合口［uaŋ］　《切韵》江（舌齿），阳（喉牙，庄系），唐

　例字：［kuaŋ］光广诳，［kʻuaŋ］匡狂，［waŋ］汪往望王[①]，［xuaŋ］荒
　　　　谎晃黄，［tʂuaŋ］庄奘撞，［tʂʻuaŋ］牎闯创床，［ʂuaŋ］双爽

（3）支思［ɿ、ʅ、ɚ］

开口［ɿ］　《切韵》支（精），脂（精），之（精）

　例字：［tsɿ］资子自，［tsʻɿ］雌此次慈，［sɿ］思死四

开口［ʅ］　《切韵》支（知照），脂（知照），之（知照），祭（知照），
　　　　质（知照），昔（知照），职（知照），缉（知照）

　例字：［tʂʅ］支止至直，［tʂʻʅ］蚩齿尺池，［ʂʅ］诗史世时

开口［ɚ］　《切韵》支（日），脂（日），之（日）

　例字：［ɚ］尔二而

（4）衣期［i］

齐齿［i］　《切韵》支，脂，之，微，齐，祭，废，质，昔，锡，职，缉

　例字：［ki］鸡纪计及，［kʻi］欺起气奇，［ti］低底的狄，［tʻi］梯体
　　　　替提，［ni］你匿泥，［pi］比必鼻，［pʻi］批痞譬皮，［mi］米
　　　　密迷，［tsi］齑挤积集，［tsʻi］妻沏砌齐，［si］西洗细席，［ji］
　　　　衣以义宜，［xi］希喜系眭[②]，［li］李利梨

（5）居鱼［y］

撮口［y］　《切韵》鱼，虞，屋，烛，物，术

[①] "匡狂王往望诳"原属撮口。

[②] "眭"字原属撮口。

例字：[ky]居举句局，[k'y]区去渠，[ny]女，[tsy]沮苴聚，[ts'y]蛆取趣，[sy]须序徐，[jy]淤与玉鱼，[xy]虚许旭，[ly]吕律闾，[tʂy]珠主住逐，[tʂ'y]樗褚出除，[ʂy]书署庶术，[ʐy]乳褥如①

（6）姑苏[u]

合口[u] 《切韵》模，鱼（舌齿），虞（舌齿唇），屋，沃，烛，物（唇），术，没

例字：[ku]孤古顾骨，[k'u]枯苦库，[xu]忽，[tu]都睹杜独，[t'u]秃土兔徒，[nu]驽怒奴，[pu]逋补布，[p'u]铺普扑蒲，[tsu]租祖足卒，[ts'u]粗醋徂，[su]苏素俗，[wu]乌午悟吾，[xu]呼虎户吴，[lu]鲁禄卢，[tʂu]葅珠*阻主*祝住*轴逐*，[tʂ'u]初樗*楚褚*畜出*鉏除*，[ʐu]辱乳褥*如*，[ʂu]梳书*数署*疏庶*蜀术*②

（7）怀来[ai]

开口[ai] 《切韵》咍，泰，夬，佳（舌齿唇），皆（舌齿唇），陌（二等），麦

例字：[kai]该改盖，[k'ai]开恺慨，[tai]呆歹带，[t'ai]胎泰台，[pai]③擘摆拜白，[p'ai]派牌，[mai]买卖埋麦*陌*貊*霢*脉*④，[tsai]哉宰在，[ts'ai]猜采蔡才，[sai]腮赛，[ai]哀矮艾崖，[xai]咍海亥孩，[lai]赖来，[tʂai]斋窄债翟，[tʂ'ai]钗瘥柴，[ʂai]筛晒

齐齿[iai] 《切韵》佳（喉牙），皆（喉牙）

---

① [y]前的[ts、ts'、s、ʐ]可能是一种舌叶音。
② 加*号的字，《等韵图经》归居鱼。编者注；文集本删去。
③ 编者注：[pai]前，文集本有"[nai]乃奈"。
④ 带*号的字依《五方元音》。

例字：[kiai] 皆解戒，[kʻiai] 揩，[jiai] 睚，[xiai] 薤谐

合口 [uai]　《切韵》佳，皆，泰，夬，支（庄系），脂（庄系）

例字：[kuai] 乖拐怪，[kʻuai] 蒯快，[wai] 歪外，[xuai] 坏槐怀*，[tʂʻuai] 揣，[ʂuai] 衰摔帅

（8）灰堆 [əi]

开口 [əi]　《切韵》灰（唇）（泥），脂（唇），微（唇），德（部分）

例字：[kəi] 给①，[təi] 得，[nəi] 馁内，[pəi] 北杯贝，[pʻəi] 丕配陪，[məi] 每昧梅，[tsəi] 贼②，[xəi] 黑，[ləi] 勒垒类雷

合口 [uəi]　《切韵》灰（喉牙舌齿），废（唇），微

例字：[kuəi] 归癸贵，[kʻuəi] 盔傀愧葵，[tuəi] 堆对，[tʻuəi] 推腿退颓，[tsuəi] 嘴最，[tsʻuəi] 崔璀翠，[suəi] 虽髓遂随，[wəi] 威委畏桅，[xuəi] 灰悔会回，[tʂuəi] 追捶坠，[tʂʻuəi] 吹炊垂，[ʐuəi] 蕊芮蕤，[ʂuəi] 水瑞谁

（9）人辰 [ən]

开口 [ən]　《切韵》痕，魂（唇），文（唇），真（知照系），侵（知照系）

例字：[kən] 根艮，[kʻən] 恳，[ən] 恩，[xən] 狠恨痕，[tʂən] 真轸震，[tʂʻən] 嗔趁陈，[ʐən] 忍刃人，[ʂən] 申矧慎神，[tsən] 怎，[pən] 奔本，[pʻən] 喷盆，[mən] 闷门，[fən] 分粉忿汾

齐齿 [iən]　《切韵》真，侵

例字：[kiən] 巾谨近，[kʻiən] 钦勤，[niən] 您赁纫，[piən] 宾摈，[pʻiən] 品聘③贫，[miən] 敏憨民，[tsiən] 津尽进，[tsʻiən] 侵

---

① "给"原是缉韵字。
② 编者注："[tsei]"前，文集本有"[fei]"飞匪肥"。
③ "聘"字原是劲韵字。

寝沁秦，[siən] 辛信寻，[jiən] 因引印寅，[xiən] 欣衅，[liən] 凛吝林

合口 [uən]　《切韵》魂，文（微母），谆

例字：[kuən] 滚棍，[k'uən] 坤捆困，[tuən] 敦，[t'uən] 吞屯，[nuən] 嫩，[tsuən] 尊樽，[ts'uən] 村忖寸存，[suən] 孙损，[wən] 温稳问文，[xuən] 昏混浑，[tʂuən] 迍准，[tʂ'uən] 春蠢唇，[ɽuən] 闰犉，[ʂuən] 顺，[luən] 论①崙

撮口 [yən]《切韵》文（喉牙），谆（精系，来母）

例字：[kyən] 君窘郡，[k'yən] 群，[tsyən] 俊，[syən] 笋峻旬，[jyən] 氲允运雲，[xyən] 薰训，[lyən] 伦

（10）言前 [an]

开口 [an]《切韵》寒，桓（唇），元（唇），覃，谈，删（舌齿唇），山（舌齿），咸（舌齿），衔（舌齿），凡

例字：[kan] 干敢幹，[k'an] 堪坎勘，[tan] 丹但，[t'an] 贪毯炭谈，[nan] 南，[tsan] 赞，[ts'an] 参惨粲残，[san] 三伞散，[an] 安俺暗，[xan] 酣罕旱寒，[lan] 览滥蓝，[tʂan] 占展湛，[tʂ'an] 产忏蝉，[ɽan] 冉然，[ʂan] 山门扇，[pan] 班板半，[p'an] 潘判盘，[man] 满慢蛮，[fan] 番反范凡

齐齿 [ian]　《切韵》删（喉牙），山（喉牙），先，仙，元，咸（喉牙），衔（喉牙），盐，添，严，凡（喉牙）

例字：[kian] 坚减件，[k'ian] 谦遣欠钳，[tian] 典店，[t'ian] 天忝田，[nian] 碾念年，[pian] 边扁变，[p'ian] 偏片胼，[mian] 免面绵，[tsian] 煎剪践，[ts'ian] 金浅茜钱，[sian] 仙狝线涎，[jian] 焉演厌言，[xian] 掀险现贤，[lian] 敛炼连

---

① "论"字，《五方元音》入合口，《等韵图经》入撮口。

合口［uan］　《切韵》桓，删，山

例字：［kuan］官管贯，［k'uan］宽款，［tuan］耑短断，［t'uan］湍疃彖团，［nuan］暖，［tsuan］镌，［ts'uan］窜攒，［suan］酸蒜，［wan］弯晚玩完，［xuan］欢缓换桓，［luan］卵乱栾，［tʂuan］专转撰，［tʂ'uan］川喘钏船，［ʐuan］软，［ʂuan］拴涮

撮口［yan］　《切韵》先，仙，元

例字：［kyan］涓卷眷，［k'yan］圈犬劝权，［ts'yan］全，［syan］宣选旋，［jyan］渊远院原，［xyan］喧玄，［lyan］脔恋挛

(11) 遥迢［au］

开口［an］　《切韵》豪，肴（舌齿唇），宵（知照系），铎（少），药（少）

例字：［kau］高稿告，［k'au］尻考犒，［tau］刀倒到，［t'au］滔讨套陶，［nau］瑙闹挠，［pau］包保报，［p'au］胞泡袍，［mau］卯貌毛，［tsau］糟早皂凿，［ts'au］操草糙曹，［sau］骚扫燥，［au］袄奥敖，［xau］蒿好皓豪，［lau］老涝劳，［tʂau］昭沼兆焯，［tʂ'au］抄炒钞晁，［ʐau］扰饶，［ʂan］梢少邵韶

齐齿［i̯au］　《切韵》萧，宵，肴（喉牙）

例字：［ki̯au］交狡教，［k'i̯au］敲巧窍乔，［ti̯au］貂吊，［t'i̯au］挑窕条，［ni̯au］鸟尿，［pi̯au］标表，［p'i̯au］漂票瓢，［mi̯au］眇妙苗，［tsi̯au］焦剿醮，［ts'i̯au］鍫悄俏樵，［si̯au］宵小笑，［ji̯au］妖咬要尧，［xi̯au］哮晓孝肴，［li̯au］了料僚

(12) 梭波［ɔ］

开口［ɔ］　《切韵》歌，药（舌齿），觉（舌齿），曷

例字：［kɔ］哥哿个，［k'ɔ］珂可渴，［ɔ］阿我恶蛾，［xɔ］诃何，［lɔ］

络，［fɔ］缚①

齐齿［iɔ］　《切韵》觉（喉牙），药

　　例字：［kiɔ］角，［k'iɔ］却，［tsiɔ］爵嚼，［ts'iɔ］雀，［siɔ］削，［jiɔ］约，［xiɔ］学，［liɔ］略

合口［uɔ］　《切韵》歌（舌齿），戈，觉（舌齿），铎，末

　　例字：［kuɔ］锅果过，［k'uɔ］科颗课，［tuɔ］多朵惰夺，［t'uɔ］拖妥脱陀，［nuɔ］娜懦那，［puɔ］波跛博箔，［p'uɔ］坡颇破婆，［muɔ］摸抹莫魔，［tsuɔ］左坐昨，［ts'uɔ］搓脞错，［suɔ］梭锁，［wɔ］窝卧讹，［xuɔ］火祸活，［luɔ］裸罗，［tʂuɔ］卓浊，［tʂ'uɔ］戳，［suɔ］所朔②

（13）麻沙［a］

开口［a］《切韵》麻，曷（舌齿），黠（舌齿），鎋（舌齿），合（舌齿），盍（舌齿），洽（舌齿），狎（舌齿）

　　例字：［ta］搭打答达，［t'a］他塔榻③，［na］纳拿，［pa］巴把霸拔，［p'a］葩怕杷，［ma］妈马骂麻，［fa］发法乏，［tsa］杂，［ts'a］擦，［sa］萨撒馺，［a］阿，［xa］哈，［la］拉辣，［tʂa］楂乍闸，［tʂ'a］叉察茶，［ʂa］沙厦杀④

齐齿［ia］《切韵》麻（喉牙），黠（喉牙），鎋（喉牙），洽（喉牙），狎（喉牙）

　　例字：［kia］加贾架，［k'ia］掐恰，［jia］鸦雅牙，［xia］虾下匣

合口［ua］　《切韵》麻，佳，黠，鎋

　　例字：［kua］瓜寡卦，［k'ua］夸跨，［wa］瓦娃，［xua］花化滑，［tʂua］

---

① 编者注："缚"下，文集本有"［tʂɔ］酌灼，［tʂ'ɔ］绰，［rɔ］若，［ʂɔ］杓"。
② "所"，语韵字，读入梭波，是不规则的变化。
③ "他"，歌韵字，读入麻沙，是古音的残留。
④ "厦"，本音夏，此读沙上声，是不规则的变化。

挖茁，[ʂua] 刷

(14) 乜邪 [e]

开口 [ke]　《切韵》陌（二等），麦，德，职（二等），麻（三等舌齿），薛（舌齿）

例字：[ke] 革，[k'e] 刻，[te] 德特，[t'e] 忒，[tse] 则，[se] 塞，[e] 厄，[xe] 黑劾，[le] 勒，[tʂe] 遮者哲宅，[tʂ'e] 车扯册，[ɽe] 惹热，[ʂe] 奢舍色舌，[pe] 百白，[p'e] 拍，[me] 墨

齐齿 [i̯e]　《切韵》屑，薛，麻（三等），葉，怗，业，月

例字：[ki̯e] 迎结桀，[k'i̯e] 怯茄，[ti̯e] 爹牒，[t'i̯e] 贴帖，[ni̯e] 捏臬，[pi̯e] 鳖别，[p'i̯e] 瞥，[mi̯e] 哔乜灭，[tsi̯e] 姐借截，[ts'i̯e] 且妾，[si̯e] 些写屑邪，[ji̯e] 噎野夜耶，[xi̯e] 蝎歇协，[li̯e] 列

合口 [ue]　《切韵》德，薛（舌齿）

例字：[kue] 国，[x'ue] 或惑，[tʂue] 拙，[tʂ'ue] 啜，[ɽue] 爇，[ʂue] 说

撮口 [ye]　《切韵》月，屑，薛，麻

例字：[kye] 厥掘，[k'ye] 缺瘸，[tsye] 嗟绝①，[sye] 雪，[jye] 曰月，[xye] 靴血穴，[lye] 劣

(15) 由求 [əu]

开口 [əu]　《切韵》侯，尤（知照系）（唇），屋（少）

例字：[kəu] 钩狗够，[k'əu] 抠口叩，[təu] 兜斗豆，[t'əu] 偷毣透头，[nəu] 耨，[p'əu] 剖裒，[məu] 谋，[fəu] 否桴，[tsəu] 走奏，[ts'əu] 辏，[səu] 叟嗽，[əu] 呕讴，[xəu] 齁吼厚侯，

---

① "嗟"，齐齿字，这里读撮口。

［ləu］窭陋楼，［tʂəu］邹肘纣，［tʂəu］抽丑臭绸，［ʐəu］肉柔，
　　［ʂəu］收手受熟

齐齿［iəu］　《切韵》尤（喉牙）（精系），幽

　例字：［kiəu］鸠九救，［k'iəu］丘糗求，［tiəu］丢①，［niəu］牛②，［piəu］
　　彪，［miəu］谬缪，［tsiəu］酒就，［ts'iəu］秋酋，［siəu］脩秀囚，
　　［jiəu］幽有又尤，［xiəu］休朽嗅，［liəu］溜柳流

韵部的分合和转移

　　明清十五个韵部，借用现代曲艺十三辙的名称，再加上支思、居鱼两个韵部。实际上，明清十五个韵部和现代十三辙的韵部是一致的，只不过现代十三辙把支思、居鱼并入衣期辙去，算是一个韵部了。

　　《等韵图经》分为十三摄，和现代曲艺十三辙一致。对比如下：

《等韵图经》	曲艺十三辙
1. 通摄	1. 中东
2. 止摄	3. 衣期
3. 祝摄	4. 姑苏
4. 蟹摄	5. 怀来
5. 垒摄	6. 灰堆
6. 效摄	7. 遥迢
7. 果摄	10. 梭波
8. 假摄	11. 麻沙
9. 拙摄	12. 乜邪

---

① "丢"，萧韵字，读入由求。
② "牛"，疑母字，读入泥母。

10. 臻摄	9. 人辰
11. 山摄	8. 先天
12. 宕摄	2. 江阳
13. 流摄	13. 由求

至于具体归字，《等韵图经》与十三辙稍有不同，下章再行讨论。

《切韵要法》分十二摄：1. 迦；2. 结；3. 冈；4. 庚；5. 减；6. 高；7. 该；8. 傀；9. 根；10. 干；11. 钩；12. 歌。和《等韵图经》十三摄对比，则迦等于假；结等于拙；冈等于宕；庚等于通；减的开口属拙，齐齿撮口属止，合口属祝；高等于效；该等于蟹；傀等于垒；根等于臻；干等于山；钩等于流；歌等于果。在四呼方面，《切韵要法》有些地方归字比《等韵图经》合理，如"巴爬麻"等字《切韵要法》归开口，《等韵图经》归合口，今依《切韵要法》。

《五方元音》分十二韵：1. 天；2. 人；3. 龙；4. 羊；5. 牛；6. 獒；7. 虎；8. 驼；9. 蛇；10. 马；11. 豺；12. 地。和《等韵图经》对比，则天等于山；人等于臻；龙等于通；羊等于宕；牛等于流；獒等于效；虎等于祝；驼等于果；蛇等于拙；马等于假；豺等于蟹。地韵最复杂：它等于《等韵图经》的止垒两摄。这和今天的十三辙也一致，应是方言现象。

元代十九韵部演变为明清十五韵部，所少的四部是：-m 尾侵寻、监咸、廉纤三部消失了，分别转入真文、寒山、先天三部；-n 尾桓欢部消失了，转入寒山；东锺、庚青两部合并为中东。元代的鱼模，到明代分化为二：合口呼成为明代的姑苏；撮口呼转化为明代的居鱼。这种分化，并不是按《切韵》鱼虞与模来分的，而是鱼韵二等字、虞韵轻唇字和模韵字都归姑苏，鱼韵三、四等字和虞韵喉牙舌齿字则归居鱼。

韵部音值的拟测

韵部音值的拟测，基本上依照元代韵部的音值，只有两点需要加以说明：

（1）中东部拟测为［əŋ、iəŋ、uəŋ、yəŋ］，而元代的庚青部拟测为［əŋ、iəŋ、yəŋ］，东锺部拟测为［uŋ、iuŋ］两部稍有差别。而实际上可能没有差别，只是从音位观点上看，［uŋ］也可以写作［uəŋ］，认为是［əŋ］的合口呼；［iuŋ］也可以写作［yəŋ］，认为是［əŋ］的撮口呼罢了①。

（2）居鱼部拟测为［y］，与元代鱼模部撮口呼［iu］不同，为什么呢？元代鱼模撮口呼必须拟测为［iu］，然后能和合口呼［u］押韵；明代居鱼部正相反，它和衣期同属《等韵图经》的止摄，必须是转化为［y］，［y］与［i］才能押韵，正如今天十三辙［y］［i］同属衣期辙一样。

三、明清的声调

明清时代和元代一样，没有入声，而有阴阳上去四声。《等韵图经》把旧入声字归入阴平、上声、去声、阳平，如勒*垒类雷，摸*抹*莫*魔，夫府福*扶，租祖足*卒，那是明清时代无入声的明证。《五方元音》有入声，是方言现象。《切韵要法》有入声，是存古②。

《等韵图经》入声派入阴阳上去，和《中原音韵》入声派入平上去很不一样，可见声调的转化比韵部的转化快得多。下面是《中原音韵》入声派入平上去和《等韵图经》入声派入阴阳上去以及今北京话入声派入阴阳上去的比较表：

---

① 元代的［iuŋ］［yəŋ］已合而为一，所以《五方元音》"恭、肩"同音。
② 《切韵要法》有三十六字母，也是存古。

旧入声字	《中原》读	《图经》读	今北京读
及	平声	阳平	阳平
的	上声	去声	去声
狄	平声	阳平	阳平
匿	去声	去声	去声
必	上声	上声	去声
密	去声	去声	去声
积	上声	去声	阴平
席	平声	阳平	阳平
直	平声	阳平	阳平
尺	上声	去声	上声
逐	平声	阳平	阳平
出	上声	去声	阴平
褥	去声	去声	去声
术	平声	阳平	去声
局	平声	阳平	阳平
玉	去声	去声	去声
旭	上声	去声	去声
律	去声	去声	去声
独	平声	阳平	阳平
扑	上声	去声	阴平
足	上声	去声	阳平
卒	上声	阳平	阳平
俗	平声	阳平	阳平
禄	去声	去声	去声
祝	上声	去声	去声
轴	平声	阳平	阳平
畜	上声	去声	去声
蜀	平声	阳平	上声
福	上声	去声	阳平
窄	上声	上声	上声
翟	平声	阳平	阳平
擘	上声	阴平	阴平
白	平声	阳平	阳平

旧入声字	《中原》读	《图经》读	今北京读
给	上声	上声	上声
得	上声	上声	上声[1]
北	上声	阴平	上声
贼	上声	阳平	阳平
黑	上声	阴平	阴平
勒	去声	阴平	阴平[2]
凿	平声	阳平	阳平[3]
雹	平声	阳平	阳平
缚	平声	阳平	去声
渴	上声	去声	上声
诺	去声	去声	去声
恶	去声	去声	去声
络	去声	去声	去声
酌	上声	去声	阳平
灼	上声	阳平	阳平
绰	上声	去声	去声
若	去声	去声	去声
烁	上声	去声	去声
杓	平声	阳平	阳平
爵	上声	去声	阳平
嚼	平声	阳平	阳平
雀	上声	去声	去声
角	上声	去声	上声
却	上声	去声	去声
削	上声	去声	阴平
约	去声	去声	阴平
学	平声	阳平	阳平
略	去声	去声	去声
夺	平声	阳平	阳平
脱	上声	去声	阴平

---

[1] "得",白话音读 [tei],上声。
[2] "勒",白话音读 [lei],阴平。
[3] "凿",白话音读 [zau],阳平。

旧入声字	《中原》读	《图经》读	今北京读
博	平声	去声	阳平
箔	平声	阳平	阳平
摸	去声	阴平	阴平
抹	上声	上声	上声
莫	去声	去声	去声
昨	平声	阳平	阳平
错	上声	去声	去声
活	平声	阳平	阳平
卓（桌）	——	阴平	阴平
卓	上声	去声	阴平
浊	平声	阳平	阳平
戳	上声	去声	阴平
朔	上声	去声	去声
搭	上声	阴平	阴平
荅	上声	去声	阴平
达	平声	阳平	阳平
塔	上声	上声	上声
榻	上声	去声	去声
纳	去声	去声	去声
咂	上声	阴平	阴平
杂	平声	阳平	阳平
擦	上声	去声	阴平
萨	上声	阴平	去声
撒	上声	上声	上声
靸	上声	去声	上声
喇	——	上声	上声
拉	上声	阴平	阴平
掐	上声	阴平	阴平
恰	上声	去声	去声
辣	去声	去声	去声
闸	平声	阳平	阳平
察	上声	去声	阳平
杀	上声	去声	阴平
匣	平声	阳平	阳平

旧入声字	《中原》读	《图经》读	今北京读
拔	平声	阳平	阳平
滑	平声	阳平	阳平
发（發）	上声	阴平	阴平
法	上声	去声	上声
乏	平声	阳平	阳平
绝	平声	阳平	阳平
刷	去声	去声	阴平
革	上声	去声	阳平
刻	上声	去声	去声
德	上声	去声	阳平
特	——	阳平	去声
忒	上声	去声	去声
则	上声	去声	阳平
塞	平声	去声	去声
厄	去声	去声	去声
黑（文言）	上声	去声	阴平
勒（文言）	去声	去声	去声
哲	上声	去声	阳平
宅	平声	阳平	阳平
册	上声	去声	去声
热	去声	去声	去声
色	上声	去声	去声
舌	平声	阳平	阳平
结	上声	去声	阳平
桀	平声	阳平	阳平
怯	上声	去声	去声
喋	平声	去声	阳平
牒	平声	阳平	阳平
贴	上声	阴平	阴平
帖	上声	上声	上声
捏	去声	去声	阴平
鳖	上声	去声	阴平
别	平声	阳平	阳平
瞥	上声	阴平	阴平

旧入声字	《中原》读	《图经》读	今北京读
擎（撇）	上声	去声	阴平
灭	去声	去声	去声
截	平声	阳平	阳平
妾	上声	去声	去声
屑	上声	去声	去声
噎	去声	阴平	阴平
歇	上声	去声	阴平
协	平声	阳平	阳平
列	去声	去声	去声
国	上声	去声	阳平
百	上声	去声	上声
白（文言）	平声	阳平	阳平
拍	上声	去声	阴平
墨	去声	去声	去声
或	平声	去声	去声
惑	平声	阳平	去声
拙	平声	去声	阴平
啜	——	去声	去声
爇	去声	去声	去声
说	上声	去声	阴平
厥	上声	去声	阳平
掘	平声	阳平	阳平
缺	上声	去声	阴平
雪（白话）	上声	上声	上声
雪	上声	去声	上声
日	——	阴平	阴平
月	去声	去声	去声
血	上声	去声	去声[①]
穴	平声	阳平	阳平
劣	去声	去声	去声

---

① "血"，白话读上声。

上述 161 例，除 5 例《中原音韵》无字外，共有 156 例。元代、明清、现代完全相同者，有 72 例①；元代与明清相同者，有 7 例；元代与现代相同者，有 9 例；明清与现代相同者，有 40 例。可见明清入声的分配已经接近现代了。

明清入声的分配与元代入声的分配相比，主要的区别是：元代入声多转为上声，明清入声多转为去声；元代入声没有转入阴平的，明清入声字则有 16 例转入阴平。

明清入声的转化比较有规律，一般是清音字归去声，浊音字归阳平，白话字归阴平。至于次浊字一律归去声，则是元代、明清、现代三个时期的共同规律。

---

① 《中原音韵》入声当作阳平看待。

第九章　现代音系（1911—　）

本章讲现代音系，打算分五种方言来讲。北方话，以北京为代表；吴语，以苏州为代表；闽语，以厦门为代表；粤语，以广州为代表；客家话，以梅县为代表。

一、北方话

（甲）北京的声母

现代北京的声母，和清代后期大体一致，但是，具体归字则有所不同，因为精系齐撮字转化为 [tɕ、tɕʻ、ɕ]，与见系齐撮字合流了，如下页表：

（1）帮母 [p]

守温字母：帮　　　　　　　　例字：奔班冰边
守温字母：並（仄）　　　　　例字：伴傍便鼻

（2）滂母 [pʻ]

守温字母：滂　　　　　　　　例字：烹攀抛偏
守温字母：並（平）　　　　　例字：盆袍平皮

（3）明母 [m]

守温字母：明　　　　　　　　例字：门蛮民绵
守温字母：帮（少）　　　　　例字：秘泌

发音方法＼发音部位	双唇	唇齿	舌尖前	舌尖中	舌尖后	舌面前	舌根
塞音 不送气	p 帮			t 端			k 见（开合）
塞音 送气	p' 滂			t' 透			k' 溪（开合）
鼻音	m 明			n 泥			
塞擦音 不送气			ts 精（开合）		tʂ 照	tɕ 精见（齐撮）	
塞擦音 送气			ts' 清（开合）		tʂ' 穿	tɕ' 清溪（齐撮）	
擦音		f 非	s 心（开合）		ʂ 审 ʒ	ɕ 心晓（齐撮）	x 晓（开合）
通音				l 来	ɻ 日		
半元音	w、ɥ 吴					j（ɥ）影	（w）

（4）吴母 [w]

守温字母：影　　　　　　　　　　例字：温湾翁威

守温字母：喻　　　　　　　　　　例字：位惟为卫

守温字母：疑　　　　　　　　　　例字：伪玩吴魏

守温字母：微　　　　　　　　　　例字：文晚无微

守温字母：匣（少）　　　　　　　例字：丸完

（5）非母 [f]

守温字母：非　　　　　　　　　　例字：风非夫分

守温字母：敷　　　　　　　　　　例字：峰霏敷芬

守温字母：奉　　　　　　　　　　例字：逢肥扶焚

（6）精母（开合）[ts]

守温字母：精　　　　　　　　　　例字：宗臧尊钻

守温字母：从（仄）　　　　　　　例字：皂祚坐族
守温字母：照（二等，少）　　　　例字：责仄辐阻
守温字母：澄（仄，少）　　　　　例字：泽择

（7）清母（开合）[ts']

守温字母：清　　　　　　　　　　例字：葱粗猜村
守温字母：从（平）　　　　　　　例字：从徂才存
守温字母：穿（二等，少）　　　　例字：策册测厕
守温字母：床（二等，平，少）　　例字：岑
守温字母：邪（平，少）　　　　　例字：辞词祠
守温字母：心（仄，少）　　　　　例字：赐伺

（8）心母（开合）[s]

守温字母：心　　　　　　　　　　例字：三桑孙酸
守温字母：邪（少）　　　　　　　例字：松俗
守温字母：审（二等，少）　　　　例字：洒色瑟森

（9）端母 [t]

守温字母：端　　　　　　　　　　例字：登单敦端
守温字母：定（仄）　　　　　　　例字：邓蛋钝段

（10）透母 [t']

守温字母：透　　　　　　　　　　例字：吞贪听天
守温字母：定（平）　　　　　　　例字：屯谈亭田

（11）泥母 [n]

守温字母：泥　　　　　　　　　　例字：宁年能南
守温字母：娘　　　　　　　　　　例字：浓尼女暱
守温字母：疑（少）　　　　　　　例字：倪拟逆牛

守温字母：来（少）　　　　　　例字：弄輂①

（12）来母 [l]

　　守温字母：来　　　　　　　　　例字：林连棱兰

（13）照母 [tʂ]

　　守温字母：知　　　　　　　　　例字：中知猪珍
　　守温字母：澄（仄）　　　　　　例字：仲治住阵
　　守温字母：照　　　　　　　　　例字：钟至朱真
　　守温字母：床（二等，仄，部分）例字：撰状助栈

（14）穿母 [tʂ']

　　守温字母：彻　　　　　　　　　例字：摅超忡畜
　　守温字母：澄（平）　　　　　　例字：除传重躅
　　守温字母：穿　　　　　　　　　例字：春川充俶
　　守温字母：床（二等，平）　　　例字：锄柴崇豺
　　守温字母：床（三等，少）　　　例字：唇船
　　守温字母：禅（平，部分）　　　例字：臣成蝉常
　　守温字母：审（二等，一个字）　例字：产
　　守温字母：溪（一个字）　　　　例字：吃（喫）

（15）审母 [ʂ]

　　守温字母：审　　　　　　　　　例字：身商拴霜
　　守温字母：禅（仄）　　　　　　例字：慎上是蜀
　　守温字母：禅（平，部分）　　　例字：谁时殊韶
　　守温字母：床（二等，少）　　　例字：士事
　　守温字母：床（三等，多）　　　例字：示神蛇食
　　守温字母：匣（一个字）　　　　例字：厦

---

① "弄"，来母字，今北京 [nuŋ]，是例外。

（16）日母 [ɹ]

守温字母：日　　　　　　　　　例字：仁然闰软
守温字母：喻（少）　　　　　　例字：容荣锐睿
守温字母：禅（一个字）　　　　例字：瑞

（17）精见（齐撮）[tɕ]

守温字母：精　　　　　　　　　例字：精尖赍疽
守温字母：从（仄）　　　　　　例字：静贱剂聚
守温字母：见　　　　　　　　　例字：京坚基居
守温字母：群（仄）　　　　　　例字：竞件忌惧

（18）清溪（齐撮）[tɕ']

守温字母：清　　　　　　　　　例字：清千妻趋
守温字母：从（平）　　　　　　例字：情钱齐潜
守温字母：溪　　　　　　　　　例字：轻牵欺驱
守温字母：群（平）　　　　　　例字：擎乾旗渠

（19）心晓（齐撮）[ɕ]

守温字母：心　　　　　　　　　例字：新先西须
守温字母：邪　　　　　　　　　例字：旬旋邪徐
守温字母：晓　　　　　　　　　例字：兴轩醯虚
守温字母：匣　　　　　　　　　例字：行贤奚玄
守温字母：溪（少）　　　　　　例字：溪墟

（20）影母 [j][1]

守温字母：影　　　　　　　　　例字：因氯烟渊
守温字母：喻　　　　　　　　　例字：寅云延员
守温字母：疑　　　　　　　　　例字：银匀言元

（21）见母（开合）[k]

守温字母：见　　　　　　　　　例字：根干滚官

---

[1] 零声母也算影母，但是这里不算入声母之数。

守温字母：群（仄，少）　　　　　例字：共
　　　　　（22）溪母（开合）[k']
守温字母：溪　　　　　　　　　　例字：坑堪坤宽
守温字母：群（平，少）　　　　　例字：狂
守温字母：见（少）　　　　　　　例字：昆崑琨
　　　　　（23）晓母（开合）[x]
守温字母：晓　　　　　　　　　　例字：亨荒昏欢
守温字母：匣　　　　　　　　　　例字：衡黄魂桓

现代北京话的最大特点，在声母方面是：精系齐撮字转变为 [tɕ、tɕ'、ɕ]，与见系齐撮字合流。这种情况，大约在清末就开始了。京剧唱腔讲究尖团音的区别。所谓尖音，指 [tsi][ts'i][si] 等；所谓团音，指 [tɕi][tɕ'i][ɕi] 等。大约见系齐撮字先变为 [tɕ][tɕ'][ɕ]。所谓区别尖团音，并不是保存见系的 [ki][k'i][xi]，而是保存精系的 [tsi][ts'i][si]。吴语至今仍保持尖团音的差别，北方话也有保持这种区别的，例如河南开封。

这种转变，是否可以提前到明末或清初呢？我看不可以。《五方元音》以"精尖"与"尊钻"同属剪母，可见"精尖"仍读 [tsiŋ][tsian]；"清千"与"村撺"同属鹊母，可见"清千"仍读 [ts'iŋ][ts'ian]；"新先宣"与"孙"同属系母（丝母），可见"新先宣"仍读 [sin][sian][syan]。《五方元音》以"京坚"与"根干"同属金母，可见"京坚"仍读 [kiŋ][kian]；"轻牵"与"坑堪"同属桥母，可见"轻牵"仍读 [k'iŋ][k'ian]；"兴轩"与"昏欢"同属火母，可见"兴轩"仍读 [xiŋ][xian]①。

此外，有些散字改变了声母，值得注意，例如：

丸完，匣母字，《五方元音》读如"还"，今北京读 [wan]。

赐伺，心母字，《五方元音》读如"四"，今北京读如"次"。

---

① "轩"，齐齿字，今北京读为撮口 [ɕyan]。

产，《广韵》所简切，审母二等字，《五方元音》读如"搀"上声，转入穿母。今北京也读入穿母。

松，《广韵》祥容切，邪母撮口字，《五方元音》读如"嵩"，转入心母合口，今北京也读如"嵩"。

责仄，照母二等字，《五方元音》读入竹母，今北京读入精母。

阻俎，侧吕切，照母二等字，《五方元音》读如"祖"，转入精母，今北京也读入精母。

泽择，澄母字，《五方元音》读入竹母，今北京读入精母。

策册测恻，穿母二等字，《五方元音》读入虫母，今北京读入清母。

菑輜，照母二等字，《五方元音》读入竹母，今北京读入精母。

厕，《广韵》初吏切，穿母二等字，今北京读入清母。

弄，来母字，《五方元音》读如"龙"去声，今北京读入泥母。

容融荣，喻母字，《五方元音》读如"庸"，今北京读如"戎"，转入日母。

锐睿，喻母字，今北京读如"芮"，转入日母。

瑞，《广韵》是伪切，禅母字，《五方元音》属石母，读如"睡"，今北京读如"芮"，转入日母。

溪，溪母字，《五方元音》属桥母，读如"欺"，今北京读入晓母。

昆崑琨，见母字，《五方元音》属金母，读如"鲧"上声，今北京读如"坤"，转入溪母。

吃（喫），《广韵》苦击切，溪母字，《五方元音》读入桥母，今北京读入穿母。

秘（祕），帮母字，《五方元音》读如"闭"，今北京读如"密"，转入明母。

厦，匣母字，《五方元音》读如"夏"，今北京读如"歃"[ṣa]，转入审母①。

以上所述，除照系二等字读［ts，ts'、s］可认为是古音的残留之外，都是不规则的变化。

（乙）北京的韵部

现代北京的韵部，比明清时代多一部（多了一个车遮［ə］），共十六部：1.中东；2.江阳；3.支思；4.衣期；5.居鱼；6.姑苏；7.怀来；8.灰堆；9.人辰；10.言前；11.遥迢；12.梭波；13.麻沙；14.车遮；15.乜邪；16.由求，如下表：

元音\韵类	阴 声			阳 声	
u	u 姑苏				
o	o 梭波				
a	a 麻沙	au 遥迢	ai 怀来	aŋ 江阳	an 言前
ε	ε 乜邪				
ə	ə 车遮	əu 由求	əi 灰堆	əŋ 中东	ən 人辰
i	i 衣期				
y	y 居鱼				
ι ʅ ɿ	ι、ʅ、ɿ 支思				

（1）中东 ［əŋ］

开口 ［əŋ］　　《切韵》庚（二等），登，耕，清（知照系），蒸（知照系），
　　　　　　　　东（唇），锺（唇）

---

① 但厦门的"厦"仍读如"夏"。

例字①：崩迸，烹彭，蒙孟，风冯讽缝；翁瓮；登等邓，滕，能，棱冷；争浄，撑枨，生省；贞整正，称成逞秤，升绳盛，扔仍；曾，层，僧；庚梗亘，坑，亨衡。

齐齿 [iŋ]② 《切韵》庚（三等），清，青，蒸

例字：冰饼并，娉平聘，明茗命；丁鼎订，听亭挺，宁泞，灵领另；精井静，青情请；星醒性；英盈影映，京景敬，卿擎庆，兴刑幸。

合口 [uŋ] 《切韵》东（一等，又知照系），冬，锺（知照系），庚，耕，登

例字：东董洞，通同桶痛，农；中冢仲，充重宠铳，戎冗；宗总纵，怱从，松竦宋；公巩贡，空孔，薨洪哄閧；恭共③。

撮口 [yŋ] 《切韵》东，锺，庚，清，青

例字：邕颙勇用，扃泂，穷，兄雄

（2）江阳 [aŋ]

开口 [aŋ] 《切韵》江（唇），阳（知照唇），唐

例字：邦榜傍，滂胖，忙莽，方房倣放；当党，汤堂倘烫，囊曩，郎朗浪；张掌涨，昌长敞唱，商尝上，穰壤让；臧驵葬，仓藏，桑颡丧；冈，康慷炕，杭抗，昂。

齐齿 [iaŋ] 《切韵》江（喉牙）

例字：娘酿，良两量；将蒋匠，枪墙抢呛，相祥想象；江讲虹，腔强，香降响向，央阳养漾。

合口 [uaŋ] 《切韵》江（舌齿），阳（喉牙，又照系二等），唐

例字：庄奘壮，窗床创，霜爽；光广，匡狂，荒皇幌，汪王往。

---

① 例字基本上依《五方元音》，僻字不录。
② [iŋ] 即 [ieŋ]。实际读音是 [iŋ]，有人也读 [ieŋ]。依音位观点当作 [ieŋ]。下文 [uŋ] 即 [ueŋ]，[yŋ] 即 [yeŋ]，仿此。
③ "公"与"恭"，"贡"与"共"，在《五方元音》不同音。

（3）支思 [ɿ、ʅ、ɚ]

开口 [ɿ]　《切韵》支（精），脂（精），之（精）

例字：资子自，雌慈此，思死四。

开口 [ʅ]　《切韵》支（知照），脂（知照），之（知照），质（知照），
昔（知照），职（知照），缉（知照）

例字：知智执，痴池耻炽尺，世石；支止至，鸱齿翅叱，师时史士。

开口 [ɚ]　《切韵》支（日），脂（日），之（日）

例字：而耳二。

（4）衣期 [i]

齐齿 [i]　《切韵》支，脂，之，微，齐，祭，废，质，昔，锡，
职，缉

例字：比箆壁，披皮否屁僻，迷米秘密；堤底地的，梯提体替剔，尼
你腻暱，黎李利力；齎济疾，妻齐砌戚，西洗细昔；衣宜以义
益，机己计吉，溪其岂气泣，希奚喜戏橄。

（5）居鱼 [y]

撮口 [y]　《切韵》鱼，虞，屋，烛，物，术

例字：女，驴吕虑律；疽沮聚，趋取，须徐醑序恤；居举具橘，驱渠
龋去曲，虚许酗旭，於鱼雨御聿。

（6）姑苏 [u]

合口 [u]　《切韵》模，鱼（舌齿），虞（舌齿唇），屋，沃，烛，物
（唇），术（舌齿）

例字：逋补步不，铺蒲普铺仆，模母慕木①，夫符府父福；都睹杜督，
图土兔秃，奴弩怒，卢鲁路禄；朱主助逐，初除褚处出，书殳
暑数术，如乳入②；租祖卒，粗醋促，苏素速；孤古故谷，枯苦

---

① 今北京"规模"的"模"读如"磨"，但"模子"的"模"仍读 [mu]。
② "入"，缉韵字，读入姑苏，是不规则的变化。

库窟，呼胡虎户斛，乌无五务屋。

（7）怀来 [ai]

开口 [ai]　《切韵》咍，泰，夬，佳（舌齿唇），皆（舌齿唇），陌（二等），麦

　例字：摆拜白，排湃拍，埋买卖麦；呆歹带，胎台太，乃奈，来赖，斋债，钗柴瘥，筛晒；哉宰载，猜才采菜，腮赛；挨矮，该改溉，开凯慨，哈孩海害，哀霭

合口 [uai]　《切韵》佳，皆，泰，夬，支（庄系），脂（庄系）

　例字：衰帅；乖拐怪，蒯快，怀坏。

（8）灰堆 [əi]

开口 [əi]　《切韵》灰（唇，又泥来），支，脂，微，德（部分），祭，泰

　例字：悲俾背，胚培配，梅美妹；馁内，雷类。

合口 [uəi]　《切韵》灰（喉牙舌齿），微，废（唇）

　例字：堆对，推颓腿退；追缀，吹垂，谁税，蕊芮；醉，催翠，虽随髓岁；威为尾未，归癸贵，亏葵傀喟，灰回毁会。

（9）人辰 [ən]

开口 [ən]　《切韵》痕，魂（唇），真（知照系），文（唇），臻，侵（知照系）

　例字：奔本，喷盆，门闷，分坟粉愤，嫩根艮①，痕很恨，恩；臻，衬；真枕朕，慎陈疢，身神哂甚，人忍认；岑，森，渗。

齐齿 [in]②　《切韵》真，侵

　例字：宾傧，贫品，民敏；邻廪吝；尽浸，亲秦寝，辛信；因吟引荫，巾锦禁，衾禽，欣廞。

---

① "嫩"，本读 [nuən]，今读 [nən]。
② [in]，依音位观点当作 [iən]。

合口［un］[①]　《切韵》魂，文（微母），谆
　　例字：敦盾，吞屯褪[②]，伦论；谆准，春蠢，唇顺，䄐闰；尊撙俊，村存忖寸，孙损；鲧棍，坤悃困，昏浑混，温文吻问。

撮口［yn］[③]　《切韵》文（喉牙），谆（精系）
　　例字：君窘郡，群，薰训；逊[④]。

（10）言前［an］

开口［an］　《切韵》寒，桓（唇），元（唇），覃，谈，删（舌齿唇），山（舌齿），咸（舌齿），衔（舌齿），凡
　　例字：班板半，攀盘判，蛮满漫，番烦反饭；丹胆旦，贪坛毯炭；难赧，兰览滥；占斩战，搀缠阐忏，山闪善；簪咱拶赞，餐残惨粲，三散；安案，干感幹，刊侃看，酣寒罕汉。

齐齿［ian］　《切韵》先，仙，元，盐，添，严，删（喉牙），山（喉牙），咸（喉牙），衔（喉牙），凡（喉牙）
　　例字：边贬便，偏便片，眠免面；颠点殿，天田腆，年撚念，连敛练；煎剪箭，千钱浅茜，先涎跳羡，间简见，牵乾遣欠，掀嫌显县，烟颜眼晏。

合口［uan］　《切韵》桓，删，山
　　例字：端短断，湍团疃彖，暖，鸾卵乱；专转啭，川传喘，栓涮，软；钻纂，攒纘，酸算；弯顽晚腕，关管盥，宽款，欢还缓患。

撮口［yan］　《切韵》先，仙，元
　　例字：镌隽，悛全，宣旋选；娟卷倦，圈拳，犬券，喧玄，渊圆远院。

---

① ［un］，依音位观点当作［uən］。
② "吞"，痕韵字，读入魂韵。
③ ［yn］，依音位观点当作［yən］。
④ "逊"，本读"孙"去声，今读如"训"。

（11）遥迢［au］

开口［au］　《切韵》豪，肴（舌齿唇），宵（知照系），药（少），铎（少）

　例字：包宝暴薄，抛庖炮，毛昴貌；刀岛道，叨陶讨套，铙脑，劳老涝烙；昭沼赵，超朝炒，烧韶少哨，饶扰绕；糟早皂凿，操曹草，骚嫂扫；高稿告，尻考犒，篙豪好耗，凹敖袄傲。

齐齿［iau］　《切韵》肴（喉牙），萧，宵，药（少）

　例字：标表，飘瓢漂票，苗秒妙；雕吊，挑条跳，鸟尿，辽了料；焦剿醮，锹樵悄俏，消小笑削；腰遥咬要药，交皎叫脚，敲乔巧窍壳，嚣肴晓孝。

（12）梭波［o］

合口［uo］　《切韵》戈，歌（舌齿），曷（舌齿），末，铎，药（舌齿），陌（二等），觉，薛（少）

　例字：波簸薄伯勃，坡婆破泼，磨莫；多朵掇，拖陀唾脱，挪糯诺，罗裸洛；桌，着，绰，说朔，弱；左坐，搓剉错，蓑锁索；果过郭，阔廓，火祸霍，窝我卧握[①]。

（13）麻沙［a］

开口［a］　《切韵》麻（二等），黠（舌齿唇），辖（舌齿唇），洽（舌齿），狎（舌齿），月（唇）

　例字：巴把霸八，葩杷怕，麻马骂，发；打大苔，塌，拿哪那捺，拉喇辣腊；楂诈札，叉茶姹察，沙厦杀；匣，擦，洒撒。

齐齿［ia］　《切韵》麻（喉牙），佳（少），黠（喉牙），辖（喉牙），洽（喉牙），狎（喉牙）

　例字：鸦牙哑亚轧，恰，虾霞下瞎，佳涯。

合口［ua］　《切韵》麻，佳，黠，辖

[①]　"我"字，《五方元音》读"娥"上声，今读合口呼，是不规则的变化。

例字：瓜寡卦刮，夸跨，花华化滑，蛙瓦挖；抓挝，刷。

(14) 车遮 [ə]

开口 [ə]　《切韵》麻（知照系），歌（喉牙），戈（喉牙），曷（喉牙），铎（喉牙），薛（知照系），德

例字：歌哿个阁，颗课可，呵何和贺曷合，阿娥饿萼；乐；遮者蔗折，车扯彻，赊蛇捨舍舌，惹热；得，忒特，勒。

(15) 乜邪 [ɛ]

齐齿 [ɛ]　《切韵》麻，佳（少），皆（喉牙），屑，薛，月

例字：耶也夜谒，街结，茄挈，谐颉；嗟姐借节，且切，些斜写谢屑。

撮口 [yɛ]　《切韵》麻（少），戈（少），屑，薛，月，觉（少），药（少）

例字：觉，学，却；月，厥，阙，血；瘸，靴；略。

(16) 由求 [əu]

开口 [əu]　《切韵》侯，尤（知照系），屋（少）

例字：抔剖；谋某，否；兜斗豆，偷透，耨，楼篓漏；周帚胄粥，骤，抽俦丑臭，愁，搜瘦，收首兽熟①柔肉；勾苟垢，抠口寇，齁侯吼后，欧偶沤；邹诹走奏，叟嗽，凑。

齐齿 [iəu]　《切韵》尤，幽

例字：缪，丢，纽；秋囚，羞秀；忧尤有又，鸠九舅，丘求糗，休朽嗅。

韵部的分合和转移

现代北京的十六个韵部和曲艺十三辙实际上是一样的，韵部和辙的数目不同，是由于曲艺合并了三个韵部：

（一）现代北京的支思、居鱼，在曲艺里并入了衣期辙。

（二）现代北京的车遮，在曲艺里并入了梭波辙。

---

① "熟"读 [ʂəu]，白话音。

从音位观点看，居鱼是可以并入衣期的，因为[i]和[y]发音部位相同，只有不圆唇和圆唇的区别。但是从音韵观点看，合并不大妥当，因为居鱼来自《中原音韵》的鱼模，一向被认为是和姑苏同类的。

从音位观点看，车遮是可以并入梭波的，因为车遮[ə]是开口呼，梭波[uo]是合口呼，可以互补。但是从音韵观点看，合并更不妥当，因为车遮一部分来自《中原音韵》的歌戈，另一部分来自《中原音韵》的车遮。车遮是开口呼，乜邪是齐齿撮口呼，也可以互补。不如分为三个韵部，更妥当些。

韵部音值的问题

（1）东锺和庚青合并为中东[əŋ、iŋ、uŋ、yŋ]，是从明清时代就开始了的。这是合理的。既然真文[ən, in, un, yn]能合为一韵，为什么东锺和庚青不能合为一韵？注音字母在这一点上是正确的，它把人辰辙注为开齐合撮四呼（ㄣ、丨ㄣ、ㄨㄣ、ㄩㄣ），同时把中东辙注为开齐合撮四呼（ㄥ、丨ㄥ、ㄨㄥ、ㄩㄥ）。传统音韵学认为：这两个韵部的元音都是[ə]，因此，人辰辙的四呼是[ən、iən、uən、yən]，中东辙的四呼是[əŋ、iəŋ、uəŋ、yəŋ]。有时候，[uən]中的[ə]可以清楚地听见，如：昏[xuən]、温[wən]。[iəŋ]中的[ə]，也常常可以在北京人口里听见，如：影[iəŋ]，不过不太明显就是了。"翁"字北京话读[wəŋ]，最能说明问题。"翁"本是东韵字，今南方方言读[uŋ]，现在北京读[wəŋ]，从音位观点看，[wəŋ]只是[uŋ]的变体。这样，东锺和庚青合韵更有理由了。

东锺的唇音字，也由合口呼变为开口呼，例如：蒙[məŋ]、风[fəŋ]。

庚青韵原来有开齐合撮四呼，与东锺合并后，它的合撮两呼不是和东锺混同了吗？是的，合并后，合撮两呼既有庚青韵字，又有东锺韵字，例如"轰"读如"烘"，"琼"读如"穷"。

中东的撮口呼，实际读音是［iuŋ］。从音位观点看，可以标为［yŋ］。在听觉上，［iuŋ］和［yŋ］是非常近似的。

（2）江阳的开口、齐齿、合口三呼，元音的实际读音不一样：合口呼受韵头［u］的影响，元音挪后，［uaŋ］实际上读［uɑŋ］；唇音开口呼也有同样的情况，元音挪后，例如"方"实际上读［fɑŋ］。但是，从音位观点看，可以一律写作［aŋ、iaŋ、uaŋ］。

（3）灰堆的合口呼，实际上读成两类：喉牙音读［uəi］，如：归［kuəi］、窥［kʻuəi］、灰［xuəi］；舌齿音读［ui］，如：堆［tui］、推［tʻui］、追［tʂui］。但是，从音位观点看，可以一律写作［uəi］。

（4）人辰的合口呼，和灰堆的合口呼一样，实际上读成两类：喉牙音读［uən］，如：滚［kuən］、坤［kʻuən］、昏［xuən］；舌齿音读［un］，如：敦［tun］、屯［tʻun］、论［lun］。但是，从音位观点看，可以一律写作［un］（当然，也可以一律写作［uən］）。

（5）言前有开齐合撮四呼，元音的实际读音不一样：齐齿呼受韵头［i］的影响，元音挪前，［ian］实际上读［iɛn］，合口呼和撮口呼受韵头［u］［y］的影响，元音挪后，［uan］［yan］实际上读［uɑn］［yɑn］[①]。但是，从音位观点看，可以一律写作［an、ian、uan、yan］。

（6）梭波标为［uo］，是符合客观情况的。《中原音韵》的歌戈，明清时代的梭波，都是一个开口［ɔ］。到了现代，由于韵头［u］的影响，元音高化，［uɔ］转变为［uo］。梭波韵只有合口呼［uo］。

此部唇音字，一向属于合口呼。"波婆磨"等字，《广韵》入戈不入歌。今汉语拼音方案写作 bo、po、mo，只是为了简便，实际的读音应是［puo、pʻuo、muo］。

歌韵舌齿字本属开口呼，从明代起，已经转入合口呼了。在《五方

---

① 也有人读［yan］。

元音》里,"舵、惰"同音,"罗、骡"同音,"佐、坐"同音,"莎、唆"同音,歌戈的舌齿字已经混而为一了。

(7) 车遮的实际读音是 [ʌʏ]①,是个复合元音。现在写作 [ə],是为了简便。

(8) 由求,一般标作 [ou、iou]。从音位观点看,应该标作 [əu、iəu]。在听觉上,[əu] 和 [ou] 是很接近的。由求的齐齿呼,实际上也并不读 [iou]。据赵元任研究,尤幽的平声字读 [i"u],仄声字读 [io"]。依我观察,平声字读 [iu],仄声字读 [iou]。

(丙) 北京的声调

现代北京的声调数目,和元明清的声调一样,共有阴平、阳平、上、去四声;但是古入声字的分配,与前代有所不同。古入声字在现代北京话里,属去声的最多,其次是阳平,又其次是阴平,最少的是上声。

入声的演变以次浊入声字为最有规律性。这类入声字,一律转化为去声,从《中原音韵》《等韵图经》《五方元音》到现代北京话,没有例外②。音韵学上,次浊字指的是喻母、疑母、泥母、娘母、明母、来母、日母。

古全浊入声字,一般转化为阳平也是比较有规律性的③。

至于古清音入声字转化为阴阳上去,就不那么有规律性了。

---

① 参看赵元任《现代吴语研究》,科学出版社 1956 年。
② 近年北京把"膜"字读入阳平,是例外。
③ 近年北京把"突"字读入阴平,是例外。

二、吴语

（甲）苏州的声母

现代苏州共有二十七个声母，如下表：

发音方法＼发音部位		双唇	唇齿	舌尖前	舌尖中	舌面前	舌根	喉
塞音	清 不送气	p 帮			t 端		k 姑	ʔ 影
	清 送气	p' 滂			t' 透		k' 枯	
	浊	b 並			d 定		g 狂	
鼻音		m 明			n 泥	ȵ 疑	ŋ 我	
边音					l 来			
塞擦音	清 不送气			ts 精		tɕ 见		
	清 送气			ts' 清		tɕ' 溪		
	浊					dʑ 群		
擦音	清		f 非	s 心		ɕ 晓		h 呼
	浊		v 奉	z 邪				ɦ 匣

（1）帮母［p］

守温字母：帮　　　　　例字：奔班宾边

（2）滂母［p'］

守温字母：滂　　　　　例字：喷攀拼偏

（3）並母［b］

守温字母：並　　　　　例字：盆盘贫便

守温字母：奉（一个字）　　　例字：防

（4）明母 [m]

守温字母：明　　　　　　　例字：门蛮民眠

守温字母：微（白话）　　　例字：闻问望味

（5）非母 [f]

守温字母：非　　　　　　　例字：非夫分方

守温字母：敷　　　　　　　例字：菲敷芬芳

（6）奉母 [v]

守温字母：奉　　　　　　　例字：焚肥房扶

守温字母：微（文言）　　　例字：文微亡无

（7）精母 [ts]

守温字母：精　　　　　　　例字：尊钻精尖

守温字母：知　　　　　　　例字：珍猪中知

守温字母：照（二等）　　　例字：臻邹庄辎

守温字母：照（三等）　　　例字：真珠钟支

（8）清母 [ts']

守温字母：清　　　　　　　例字：村窜清千

守温字母：彻　　　　　　　例字：超丑冲痴

守温字母：穿（二等）　　　例字：初策

守温字母：穿（三等）　　　例字：春穿昌衡

（9）心母 [s]

守温字母：心　　　　　　　例字：新先孙宣

守温字母：审（二等）　　　例字：生山疏师

守温字母：审（三等）　　　　例字：身膻书诗
　　　　　　　　（10）邪母［z］
守温字母：邪　　　　　　　　例字：寻涎徐随
守温字母：从　　　　　　　　例字：秦钱徂从
守温字母：澄　　　　　　　　例字：长传徐迟
守温字母：床（二等）　　　　例字：床蛇锄事
守温字母：床（三等）　　　　例字：神示绳船
守温字母：禅　　　　　　　　例字：臣时常垂
守温字母：日（文言）　　　　例字：人然仍柔
　　　　　　　　（11）端母［t］
守温字母：端　　　　　　　　例字：登单敦端
　　　　　　　　（12）透母［tʻ］
守温字母：透　　　　　　　　例字：吞贪听天
　　　　　　　　（13）定母［d］
守温字母：定　　　　　　　　例字：屯坛亭田
　　　　　　　　（14）泥母［n］
守温字母：泥（开合）　　　　例字：能南奴农
　　　　　　　　（15）来母［l］
守温字母：来　　　　　　　　例字：林连棱兰
　　　　　　　　（16）疑母［ŋ］
守温字母：疑（齐撮）　　　　例字：银愚牛疑
守温字母：娘　　　　　　　　例字：娘尼女浓
守温字母：泥（齐撮）　　　　例字：宁年鸟念
守温字母：日（白话）　　　　例字：人日让儿
　　　　　　　　（17）见母［tɕ］
守温字母：见（齐撮）　　　　例字：京坚涓居

(18) 溪母 [tɕ']

守温字母：溪（齐撮）　　　例字：轻牵圈区

(19) 群母 [dʑ]

守温字母：群（齐撮）　　　例字：琴乾权渠

(20) 晓母 [ɕ]

守温字母：晓（齐撮）　　　例字：兴轩薰虚

(21) 姑母 [k]

守温字母：见（开合）　　　例字：根干官姑

(22) 枯母 [k']

守温字母：溪（开合）　　　例字：坑堪宽枯

(23) 狂母 [g]

守温字母：群（开合）　　　例字：狂共葵匮

(24) 我母 [ŋ]

守温字母：疑母（开合）　　例字：傲原外梧

(25) 影母 [ʔ]

守温字母：影　　　　　　　例字：恩安因氤

(26) 呼母 [h]

守温字母：晓（开合）　　　例字：亨烘呼欢

(27) 匣母 [ɦ]

守温字母：匣　　　　　　　例字：行贤回胡

守温字母：喻　　　　　　　例字：盈延有云①

守温字母：疑（少）　　　　例字：危吴

---

① "行贤盈延有云"等字也可以读为元音开头，不用 [ɦ]。

（乙）苏州的韵部

现代苏州共有十九个韵部①，如下表：

元音＼韵类	阴声	入声	阳声
u	u 姑苏		uŋ 中东
o	o 麻沙	oʔ 落拓	oŋ 康庄
ɑ		ɑʔ 白石	
a	a 泰邪	aʔ 辣达	aŋ 相羊
æ	æ 迢遥		
e	e 言前		
ø	ø 桓欢		
ə		əʔ 月雪	ən 人辰
ɤ	ɤ 由求		
y	y 居鱼		
i	i 衣期	iʔ 一七	
ɿʅ	ɿ、ʅ 支思		

（1）姑苏 [u]

开口 [ʰu]②　《切韵》模　　　　　　　　　例字：乌都

　　　　　　《切韵》鱼（庄系）　　　　　　例字：初疏

　　　　　　《切韵》虞（庄系）　　　　　　例字：数

　　　　　　《切韵》歌　　　　　　　　　　例字：多左

---

① 在《汉语音韵学》里，把苏州平上去入声分为二十个韵部，入声分为五个韵部，共二十五个韵部。今依音位观点，合并为十九个韵部。

② 赵元任标作 [ɜu]，《汉语方音字汇》标作 [əu]。

第九章　现代音系（1911— ）……447

	《切韵》戈	例字：科火
合口［u］	《切韵》模（唇）	例字：布暮
	《切韵》虞（唇）	例字：夫无
	《切韵》戈（帮滂並）	例字：波婆

（2）麻沙［o］

开口［o］	《切韵》麻（二等）	例字：巴沙
	《切韵》麻（三等）	例字：车遮
	《切韵》戈（明母）	例字：摩磨
	《切韵》佳（合）	例字：卦画
	《切韵》麻（合）	例字：瓜花
齐齿［io］	《切韵》麻（少）	例字：霞

（3）泰邪［a］①

开口［a］	《切韵》泰	例字：泰外②
	《切韵》佳（喉牙，白话）	例字：街鞋
	《切韵》佳（舌齿唇）	例字：柴牌
	《切韵》皆（舌齿唇）	例字：豺排
	《切韵》夬	例字：败
齐齿［ia］	《切韵》佳（喉牙）	例字：佳
	《切韵》皆（喉牙）	例字：介戒
	《切韵》麻（喉牙）	例字：家爷
	《切韵》麻（四等）	例字：斜谢
合口［ua］	《切韵》皆	例字：怪坏
	《切韵》夬	例字：快

---

① 实际读音是［ɒ］，依音位观点，可以标作［a］。
② "外"是合口字，转入开口。

（4）迢遥 [æ]

开口 [æ]	《切韵》豪	例字：好宝
	《切韵》肴（舌齿唇）	例字：包梢
	《切韵》肴（喉牙，白话）	例字：交教
	《切韵》宵（知照系）	例字：超昭
齐齿 [iæ]	《切韵》肴（喉牙）	例字：郊肴
	《切韵》萧	例字：条尧
	《切韵》宵	例字：逍遥

（5）言前 [e]

开口 [e]①	《切韵》咍	例字：孩台
	《切韵》灰（唇）	例字：梅
	《切韵》支（合）	例字：垂随
	《切韵》脂（合）	例字：追谁
	《切韵》祭（合）	例字：赘岁
	《切韵》泰（合）	例字：贝沛
	《切韵》寒（舌齿）	例字：残兰
	《切韵》元（唇）	例字：烦番
	《切韵》删（舌齿唇）	例字：删蛮
	《切韵》删（喉牙，白话）	例字：晏
	《切韵》山（舌齿）	例字：山产
	《切韵》山（喉牙，白话）	例字：间眼
	《切韵》咸（舌齿唇）	例字：馋
	《切韵》咸（喉牙，白话）	例字：咸
	《切韵》衔	例字：衫

---

① 实际读音为 [ɛ]。

	《切韵》衔（喉牙，白话）	例字：岩
	《切韵》凡	例字：凡范
	《切韵》谈（舌齿）	例字：谈蓝
齐齿［ie］①	《切韵》先	例字：先天
	《切韵》仙	例字：迁仙
	《切韵》元	例字：言轩
	《切韵》盐	例字：阎廉
	《切韵》添	例字：添兼
	《切韵》严	例字：严俨
	《切韵》凡（喉牙）	例字：剑欠
	《切韵》咸（喉牙）	例字：咸陷
	《切韵》衔（喉牙）	例字：衔鉴
	《切韵》删（喉牙）	例字：颜晏
	《切韵》山（喉牙）	例字：间闲
合口［ue］②	《切韵》灰	例字：灰回
	《切韵》泰（喉牙）	例字：会
	《切韵》支（喉牙）	例字：为亏
	《切韵》脂（喉牙）	例字：葵位
	《切韵》微（喉牙）	例字：归贵
	《切韵》齐	例字：圭惠
	《切韵》删	例字：关还
	《切韵》山	例字：鳏幻

（6）桓欢［ø］

开口［ø］	《切韵》桓	例字：般酸

---

① 实际读音为［iɛ］或［ie］。
② 实际读音为［uɛ］。

	《切韵》寒（喉牙）	例字：寒干
	《切韵》仙（知照系）	例字：毡专
	《切韵》覃	例字：蚕南
	《切韵》谈（喉牙）	例字：甘敢
	《切韵》盐（知照系）	例字：沾闪
齐齿 [iø]	《切韵》元（合）	例字：元援

（7）由求 [ɤ]

开口 [ɤ]	《切韵》尤	例字：刘周
	《切韵》侯	例字：楼奏
	《切韵》幽	例字：幽蚪

（8）居鱼 [y]

撮口 [y]	《切韵》鱼（喉牙）	例字：居鱼
	《切韵》虞（喉牙）	例字：衢愚
	《切韵》支（白，少）	例字：跪
	《切韵》脂（白，少）	例字：龟柜
	《切韵》微（白，少）	例字：鬼贵
撮口 [ʮ]	《切韵》鱼（知照系）	例字：书如
	《切韵》虞（知照系）	例字：主住

（9）衣期 [i]

齐齿 [i]	《切韵》支（喉牙）	例字：奇移
	《切韵》脂（喉牙，娘）	例字：祁夷
	《切韵》之（喉牙）	例字：旗饴
	《切韵》微（喉牙唇）	例字：旂肥
	《切韵》齐	例字：低丽
	《切韵》祭	例字：祭例

　　　　　　　《切韵》废（喉牙）　　　　　　例字：刘
　　　　　　　《切韵》鱼（精系）　　　　　　例字：徐蛆
　　　　　　　《切韵》虞（精系）　　　　　　例字：须趣
　　　　　　　（10）支思 [ɿ、ʅ]
开口 [ɿ]　　　《切韵》支　　　　　　　　　例字：雌知
　　　　　　　《切韵》脂　　　　　　　　　例字：私尸
　　　　　　　《切韵》之　　　　　　　　　例字：兹诗
开口 [ʅ]　　　《切韵》支脂之（日母）　　　例字：儿耳
　　　　　　　（11）落拓 [oʔ] ①
开口 [oʔ]　　《切韵》屋　　　　　　　　　例字：屋禄
　　　　　　　《切韵》沃　　　　　　　　　例字：毒酷
　　　　　　　《切韵》烛（知照系）　　　　例字：烛赎
　　　　　　　《切韵》觉（知照系）　　　　例字：捉浊
　　　　　　　《切韵》觉（喉牙，白）　　　例字：学觉
　　　　　　　《切韵》铎（开）　　　　　　例字：博作
　　　　　　　《切韵》铎（合）　　　　　　例字：郭扩
　　　　　　　《切韵》黠（一个字）　　　　例字：八
　　　　　　　《切韵》麦（一个字）　　　　例字：获
　　　　　　　《切韵》德（一个字）　　　　例字：北
齐齿 [ioʔ]　　《切韵》屋　　　　　　　　　例字：菊育
　　　　　　　《切韵》烛　　　　　　　　　例字：曲欲
　　　　　　　（12）白石 [ɑʔ]
开口 [ɑʔ]　　《切韵》陌（白话）　　　　　例字：白格
　　　　　　　《切韵》麦（白话）　　　　　例字：麦册

---

① 实际读音为 [ɔʔ]。

	《切韵》昔（白话）	例字：尺石
	《切韵》药（知照系）	例字：芍若
齐齿 [iaʔ]	《切韵》药（喉牙，来母）	例字：脚略

(13) 辣达 [aʔ]

开口 [aʔ]	《切韵》曷（舌齿）	例字：辣达
	《切韵》合（舌齿）	例字：荅沓
	《切韵》盍（舌齿）	例字：榻腊
	《切韵》黠	例字：拔杀
	《切韵》鎋	例字：刹瞎
	《切韵》洽	例字：夹插
	《切韵》狎	例字：甲鸭①
	《切韵》月（唇）	例字：发伐
	《切韵》乏	例字：法乏
齐齿 [iaʔ]	《切韵》洽	例字：恰侠
	《切韵》狎	例字：甲压②
合口 [uaʔ]	《切韵》麦（一个字）	例字：划
	《切韵》末（少）	例字：括
	《切韵》黠	例字：滑猾
	《切韵》鎋	例字：刮

(14) 月雪 [əʔ]

开口 [əʔ]	《切韵》曷（喉牙）	例字：渴葛
	《切韵》末	例字：泼脱
	《切韵》没	例字：勃卒
	《切韵》物（唇）	例字：物拂

---

① "夹甲"都是白话音。
② "甲压"都是文言音。

	《切韵》合	例字：合杂
	《切韵》盍（喉牙）	例字：盍阖
	《切韵》德	例字：则黑
	《切韵》职（知照系）	例字：食色
	《切韵》质（知照系）	例字：室实
	《切韵》术（知照系）	例字：述出
	《切韵》栉	例字：瑟栉
	《切韵》缉（知照系）	例字：执入
	《切韵》陌（文言）	例字：白额
	《切韵》麦（文言）	例字：策册
齐齿 [iəʔ]	《切韵》屑	例字：结噎
	《切韵》薛	例字：杰孽
	《切韵》月	例字：歇揭
	《切韵》葉	例字：葉馌
	《切韵》怗	例字：协惬
	《切韵》业	例字：业劫
合口 [uəʔ]	《切韵》没（喉牙）	例字：骨忽
	《切韵》末（喉牙）	例字：阔活
	《切韵》德（喉牙）	例字：国惑
撮口 [yəʔ]	《切韵》月	例字：月越
	《切韵》屑	例字：穴决
	《切韵》薛	例字：悦缺
	《切韵》物（喉牙）	例字：屈郁
	《切韵》術（喉牙）	例字：橘

（15）一七 [iʔ]

齐齿 [iʔ]①　《切韵》质　　　　　例字：必七
　　　　　　《切韵》昔　　　　　例字：昔迹
　　　　　　《切韵》锡　　　　　例字：笛锡
　　　　　　《切韵》职　　　　　例字：逼力
　　　　　　《切韵》缉　　　　　例字：立习
　　　　　　《切韵》屑　　　　　例字：撇节
　　　　　　《切韵》薛　　　　　例字：别列
　　　　　　《切韵》叶　　　　　例字：接捷
　　　　　　《切韵》帖　　　　　例字：贴叠

（16）中东 [uŋ]②

合口 [uŋ]　《切韵》东　　　　　例字：公中
　　　　　《切韵》冬　　　　　　例字：宗农
　　　　　《切韵》锺　　　　　　例字：恭钟
　　　　　《切韵》耕（少）　　　例字：轰宏
　　　　　《切韵》登（少）　　　例字：弘

撮口 [iuŋ]　《切韵》东　　　　　例字：雄穹
　　　　　　《切韵》锺　　　　　例字：凶胸
　　　　　　《切韵》庚（少）　　例字：兄永
　　　　　　《切韵》清（少）　　例字：琼
　　　　　　《切韵》青（少）　　例字：迥

（17）康庄 [oŋ]③

开口 [oŋ]　《切韵》唐　　　　　例字：刚藏
　　　　　《切韵》阳（庄系）　　例字：庄霜
　　　　　《切韵》阳（唇）　　　例字：旁方

---

① 实际读音为 [ɿʔ]。
② 实际读音为 [oŋ]。
③ 实际读音为 [ɒŋ]。

	《切韵》江（庄系）	例字：窗双
	《切韵》江（喉牙）	例字：江降①
	《切韵》江（唇）	例字：邦
齐齿 [ioŋ]	《切韵》江（喉牙）	例字：江讲②
合口 [uoŋ]	《切韵》唐	例字：光荒
	《切韵》阳（喉牙）	例字：狂王

（18）相羊 [aŋ]③

开口 [aŋ]	《切韵》阳（知照系）	例字：张常
	《切韵》庚（喉牙，白话）	例字：杏硬
	《切韵》庚（舌齿唇，白话）	例字：打冷
	《切韵》耕（白话）	例字：争棚
	《切韵》登（白话）	例字：朋
齐齿 [iaŋ]	《切韵》阳（喉牙）	例字：姜香
	《切韵》阳（精系）	例字：将箱
	《切韵》阳（来母）	例字：良量
	《切韵》阳（日母，白）	例字：让酿
合口 [uaŋ]	《切韵》庚（白话，少）	例字：横

（19）人辰 [ən]

开口 [ən]	《切韵》真（知照系）	例字：陈神
	《切韵》谆	例字：伦唇
	《切韵》臻	例字：臻诜
	《切韵》文	例字：分文
	《切韵》魂	例字：存屯
	《切韵》痕	例字：根恩
	《切韵》庚	例字：羹亨

---

① "江"读 [koŋ]，白话音。
② "江讲"读 [tɕioŋ]，文言音。
③ 实际读音为 [ãŋ]。

	《切韵》耕	例字：耕铿
	《切韵》清（知照系）	例字：声程
	《切韵》登	例字：灯曾
	《切韵》蒸（知照系）	例字：徵承
	《切韵》侵（知照系）	例字：针深
齐齿 [iən]	《切韵》真（喉牙）	例字：巾印
	《切韵》真（日母，白）	例字：人认
	《切韵》欣	例字：斤近
	《切韵》庚（喉牙）	例字：行迎
	《切韵》清（喉牙）	例字：颈倾
	《切韵》青（喉牙）	例字：经形
	《切韵》蒸（喉牙）	例字：兴兢
	《切韵》侵（喉牙）	例字：琴金
齐齿 [in]	《切韵》真（舌齿唇）	例字：亲民
	《切韵》庚（舌齿唇）	例字：平明
	《切韵》清（舌齿唇）	例字：精名
	《切韵》青（舌齿唇）	例字：丁灵
	《切韵》蒸（舌齿唇）	例字：凭陵
	《切韵》侵（舌齿）	例字：心林
合口 [uən]	《切韵》魂（喉牙）	例字：坤婚
撮口 [yən]	《切韵》文（喉牙）	例字：君群
	《切韵》谆（喉牙）	例字：均匀

（丙）苏州的声调

现代苏州共有七个声调，即：1. 阴平；2. 阳平；3. 阴上；4. 阴去；5. 阳去；6. 阴入；7. 阳入。

声调分阴阳，是受声母清浊的影响。清声母的字属阴调类，浊声母的字属阳调类，如"征"属阴平，"程"属阳平，"整"属阴上，"正"属阴去，"郑"属阳去，"职"属阴入，"直"属阳入。由于浊上变去，所以现代苏州话没有阳上。

次浊自为一类，它的上声没有变去，一般变为阴上，如"老、柳、有"。

三、闽语

（甲）厦门的声母

现代厦门共有十八个声母，如下表：

发音方法 \ 发音部位			双唇	舌尖前	舌尖中	舌根	喉
塞音	清	不送气	p 帮		t 端	k 见	ʔ 影
		送气	pʻ 滂		tʻ 透	kʻ 溪	
	浊		b 明			g 疑	
鼻音			m 毛		n 泥	ŋ 午	
边音					l 来		
塞擦音	清	不送气		ts 精			
		送气		tsʻ 精			
	浊			dz 日			
擦音				s 心			h 晓

（1）帮母 [p]

守温字母：帮　　　　　　例字：巴播百拜贝报迫

守温字母：并　　　　　　例字：拔薄白败倍暴婆排旁

守温字母：非（少）　　　　　　例字：粪
守温字母：奉（少）　　　　　　例字：缚肥房饭

（2）滂母［p'］

守温字母：滂　　　　　　　　　例字：怕派配抛判盼坡
守温字母：帮（少）　　　　　　例字：波博奔遍编
守温字母：並　　　　　　　　　例字：被抱伴拌鼻簿袍盘盆朋皮
守温字母：敷（少）　　　　　　例字：复
守温字母：奉（少）　　　　　　例字：浮

（3）明母［b］

守温字母：明　　　　　　　　　例字：磨买眉帽谋满门忙蒙米庙面
　　　　　　　　　　　　　　　　　　民明木
守温字母：微　　　　　　　　　例字：尾味微晚闻问文亡忘

（4）毛母［m］

守温字母：明（少）　　　　　　例字：毛门问马骂妈

（5）精母［ts］

守温字母：精　　　　　　　　　例字：子则载早走葬足椒
守温字母：从　　　　　　　　　例字：自贼造赠族坐罪齐千慈从
守温字母：邪（少）　　　　　　例字：谢[①]
守温字母：照（二等）　　　　　例字：诈债窄斩盏争阻
守温字母：照（三等）　　　　　例字：制脂执折招周战
守温字母：床（二等）　　　　　例字：助状馔
守温字母：床（三等）　　　　　例字：蛇绳[②]
守温字母：审（三等，少）　　　例字：水

---

① "谢"，文言［sia］，白话［tsia］。
② "蛇"，文言［sia］，白话［tsua］。"绳"，文言［siŋ］，白话［tsiŋ］。

守温字母：澄（少）　　　　　例字：茶①

(6) 清母 [ts']

守温字母：清　　　　　　　　例字：次蔡操苍戚七切
守温字母：从　　　　　　　　例字：惭蚕辑墙
守温字母：精（少）　　　　　例字：躁嘴
守温字母：穿（二等）　　　　例字：策册叉插察差抄初楚吹川
守温字母：穿（三等）　　　　例字：尺齿臭昌厂秤称出
守温字母：床（二等）　　　　例字：柴愁
守温字母：禅（少）　　　　　例字：市
守温字母：审（三等）　　　　例字：翅深鼠
守温字母：彻（少）　　　　　例字：超

(7) 日母 [dz]

守温字母：日（文言）　　　　例字：惹若芮儿而尔耳二如儒乳汝
　　　　　　　　　　　　　　　　　柔蹂扰绕染任刃忍然软人仁认
　　　　　　　　　　　　　　　　　壤戎让热入日
守温字母：娘　　　　　　　　例字：娘桡
守温字母：泥　　　　　　　　例字：尿嫩
守温字母：喻　　　　　　　　例字：锐榆愈谕
守温字母：精（少）　　　　　例字：子迹②
守温字母：从（一个字）　　　例字：字
守温字母：邪（少）　　　　　例字：祥
守温字母：照（一个字）　　　例字：爪

(8) 心母 [s]

守温字母：心　　　　　　　　例字：私嫂桑孙相星须

---

① "茶"，文言 [tsa]，白话 [te]。
② 子，白话音。

守温字母：邪　　　　　　　　　例字：辞词饲似俗松随
守温字母：床（二等）　　　　　例字：士事仕
守温字母：床（三等）　　　　　例字：船示食实
守温字母：审（二等）　　　　　例字：产铲史师使沙杀色
守温字母：审（三等）　　　　　例字：始室尸识释湿施世
守温字母：禅　　　　　　　　　例字：成植臣晨常尝乘承垂纯十石
　　　　　　　　　　　　　　　　　　拾时是视氏瑞

(9) 端母 [t]

守温字母：端　　　　　　　　　例字：打得带刀斗单东
守温字母：定　　　　　　　　　例字：大特代道豆但动逃投淡弹堂
守温字母：知　　　　　　　　　例字：置摘昼展珍张猪竹中
守温字母：澄　　　　　　　　　例字：直朝召阵长尘

(10) 透母 [t']

守温字母：透　　　　　　　　　例字：塔太讨偷毯汤铁
守温字母：定　　　　　　　　　例字：头痰糖腾提甜亭
守温字母：彻　　　　　　　　　例字：彻抽畅畜
守温字母：澄　　　　　　　　　例字：澄程储锤传虫

(11) 泥母 [n]

守温字母：泥（白话）　　　　　例字：年
守温字母：娘（白话）　　　　　例字：娘
守温字母：来（白话）　　　　　例字：两篮领
守温字母：日　　　　　　　　　例字：软染

(12) 来母 [l]

守温字母：来　　　　　　　　　例字：郎两腊赖劳懒力
守温字母：泥　　　　　　　　　例字：拿纳奶内南能鸟
守温字母：娘　　　　　　　　　例字：尼娘浓女

守温字母：日　　　　　　　　例字：热扰饶肉柔然燃染任忍认人
　　　　　　　　　　　　　　　　　仁让壤仍入如辱若弱软润
　　　　　　　　（13）见母［k］
守温字母：见　　　　　　　　例字：歌该狗激家结久
守温字母：群　　　　　　　　例字：跪柜共极忌轿旧骑桥求强渠
　　　　　　　　　　　　　　　　　权群穷
　　　　　　　　（14）溪母［kʻ］
守温字母：溪　　　　　　　　例字：科开肯欺巧
守温字母：群（少）　　　　　例字：琴勤俭
守温字母：见（少）　　　　　例字：脚
　　　　　　　　（15）疑母［g］
守温字母：疑　　　　　　　　例字：疑宜义牙业眼验颜严言银吴
　　　　　　　　　　　　　　　　　悟误外伪危娱遇玉语月源元
　　　　　　　　　　　　　　　　　愿牛
　　　　　　　　（16）午母［ŋ］
守温字母：疑　　　　　　　　例字：雅迎我午五硬咬藕
　　　　　　　　（17）影母［ʔ］①
守温字母：影　　　　　　　　例字：爱欧恩亚淹威温
守温字母：喻　　　　　　　　例字：以也摇游洋维位
守温字母：疑（少）　　　　　例字：瓦顽玩
守温字母：匣（少）　　　　　例字：丸完匣
　　　　　　　　（18）晓母［h］
守温字母：晓　　　　　　　　例字：海好汉希虾显许
守温字母：匣　　　　　　　　例字：河豪寒系下县雄

---

① 包括零声母。

守温字母：非　　　　　　　例字：法发飞否粉奋放

守温字母：敷　　　　　　　例字：肺纷芳非蜂副复

守温字母：奉　　　　　　　例字：佛繁凡愤逢妇服

[m]是[b]的变体，[n]是[l]的变体，[ŋ]是[g]的变体，实际上只有十五个声母。

（乙）厦门的韵部

现代厦门共有二十七个韵部①，如下表：

元音 \ 韵类	阴声				入声			阳声			
u	u 鱼				ut 术			un 魂			
o	o 歌										
ɔ	ɔ 模				ɔk 铎			ɔŋ 唐			ɔ̃ 奴
a	a 麻	au 肴	ai 咍		ak 觉	at 曷	ap 合	aŋ 江	an 寒	am 谈	ãu 熬
e	e 齐										
i	i 脂				ik 昔	it 质	ip 缉	iŋ 清	in 真	im 侵	ĩ 泥

（1）鱼部 [u]

合口 [u]　　《切韵》鱼　　　　　　例字：除渠鱼如

　　　　　　《切韵》虞　　　　　　例字：株拘愚儒

齐齿 [iu]　　《切韵》尤　　　　　　例字：愁流求柔

　　　　　　《切韵》幽　　　　　　例字：幽彪纠幼

（2）歌部 [o]

开口 [o]　　《切韵》歌　　　　　　例字；多歌荷磋

　　　　　　《切韵》戈　　　　　　例字：波戈科梭

---

① 我在《汉语音韵学》里把厦门音系分为平上去声二十六个韵部，入声分为十八个韵部，共四十四个韵部。文言音与白话音混在一起是不科学的。现在只算文言音，共分二十七部。

　　　　　　　　　《切韵》豪　　　　　　　例字：宝刀高糟
　　　　　　　　（3）模部〔ɔ〕
开口〔ɔ〕　　　　《切韵》模　　　　　　　例字：普士鲁古
　　　　　　　　　《切韵》侯　　　　　　　例字：茂偷楼钩
　　　　　　　　　《切韵》鱼（少）　　　　例字：锄胪助
　　　　　　　　　《切韵》虞（少）　　　　例字：麩刍镂
　　　　　　　　　《切韵》尤（少）　　　　例字：邹浮骤
　　　　　　　　（4）麻部〔a〕
开口〔a〕　　　　《切韵》麻　　　　　　　例字：家假诧霸
　　　　　　　　　《切韵》佳（少）　　　　例字：佳罢
齐齿〔ia〕　　　　《切韵》麻　　　　　　　例字：爹车遮蛇
合口〔ua〕　　　　《切韵》麻　　　　　　　例字：瓜夸花瓦
　　　　　　　　　《切韵》佳（少）　　　　例字：娃卦挂
　　　　　　　　（5）齐部〔e〕
开口〔e〕　　　　《切韵》齐　　　　　　　例字：低鸡妻西
　　　　　　　　　《切韵》佳（少）　　　　例字：街
　　　　　　　　　《切韵》祭　　　　　　　例字：币滞世祭
　　　　　　　　　《切韵》脂（一个字）　　例字：地
合口〔ue〕　　　　《切韵》灰　　　　　　　例字：杯恢回颓
　　　　　　　　　《切韵》泰　　　　　　　例字：贝会最外
　　　　　　　　　《切韵》支（少）　　　　例字：隳
　　　　　　　　　《切韵》脂（少）　　　　例字：衰帅
　　　　　　　　　《切韵》废　　　　　　　例字：秽废
　　　　　　　　　《切韵》祭　　　　　　　例字：赘税岁卫
　　　　　　　　（6）脂部〔i〕
齐齿〔i〕　　　　《切韵》支　　　　　　　例字：披知奇施

	《切韵》脂	例字：悲鸥饥尸
	《切韵》之	例字：医笞其诗
	《切韵》微	例字：机衣希祈
合口 [ui]	《切韵》支	例字：规亏吹萎
	《切韵》脂	例字：追绥葵龟
	《切韵》微	例字：归威非挥
	《切韵》齐	例字：圭闺桂惠
	《切韵》灰	例字：堆崔推雷
	《切韵》废	例字：肺吠

(7) 肴部 [au]

开口 [au]	《切韵》肴	例字：包交饱教
齐齿 [iau]	《切韵》萧	例字：雕调僚尧
	《切韵》宵	例字：朝骄妖烧

(8) 咍部 [ai]

开口 [ai]	《切韵》咍	例字：台开哀灾
	《切韵》泰	例字：带泰盖蔡
	《切韵》佳	例字：钗鞋解派
	《切韵》皆	例字：阶排埋界
	《切韵》夬	例字：败蛋
合口 [uai]	《切韵》皆	例字：乖歪崩怪
	《切韵》佳（少）	例字：拐
	《切韵》夬	例字：夬快哙
	《切韵》灰（一个字）	例字：块

(9) 铎部 [ɔk]

开口 [ɔk]	《切韵》铎	例字：薄凿作郭
	《切韵》屋	例字：卜谷屋速

	《切韵》沃	例字：督酷鹄毒
	《切韵》觉	例字：驳朔学浊
	《切韵》德（少）	例字：国
齐齿 [iɔk]	《切韵》药	例字：酌略脚约
	《切韵》屋	例字：竹菊粥逐
	《切韵》烛	例字：曲触局玉
	《切韵》觉（少）	例字：捉

（10）觉部 [ak]

| 开口 [ak] | 《切韵》觉 | 例字：握岳乐学[①] |

（11）昔部 [ik][②]

齐齿 [ik]	《切韵》陌	例字：百客泽额
	《切韵》麦	例字：摘革厄策
	《切韵》昔	例字：碧適亦席
	《切韵》锡	例字：僻的激戚
	《切韵》职	例字：逼饬棘食
	《切韵》德	例字：德刻黑塞
	《切韵》质（一个字）	例字：栗

（12）术部 [ut]

合口 [ut]	《切韵》术	例字：术出率恤
	《切韵》物	例字：不屈郁佛

（13）曷部 [at]

开口 [at]	《切韵》曷	例字：达辣割擦
	《切韵》黠	例字：黠札察杀
	《切韵》鎋	例字：瞎刹

[①] "学"有 [hak][hɔk] 两读。
[②] 实际读音 [ɪk]。

齐齿［iat］　　　《切韵》屑　　　　　例字：蔑截洁穴
　　　　　　　　《切韵》薛　　　　　例字：别辙杰悦
合口［uat］　　　《切韵》末　　　　　例字：拨脱阔撮
　　　　　　　　《切韵》月　　　　　例字：厥发罚
　　　　　　　　《切韵》屑　　　　　例字：决玦缺
　　　　　　　　《切韵》薛　　　　　例字：缀劣说绝
　　　　　　　　《切韵》镈（少）　　例字：刮刷
　　　　　　　　《切韵》乏（少）　　例字：法乏

（14）质部［it］

齐齿［it］　　　《切韵》质　　　　　例字：笔失实日
　　　　　　　　《切韵》迄　　　　　例字：乞迄肸
　　　　　　　　《切韵》职　　　　　例字：直食织职

（15）合部［ap］

开口［ap］　　　《切韵》合　　　　　例字：答鸽纳杂
　　　　　　　　《切韵》盍　　　　　例字：榻盍塔塌
　　　　　　　　《切韵》洽　　　　　例字：恰掐
　　　　　　　　《切韵》狎　　　　　例字：甲鸭压狎
齐齿［iap］　　　《切韵》叶　　　　　例字：涉妾猎接
　　　　　　　　《切韵》帖　　　　　例字：贴蝶挟协
　　　　　　　　《切韵》业　　　　　例字：劫怯
　　　　　　　　《切韵》洽（少）　　例字：夹霎
　　　　　　　　《切韵》狎（少）　　例字：胛
　　　　　　　　《切韵》缉（少）　　例字：涩
　　　　　　　　《切韵》盍（少）　　例字：腊蜡

（16）缉部［ip］

齐齿［ip］　　　《切韵》缉　　　　　例字：急立邑执

（17）唐部［ɔŋ］

开口［ɔŋ］　　　《切韵》唐　　　　　例字：旁堂康光

	《切韵》阳	例字：匡方霜狂
	《切韵》江（庄系）	例字：桩窗双
	《切韵》东	例字：蒙同公翁
	《切韵》冬	例字：冬宗疼农
	《切韵》锺	例字：封纵逢浓
	《切韵》庚（少）	例字：盲
	《切韵》耕（少）	例字：宏
	《切韵》登（少）	例字：弘
	《切韵》凡（一个字）	例字：帆
齐齿 [ioŋ]	《切韵》东	例字：中弓穷戎
	《切韵》锺	例字：钟冲恭恐
	《切韵》阳	例字：长良姜将
	《切韵》江（少）	例字：腔

（18）江部 [aŋ]

开口 [aŋ]	《切韵》江	例字：江降（降落）讲港巷项降（投降）

（19）清部 [iŋ]

齐齿 [iŋ]	《切韵》庚	例字：兵更京兄
	《切韵》耕	例字：繃耕鹦争
	《切韵》清	例字：轻婴精倾
	《切韵》青	例字：丁经馨星
	《切韵》蒸	例字：冰兢鹰升
	《切韵》登	例字：崩登增能

（20）魂部 [un]

合口 [un]	《切韵》魂	例字：门屯昏村
	《切韵》文	例字：闻君云分
	《切韵》谆	例字：均伦唇纯

	《切韵》痕	例字：吞根恩痕
	《切韵》欣（少）	例字：斤筋殷勤
	《切韵》真（少）	例字：巾银

（21）寒部 [an]

开口 [an]	《切韵》寒	例字：单难干餐
	《切韵》删	例字：班奸颜删
	《切韵》山	例字：艰间眼产
齐齿 [ian]	《切韵》元	例字：轩言偃健
	《切韵》先	例字：眠田见宴
	《切韵》仙	例字：鞭迁遣衍
合口 [uan]	《切韵》桓	例字：盘团官酸
	《切韵》删	例字：关弯惯篡
	《切韵》山	例字：鳏幻
	《切韵》元	例字：冤阮远饭
	《切韵》凡	例字：凡犯范梵
	《切韵》仙	例字：卷软选撰

（22）真部 [in]

齐齿 [in]	《切韵》真	例字：宾珍邻仁
	《切韵》臻	例字：臻莘
	《切韵》先（一个字）	例字：怜
	《切韵》欣	例字：谨靳
	《切韵》侵（唇）	例字：禀品

（23）谈部 [am]

开口 [am]	《切韵》覃	例字：贪堪南蚕
	《切韵》谈	例字：甘三蓝惭
	《切韵》咸	例字：谗咸斩陷

	《切韵》衔	例字：衫岩衔监
齐齿 [iam]	《切韵》盐	例字：沾帘钳炎
	《切韵》添	例字：添兼甜店
	《切韵》严	例字：严俨
	《切韵》凡（喉牙）	例字：剑欠
	《切韵》咸（少）	例字：减

（24）侵部 [im]

齐齿 [im]	《切韵》侵	例字：沈林禽壬
	《切韵》欣（少）	例字：欣

（25）奴部 [ɔ̃]

开口 [ɔ̃]	《切韵》模	例字：奴怒午误
	《切韵》豪（少）	例字：毛冒帽
	《切韵》歌（少）	例字：我
	《切韵》戈	例字：麽魔摩磨
	《切韵》侯（少）	例字：偶

（26）熬部 [ãu]

开口 [ãu]	《切韵》肴（少）	例字：貌
	《切韵》豪（少）	例字：熬

（27）泥部 [ĩ]

齐齿 [ĩ]	《切韵》支（少）	例字：尔
	《切韵》脂（少）	例字：尼
	《切韵》之（少）	例字：耳你
	《切韵》齐（少）	例字：泥祢

（丙）厦门的声调

现代厦门话共有七个声调，即：1.阴平；2.阳平；3.阴上；4.阴去；

5.阳去；6.阴入；7.阳入。调类大致与现代苏州话的调类相当。浊上变去，也和苏州话近似。只有两种情况和苏州话不同：第一，苏州完整地保留浊音，厦门话则浊音大部分消失，只是古浊母字读阳调类（阳平、阳去、阳入），还保留着古浊母的痕迹。第二，苏州入声字一律收音于［ʔ］；厦门话则有［-k］［-t］［-p］三类，和《切韵》系统相当。

四、粤语

（甲）广州话的声母

现代广州话共有二十个声母，如下表：

发音方法 \ 发音部位		双唇	唇齿	舌尖	舌叶	舌根	舌根（圆唇）	喉
塞音	不送气	p 帮		t 端		k 见	k^w 君①	ʔ 安
	送气	pʻ 滂		tʻ 透		kʻ 溪	$k^{\prime w}$ 群	
鼻音		m 明		n 泥		ŋ 吴		
边音				l 来				
塞擦音	不送气				tʃ 照			
	送气				tʃʻ 穿			
擦音			f 非		ʃ 审			h 晓
半元音		w 云			j② 喻			

---

① 君母［k^w］和群母［$k^{\prime w}$］是圆唇的舌根音。发音时舌根抵软腭，同时圆唇，不是先发［k］后发［w］的复辅音。

② 喻母［j］是舌面音。为简化起见，表内归入舌叶音。

　　　　　　　　　　（1）帮母［p］
守温字母：帮　　　　　　　　例字：巴波班奔边兵
守温字母：并（仄）　　　　　例字：罢薄步避便病
守温字母：滂（一个字）　　　例字：品
　　　　　　　　　　（2）滂母［p'］
守温字母：滂　　　　　　　　例字：怕破配判飘披
守温字母：并（平）　　　　　例字：爬婆盘贫瓢平
守温字母：并（一个字）　　　例字：抱
守温字母：帮（一个字）　　　例字：豹
　　　　　　　　　　（3）明母［m］
守温字母：明　　　　　　　　例字：马磨蛮门眠明
守温字母：微　　　　　　　　例字：袜味尾万闻望
守温字母：帮（一个字）　　　例字：剥
　　　　　　　　　　（4）云母［w］
守温字母：影　　　　　　　　例字：威卫湾温汪枉
守温字母：喻　　　　　　　　例字：围为维谓王旺
守温字母：匣　　　　　　　　例字：华画话划滑祸获或活怀惠回
　　　　　　　　　　　　　　　　　会换还黄
守温字母：疑（少）　　　　　例字：顽玩
　　　　　　　　　　（5）非母［f］
守温字母：非　　　　　　　　例字：法飞否风方
守温字母：敷　　　　　　　　例字：纷芳敷菲丰复
守温字母：奉　　　　　　　　例字：伐佛凡肥防逢
守温字母：晓　　　　　　　　例字：虎呼化花霍火货悔灰徽挥欢
　　　　　　　　　　　　　　　　　婚荒
守温字母：溪　　　　　　　　例字：课科库裤苦枯阔快块宽款况
　　　　　　　　　　（6）端母［t］
守温字母：端　　　　　　　　例字：打带刀登店东

守温字母：定（仄）　　　　　例字：大代道邓殿动

（7）透母［t'］

守温字母：透　　　　　　　　例字：胎偷滩汤梯挑

守温字母：定（平）　　　　　例字：台投坛堂题条

（8）泥母［n］①

守温字母：泥　　　　　　　　例字：纳奶内闹难能

守温字母：娘　　　　　　　　例字：女娘浓尼

（9）来母［l］

守温字母：来　　　　　　　　例字：赖腊力楼蓝龙

（10）照母［tʃ］②

守温字母：知　　　　　　　　例字：摘朝珍张竹

守温字母：澄（仄）　　　　　例字：泽赵阵丈郑

守温字母：照　　　　　　　　例字：招罩周皱战

守温字母：床（仄）　　　　　例字：栈助状

守温字母：精　　　　　　　　例字：栽灶葬姐煎将

守温字母：从（仄）　　　　　例字：在造脏就渐净

守温字母：邪（仄）　　　　　例字：习席谢袖象序续

（11）穿母［tʃ'］

守温字母：彻　　　　　　　　例字：彻拆抽畅

守温字母：澄（平）　　　　　例字：筹尘沉程厨

守温字母：穿　　　　　　　　例字：昌称吹春楚初

守温字母：床（平）　　　　　例字：锄柴床

守温字母：清　　　　　　　　例字：菜惨苍妻枪亲

---

① 泥母倾向于消失，并入来母［l］。
② 我在《汉语音韵学》里，把广州声母照系和精系分为两类，前者读［tʃ］等，后者读［ts］等，那是错误的。

守温字母：从（平）　　　　　　例字：材蚕藏齐墙秦
守温字母：邪（平）　　　　　　例字：辞词随隋徐

（12）审母［ʃ］

守温字母：审　　　　　　　　　例字：沙烧扇深生山
守温字母：禅　　　　　　　　　例字：时视十绍臣晨常尝城成唇纯垂
守温字母：床（三等）　　　　　例字：船蛇食实绳愁神

（13）喻母［j］

守温字母：影　　　　　　　　　例字：烟因腰一冤迁
守温字母：喻　　　　　　　　　例字：延寅遥逸袁渝
守温字母：日　　　　　　　　　例字：然人饶日软儒
守温字母：疑　　　　　　　　　例字：研业义迎遇月
守温字母：晓（少）　　　　　　例字：休庥
守温字母：匣（少）　　　　　　例字：嫌刑型形
守温字母：溪（少）　　　　　　例字：丘邱蚯

（14）见母［k］

守温字母：见　　　　　　　　　例字：肩金敬瓜关干
守温字母：群（仄）　　　　　　例字：巨倦竞共

（15）溪母［k‘］

守温字母：溪　　　　　　　　　例字：窍区曲溪驱缺
守温字母：群（平）　　　　　　例字：求琴渠强拳穷
守温字母：群（上声）　　　　　例字：舅

（16）吴母［ŋ］

守温字母：疑　　　　　　　　　例字：瓦外饿危乐偶岸昂牙五眼颜银

（17）君母［kʷ］

守温字母：见　　　　　　　　　例字：卦过怪桂贯光功
守温字母：群（仄）　　　　　　例字：跪

（18）群母［k‘ʷ］

守温字母：溪　　　　　　　　　例字：夸愧矿
守温字母：群（平）　　　　　　例字：群葵夔携

守温字母：见（少）　　　　　例字：昆规
　　　　　　　　（19）影母［ʔ］①
守温字母：影　　　　　　　例字：爱矮袄安鞍暗
　　　　　　　　（20）晓母［h］
守温字母：晓　　　　　　　例字：海黑好虾喜血
守温字母：匣　　　　　　　例字：河害豪霞限咸
守温字母：溪　　　　　　　例字：可克客开考口砍看刊恳肯康
　　　　　　　　　　　　　　　　坑哭匡况孔恐空欺气岂巧敲
　　　　　　　　　　　　　　　　牵谦欠腔轻庆去券劝犬

（乙）广州的韵部

现代广州共有四十九个韵部，如下表②：

韵类 元音	阴声			入声			阳声		
u	u 姑		ui 灰	uk 屋	ut 末		uŋ 东	un 桓	
o	o 歌	ou 模	oi 哈	ok 铎	ot 曷		oŋ 唐	on 寒	
œ	œ 靴		œy 居	œk 药	œt 術		œŋ 阳	œn 谆	
a	a 麻	au 肴	ai 佳	ak 白	at 發	ap 狎	aŋ 耕	an 删	am 覃
ɐ		ɐu 侯	ɐi 齐	ɐk 德	ɐt 质	ɐp 缉	ɐŋ 庚	ɐn 真	ɐm 侵
e	e 遮		ei 微						
i	i 支	iu 萧		ik 职	it 屑	ip 葉	iŋ 清	in 先	im 盐
y	y 鱼				yt 月			yn 元	

---

① 包括零声母。又常常混入吴母［ŋ］。
② 参看黄锡凌《粤音韵汇》1—53页，中华书局1941年。黄书分为五十三个韵部，今依音位观点，合并为四十九个韵部。

（1）姑部 [u]

《切韵》模（喉牙） 例字：乌胡苦库鼓故呼
《切韵》虞（唇） 例字：夫扶斧赋
《切韵》尤（唇） 例字：妇负

（2）歌部 [o]①

《切韵》歌 例字：阿多左哥河可罗挪我
《切韵》戈 例字：波科戈磨坡蓑窝
《切韵》鱼（庄系） 例字：助所疏初楚础锄
《切韵》虞（庄系） 例字：刍皱

（3）靴部 [œ]

《切韵》戈（一个字） 例字：靴
《切韵》歌（一个字） 例字：朵②

（4）麻部 [a]

《切韵》麻 例字：鸦巴查加霞夸马沙华瓜
《切韵》佳（合） 例字：卦挂娃蛙画
《切韵》夬（合） 例字：话

（5）遮部 [e]③

《切韵》麻（三、四等） 例字：嗟姐遮者斜野蛇社舍射爷夜

（6）支部 [i]

《切韵》支 例字：掎赀儿支斯施驰
《切韵》脂 例字：伊咨二脂私师迟
《切韵》之 例字：医兹而之司诗痴

---

① 实际读音 [ɔ]。
② 白话音。
③ 实际读音 [ɛ]。

《切韵》微　　　　　　　　　例字：衣依
(7) 鱼部 [y]
《切韵》鱼　　　　　　　　　例字：於如豫御猪书庶
《切韵》虞　　　　　　　　　例字：迂儒喻遇朱输戍
(8) 模部 [ou]
《切韵》模（舌齿唇）　　　　例字：模补度租祚鲁路
《切韵》虞（微母）　　　　　例字：无武巫
《切韵》豪　　　　　　　　　例字：奥保道糟高号劳冒抱
《切韵》侯（唇）　　　　　　例字：母
(9) 肴部 [au]
《切韵》肴　　　　　　　　　例字：拗包嘲交敲猫殽稍抄卯貌抛豹
《切韵》豪（少）　　　　　　例字：考靠
(10) 侯部 [eu]
《切韵》侯　　　　　　　　　例字：欧斗沟够侯偷茂楼
《切韵》尤　　　　　　　　　例字：周邹酒浮旧求抽秋谋牛
《切韵》幽　　　　　　　　　例字：幽幼蚍缪
(11) 萧部 [iu]①
《切韵》萧　　　　　　　　　例字：幺尧雕调辽鸟箫条
《切韵》宵　　　　　　　　　例字：妖摇焦昭桥苗少笑
(12) 灰部 [ui]②
《切韵》灰（喉牙唇）　　　　例字：隈回杯灰梅贿背煤培
《切韵》泰（喉牙唇）　　　　例字：会贝侩绘
(13) 咍部 [oi]③
《切韵》咍　　　　　　　　　例字：哀爱代该改碍怠台来腮开才菜耐
《切韵》泰（舌齿）　　　　　例字：奈外蔡

---

① 萧部 [iu] 的主要元音是 [i]，韵尾是 [u]。
② 灰部 [ui] 的主要元音是 [u]，韵尾是 [i]。
③ 咍部 [oi] 的主要元音是 [o]，韵尾是 [i]。

《切韵》灰（泥母）　　　　　例字：内
　　　　　　　（14）居部［œy］
《切韵》灰（舌齿）　　　　　例字：堆队雷碎催退
《切韵》鱼（喉牙）　　　　　例字：沮居车巨虚去许驴女徐
《切韵》虞（喉牙）　　　　　例字：具惧驱须趋拘俱聚
《切韵》支（舌齿，合）　　　例字：嘴垂蕊嬴
《切韵》脂（舌齿，合）　　　例字：追醉坠䔵类绥虽
《切韵》祭（舌齿，合）　　　例字：赘税岁
　　　　　　　（15）佳部［ai］
《切韵》佳　　　　　　　　　例字：隘佳街鞋债蟹买卖崖钗柴
《切韵》皆　　　　　　　　　例字：拜怪界戒楷排斋埋怀
《切韵》泰　　　　　　　　　例字：赖艾太泰
《切韵》夬　　　　　　　　　例字：败迈快
《切韵》咍　　　　　　　　　例字：猜乃态贷
　　　　　　　（16）齐部［ɐi］
《切韵》齐　　　　　　　　　例字：闭低弟济系契稽圭黎齐
《切韵》祭　　　　　　　　　例字：蔽祭制曳例
《切韵》微　　　　　　　　　例字：徽挥费沸贵
《切韵》支　　　　　　　　　例字：规阕亏诡毁
《切韵》脂　　　　　　　　　例字：龟悸季葵癸
《切韵》废　　　　　　　　　例字：废肺吠
　　　　　　　（17）微部［ei］
《切韵》微　　　　　　　　　例字：非飞妃肥匪机希
《切韵》支　　　　　　　　　例字：卑寄奇戏被避
《切韵》脂　　　　　　　　　例字：比地祁利尼死四丕婢
《切韵》之　　　　　　　　　例字：基棋起喜里

（18）屋部 [uk]

《切韵》屋　　　　　　　　　例字：屋仆读竹福伏菊肉育秃
《切韵》沃　　　　　　　　　例字：督笃
《切韵》烛　　　　　　　　　例字：烛属局辱玉曲欲绿足
《切韵》觉（少）　　　　　　例字：捉

（19）铎部 [ok]①

《切韵》铎　　　　　　　　　例字：恶博作昨洛莫郭鄂索
《切韵》药（少）　　　　　　例字：缚霍
《切韵》觉　　　　　　　　　例字：剥濯攉角觉确朔朴学
《切韵》德（一个字）　　　　例字：国

（20）药部 [æk]

《切韵》药　　　　　　　　　例字：鹊雀酌着脚约若却略削
《切韵》觉　　　　　　　　　例字：啄涿琢斲桌卓

（21）白部 [ak]

《切韵》陌　　　　　　　　　例字：白百帛格宅客拍
《切韵》麦　　　　　　　　　例字：革隔窄册策栅拆划
《切韵》德　　　　　　　　　例字：贼或惑

（22）德部 [ɐk]

《切韵》德　　　　　　　　　例字：德得墨北特滕塞则
《切韵》陌　　　　　　　　　例字：陌貊蓦
《切韵》觉（影母）　　　　　例字：握幄渥
《切韵》麦　　　　　　　　　例字：麦脉厄扼轭阨

---

① 实际读音 [ɔk]。

《切韵》职（庄系）　　　　　　　例字：侧仄昃测恻

(23) 职部 [ik]①

《切韵》职　　　　　　　　　　例字：抑翼逼即亟极息式域
《切韵》昔　　　　　　　　　　例字：益亦役碧璧夕昔辟籍
《切韵》锡　　　　　　　　　　例字：壁的狄敌迪翟觋惕觅
《切韵》陌　　　　　　　　　　例字：逆迫隙

(24) 末部 [ut]

《切韵》末　　　　　　　　　　例字：活阔括末抹泼拨
《切韵》没　　　　　　　　　　例字：没钵勃没殁

(25) 曷部 [ot]②

《切韵》曷　　　　　　　　　　例字：割葛喝渴褐

(26) 术部 [œt]

《切韵》术　　　　　　　　　　例字：卒黜绌怵律率术述出邮戌
《切韵》质（一个字）　　　　　　例字：栗

(27) 发部 [at]

《切韵》黠　　　　　　　　　　例字：八札擦察滑猾杀
《切韵》鎋　　　　　　　　　　例字：刹
《切韵》月（唇）　　　　　　　　例字：发伐袜
《切韵》狎（一个字）　　　　　　例字：压
《切韵》曷　　　　　　　　　　例字：遏怛达辣挞
《切韵》乏　　　　　　　　　　例字：法

(28) 质部 [ɐt]

《切韵》质　　　　　　　　　　例字：毕弼疾质侄吉一实膝逸日

---

① "职"部字多数有两读，白话读 [ɛk]，文言读 [ik]。今合并为 [ik]，认为 [ɛk] 是 [ik] 的变体。

② 实际读音 [ɔt]。

《切韵》栉　　　　　　　　　　例字：虱瑟
《切韵》物　　　　　　　　　　例字：不弗佛屈郁
《切韵》没　　　　　　　　　　例字：突骨纥齕兀
《切韵》术（喉牙）　　　　　　例字：橘聿通
《切韵》迄　　　　　　　　　　例字：乞迄讫屹汔
《切韵》黠　　　　　　　　　　例字：黠
《切韵》镎　　　　　　　　　　例字：辖鎋瞎
《切韵》麦　　　　　　　　　　例字：核翮翻
《切韵》昔　　　　　　　　　　例字：檄

　　　　　　　　　（29）屑部 [it]

《切韵》屑　　　　　　　　　　例字：咽跌节截结蔑撇屑
《切韵》薛　　　　　　　　　　例字：热孽别折楔列灭薛彻
《切韵》月　　　　　　　　　　例字：歇揭蝎碣
《切韵》质（一个字）　　　　　例字：必
《切韵》叶（少）　　　　　　　例字：捷睫

　　　　　　　　　（30）月部 [yt]

《切韵》月　　　　　　　　　　例字：月越粤阙厥蕨
《切韵》质（一个字）　　　　　例字：乙
《切韵》薛　　　　　　　　　　例字：雪说阅绝缀辍拙劣拊埒
《切韵》没（少）　　　　　　　例字：猝卒捽
《切韵》末（一个字）　　　　　例字：撮
《切韵》屑　　　　　　　　　　例字：决玦缺阕

　　　　　　　　　（31）狎部 [ap]

《切韵》狎　　　　　　　　　　例字：甲鸭
《切韵》合　　　　　　　　　　例字：杂纳衲飒匼荅搭踏眷
《切韵》盍　　　　　　　　　　例字：腊蜡榻塔蹋

　　　　　　　　　（32）缉部 [ɐp]

《切韵》缉　　　　　　　　　　例字：汁急及邑揖入立湿十级

《切韵》合　　　　　　　　例字：合盒
《切韵》洽　　　　　　　　例字：恰洽
《切韵》盍　　　　　　　　例字：盍阖

(33) 葉部 [ip]

《切韵》葉　　　　　　　　例字：葉接涉猎聂慑接
《切韵》怗　　　　　　　　例字：帖协惬蝶牒叠燮
《切韵》业　　　　　　　　例字：业怯劫腌

(34) 东部 [uŋ]

《切韵》东　　　　　　　　例字：瓮动总中红雄公穷风
《切韵》冬　　　　　　　　例字：冬宗
《切韵》锺　　　　　　　　例字：从重恭雍松冲用浓蜂

(35) 唐部 [oŋ]①

《切韵》唐　　　　　　　　例字：帮当冈光抗忙囊郎藏桑
《切韵》阳　　　　　　　　例字：方亡狂房匡王望放床疮
《切韵》江　　　　　　　　例字：邦江降庞

(36) 阳部 [œŋ]

《切韵》阳　　　　　　　　例字：将张疆香羊商强娘相长
《切韵》江（庄系）　　　　例字：双窗

(37) 耕部 [aŋ]

《切韵》耕　　　　　　　　例字：罂争筝狰耕睁
《切韵》庚　　　　　　　　例字：生牲笙盲烹彭猛孟撑坑横硬

(38) 庚部 [ɐŋ]

《切韵》庚　　　　　　　　例字：庚更羹盟行觥
《切韵》耕　　　　　　　　例字：莺甍宏萌

---

① 实际读音 [ɔŋ]。

《切韵》登　　　　　　　　　例字：曾层赠能朋肯弘恒
《切韵》蒸（少）　　　　　　例字：凭凭

(39) 清部 [iŋ]①

《切韵》庚　　　　　　　　　例字：兵秉丙病平鸣京英
《切韵》清　　　　　　　　　例字：饼并名令精轻静性盈
《切韵》青　　　　　　　　　例字：并瓶丁定听亭宁灵星
《切韵》蒸　　　　　　　　　例字：冰陵兴应膺兢

(40) 桓部 [un]

《切韵》桓　　　　　　　　　例字：桓萑貆盌浣换宽欢官观灌贯
玩款般半伴叛瞒满潘盘
《切韵》魂（唇）　　　　　　例字：本门扣闷盆
《切韵》元（少）　　　　　　例字：垣援爰

(41) 寒部 [on]②

《切韵》寒（喉牙）　　　　　例字：安干乾幹看刊寒汗汉侃罕悍
翰岸

(42) 谆部 [œn]

《切韵》谆　　　　　　　　　例字：俊骏荀洵询笋准谆唇伦遵舜纯
《切韵》魂　　　　　　　　　例字：敦钝遁论逊
《切韵》真　　　　　　　　　例字：津尽进晋信吝
《切韵》臻　　　　　　　　　例字：秦榛溱臻

(43) 删部 [an]

《切韵》删　　　　　　　　　例字：删晏班颁奸关惯还蛮赧颜雁
攀弯顽

---

① 清部字多数有文白两读，白话读 [ɛŋ]，文言读 [iŋ]。今合并为 [iŋ]，认为 [ɛŋ] 是 [iŋ] 的变体。

② 实际读音 [ɔn]。

《切韵》山　　　　　　　　　例字：山扮盼办盏栈眼绽间闲简鳏
《切韵》寒（舌齿）　　　　　例字：丹单弹旦但赞兰懒难炭叹坦
　　　　　　　　　　　　　　　　　坛餐粲
《切韵》元（唇）　　　　　　例字：番藩繁烦樊反返饭贩万
《切韵》凡　　　　　　　　　例字：凡帆汎泛犯範范梵
《切韵》仙（少）　　　　　　例字：撰籑

（44）真部 [ən]

《切韵》真　　　　　　　　　例字：彬宾豳真珍诊振震仅巾因人
　　　　　　　　　　　　　　　　　忍民贫新身臣
《切韵》文　　　　　　　　　例字：分纷芬粉粪训勋薰荤坟君军
　　　　　　　　　　　　　　　　　郡群裙文雲云
《切韵》欣　　　　　　　　　例字：勤谨斤芹
《切韵》魂　　　　　　　　　例字：奔笨墩昏婚昆滚坤浑
《切韵》痕　　　　　　　　　例字：根跟痕很狠恨
《切韵》侵（唇）　　　　　　例字：品禀
《切韵》谆（少）　　　　　　例字：均匀

（45）先部 [in]

《切韵》先　　　　　　　　　例字：烟燕颠田片眠电天年练
《切韵》仙　　　　　　　　　例字：延然边辨面莲煎件钱乾
《切韵》元　　　　　　　　　例字：言轩建健掀偃宪献

（46）元部 [yn]

《切韵》元　　　　　　　　　例字：元原源冤袁远怨阮园劝援苑
　　　　　　　　　　　　　　　　　愿怨
《切韵》仙　　　　　　　　　例字：选员圆院软专转卷权传捐拳
　　　　　　　　　　　　　　　　　联恋宣旋船篆全川穿泉
《切韵》先　　　　　　　　　例字：渊悬玄犬涓鹃蠲

《切韵》魂　　　　　　　　例字：尊孙损屯豚臀村存寸
《切韵》桓　　　　　　　　例字：完丸端短断段钻纂鸾暖乱嫩
　　　　　　　　　　　　　　　　酸算团

（47）覃部 [am]

《切韵》覃　　　　　　　　例字：贪谭探男南函参惨蚕
《切韵》谈　　　　　　　　例字：担胆谈淡毯蓝览滥三
《切韵》咸　　　　　　　　例字：咸鹹减陷
《切韵》衔　　　　　　　　例字：监鉴衔岩衫杉

（48）侵部 [ɐm]

《切韵》侵　　　　　　　　例字：浸针枕金钦任甚淫吟音锦饮
　　　　　　　　　　　　　　　　阴沈心深岑侵寻寝禁林临
《切韵》覃　　　　　　　　例字：庵暗堪含勘感坎砍
《切韵》谈　　　　　　　　例字：甘柑敢酣

（49）盐部 [im]

《切韵》盐　　　　　　　　例字：淹炎盐檐阎髯染尖占詹黏拈
　　　　　　　　　　　　　　　　金蟾闪籤签
《切韵》添　　　　　　　　例字：点店添甜恬忝舔簟
《切韵》严　　　　　　　　例字：严俨

（丙）广州的声调

广州共有九个声调，如下：

1. 阴平　　　　　　例字：夫因音堪烟英淹渊
2. 阳平　　　　　　例字：扶寅淫含言盈盐源
3. 阴上　　　　　　例字：府隐饮坎堰影掩婉
4. 阳上　　　　　　例字：妇引荏颔演郏染远
5. 阴去　　　　　　例字：富印荫勘燕应厌怨

6. 阳去　　　　　　例字：父认任憾现朕验院
7. 阴入　　　　　　例字：福一邑恰乞益职则
8. 中入　　　　　　例字：责百壁只咽恶靥乙①
9. 阳入　　　　　　例字：服日入合热翼葉悦

中入是阴入分化出来的。韵母为 ɐk、ɐt、ɐp、œt、uk、ik 者，读阴入；韵母为 ak、ɛk、œk、it、ip、yt、ot 者，读中入②。

五、客家话

（甲）梅县的声母

现代梅县共有十八个声母，如下表：

发音方法 \ 发音部位	双唇	唇齿	舌尖前	舌尖中	舌面	舌根	舌喉
塞音 不送气	p 帮			t 端		k 见	
塞音 送气	p' 滂			t' 透		k' 溪	
鼻音	m 明			n 泥	ȵ 日	ŋ 吴	
边音				l 来			
塞擦音 不送气			ts 精				
塞擦音 送气			ts' 清				
擦音		f 非	s 心				h 晓
半元音	w 文				j 喻		

---

① "壁只"等字（职部字）白话音读中入，文言音读阴入。
② 例外："必"[pit] 读阴入。

　　　　　　　　　　　（1）帮母［p］
守温字母：帮　　　　　　　　例字：巴波拜杯包班本比表
　　　　　　　　　　　（2）滂部［p'］
守温字母：滂　　　　　　　　例字：怕坡拍派配炮披飘偏
守温字母：並　　　　　　　　例字：拔薄白败备暴排培袍盘朋皮
　　　　　　　　　　　　　　　　　瓢便贫平蒲
　　　　　　　　　　　（3）明母［m］
守温字母：明　　　　　　　　例字：马磨埋眉毛谋门盲蒙
守温字母：微　　　　　　　　例字：微尾问亡网袜
　　　　　　　　　　　（4）文母［w］①
守温字母：影　　　　　　　　例字：挖窝握乌屋歪委畏弯碗温稳
　　　　　　　　　　　　　　　　　汪翁瓮
守温字母：喻　　　　　　　　例字：域为维违围伟位谓王往旺
守温字母：匣　　　　　　　　例字：滑划完黄
守温字母：微　　　　　　　　例字：无舞务雾勿未味万晚文忘望
　　　　　　　　　　　（5）非母［f］
守温字母：非　　　　　　　　例字：法飞分方风夫
守温字母：敷　　　　　　　　例字：菲蜂芬芳丰覆
守温字母：奉　　　　　　　　例字：罚佛繁扶伏浮
守温字母：晓　　　　　　　　例字：虎花火悔欢婚荒
守温字母：匣　　　　　　　　例字：胡华活惠唤皇红
　　　　　　　　　　　（6）精母［ts］
守温字母：精　　　　　　　　例字：资则栽早积姐椒酒尖
守温字母：照　　　　　　　　例字：责至诈者招斩真

---

① 或读［v］。

守温字母：知　　　　　　　　　例字：摘朝沾张竹猪珍

（7）清母 [ts']

守温字母：清　　　　　　　　　例字：雌猜促村秋迁亲青

守温字母：从　　　　　　　　　例字：慈才杂坐截贱渐齐前

守温字母：穿　　　　　　　　　例字：测察抄酶楚出

守温字母：床　　　　　　　　　例字：助柴床状

守温字母：彻　　　　　　　　　例字：彻超丑畅

守温字母：澄　　　　　　　　　例字：沉长潮橙陈阵丈重赵

守温字母：邪　　　　　　　　　例字：辞词

守温字母：审（少）　　　　　　例字：深

（8）心母 [s]

守温字母：心　　　　　　　　　例字：司斯雪薛梭些写素

守温字母：审　　　　　　　　　例字：产师诗沙色山伸水

守温字母：禅　　　　　　　　　例字：臣晨常尝城垂唇纯时

守温字母：床　　　　　　　　　例字：愁绳剩船示食实射士蛇

守温字母：邪　　　　　　　　　例字：习席斜邪谢详祥序绪

（9）端母 [t]

守温字母：端　　　　　　　　　例字：打德带刀斗当登底颠

（10）透母 [t']

守温字母：透　　　　　　　　　例字：太胎讨偷贪汤梯铁

守温字母：定　　　　　　　　　例字：大特代道豆淡荡邓地台逃投
　　　　　　　　　　　　　　　　　　谈堂腾提叠

（11）泥母 [n]

守温字母：泥　　　　　　　　　例字：纳奈内闹男泥南宁奴怒暖农

（12）来母 [l]

守温字母：来　　　　　　　　　例字：腊来雷老兰蓝郎龙楼吕李力

　　　　　　　　　　　　　柳连林罗落
　　　　　　　　　　（13）日母［ŋ̩］
守温字母：日　　　　　　例字：日热饶绕肉染任忍认人仁入
　　　　　　　　　　　　　　弱耳二
守温字母：娘　　　　　　例字：你扭娘浓
守温字母：泥　　　　　　例字：捏鸟尿
守温字母：疑　　　　　　例字：虐月牛业验颜玉眼严言银元额
　　　　　　　　　　（14）喻母［j］
守温字母：影　　　　　　例字：衣约忧淹因央英冤
守温字母：喻　　　　　　例字：野药油盐寅羊盈园
守温字母：日　　　　　　例字：扰柔然仁壤让如乳辱褥若软
　　　　　　　　　　　　　　润绒戎茸
　　　　　　　　　　（15）见母［k］
守温字母：见　　　　　　例字：鸡家街交九剑金京居哥盖狗
　　　　　　　　　　　　　　甘根刚耕古挂
　　　　　　　　　　（16）溪母［kʻ］
守温字母：溪　　　　　　例字：巧窍敲腔缺却确劝科课刻靠
　　　　　　　　　　　　　　口肯康库哭夸愧宽困矿
守温字母：群　　　　　　例字：求渠拳权群穷期及极忌轿舅
　　　　　　　　　　　　　　旧健俭近竞具巨剧倦
　　　　　　　　　　（17）吴母［ŋ］
守温字母：疑　　　　　　例字：鹅饿碍艾熬傲偶岸牙芽咬研
　　　　　　　　　　　　　　硬吴午五伍误悟瓦卧我外伪
　　　　　　　　　　　　　　危顽玩鱼乐
　　　　　　　　　　（18）晓母［h］
守温字母：晓　　　　　　例字：系系喜希瞎血休欣香虚许海

黑罕汉

守温字母：匣　　　　　　例字：下夏霞械鞋闲限嫌项形杏幸
荷贺孩害豪后候厚含寒恨航

（乙）梅县的韵部

现代梅县共有三十七个韵部，如下表：

元音	韵类	阴声			入声			阳声		
u		u 模			uk 屋	ut 物		uŋ 东	un 文	
o		o 歌		oi 哈	ok 铎	ot 曷		oŋ 唐	on 寒	
a		a 麻	au 豪	ai 泰	ak 麦	at 黠	ap 合	aŋ 庚	an 删	am 谈
e		e 鸡	eu 侯		et 薛	ep 涩		en 先	em 森	
ə					ət 质	əp 执		ən 真	əm 深	
i		i 衣	iu 尤		it 昔	ip 缉		in 欣	im 侵	
ɿ		ɿ 思								

　　　　　　　　　　　　（1）模部 [u]

《切韵》模　　　　　　　例字：布普赌土奴鲁兔图呼
《切韵》虞　　　　　　　例字：夫扶府腐树输主住舞朱
《切韵》鱼　　　　　　　例字：猪著除处书舒鼠黍
《切韵》尤　　　　　　　例字：妇负周抽绸仇酏收手受
《切韵》侯（一个字）　　例字：母

　　　　　　　　　　　　（2）歌部 [o]①

《切韵》歌　　　　　　　例字：歌可何蛾多拖罗左驼挪

---

① 实际读音 [ɔ]。

《切韵》戈　　　　　　　　例字：和科波坡磨妥骡梭琐坐
《切韵》鱼（少）　　　　　例字：所

（3）麻部［a］

《切韵》麻　　　　　　　　例字：巴怕马他拿炸加霞下鸦亚牙
　　　　　　　　　　　　　　　　瓜跨花华

（4）鸡部［e］①

《切韵》齐　　　　　　　　例字：鸡蹄洗剃泥②

（5）衣部［i］

《切韵》支　　　　　　　　例字：知技儿彼皮离
《切韵》脂　　　　　　　　例字：地梨利饥二比器四死
《切韵》之　　　　　　　　例字：狸吏记忌耳基欺
《切韵》微　　　　　　　　例字：既幾岂饑衣依
《切韵》齐　　　　　　　　例字：闭批迷米堤帝抵梯计妻启西
《切韵》祭　　　　　　　　例字：祭例厉

（6）思部［ɿ］

《切韵》支（精系）　　　　例字：紫雌斯此刺
《切韵》脂（精系）　　　　例字：资姿姊自私
《切韵》之（精系）　　　　例字：兹子辞祀似
《切韵》鱼（庄系）　　　　例字：阻助锄楚梳疏
《切韵》虞（庄系）　　　　例字：数
《切韵》模（精系）　　　　例字：祖组粗苏素

（7）豪部［au］

开口［au］

《切韵》豪　　　　　　　　例字：宝毛帽刀桃遭曹骚早嫂高

---

① 实际读音［ɛ］。
② "鸡"又读［kai］，"蹄"又读［tʻai］，"剃"又读［tʻi］，"泥"又读［nai］。

《切韵》肴　　　　　　　　　　例字：饱豹抛茅卯貌闹罩找爪教
《切韵》尤（一个字）　　　　　例字：矛

齐齿 [iau]

《切韵》萧　　　　　　　　　　例字：刁钓吊鸟了料聊叫萧晓
《切韵》宵　　　　　　　　　　例字：猫饶庙飘
《切韵》宵（知照系）　　　　　例字：朝招赵超潮少烧绍焦骄轿樵消
《切韵》幽（一个字）　　　　　例字：彪

(8) 侯部 [eu]①

《切韵》侯　　　　　　　　　　例字：斗豆头楼走奏钩狗口寇侯厚
　　　　　　　　　　　　　　　　　　后欧偶
《切韵》尤（庄系）　　　　　　例字：邹搜骤愁瘦
《切韵》尤（唇，一个字）例字：浮

(9) 尤部 [iu]

《切韵》尤　　　　　　　　　　例字：柔牛扭流刘留柳酒九久究舅
　　　　　　　　　　　　　　　　　　旧秋丘休尤有右
《切韵》幽　　　　　　　　　　例字：幽纠幼

(10) 咍部 [oi]

《切韵》咍　　　　　　　　　　例字：贷代袋胎台来菜腮赛改概开
　　　　　　　　　　　　　　　　　　慨海碍爱
《切韵》泰（少）　　　　　　　例字：害
《切韵》皆（少）　　　　　　　例字：怀槐

(11) 泰部 [ai]

《切韵》泰　　　　　　　　　　例字：太泰大带奈赖蔡盖外艾会②

---

① 实际读音 [εu]。
② "会计"的"会"读 [kuai]。

《切韵》咍　　　　　　　　例字：载戴待态乃耐灾宰在才该
　　《切韵》皆　　　　　　　　例字：拜排埋斋揩乖怪歪
　　《切韵》佳　　　　　　　　例字：稗派牌买卖债晒柴筛矮
　　《切韵》夬　　　　　　　　例字：败迈快

　　　　　　　　　（12）屋部 [uk]

合口 [uk]
　　《切韵》屋　　　　　　　　例字：扑仆木牧福服復独读鹿陆族
　　　　　　　　　　　　　　　　　　速竹祝叔谷哭缩
　　《切韵》沃　　　　　　　　例字：毒督
　　《切韵》烛　　　　　　　　例字：烛嘱触赎属
　　《切韵》觉（少）　　　　　例字：浊镯
撮口 [iuk]
　　《切韵》屋　　　　　　　　例字：陆宿菊育
　　《切韵》烛　　　　　　　　例字：足录俗粟局曲续玉辱欲狱

　　　　　　　　　（13）铎部 [ok][①]

开口 [ok]
　　《切韵》铎　　　　　　　　例字：索阁各恶博莫托洛落昨凿作
　　《切韵》药（知照系）　　　例字：着绰烁勺
　　《切韵》觉　　　　　　　　例字：桌捉戳剥驳角学岳觉确乐
齐齿 [iok]
　　《切韵》药　　　　　　　　例字：若弱脚削药疟约钥嚼虐略
合口 [uok]
　　《切韵》铎　　　　　　　　例字：郭廓扩
　　《切韵》觉（少）　　　　　例字：握

---

① 实际读音 [ɔk]。

（14）麦部［ak］

开口［ak］
  《切韵》麦   例字：麦脉隔革摘册
  《切韵》陌   例字：百柏白伯宅窄客
  《切韵》昔   例字：尺赤石

齐齿［iak］
  《切韵》昔（少）   例字：璧
  《切韵》锡（少）   例字：锡壁
  《切韵》药（少）   例字：鹊雀
  《切韵》陌（少）   例字：额逆

合口［uak］
  《切韵》麦   例字：画划

（15）物部［ut］

  《切韵》物   例字：不物勿佛弗拂
  《切韵》没   例字：突卒骨忽没
  《切韵》術   例字：出术

（16）曷部［ot］[1]

  《切韵》曷   例字：葛渴喝曷割
  《切韵》末   例字：夺脱
  《切韵》黠（少）   例字：刷
  《切韵》薛（少）   例字：说劣

（17）黠部［at］

开口［at］
  《切韵》黠   例字：八拔札紥扎杀

---

[1] 实际读音［ɔt］。

《切韵》镈　　　　　　　　　例字：瞎辖

　　《切韵》月（唇）　　　　　　例字：发罚伐

　　《切韵》末　　　　　　　　　例字：末拨抹沫泼

　　《切韵》曷（舌齿）　　　　　例字：达辣察擦

　　《切韵》薛　　　　　　　　　例字：设彻折哲浙

齐齿［iat］

　　《切韵》薛　　　　　　　　　例字：热悦阅

　　《切韵》屑　　　　　　　　　例字：缺决捏血

　　《切韵》质（一个字）　　　　例字：乙

　　《切韵》月（喉牙）　　　　　例字：月越

合口［uat］

　　《切韵》黠　　　　　　　　　例字：滑挖

　　　　　　　（18）薛部［et］①

　　《切韵》屑　　　　　　　　　例字：撒跌铁结节洁截切

　　《切韵》薛　　　　　　　　　例字：绝薛雪鳖别灭列裂傑泄桀

　　《切韵》栉　　　　　　　　　例字；虱

　　《切韵》月（少）　　　　　　例字：歇

　　《切韵》德　　　　　　　　　例字：克刻墨默德得

　　《切韵》陌　　　　　　　　　例字：迫伯②

　　《切韵》麦　　　　　　　　　例字：核革获③

　　　　　　　（19）质部［ət］

　　《切韵》质　　　　　　　　　例字：质失实室

　　《切韵》职（知照系）　　　　例字：织直植食识式

---

① 实际读音［ɛt］。
② "伯"字有［pak］［pet］两读。
③ "革"字有［kak］［ket］两读。

《切韵》昔（知照系）　　　　　例字：隻適
《切韵》枝　　　　　　　　　　例字：瑟

（20）昔部［it］

《切韵》质　　　　　　　　　　例字：毕笔栗疾吉七漆
《切韵》职　　　　　　　　　　例字：力即极息熄亿
《切韵》昔　　　　　　　　　　例字：疫积脊籍迹蹟惜益易亦译
《切韵》锡　　　　　　　　　　例字：劈的滴敌狄踢剔历击激绩析

（21）合部［ap］

开口［ap］

《切韵》合　　　　　　　　　　例字：鸽合盒搭荅踏纳杂
《切韵》盍　　　　　　　　　　例字：塌塔腊蜡
《切韵》洽　　　　　　　　　　例字：插恰
《切韵》狎　　　　　　　　　　例字：闸甲匣鸭压

齐齿［iap］

《切韵》洽　　　　　　　　　　例字：夹袷

（22）涩部［ep］

《切韵》缉（庄系）　　　　　　例字：涩

（23）执部［əp］

《切韵》缉（知照系）　　　　　例字：汁执湿十什拾

（24）缉部［ip］

《切韵》缉　　　　　　　　　　例字：立粒集急级及给吸习袭邑挹泣

（25）东部［uŋ］

合口［uŋ］

《切韵》东　　　　　　　　　　例字：东通同蒙风聋丛送中充虫
　　　　　　　　　　　　　　　　　　崇公

《切韵》冬　　　　　　　　　　例字：冬农脓宗鬆宋

  《切韵》锺　　　　　　　　　例字：踪从诵钟重逢封蜂
  《切韵》江（庄系）　　　　　例字：椿窗双
  《切韵》登（一个字）　　　　例字：弘
撮口 [iuŋ]
  《切韵》东　　　　　　　　　例字：龙戎绒融宫穷熊
  《切韵》锺　　　　　　　　　例字：浓从松茸容恭供共拱凶胸
              勇用
  《切韵》庚（一个字）　　　　例字：兄

（26）唐部 [oŋ][①]

开口 [oŋ]
  《切韵》唐　　　　　　　　　例字：榜旁忙汤堂狼桑刚康
  《切韵》阳　　　　　　　　　例字：方房亡张长昌商上庄霜创皇
  《切韵》江　　　　　　　　　例字：江缸肛扛港降巷项撞讲
齐齿 [ioŋ]
  《切韵》阳　　　　　　　　　例字：让娘良羊将姜墙强纲
  《切韵》江（少）　　　　　　例字：腔
合口 [uoŋ]
  《切韵》唐　　　　　　　　　例字：光广矿荒晃
  《切韵》阳　　　　　　　　　例字：狂况王往枉望旺

（27）庚部 [aŋ]

开口 [aŋ]
  《切韵》庚　　　　　　　　　例字：庚猛冷撑更羹坑行硬
  《切韵》清　　　　　　　　　例字：郑城声
  《切韵》青　　　　　　　　　例字：钉顶订听厅铃伶

---

① 实际读音 [ɔŋ]。

齐齿 [iaŋ]

　　《切韵》庚　　　　　　　　　例字：秉丙命惊镜迎影

　　《切韵》清　　　　　　　　　例字：饼名领岭井颈净晴请姓赢营

　　《切韵》青　　　　　　　　　例字：瓶青腥醒

合口 [uaŋ]

　　《切韵》庚　　　　　　　　　例字：横

（28）文部 [un]

合口 [un]

　　《切韵》文　　　　　　　　　例字：文闻问分粉粪坟奋

　　《切韵》痕（一个字）　　　　例字：吞

　　《切韵》魂　　　　　　　　　例字：敦屯论村存尊孙滚昆魂温

　　《切韵》谆　　　　　　　　　例字：伦轮纯春唇遵笋顺俊旬

撮口 [iun]

　　《切韵》文　　　　　　　　　例字：君群训雲云韵运晕

　　《切韵》谆　　　　　　　　　例字：均闰润匀

（29）寒部 [on]①

开口 [on]

　　《切韵》寒　　　　　　　　　例字：干幹看寒韩汉旱汗安岸

　　《切韵》桓　　　　　　　　　例字：端短断段团暖乱酸算欢换

　　《切韵》仙　　　　　　　　　例字：专转篆传川椽船喘
　　　　　　　　　　　　　　　　　　　串钏闩拴

齐齿 [ion]

　　《切韵》仙　　　　　　　　　例字：软

合口 [uon]

---

① 实际读音 [ɔn]。

《切韵》桓　　　　　　　　　例字：官冠观贯灌宽碗
　　　　　　　　　　（30）删部 [an]
开口 [an]
　　《切韵》删　　　　　　　　　例字：栈删攀蛮还环患宦
　　《切韵》山　　　　　　　　　例字：盏闲山产限盼
　　《切韵》仙（知照系）　　　　例字：毡展战缠扇善泉
　　《切韵》先（一个字）　　　　例字：研
　　《切韵》寒（舌齿）　　　　　例字：丹单弹滩炭兰澜叹残散
　　《切韵》元（唇）　　　　　　例字：烦反贩饭翻
　　《切韵》桓（唇）　　　　　　例字：半伴潘盘判满瞒漫慢
齐齿 [ian]
　　《切韵》删　　　　　　　　　例字：奸颜雁晏
　　《切韵》山　　　　　　　　　例字：间简拣涧眼艰
　　《切韵》桓（一个字）　　　　例字：丸
　　《切韵》先　　　　　　　　　例字：坚肩茧见牵贤显年县烟玄悬
　　《切韵》元　　　　　　　　　例字：建健掀宪献言劝元冤远
　　《切韵》仙　　　　　　　　　例字：然燃件铅乾虔延捐卷倦权
合口 [uan]
　　《切韵》元　　　　　　　　　例字：晚挽万
　　《切韵》删　　　　　　　　　例字：关惯弯
　　《切韵》山　　　　　　　　　例字：鳏
　　《切韵》桓（少）　　　　　　例字：软玩
　　　　　　　　　　（31）先部 [en] ①
开口 [en]

---

① 实际读音 [ɛn]。

《切韵》庚　　　　　　　　例字：生牲烹彭盟孟衡
　　《切韵》耕　　　　　　　　例字：争筝睁
　　《切韵》登　　　　　　　　例字：崩朋棚瞪登等邓腾能增层恒
齐齿 [ien]
　　《切韵》先　　　　　　　　例字：扁片眠颠典殿天怜莲练笺
　　《切韵》仙　　　　　　　　例字：鞭遍边变辨便绵连联恋煎剪
　　　　　　　　　　　　　　　　　　箭贱

（32）真部 [ən]

　　《切韵》真（知照系）　　　例字：珍陈振尘阵身伸神肾慎
　　《切韵》清（知照系）　　　例字：贞正政呈程诚秤
　　《切韵》蒸（知照系）　　　例字：称乘承升
　　《切韵》耕（知照系）　　　例字：橙

（33）欣部 [in]

　　《切韵》真　　　　　　　　例字：宾贫民邻吝津巾尽进亲因
　　《切韵》欣　　　　　　　　例字：斤近勤欣殷隐
　　《切韵》庚　　　　　　　　例字：兵平评明鸣京荆景敬杏英
　　《切韵》清　　　　　　　　例字：聘并令精晶静清情婴盈
　　《切韵》青　　　　　　　　例字：並屏萍鼎定亭庭灵经形萤
　　《切韵》蒸　　　　　　　　例字：凭陵应鹰膺
　　《切韵》侵（唇）　　　　　例字：品禀
　　《切韵》耕（少）　　　　　例字：幸

（34）谈部 [am]

开口 [am]
　　《切韵》覃　　　　　　　　例字：贪谭探男南参蚕惨感堪坎砍
　　　　　　　　　　　　　　　　　　含函暗

《切韵》谈　　　　　　　　例字：担胆毯谈蓝览三甘敢喊
　　《切韵》咸　　　　　　　　例字：站减鹹陷
　　《切韵》衔　　　　　　　　例字：衫监
　　《切韵》凡　　　　　　　　例字：凡帆
　　《切韵》盐（知照系）　　　例字：陕闪
齐齿［iam］
　　《切韵》盐　　　　　　　　例字：染黏廉敛尖歼检籤箝淹
　　《切韵》添　　　　　　　　例字：点店添甜舔念兼谦嫌
　　《切韵》咸（少）　　　　　例字：蘸
　　《切韵》凡（喉牙）　　　　例字：剑欠

（35）森部［em］①

　　《切韵》侵（庄系）　　　　例字：森岑参（人参）

（36）深部［əm］

　　《切韵》侵（知照系）　　　例字：针斟枕沉深审沈甚

（37）侵部［im］

　　《切韵》侵　　　　　　　　例字：林赁今金襟禁侵琴寝心音
　　　　　　　　　　　　　　　　　　阴饮浸沁任淫

（丙）梅县的声调

　　现代梅县共有六个声调，即：

　　1. 阴平　　　　　例字：夫因音堪烟英淹渊
　　2. 阳平　　　　　例字：扶寅淫含延盈盐源
　　3. 上声　　　　　例字：府引饮坎演影掩远
　　4. 去声　　　　　例字：父印荫堪燕应厌院
　　5. 阴入　　　　　例字：福一邑恰歇益魇血

---

① 实际读音［εm］。

6. 阳入　　　　　例字：服逸入合悦翼葉越

梅县声调的特点是上去声不分阴阳，而入声分阴阳。一部分本来收 -k 的入声字转变为收 -t，即 -ik 变为 -it（"昔"sik → sit），-ək 变为 -ət("职"tsək → tsət）。这和平声一部分本来收 -ŋ 的字转变为收 -n，即 -iŋ 变为 -in（"兵"piŋ → pin），-əŋ 变为 -ən（"政"tsəŋ → tsən）是相对应的。

第十章　历代语音发展总表

一、声母

（1）帮滂並明、非敷奉微

时代 声母	先秦	西汉	东汉	南北朝	隋唐	五代	宋	元	明清	现代[①]
帮	p	p	p	p	p	p	p	p	p	p
非	p	p	p	p	p	f	f	f	f	f
滂	p'	p'	p'	p'	p'	p'	p'	p'	p'	p'
敷	p'	p'	p'	p'	p'	f	f	f	f	f
並（平）	b	b	b	b	b	b	p'	p'	p'	p'
並（病）	b	b	b	b	b	b	p	p	p	p
奉	b	b	b	b	b	v	f	f	f	f
明	m	m	m	m	m	m	m	m	m	m
微	m	m	m	m	m	ɱ	ɱ	v	v	w

[①] 现代指现代北京音系。

（2）精清从心邪

时代 声母	先秦	西汉	东汉	南北朝	隋唐	五代	宋	元	明清	现代
精（臧）	ts	ts	ts	ts	ts	ts	ts	ts	ts	ts
精（将）	ts	ts	ts	ts	ts	ts	ts	ts	ts	tɕ
清（仓）	ts'	ts'	ts'	ts'	ts'	ts'	ts'	ts'	ts'	ts'
清（枪①）	ts'	ts'	ts'	ts'	ts'	ts'	ts'	ts'	ts'	tɕ'
从（藏）	dz	dz	dz	dz	dz	dz	ts'	ts'	ts'	ts'
从（墙）	dz	dz	dz	dz	dz	dz	ts'	ts'	ts'	tɕ'
从（脏）	dz	dz	dz	dz	dz	dz	ts	ts	ts	ts
从（匠）	dz	dz	dz	dz	dz	dz	ts	ts	ts	tɕ
心（桑）	s	s	s	s	s	s	s	s	s	s
心（相）	s	s	s	s	s	s	s	s	s	ɕ
邪（随）	z	z	z	z	z	z	s	s	s	s
邪（祥）	z	z	z	z	z	z	s	s	s	ɕ

---

① 编者注："枪"，文集本作"跄"。

（3）端透定泥来　知彻澄娘

时代 声母	先秦	西汉	东汉	南北朝	隋唐	五代	宋	元	明清	现代
端	t	t	t	t	t	t	t	t	t	t
知（卓）	t	t	t	t	t	ȶ	tɕ	tʂ	tʂ	tʂ
知（竹）	t	t	t	t	t	ȶ	tɕ	tɕ	tʂ	tʂ
透	tʻ	tʻ	tʻ	tʻ	tʻ	tʻ	tʻ	tʻ	tʻ	tʻ
彻（逴）	tʻ	tʻ	tʻ	tʻ	tʻ	ȶʻ	tɕʻ	tʂʻ	tʂʻ	tʂʻ
彻（畜）	tʻ	tʻ	tʻ	tʻ	tʻ	ȶʻ	tɕʻ	tɕʻ	tʂʻ	tʂʻ
定（同）	d	d	d	d	d	d	tʻ	tʻ	tʻ	tʻ
定（独）	d	d	d	d	d	d	t	t	t	t
澄（幢）	d	d	d	d	d	d	ȡ	tɕʻ	tʂʻ	tʂʻ
澄（浊）	d	d	d	d	d	d	ȡ	tɕ	tʂ	tʂ
澄（虫）	d	d	d	d	d	d	ȡ	tɕʻ	tɕʻ	tʂʻ
澄（逐）	d	d	d	d	d	d	ȡ	tɕ	tʂ	tʂ
泥	n	n	n	n	n	n	n	n	n	n
娘	n	n	n	n	n	n	n	n	n	n
来	l	l	l	l	l	l	l	l	l	l

（4）庄初床山俟

声母\时代	先秦	西汉	东汉	南北朝	隋唐	五代	宋	元	明清	现代
庄	tʃ	tʃ	tʃ	tʃ	tʃ	tʃ	tɕ	tʂ	tʂ	tʂ
初	tʃʻ	tʃʻ	tʃʻ	tʃʻ	tʃʻ	tʃʻ	tɕʻ	tʂʻ	tʂʻ	tʂʻ
床（锄）	dʒ	dʒ	dʒ	dʒ	dʒ	z	tɕʻ	tʂʻ	tʂʻ	tʂʻ
床（助）	dʒ	dʒ	dʒ	dʒ	dʒ	z	tɕ	tʂ	tʂ	tʂ
床（士）	dʒ	dʒ	dʒ	dʒ	dʒ	z	ɕ	ʂ	ʂ	ʂ
山	ʃ	ʃ	ʃ	ʃ	ʃ	ʃ	ɕ	ʂ	ʂ	ʂ
俟	ʒ	ʒ	ʒ	ʒ	ʒ	z	ɕ	s	s	s

（5）照穿神审禅日

声母\时代	先秦	西汉	东汉	南北朝	隋唐	五代	宋	元	明清	现代
照（支）	t	t	t	tɕ	tɕ	tɕ	tɕ	tʂ	tʂ	tʂ
照（章）	t	t	t	tɕ	tɕ	tɕ	tɕ	tɕ	tʂ	tʂ
穿（蚩）	tʻ	tʻ	tʻ	tɕʻ	tɕʻ	tɕʻ	tɕʻ	tʂʻ	tʂʻ	tʂʻ
穿（昌）	tʻ	tʻ	tʻ	tɕʻ	tɕʻ	tɕʻ	tɕʻ	tɕʻ	tʂʻ	tʂʻ
神（船）	ɖ	ɖ	ɖ	dʑ	dʑ	z	tɕʻ	tɕʻ	tʂʻ	tʂʻ
神（绳）	ɖ	ɖ	ɖ	dʑ	dʑ	z	ɕ	ɕ	ʂ	ʂ
审（诗）	ɕ	ɕ	ɕ	ɕ	ɕ	ɕ	ɕ	ɕ	ʂ	ʂ
审（商）	ɕ	ɕ	ɕ	ɕ	ɕ	ɕ	ɕ	ɕ	ʂ	ʂ
禅（时）	z	z	z	z	z	z	ɕ	ʂ	ʂ	ʂ
禅（常）	z	z	z	z	z	z	tɕʻ	tɕʻ	tʂʻ	tʂʻ
禅（尚）	z	z	z	z	z	z	ɕ	ɕ	ʂ	ʂ
日	ŋ	ŋ	ŋ	ŋ	ŋ	r	r	r	ʐ	ʐ

（6）见溪群疑

声母＼时代	先秦	西汉	东汉	南北朝	隋唐	五代	宋	元	明清	现代
见（刚）	k	k	k	k	k	k	k	k	k	k
见（姜）	k	k	k	k	k	k	k	k	k	tɕ
溪（康）	kʻ	kʻ	kʻ	kʻ	kʻ	kʻ	kʻ	kʻ	kʻ	kʻ
溪（羌）	kʻ	kʻ	kʻ	kʻ	kʻ	kʻ	kʻ	kʻ	kʻ	tɕʻ
群（狂）	g	g	g	g	g	g	kʻ	kʻ	kʻ	kʻ
群（共）	g	g	g	g	g	g	k	k	k	k
群（强）	g	g	g	g	g	g	kʻ	kʻ	kʻ	tɕʻ
群（竞）	g	g	g	g	g	g	k	k	k	tɕ
疑（昂）	ŋ	ŋ	ŋ	ŋ	ŋ	ŋ	ŋ	○	○	○
疑（吾）	ŋ	ŋ	ŋ	ŋ	ŋ	ŋ	ŋ	w	w	w
疑（迎）	ŋ	ŋ	ŋ	ŋ	ŋ	ŋ	ŋ	j	j	j
疑（牛）	ŋ	ŋ	ŋ	ŋ	ŋ	ŋ	ŋ	j	j	n①
疑（啮）	ŋ	ŋ	ŋ	ŋ	ŋ	ŋ	ŋ	n	n	n

---

① 疑母字读[n]，应是由[ŋ]直接变来，不经过[j]的阶段。

（7）影晓匣喻

时代 声母	先秦	西汉	东汉	南北朝	隋唐	五代	宋	元	明清	现代
影（安）	ʔ	○	○	○	○	○	○	○	○	○
影（烟）	j	j	j	j	j	j	j	j	j	j
影（弯）①	w	w	w	w	w	w	w	w	w	w
晓（汉）	x	x	x	x	x	h	h	x	x	x
晓（献）	x	x	x	x	x	h	h	x	x	ɕ
匣（寒）	ɣ	ɣ	ɣ	ɣ	ɣ	ɦ	h	x	x	x
匣（完）	ɣ	ɣ	ɣ	ɣ	ɣ	ɦ	h	x	x	x
匣（贤）	ɣ	ɣ	ɣ	ɣ	ɣ	ɦ	h	x	x	ɕ
喻（于）	ɣ	ɣ	ɣ	ɣ	ɣ	j	j	j、w	j、w	j、w
喻（余）	ʎ	ʎ	ʎ	j	j	j	j	j、w	j、w	j、w
喻（为）	ɣ	ɣ	ɣ	ɣ	ɣ	j	j	j、w	j、w	j、w
喻（维）	ʎ	ʎ	ʎ	j	j	j	j	j、w	j、w	j、w

---

① 影母字，有时标作［ʔ］，有时标作［○］，但从音位观点看，［j］［w］［○］都是［ʔ］的变体。

二、韵部

（1）之部

时代 韵母	先秦	西汉	东汉	南北朝	隋唐	五代	宋	元	明清	现代
开一（该）	ə	ə	ə	ɐi	ai	ai	ai	ai	ai	ai
开一（埋）	ə	ə	ə	ɐi	ai	ai	ai	ai	ai	ai
合一（梅）	uə	uə	uə	uɐi	uai	uɐi	uɐi	ie	ie	ie
合一（母）	uə	uə	uə	u	ou	ou	u	u	u	u
合一（怪）	uə	uə	uə	oɐi	oai	oai	uai	uai	uai	uai
开三（基）	i̯ə	i̯ə	i̯ə	i̯ə	i	i	i	i	i	i
开三（丕）	i̯ə	i̯ə	i̯ə	i̯ei	i	i	i	əi	əi	ie
开三（思）	i̯ə	i̯ə	i̯ə	i̯ə	i	i	i	ɿ	ɿ	ɿ
开三（之）	i̯ə	i̯ə	i̯ə	i̯ə	i	i	i	ʅ	ʅ	ʅ
开三（而）	i̯ə	i̯ə	i̯ə	i̯ə	i	i	i	ʅ	ɚ	ɚ
合三（牛）	i̯uə	i̯uə	i̯uə	i̯u	i̯ou	i̯ou	i̯əu	i̯əu	i̯əu	i̯əu
合三（龟）	i̯uə	i̯uə	i̯uə	i̯uei	i̯ui	i̯ui	i̯ui	yi	uəi	uəi

（2）支部

时代 韵母	先秦	西汉	东汉	南北朝	隋唐	五代	宋	元	明清	现代
开二（佳）	e	e	e	eɑi	ai	ai	ai	i̯a[①]	i̯a	i̯a
开二（街）	e	e	e	eɑi	ai	ai	ai	ai	i̯ai	ie
开二（柴）	e	e	e	eɑi	ai	ai	ai	ai	ai	ai
合二（卦）	ue	ue	ue	oɑi	uai	uai	uai	ua	ua	ua
开三（岐）	i̯e	i̯e	i̯e	i̯e	i	i	i	i	i	i
开三（卑）	i̯e	i̯e	i̯e	i̯e	i	i	i	əi	əi	əi
开三（斯）	i̯e	i̯e	i̯e	i̯e	i	i	ɿ	ɿ	ɿ	ɿ
开三（支）	i̯e	i̯e	i̯e	i̯e	i	i	i	ʅ	ʅ	ʅ
开三（儿）	i̯e	i̯e	i̯e	i̯e	i	i	i	ʅ	ɚ	ɚ
合三（规）	i̯ue	i̯ue	i̯ue	i̯ue	i̯ui	i̯ui	i̯ui	yi	uəi	uəi
开四（鸡）	ie	ie	ie	iæi	iæi	i̯æi	i	i	i	i
合四（圭）	iue	iue	iue	iuæi	iuæi	i̯uæi	i̯ui	yi	uəi	uəi
合四（携）	iue	iue	iue	iuæi	iuæi	i̯uæi	i̯ui	i	i	ie
合四（畦）	iue	iue	iue	iuæi	iuæi	i̯uæi	i̯ui	i	i	i

---

① "佳"字，南北朝诗人就有读入麻韵的。

（3）鱼部

时代 韵母	先秦	西汉	东汉	南北朝	隋唐	五代	宋	元	明清	现代
开一（姑）	a	ɔ	ɔ	o	u	u	u	u	u	u
开一（图）	a	ɔ	ɔ	o	u	u	u	u	u	u
合一（孤）	ua	uɔ	uɔ	o	u	u	u	u	u	u
合一（补）	ua	uɔ	uɔ	o	u	u	u	u	u	u
开二（家）	ea	ea	ea	ea	a	a	a	i̯a	i̯a	i̯a
合二（瓜）	oa	oa	oa	oa	ua	ua	ua	ua	ua	ua
开三（鱼）	i̯a	i̯ɔ	i̯ɔ	i̯ɔ	i̯o	i̯u	i̯u	i̯u	y	y
开三（庐）	i̯a	i̯ɔ	i̯ɔ	i̯ɔ	i̯o	i̯u	i̯u	i̯u	y	u
开三（锄）	i̯a	i̯ɔ	i̯ɔ	i̯ɔ	i̯o	i̯u	i̯u	i̯u	u	u
合三（雨）	i̯ua	i̯uɔ	i̯uɔ	i̯o	i̯u	i̯u	i̯u	i̯u	y	y
合三（夫）	i̯ua	i̯uɔ	i̯uɔ	i̯o	i̯u	i̯u	i̯u	u	u	u
开四（野）	ia	ia	i̯a	i̯a	i̯a	i̯a	i̯a	i̯a	i̯e	i̯e

（4）侯部

时代 韵母	先秦	西汉	东汉	南北朝	隋唐	五代	宋	元	明清	现代
开一（侯）	ɔ	u	u	u	ou	əu	əu	əu	əu	əu
开三（驹）	i̯ɔ	i̯uɔ	i̯uɔ	i̯o	i̯u	i̯u	i̯u	i̯u	y	y
开三（株）	i̯ɔ	i̯uɔ	i̯uɔ	i̯o	i̯u	i̯u	i̯u	i̯u	u	u
开三（刍）	i̯ɔ	i̯uɔ	i̯uɔ	i̯o	i̯u	i̯u	i̯u	i̯u	u	u

（5）宵部

时代 韵母	先秦	西汉	东汉	南北朝	隋唐	五代	宋	元	明清	现代
开一（豪）	o	o	o	ou	ɑu	ɑu	au	au	au	au
开二（交）	eo	eo	eo	eou	au	au	eæu	i̯au	i̯au	i̯au
开二（巢）	eo	eo	eo	eou	au	au	au	au	au	au
开三（骄）	i̯o	i̯o	i̯o	i̯ou	i̯æu	i̯æu	i̯æu	i̯au	i̯au	i̯au
开三（昭）	i̯o	i̯o	i̯o	i̯ou	i̯æu	i̯æu	i̯æu	i̯au	au	au
开四（萧）	io	io	io	iou	iæu	iæu	iæu	i̯au	i̯au	iau

（6）幽部

时代 韵母	先秦	西汉	东汉	南北朝	隋唐	五代	宋	元	明清	现代
合一（曹）	u	o	o	ou	ɑu	ɑu	au	au	au	au
合二（胶）	eu	eo	eo	eou	au	au	i̯au	i̯au	i̯au	iau
合二（包）	eu	eo	eo	eou	au	au	au	au	au	au
合三（求）	i̯u	i̯u	i̯u	i̯u	iou	i̯əu	i̯əu	i̯əu	i̯əu	i̯əu
合三（周）	i̯u	i̯u	i̯u	i̯u	iou	i̯əu	i̯əu	i̯əu	əu	əu
合三（搜）	i̯u	i̯u	i̯u	i̯u	iou	i̯əu	i̯əu	i̯əu	əu	əu
合三（妇）	i̯u	i̯u	i̯u	i̯u	iou	i̯u	u	u	u	u
合三（幽）	i̯u	i̯u	i̯u	i̯u	iou	i̯əu	i̯əu	i̯əu	i̯əu	i̯əu
合四（萧）	iu	io	io	iou	iæu	iæu	iæu	i̯au	i̯au	iau

（7）微部

时代 韵母	先秦	西汉	东汉	南北朝	隋唐	五代	宋	元	明清	现代
开一（哀）	əi	əi	əi	ɐi	ɑi	ɑi	ai	ai	ai	ai
合一（回）	uəi	uəi	uəi	uɐi	uɑi	uɑi	uɑi	ui	uəi	uei
合一（雷）	uəi	uəi	uəi	uɐi	uɑi	uɑi	uɑi	ui	əi	əi
合一（火）	uəi	uəi	uɑ	uɑ	uɑ	uɑ	uɔ	uɔ	uɔ	uo
开二（排）	eəi	eəi	eəi	eɐi	ai	ai	ai	ai	ai	ai
合二（怀）	oəi	oəi	oəi	oɐi	uai	uai	uai	uai	uai	uai
开三（衣）	i̯əi	i̯əi	i̯əi	i̯ɐi	i	i	i	i	i	i
合三（非）	i̯uəi	i̯uəi	i̯uəi	i̯uəi	i̯uəi	iui	iui	yi	əi	əi
合三（归）	i̯uəi	i̯uəi	i̯uəi	i̯uəi	i̯uəi	iui	iui	yi	uəi	uei
合三（季）	i̯uəi	i̯uəi	i̯uəi	i̯uei	iui	iui	iui	i	i	i
合三（追）	i̯uəi	i̯uəi	i̯uəi	i̯uei	iui	iui	iui	yi	uəi	uei

（8）脂部

时代 韵母	先秦	西汉	东汉	南北朝	隋唐	五代	宋	元	明清	现代
开二（皆）	ei	ei	ei	eɐi	ai	ai	ai	ai	i̯ai	ie
开三（伊）	i̯ei	i̯ei	i̯ei	i̯ei	i	i	i	i	i	i
开三（眉）	i̯ei	i̯ei	i̯ei	i̯ei	i	i	i	əi	əi	əi
开三（私）	i̯ei	i̯ei	i̯ei	i̯ei	i	i	ɿ	ɿ	ɿ	ɿ

（续表）

时代 韵母	先秦	西汉	东汉	南北朝	隋唐	五代	宋	元	明清	现代
开三（师）	i̯ei	i̯ei	i̯ei	i̯ei	i	i	i	ʅ	ʅ	ʅ
开三（尸）	i̯ei	i̯ei	i̯ei	i̯ei	i	i	i	ʅ	ʅ	ʅ
合三（癸）	i̯uei	i̯uei	i̯uei	i̯uei	i̯ui	i̯ui	i̯ui	yi	uəi	uəi
开四（齐）	iei	iei	iei	iæi	iæi	iæi	i	i	i	i

（9）歌部

时代 韵母	先秦	西汉	东汉	南北朝	隋唐	五代	宋	元	明清	现代
开一（河）	ai	ɑ	ɑ	ɑ	ɑ	ɑ	ɔ	ɔ	ɔ	ə
开一（多）	ai	ɑ	ɑ	ɑ	ɑ	ɑ	ɔ	ɔ	ɔ	uo
合一（过）	uai	uɑ	uɑ	uɑ	uɑ	uɑ	uɔ	uɔ	uɔ	uo
合一（科）	uai	uɑ	uɑ	uɑ	uɑ	uɑ	uɔ	uɔ	uɔ	ə
开二（加）	eai	eɑ	eɑ	eɑ	a	a	a	i̯a	i̯a	ia
开二（麻）	eai	eɑ	eɑ	eɑ	a	a	a	a	a	a
合二（瓦）	oai	oɑ	oɑ	oɑ	ua	ua	ua	ua	ua	ua
开三（仪）	i̯ai	i̯e	i̯e	i̯e	i	i	i	i	i	i
开三（池）	i̯ai	i̯e	i̯e	i̯e	i	i	i	ʅ	ʅ	ʅ
开三（地）	i̯ai	i̯e	i̯e	i̯ei	i	i	i	i	i	i
开三（尔）	i̯ai	i̯e	i̯e	i̯e	i	i	i	ʅ	ɚ	ɚ

（续表）

时代\韵母	先秦	西汉	东汉	南北朝	隋唐	五代	宋	元	明清	现代
合三（靴）				i̯uɑ	i̯uɑ	i̯uɑ	i̯uɑ	yæ	ye	ye
合三（为）	i̯uai	i̯ue	i̯ue	i̯ue	i̯ui	i̯ui	i̯ui	yi	uəi	uəi
合三（吹）	i̯uai	i̯ue	i̯ue	i̯ue	i̯ui	i̯ui	i̯ui	yi	uəi	uəi
开四（嗟）	iai	i̯ɑ	i̯ɑ	i̯ɑ	i̯a	i̯a	i̯a	i̯æ	ie	ie
开四（蛇）	iai	i̯ɑ	i̯ɑ	i̯ɑ	i̯a	i̯a	i̯a	i̯æ	e	ə

（10）职部

时代\韵母	先秦	西汉	东汉	南北朝	隋唐	五代	宋	元	明清	现代
开一（德）	ək	ək	ək	ɐk	ək	ək	ək	əi	e	ə
开一（革）	ək	ək	ək	ek	ɐk	ək	ək	ai	e	ə
开一（戒）	əːk	əːk	əːk	ei	ai	ai	ai	i̯ai	i̯ai	ie
合一（国）	uək	uək	uək	uɐu	uɐk	uək	uək	uəi	ue	uo
合一（馘）	uək	uək	uək	uɐu	uɐk	uək	uək	uəi	ue	uo
开三（亿）	i̯ək	i̯ək	i̯ək	i̯ək	i̯ək	i̯ək	it	i	i	i
开三（侧）	i̯ək	i̯ək	i̯ək	i̯ək	i̯ək	i̯ək	ək	i	e	ə
开三（式）	i̯ək	i̯ək	i̯ək	i̯ək	i̯ək	i̯ək	it	i	ʅ	ʅ
开三（意）	i̯əːk	i̯əːk	i̯əːk	i̯ə	i	i	i	i	i	i
合三（域）	i̯uək	i̯uək	i̯uək	i̯uək	i̯uək	i̯uək	i̯uit	i	y	y
合三（或）	i̯uək	i̯uək	i̯uək	i̯ok	i̯ok	i̯uk	i̯uk	iu	y	y

（续表）

时代 韵母	先秦	西汉	东汉	南北朝	隋唐	五代	宋	元	明清	现代
合三（牧）	i̯uək	i̯uək	i̯uək	i̯ok	i̯ok	i̯uk	i̯uk	u	u	u
合三（福）	i̯uək	i̯uək	i̯uək	i̯ok	i̯ok	i̯uk	i̯uk	u	u	u
合三（富）	i̯uə:k	i̯uə:k	i̯uək	i̯u	i̯ou	u	u	u	u	u

（11）锡部

时代 韵母	先秦	西汉	东汉	南北朝	隋唐	五代	宋	元	明清	现代
开二（策）	ek	ek	ek	ek	ɐk	ək	ək	ai	e	ə
开二（隘）	e:k	e:k	e:k	eai	ai	ai	ai	ai	ai	ai
合二（画）	oek	oek	oek	oek	uɐk	uək	uək	ua	ua	ua
合二（画）	oe:k	oe:k	oe:k	oai	uai	uai	uai	ua	ua	ua
开三（益）	i̯ek	i̯ek	i̯ek	i̯ek	i̯ɐk	i̯ək	it	i	i	i
开三（適）	i̯ek	i̯ek	i̯ek	i̯ek	i̯ɐk	i̯ək	it	i	ʅ	ʅ
开三（臂）	i̯e:k	i̯e:k	i̯e:k	i̯e	i	i	i	i	i	i
开三（赐）	i̯e:k	i̯e:k	i̯e:k	i̯e	i	i	ʅ	ʅ	ʅ	ʅ
合三（役）	i̯uek	i̯uek	i̯uek	i̯uek	i̯uk	i̯uək	i̯uit	i	i	i
开四（析）	iek	iek	iek	iek	ik	i̯ək	it	i	i	i
开四（帝）	ie:k	ie:k	ie:k	iæi	iæi	iæi	i	i	i	i
合四（鶂）	iuek	iuek	iuek	iuek	iuik	i̯uək	i̯uit	i	y	y

（12）铎部

时代\韵母	先秦	西汉	东汉	南北朝	隋唐	五代	宋	元	明清	现代
开一（各）	ak	ak	ak	ɑk①	ɑk	ak	ak	ɔ	ɔ	ə
开一（洛）	ak	ak	ak	ɑk	ɑk	ak	ak	ɔ	ɔ	uo
开一（路）	aːk	aːk	aːk	o	u	u	u	u	u	u
合一（郭）	uak	uak	uak	uɑk	uɑk	uak	uak	uɔ	uo	uo
开二（白）	eak	eak	eak	ek	ɐk	ək	ək	ai	ai	ai
开二（泽）	eak	eak	eak	ek	ɐk	ək	ək	ai	ai	ə
合二（获）	oak	oak	oak	oek	uɐk	uək	uək	uai	uai	uo
开三（略）	i̯ak	i̯ak	i̯ak	i̯ɑk	i̯ɑk	i̯ak	i̯ak	i̯au	ye	ye
开三（戟）	i̯ak	i̯ak	i̯ak	i̯ek	i̯ɐk	i̯ək	it	i	i	i
开三（剧）	i̯ak	i̯ak	i̯ak	i̯ek	i̯ɐk	i̯ək	it	i	i	y
开四（昔）	iak	iak	iak	i̯ek	i̯ɐk	i̯ək	it	i	i	i
开四（石）	iak	iak	iak	i̯ek	i̯ɐk	i̯ək	it	i	ʅ	ʅ
开三（庶）	i̯aːk	i̯aːk	i̯aːk	i̯ɔ	i̯o	i̯u	i̯u	i̯u	y	u
开四（夜）	iaːk	iaːk	iaːk	i̯ɑ	i̯a	i̯a	i̯a	i̯æ	i̯e	ie
开四（射）	iaːk	iaːk	iaːk	i̯ɑ	i̯a	i̯a	i̯a	i̯æ	i̯e	ie
合三（矍）	i̯uak	i̯uak	i̯uak	i̯uɑk	i̯uɑk	i̯uak	i̯uak	yɔ	yɔ	ye
合三（缚）	i̯uak	i̯uak	i̯uak	i̯uɑk	i̯uɑk	i̯uak	i̯uak	ɔ	ɔ	u

---

① 编者注：南北朝和隋唐的 ɑk，原作 ak。卷上都标作 ɑk，这里根据卷上统一标作 ɑk。下文沃例字"凿、药、爵"同。

（13）屋部

时代 韵母	先秦	西汉	东汉	南北朝	隋唐	五代	宋	元	明清	现代
开一（木）	ɔk	ɔk	ɔk	ok	ok	uk	uk	u	u	u
开一（奏）	ɔːk	ɔːk	ɔːk	u	ou	əu	əu	əu	əu	əu
开二（角）	eɔk	eɔk	eɔk	euk	ɔk	ɔk	eak	i̯au	i̯ɔ	ye
开二（握）	eɔk	eɔk	eɔk	euk	ɔk	ɔk	eak	i̯au	uɔ	uo
开二（浊）	eɔk	eɔk	eɔk	euk	ɔk	ɔk	eak	ɔ	uɔ	uo
开三（局）	i̯ɔk	i̯ɔk	i̯ɔk	i̯uk	i̯uk	i̯uk	i̯uk	i̯u	y	y
开三（足）	i̯ɔk	i̯ɔk	i̯ɔk	i̯uk	i̯uk	i̯uk	i̯uk	i̯u	y	u
开三（绿）	i̯ɔk	i̯ɔk	i̯ɔk	i̯uk	i̯uk	i̯uk	i̯uk	y	y	y
开三（裕）	i̯ɔːk	i̯ɔːk	i̯ɔːk	i̯o	i̯o	i̯u	i̯u	i̯u	y	y

（14）沃部

时代 韵母	先秦	西汉	东汉	南北朝	隋唐	五代	宋	元	明清	现代
开一（沃）	ok	ɔk	ɔk	uk	uk	uk	uk	u	u	uo
开一（鬻）	ok	ɔk	ɔk	uk	uk	uk	uk	au	au	ə
开一（凿）	ok	ɔk	ɔk	ɑk	ɑk	ak	ak	au	au	au
开一（暴）	ɔːk	ɔːk	ɔːk	ou	ɑu	ɑu	au	au	au	au
开二（乐）	eɔk	eɔk	eɔk	euk	ɔk	ɔk	eak	i̯au	i̯au	ye
开二（濯）	eɔk	eɔk	eɔk	euk	ɔk	ɔk	eak	au	uɔ	uo

（续表）

时代 韵母	先秦	西汉	东汉	南北朝	隋唐	五代	宋	元	明清	现代
开二（貌）	eɔːk	eɔːk	eɔːk	eou	au	au	eau	au	au	au
开三（药）	i̯ɔk	i̯ɔk	i̯ɔk	i̯ɑk	i̯ɑk	i̯ɑk	i̯ɑk	i̯au	i̯au	iau
开三（爵）	i̯ɔk	i̯ɔk	i̯ɔk	i̯ɑk	i̯ɑk	i̯ɑk	i̯ɑk	i̯au	i̯ɔ	ye
开三（耀）	i̯ɔːk	i̯ɔːk	i̯ɔːk	i̯ou	i̯æu	i̯æu	i̯æu	i̯au	i̯au	iau
开四（的）	iok	iɔk	iɔk	iek	iɐk	i̯ək	it	i	i	i
开四（吊）	iɔːk	iɔːk	iɔːk	iou	i̯æu	i̯æu	i̯æu	i̯au	i̯au	iau

（15）觉部

时代 韵母	先秦	西汉	东汉	南北朝	隋唐	五代	宋	元	明清	现代
合一（鹄）	uk	uk	uk	uk	uk	uk	uk	u	u	u
合一（告）	uːk	uːk	uːk	ou	ɑu	ɑu	au	au	au	au
合二（觉）	euk	euk	euk	euk	ɔk	ɔk	ak	i̯au	i̯au	ye
合二（觉）	euːk	euːk	euːk	eou	au	au	au	i̯au	i̯au	iau
合三（菊）	i̯uk	i̯uk	i̯uk	i̯ok	i̯ok	i̯uk	i̯uk	y	y	y
合三（肃）	i̯uk	i̯uk	i̯uk	i̯ok	i̯ok	i̯uk	i̯uk	y	y	u
合三（叔）	i̯uk	i̯uk	i̯uk	i̯ok	i̯ok	i̯uk	i̯uk	iu	u	u
合三（肉）	i̯uk	i̯uk	i̯uk	i̯ok	i̯ok	i̯uk	i̯uk	əu	əu	əu
合三（六）	i̯uk	i̯uk	i̯uk	i̯ok	i̯ok	i̯uk	i̯uk	i̯əu	i̯əu	iəu
合四（戚）	iuk	iuk	iuk	iok	ik	i̯ək	it	i	i	i
合四（梁）	iuːk	iuːk	iuːk	iou	i̯æu	i̯æu	i̯æu	i̯au	i̯au	iau

(16) 物部

时代\韵母	先秦	西汉	东汉	南北朝	隋唐	五代	宋	元	明清	现代
开一（纥）	ət	ət	ət	ɐt	ɐt	ɐt	ɐt	ɔ	ɔ	ə
开一（爱）	əːt	əːt	əːt	ɐi	ɑi	ɑi	ai	ai	ai	ai
合一（忽）	uət	uət	uət	uɐt	uɐt	uɐt	uɐt	u	u	u
合一（没）	uət	uət	uət	uɐt	uɐt	uɐt	uɐt	u	ɔu	ou
合一（退）	uəːt	uəːt	uəːt	uɐi	uɑi	uɑi	uɑi	uɐi	uɐi	uɐi
合一（内）	uəːt	uəːt	uəːt	uɐi	uɑi	uɑi	uɑi	uɐi	uɐi	ie
开三（乙）	i̯ət	i̯ət	i̯ət	i̯ət	i̯ət	it	i	i	i	i
开三（气）	i̯əːt	i̯əːt	i̯əːt	i̯əi	i̯əi	i	i	i	i	i
合三（弗）	i̯uət	i̯uət	i̯uət	i̯uət	i̯uət	i̯uit	i̯uit	u	u	u
合三（聿）	i̯uət	i̯uət	i̯uət	i̯uət	i̯uit	i̯uit	i̯uit	y	y	y
合三（出）	i̯uət	i̯uət	i̯uət	i̯uit	i̯uit	i̯uit	i̯uit	y	u	u
合三（贵）	i̯uəːt	i̯uəːt	i̯uəːt	i̯uəi	i̯uəi	i̯ui	i̯ui	yi	uɐi	uɐi
合三（费）	i̯uəːt	i̯uəːt	i̯uəːt	i̯uəi	i̯uəi	i̯ui	i̯ui	yi	ie	ie
合三（位）	i̯uəːt	i̯uəːt	i̯uəːt	i̯uei	i̯uei	i̯ui	i̯ui	yi	uɐi	uɐi
合三（遂）	i̯uəi	i̯uəi	i̯uəi	i̯uei	i̯uei	i̯ui	i̯ui	yi	uɐi	uɐi

（17）质部

时代\韵母	先秦	西汉	东汉	南北朝	隋唐	五代	宋	元	明清	现代
开二（黠）	et	et	et	eɑt	at	at	eat	i̯a	i̯a	i̯a
开二（八）	et	et	et	eɑt	at	at	eat	a	a	a
开二（瑟）	et	et	et	et	it	i̯ət	it	ʅ	ʅ	ə
开二（届）	eːt	eːt	eːt	eɐi	ai	ai	ai	i̯ai	i̯ai	ie
开三（吉）	i̯et	i̯et	i̯et	i̯et	it	i̯ət	it	i	i	i
开三（室）	i̯et	i̯et	i̯et	i̯et	it	i̯ət	it	i	ʅ	ʅ
开三（抑）	i̯et	i̯et	i̯et	i̯ək	i̯ək	i̯ək	it	i	i	i
开三（利）	i̯eːt	i̯eːt	i̯eːt	i̯ei	i	i	i	i	i	i
开三（四）	i̯eːt	i̯eːt	i̯eːt	i̯ei	i	i	ɿ	ɿ	ɿ	ɿ
开四（节）	iet	iet	iet	iet	iæt	iæt	iæt	iæ	ie	ie
开四（即）	iet	iet	iet	i̯ək	i̯ək	i̯ək	it	i	i	i
开四（棣）	ieːt	ieːt	ieːt	iæi	iæi	iæi	i	i	i	i
合四（穴）	iuet	iuet	iuet	iuet	iuæt	iuæt	iuæt	yæ	ye	ye
合四（惠）	iueːt	iueːt	iueːt	i̯uæi	i̯uæi	iuæi	iui	yi	uəi	uəi

(18) 月部

时代 韵母	先秦	西汉	东汉	南北朝	隋唐	五代	宋	元	明清	现代
开一（曷）	at	at	at	at	at	at	at	ɔ	ɔ	ə
开一（害）	aːt	aːt	aːt	ai	ai	ai	ai	ai	ai	ai
开一（大）	aːt	aːt	aːt	ai	ai①	ai	ai	ai	ai	a
合一（阔）	uat	uat	uat	uat	uat	uat	uat	uɔ	uɔ	uo
合一（外）	uaːt	uaːt	uaːt	uai	uai	uai	uai	uai	uai	uai
合一（兑）	uaːt	uaːt	uaːt	uai	uai	uai	uai	uəi	uəi	uəi
开二（辖）	eat	eat	eat	eat	at	at	eat	i̯a	i̯a	ia
开二（败）	eaːt	eaːt	eaːt	eæi	ai	ai	ai	ai	ai	ai
开二（迈）	eaːt	eaːt	eaːt	eæi	ai	ai	ai	ai	ai	ai
开二（拜）	eaːt	eaːt	eaːt	eɐi	ai	ai	ai	ai	ai	ai
合二（刮）	oat	oat	oat	oat	uat	uat	uat	ua	ua	ua
合二（夬）	oaːt	oaːt	oaːt	oæi	uat	uai	oai	uai	uai	uai
合二（话）	oaːt	oaːt	oaːt	oæi	uai	uai	oai	ua	ua	ua
开三（桀）	i̯at	i̯at	i̯at	i̯æi	i̯æi	i̯æi	i̯æi	i̯æ	ie	ie

---

① "大"，《广韵》有唐盖、唐佐二切，大概很早就有 [a] 音。但明代以前，仍以唐盖切为正读。

时代\韵母	先秦	西汉	东汉	南北朝	隋唐	五代	宋	元	明清	现代
开三（舌）	i̯at	i̯ɑt	i̯ɑt	i̯æt	i̯æt	i̯æt	i̯æt	i̯æ	i̯e	ə
开三（厉）	i̯ɑːt	i̯ɑːt	i̯ɑːt	i̯æi	i̯æi	i̯æi	i	i	i	i
开三（世）	i̯ɑːt	i̯ɑːt	i̯ɑːt	i̯æi	i̯æi	i̯æi	i	i	ʅ	ʅ
合三（月）	i̯uat	i̯uat	i̯uat	i̯uɐt	i̯uɐt	i̯uæt	i̯uæt	yæ	ye	ye
合三（伐）	i̯uat	i̯uat	i̯uat	i̯uɐt	i̯uɐt	i̯uæt	at	a	a	a
合三（雪）	i̯uat	i̯uat	i̯uat	i̯uæt	i̯uæt	i̯uæt	i̯uæt	yæ	ye	ye
合三（税）	i̯uɑːt	i̯uɑːt	i̯uɑːt	i̯uai	i̯uæt	i̯uæi	i̯ui	i̯ui	i̯ui	uəi
合三（吠）	i̯uɑːt	i̯uɑːt	i̯uɑːt	i̯uɐi	i̯uɐi	i̯uɐi	i̯ui	əi	ei	əi
开四（絜）	iat	iɑi	iat	iæt	iæt	iæt	i̯uæt	i̯æ	i̯e	ie
开四（契）	iɑːt	iɑːt	iɑːt	iæi	iæi	iæi	i	i	i	i
合四（决）	iuat	iuat	iuat	iuæt	iuæt	i̯uæt	i̯uæt	yæ	ye	ye
合四（嘒）	iuɑːt	iuɑːt	iuɑːt	iuæi	iuæi	i̯uæi	i̯ui	i̯ui	i̯ui	uəi

（19）缉部

时代\韵母	先秦	西汉	东汉	南北朝	隋唐	五代	宋	元	明清	现代
开一（合）	əp	əp	əp	ɑp	ɑp	ɑp	ap	ɔ	ɔ	ə
开一（杂）	əp	əp	əp	ɑp	ɑp	ɑp	ap	a	a	a
合一（纳）	uəp	əp	əp	ɑp	ɑp	ɑp	ap	a	a	a

（续表）

韵母\时代	先秦	西汉	东汉	南北朝	隋唐	五代	宋	元	明清	现代
开二（洽）	eəp	eəp	eəp	eɑp	ɑp	ɑp	eɑp	ia	ia	ia
开三（及）	iəp	iəp	iəp	iəp	iəp	iəp	ip	i	i	i
开三（湿）	iəp	iəp	iəp	iəp	iəp	iəp	ip	i	ʅ	ʅ
开三（入）	iəp	iəp	iəp	iəp	iəp	iəp	ip	iu	u	u
合三（立）	iuəp	iəp	iəp	iəp	iəp	iəp	ip	i	i	i

（20）盍部

韵母\时代	先秦	西汉	东汉	南北朝	隋唐	五代	宋	元	明清	现代
开一（盍）	ɑp	ɑp	ɑp	æp	ɑp	ɑp	ɑp	ɔ	ɔ	ə
开一（腊）	ɑp	ɑp	ɑp	æp	ɑp	ɑp	ɑp	a	a	a
开二（甲）	eɑp	eɑp	eɑp	eæp	ɑp	ɑp	eɑp	ia	ia	ia
开三（葉）	iap	iap	iap	iæp	iæp	iæp	iæp	iæ	ie	ie
开三（业）	iap	iap	iap	iæp	iæp	iæp	iæp	iæ	ie	ie
合三（法）	iuap	iuap	iuap	iuæp	iuæp	iuæp	ap	a	a	a
开四（协）	iap	iap	iap	iæp	iæp	iæp	iæp	iæ	ie	ie

（21）蒸部

时代\韵母	先秦	西汉	东汉	南北朝	隋唐	五代	宋	元	明清	现代
开一（恒）	əŋ	əŋ	əŋ	əŋ	əŋ	əŋ	əŋ	əŋ	əŋ	əŋ
开二（朋）	əŋ	əŋ	əŋ	əŋ	əŋ	əŋ	əŋ	uŋ	uŋ	əŋ
合一（肱）	uəŋ	uəŋ	uəŋ	uəŋ	uəŋ	uəŋ	uəŋ	uŋ	uŋ	uŋ
开三（兴）	iəŋ	iəŋ	iəŋ	iəŋ	iəŋ	iəŋ	iəŋ	iəŋ	iŋ	iŋ
开三（升）	iəŋ	iəŋ	iəŋ	iəŋ	iəŋ	iəŋ	iəŋ	iəŋ	əŋ	əŋ
合三（弓）	iuəŋ	iuəŋ	iuəŋ	ioŋ	ioŋ	iuŋ	iuŋ	uŋ	uŋ	uŋ
合三（梦）	iuəŋ	iuəŋ	iuəŋ	ioŋ	ioŋ	iuŋ	iuŋ	uŋ	əŋ	əŋ
合三（穷）	iuəŋ	iuəŋ	iuəŋ	ioŋ	ioŋ	iuŋ	iuŋ	yŋ	yŋ	yŋ

（22）耕部

时代\韵母	先秦	西汉	东汉	南北朝	隋唐	五代	宋	元	明清	现代
开二（耕）	eŋ	eŋ	eŋ	eŋ	ɐŋ	ɐŋ	əŋ	əŋ	əŋ	əŋ
合一（轰）	oeŋ	oeŋ	oeŋ	oeŋ	uɐŋ	uɐŋ	uəŋ	uŋ	uŋ	uŋ
开三（惊）	ieŋ	ieŋ	ieŋ	ieŋ	iɐŋ	iɐŋ	iŋ	iŋ	iŋ	iŋ
开三（征）	ieŋ	ieŋ	ieŋ	ieŋ	iɐŋ	iɐŋ	iŋ	iŋ	əŋ	əŋ
开三（贞）	ieŋ	ieŋ	ieŋ	ieŋ	iɐŋ	iɐŋ	iŋ	iŋ	əŋ	ən
开三（劲）	ieŋ	ieŋ	ieŋ	ieŋ	iɐŋ	iɐŋ	iŋ	iŋ	iŋ	in
合三（琼）	iueŋ	iueŋ	iueŋ	iueŋ	iuɐŋ	iuɐŋ	iuiŋ	yŋ	yŋ	yŋ

（续表）

时代\韵母	先秦	西汉	东汉	南北朝	隋唐	五代	宋	元	明清	现代
合三（倾）	iueŋ	iueŋ	iueŋ	iueŋ	iuɐŋ	iuɐŋ	iuiŋ	yŋ	yŋ	iŋ
开四（丁）	ieŋ	ieŋ	ieŋ	ieŋ	iɐŋ	iɐŋ	iŋ	iŋ	iŋ	iŋ
合四（迥）	iueŋ	iueŋ	iueŋ	iueŋ	iuɐŋ	iuɐŋ	iuiŋ	yŋ	yŋ	yŋ

（23）阳部

时代\韵母	先秦	西汉	东汉	南北朝	隋唐	五代	宋	元	明清	现代
开一（冈）	aŋ	ɑŋ	ɑŋ	ɑŋ	ɑŋ	ɑŋ	ɑŋ	ɑŋ	ɑŋ	ɑŋ
合一（光）	uaŋ	uɑŋ	uɑŋ	uɑŋ	uɑŋ	uɑŋ	uɑŋ	uɑŋ	uɑŋ	uɑŋ
开二（衡）	eaŋ	eɑŋ	eŋ	eŋ	ɐŋ	ɐŋ	ɐŋ	əŋ	əŋ	əŋ
开二（行）	eaŋ	eɑŋ	eŋ	eŋ	ɐŋ	ɐŋ	ɐŋ	əŋ	əŋ	iŋ
合二（觥）	oaŋ	oɑŋ	oeŋ	oeŋ	uɐŋ	uɐŋ	uɐŋ	uŋ	uŋ	uŋ
合二（横）	oaŋ	oɑŋ	oeŋ	oeŋ	uɐŋ	uɐŋ	uɐŋ	uŋ	uŋ	əŋ
开三（良）	iaŋ	iɑŋ	iɑŋ	iɑŋ	iɑŋ	iɑŋ	iɑŋ	iɑŋ	iɑŋ	iɑŋ
开三（伤）	iaŋ	iɑŋ	iɑŋ	iɑŋ	iɑŋ	iɑŋ	iɑŋ	iɑŋ	aŋ	aŋ
开三（霜）	iaŋ	iɑŋ	iɑŋ	iɑŋ	iɑŋ	iɑŋ	iɑŋ	uɑŋ	uɑŋ	uɑŋ
合三（房）	iuaŋ	iuɑŋ	iuɑŋ	iuɑŋ	iuɑŋ	iuɑŋ	iuɑŋ	aŋ	aŋ	aŋ
合三（狂）	iuaŋ	iuɑŋ	iuɑŋ	iuɑŋ	iuɑŋ	iuɑŋ	iuɑŋ	uɑŋ	uɑŋ	uɑŋ
开四（京）	iaŋ	iaŋ	ieŋ	ieŋ	iɐŋ	iɐŋ	iŋ	iəŋ	iŋ	iŋ
合四（兄）	iuaŋ	iuaŋ	iueŋ	iueŋ	iuɐŋ	iuɐŋ	iuiŋ	iuŋ	yŋ	yŋ

（24）东部

时代\韵母	先秦	西汉	东汉	南北朝	隋唐	五代	宋	元	明清	现代
开一（公）	oŋ	oŋ	oŋ	oŋ	oŋ	uŋ	uŋ	uŋ	uŋ	uŋ
开一（蒙）	oŋ	oŋ	oŋ	oŋ	oŋ	uŋ	uŋ	uŋ	uŋ	əŋ
开二（江）	eɔŋ	eɔŋ	eɔŋ	euŋ	ɔŋ	ɔŋ	eaŋ	i̯aŋ	i̯aŋ	iaŋ
开二（双）	eɔŋ	eɔŋ	eɔŋ	euŋ	ɔŋ	ɔŋ	eaŋ	uaŋ	uaŋ	uaŋ
开三（龙）	i̯oŋ	i̯oŋ	i̯oŋ	i̯oŋ	i̯oŋ	i̯uŋ	i̯uŋ	uŋ	i̯uŋ	uŋ
开三（凶）	i̯oŋ	i̯oŋ	i̯oŋ	i̯uŋ	i̯uŋ	i̯uŋ	i̯uŋ	i̯uŋ	i̯uŋ	yŋ
开三（从）	i̯oŋ	i̯oŋ	i̯oŋ	i̯uŋ	i̯uŋ	i̯uŋ	i̯uŋ	i̯uŋ	i̯uŋ	uŋ
开三（丰）	i̯oŋ	i̯oŋ	i̯oŋ	i̯uŋ	i̯uŋ	i̯uŋ	i̯uŋ	uŋ	uŋ	əŋ
开三（钟）	i̯oŋ	i̯oŋ	i̯oŋ	i̯uŋ	i̯uŋ	i̯uŋ	i̯uŋ	i̯uŋ	uŋ	uŋ

（25）文部

时代\韵母	先秦	西汉	东汉	南北朝	隋唐	五代	宋	元	明清	现代
开一（根）	ən	ən	ən	ɐn	ɐn	ɐn	ən	ən	ən	ən
合一（昆）	uən	uən	uən	uɐn	uɐn	uɐn	uən	uən	uən	un
开二（艰）	eən	eən	eən	eæn	an	an	ean	i̯an	i̯an	ian
开二（盼）	eən	eən	eən	eæn	an	an	an	an	an	an
开二（诜）	eən	eən	eən	en	in	i̯ən	i̯ən	i̯ən	ən	ən
合二（鳏）	oən	oən	oən	oæn	uan	uan	uan	uan	uan	uan
开三（巾）	i̯ən	i̯ən	i̯ən	i̯en	in	i̯ən	i̯ən	in	in	in

时代\韵母	先秦	西汉	东汉	南北朝	隋唐	五代	宋	元	明清	现代
开三（辰）	i̯ən	i̯ən	i̯ən	i̯en	in	i̯ən	i̯ən	i̯ən	ən	ən
开三（斤）	i̯ən	i̯ən	i̯ən	i̯ən	in	i̯ən	i̯ən	i̯ən	in	in
开三（旂）	i̯ən	i̯əi	i̯əi	i̯əi	i̯əi	i	i	i	i	i
合三（麇）	i̯uən	i̯uən	i̯uən	i̯uen	i̯uin	i̯uən	i̯uən	i̯uən	yən	yn
合三（群）	i̯uən	i̯uən	i̯uən	i̯uən	i̯uən	i̯uən	i̯uən	i̯uən	yən	yn
合三（闻）	i̯uən	i̯uən	i̯uən	i̯uən	i̯uən	i̯uən	ən	ən	ən	ən
合三（春）	i̯uən	i̯uən	i̯uən	i̯uən	i̯uən	i̯uən	i̯uən	i̯uən	yən	yn
合三（煇）	i̯uəi	i̯uəi	i̯uəi	i̯uəi	i̯uəi	i̯ui	i̯ui	uəi	uəi	uəi
合三（川）	i̯uɑn	i̯uɑn	i̯uɑn	i̯uan	i̯uan	i̯uan	i̯uan	i̯uan	uan	uan

（26）真部

时代\韵母	先秦	西汉	东汉	南北朝	隋唐	五代	宋	元	明清	现代
开二（臻）	en	en	en	en	in	ən	ən	ən	ən	ən
开三（民）	i̯en	i̯en	i̯en	i̯en	in	i̯ən	i̯ən	i̯ən	i̯ən	in
开三（身）	i̯en	i̯en	i̯en	i̯en	in	i̯ən	i̯ən	i̯ən	ən	ən
合三（均）	i̯uen	i̯uen	i̯uen	i̯uen	i̯uin	i̯uən	i̯uən	yən	yən	yn
合三（旬）	i̯uen	i̯uen	i̯uen	i̯uen	i̯uin	i̯uən	i̯uən	yən	yən	yn
开四（天）	ien	ien	ien	iæn	iæn	iæn	ian	ian	ian	ian
合四（玄）	iuen	iuen	iuen	iuæn	iuæn	iuæn	iuan	yan	yan	yan

(27) 元部

时代 韵母	先秦	西汉	东汉	南北朝	隋唐	五代	宋	元	明清	现代
开一（干）	ɑn	ɑn	ɑn	ɑn	ɑn	ɑn	an	an	an	an
开一（残）	ɑn	ɑn	ɑn	ɑn	ɑn	ɑn	an	an	an	an
合一（冠）	uɑn	uɑn	uɑn	uɑn	uɑn	uɑn	uan	uɔn	uan	uan
合一（丸）	uɑn	uɑn	uɑn	uɑn	uɑn	uɑn	uan	uɔn	uan	uan
合一（盘）	uɑn	uɑn	uɑn	uɑn	uɑn	uɑn	uan	uɔn	an	an
开二（奸）	eɑn	eɑn	eɑn	eɑn	an	an	eɑn	i̯æn	i̯æn	ian
开二（删）	eɑn	eɑn	eɑn	eɑn	an	an	eɑn	an	an	an
开二（间）	eɑn	eɑn	eɑn	eæn	an	an	eɑn	i̯æn	i̯æn	ian
开二（山）	eɑn	eɑn	eɑn	eæn	an	an	eɑn	an	an	an
合二（关）	oɑn	oɑn	oɑn	oɑn	uan	uan	oɑn	uan	uan	uan
开三（言）	i̯ɑn	i̯ɑn	i̯ɑn	i̯ɐn	i̯ɐn	i̯æn	i̯æn	i̯æn	i̯an	ian
开三（轩）	i̯ɑn	i̯ɑn	i̯ɑn	i̯ɐn	i̯ɐn	i̯æn	i̯æn	i̯æn	i̯an	yan
开三（彦）	i̯ɑn	i̯ɑn	i̯ɑn	i̯æn	i̯æn	i̯æn	i̯æn	i̯æn	i̯an	ian
开三（展）	i̯ɑn	i̯ɑn	i̯ɑn	i̯æn	i̯æn	i̯æn	i̯æn	i̯æn	an	an
合三（袁）	i̯uan	i̯uan	i̯uan	i̯un	i̯un	i̯uɐn	i̯uæn	yæn	yan	yan
合三（垣）	i̯uan	i̯uan	i̯uan	i̯un	i̯un	i̯uɐn	i̯uæn	yæn	yan	yan
合三（藩）	i̯uan	i̯uan	i̯uan	i̯un	i̯un	i̯uæn	i̯uæn	an	an	an
合三（选）	i̯uan	i̯uan	i̯uan	i̯uæn	i̯uæn	i̯uæn	i̯uæn	yæn	yan	yan
合三（转）	i̯uan	i̯uan	i̯uan	i̯uæn	i̯uæn	i̯uæn	i̯uæn	yæn	uan	uan
开四（肩）	iɑn	iɑn	iɑn	iæn	iæn	iæn	i̯æn	i̯an	ian	ian
合四（县）	iuɑn	iuɑn	iuɑn	iuæn	i̯uæn	i̯uæn	i̯uæn	yæn	i̯an	ian

（28）侵部

时代 韵母	先秦	西汉	东汉	南北朝	隋唐	五代	宋	元	明清	现代
开一（南）	əm	əm	əm	ɑm	ɑm	ɑm	am	am	an	an
开一（三）	əm	əm	əm	æm	ɑm	ɑm	am	am	an	an
合一（冬）	uəm	uŋ	uŋ	uŋ	uŋ	uŋ	uŋ	uŋ	uŋ	uŋ
开二（咸）	eəm	eəm	eəm	eɑm	am	am	eam	ian	ian	ian
开二（掺）	eəm	eəm	eəm	eɑm	am	am	eam	am	an	an
合二（降）	oəm	euŋ	euŋ	euŋ	ɔŋ	ɔŋ	eaŋ	iaŋ	iaŋ	iaŋ
合二（双）	oəm	euŋ	euŋ	euŋ	ɔŋ	ɔŋ	ɔŋ	uaŋ	uaŋ	uaŋ
开三（琴）	i̯əm	i̯əm	i̯əm	i̯əm	i̯əm	im	im	im	in	in
开三（深）	i̯əm	i̯əm	i̯əm	i̯əm	i̯əm	im	im	im	ən	ən
开三（潜）	i̯əm	i̯əm	i̯əm	i̯æm	i̯æm	i̯æm	i̯æm	i̯æm	ian	ian
合三（躬）	i̯uəm	i̯uŋ	i̯uŋ	i̯oŋ	i̯oŋ	i̯uŋ	i̯uŋ	uŋ	uŋ	uŋ
合三（中）	i̯uəm	i̯uŋ	i̯uŋ	i̯oŋ	i̯oŋ	i̯oŋ	i̯uŋ	i̯uŋ	uŋ	uŋ
合三（风）	i̯uəm	i̯uŋ	i̯uŋ	i̯oŋ	i̯oŋ	i̯uŋ	i̯uŋ	uŋ	uŋ	əŋ
合三（凡）	i̯uəm	i̯uəm	i̯uəm	i̯uɑŋ	i̯uɑŋ	i̯uæm	am	an	an	an
开四（忝）	i̯əm	i̯əm	i̯əm	i̯æm	i̯æm	i̯æm	i̯æm	i̯æm	ian	ian

(29) 谈部

时代 韵母	先秦	西汉	东汉	南北朝	隋唐	五代	宋	元	明清	现代
开一（甘）	ɑm	ɑm	ɑm	ɑm	ɑm	ɑm	ɑm	ɑm	an	an
开一（谈）[①]	ɑm	ɑm	ɑm	ɑm	ɑm	ɑm	ɑm	ɑm	an	an
开二（监）	eam	eam	eam	eam	am	am	eam	i̯am	i̯an	ian
开二（逸）	eam	eam	eam	eam	am	am	eam	i̯am	i̯an	ian
开三（炎）	i̯am	i̯ɑm	i̯ɑm	i̯æm	i̯æm	i̯æm	i̯æm	i̯æm	i̯an	ian
开三（詹）	i̯am	i̯ɑm	i̯ɑm	i̯æm	i̯æm	i̯æm	i̯æm	i̯æm	i̯an	ian
开三（严）	i̯am	i̯ɑm	i̯ɑm	i̯æm	i̯æm	i̯æm	i̯æm	i̯æm	i̯an	ian
开三（剑）	i̯am	i̯ɑm	i̯ɑm	i̯æm	i̯æm	i̯æm	i̯æm	i̯æm	i̯an	ian
合三（犯）	i̯uam	i̯uɑm	i̯uɑm	i̯uæm	i̯uæm	i̯uæm	am	an	an	an
开四（兼）	iam	iɑm	iɑm	i̯æm	i̯æm	i̯æm	i̯æm	i̯æm	i̯an	ian

[①] "甘"和"谈"，从先秦到现代北京话，韵母都相同。我们分为两类，是因为现代有些方言（吴语、粤语等）分为两类。余依此。

三、声调

时代 调类	先秦	西汉	东汉	南北朝	隋唐	五代	宋	元	明清	现代
平声（姜）	平	平	平	平	平	平	平	阴平	阴平	阴平
平声（强）	平	平	平	平	平	平	平	阳平	阳平	阳平
平声（享）	平	平	平	上	上	上	上	上	上	上
平声（庆）	平	平	平	去	去	去	去	去	去	去
上声（体）	上	上	上	上	上	上	上	上	上	上
上声（弟）	上	上	上	上	上	上	上	上	去	去
上声（礼）	上	上	上	上	上	上	上	上	上	上
上声（顾）	上	上	上	去	去	去	去	去	去	去
长入（意）	长入	长入	长入	去	去	去	去	去	去	去
长入（异）	长入	长入	长入[1]	去	去	去	去	去	去	去
短入（速）	短入	短入	短入	入	入	入	入	上	去	去
短入（族）	短入	短入	短入	入	入	入	入	阳平	阳平	阳平
短入（节）	短入	短入	短入	入	入	入	入	上	去	阳平
短入（列）	短入	短入	短入	入	入	入	入	去	去	去
短入（接）	短入	短入	短入	入	入	入	入	上	去	阴平[2]

---

[1] 长入字，在汉代某些方言里已转为去声。
[2] 在现代某些方言里，仄声亦分阴阳。"体"类为阴上，"弟礼"为阳上；"意"类为阴去，"异"类为阳去；"速节接"为阴入，"族列"为阳入。现代广州另有中入，即"节接"一类字。

卷下　语音的发展规律

第十一章 语音发展的四种主要方式

语音发展共有四种主要方式：无变化、渐移、分化、合流。现在分别加以叙述：

一、无变化

语音的发展意味着变化，无变化的情况是比较少见的。但是，少见并不是没有。上古的声母和韵部，也有一些富有稳定性。

舌音端透定泥来五母是比较稳定的。它们的上古音是 [t][tʻ][d][n][l]，直到今天苏州话仍旧是 [t][tʻ][d][n][l]。现代北京话没有全浊声母，只剩下 [t][tʻ][n][l] 四母，因此我们可以说，端透泥来四母是最稳定的。

上古无舌上音，知彻澄娘四母字在上古属于端透定泥。现代福州、厦门于知彻澄字读 [t][tʻ] 是保存了上古音。北京等地于娘母字读 [n]，也是保存了上古音。

影母自古至今是零声母，有时候我们把它标作 [ʔ] 或 [w][j]，但从音位观点看，仍当认为零声母。这样，直到今天，全国范围内，都保存着这个零声母[①]。

---

① 有些方言在 a, o 前面加 [ŋ] 或 [n]，例如汉口、成都 "安" 读 [ŋan]，河北南部 "安" 读 [nan]。

上古日母读[ŋ]，这个古音一直到今天的客家话里还保存着①，例如梅县"日"读[ŋit]、"热"读[ŋiat]、"绕"读[ŋiau]、"肉"读[ŋiuk]、"染任"读[ŋiam]、"认人"读[ŋin]、"让"读[ŋioŋ]、"入"读[ŋip]。吴语白话音日母字也都读[ŋ]，例如苏州"日"音[ŋiʔ]、"热"音[ŋiəʔ]、"饶"音[ŋiæ]、"肉"音[ŋioʔ]、"认人"音[ŋin]、"让"音[ŋiaŋ]。

韵部的稳定性较差。只有上古的阳部先秦到汉代由[aŋ]变[ɑŋ]，后来又回到[aŋ]，这个[aŋ]一直保存到今天北方话和其他许多方言里。

幽部的上古音是[u]，其三等字读[iu]，今天北京"流"字读[liu]、"忧"字读[iu]等，似乎是保存着古音，其实不是的。现代北京话的[iu]是[iou]的变体，不是原来上古幽部[u]的三等。

由此可见，清儒所谓"古本韵"是错误的。在今韵中，除阳韵外，很难找出"古本韵"来。

二、渐移

一切音变都是渐变，没有突变②。这就是说，一切音变都是向邻近的发音部位转移，一步步向前走，或一步步向后走，或是一步步高化或低化，决不会越级跳跃。下面试举一些例子来说明语音的渐移。

鱼部在上古的读音是[a]（姑）、[ua]（孤）、[ea]（马家）、[oa]（瓜）、[ia]（居）、[iua]（瞿夫），现代北京话读[u]（姑孤夫）、[y]（居瞿）、[a]（马）、[ia]（家），这不是一蹴而就的。

鱼部开口一等字（"姑"类）在上古的读音是[a]，现代北京话读

---

① 有少数例外。
② 有些语言学家承认有所谓突变（如法国的 Roudet），举的例子是异化作用和类化作用。我们认为，那是条件的变化，不是突变。至少，在汉语语音史中，我们没有发现突变，只有一些不规则的变化。

[u]，这不是从 [a] 一步跳到 [u] 的。它的发展过程是元音逐步高化。由先秦的 [a] 高化为汉代的 [ɔ]，再高化为南北朝的 [o]，再高化为隋唐的 [u]，然后停止下来。它停止下来，是因为高化到顶了。还能不能再发展呢？能。照英语的发展规律，高化到了顶就发展为复合元音。汉语方言有这种情况，例如"图"字，现代苏州话读 [dəu]，汉口、广州读 [tʻou]。

幽部一等字（"曹"类）在上古的读音是 [u]，现代北京话读 [au]，这也不是从 [u] 一步跳到 [au] 的。它的发展过程是元音逐步低化。由先秦的 [u] 低化为汉代的 [o]，然后转变为南北朝的复合元音 [ou]，再低化为隋唐五代的 [ɑu]，最后低化为宋、元、明、清和现代的 [au]。

声母的发展也是渐移的，例如，精系齐撮字从舌尖的 [ts][tsʻ][dz][s][z] 转移到舌面的 [tɕ][tɕʻ][ɕ]，是发音部位向后移；见系齐撮字从舌根的 [k][kʻ][g][x][ɣ] 转移到舌面的 [tɕ][tɕʻ][ɕ]，是发音部位向前移，二者会合在一起了。

有些发展情况似乎是跳跃，例如"火"字从西汉的 [xuəi] 转变为东汉的 [xuɑ]，又如日母从隋唐的 [ȵ] 转变为五代的 [r]。从 [xuəi] 到 [xuɑ]，应该认为经过 [xuɑi] 这个阶段，即 xuəi→xuɑi→xuɑ，不过过渡时期较短，不为人们所觉察罢了。至于由 [ȵ] 到 [r]，那也算是渐移，因为 [ȵ] 和 [r]（指舌面的 r）发音部位相同，发音方法又相近似（同属通声），可以认为是渐移。

渐移，一般不走回头路。但是，也有先退一步然后再前进的；也有先进一步，然后再后退的，例如月部一等曷类字，由先秦的 [at] 到两汉、南北朝、隋、唐、五代的 [ɑt] 是退，到宋代的 [at] 是进，到元、明、清的 [ɔ] 是退，到现代北京话的 [ə] 是进。但这种情况是少见的。

三、分化

分化，指的是一个声母分化为两个以上的声母，一个韵部分化为两个以上的韵部，或一个声调分化为两个以上的声调。

（1）声母的分化，例如帮滂并明分化出非敷奉微，端透定泥分化出知彻澄娘，见溪群分化出［tɕ］［tɕʻ］［ɕ］，等等。

（2）韵部的分化，例如之部到南北朝分化为之灰幽三部，支部到南北朝分化为支泰祭三部，鱼部到南北朝分化为鱼模歌（麻）三部，侯部到南北朝分化为幽模两部，宵部到隋唐分化为豪肴宵三部，幽部到隋唐分化为侯豪肴宵四部，等等。

（3）声调的分化，例如平声分化为阴平、阳平，上声分化为阴上、阳上，去声分化为阴去、阳去，入声分化为阴入、阳入，等等。

分化，绝大多数是条件的变化（参看下文），只有少数是不规则的变化。

四、合流

合流，指的是两个以上的声母合并为一个声母，两个以上的韵部合并为一个韵部，或两个以上的声调合并为一个声调。合流有两种情况：

（1）两个以上的声母、韵部、声调合流，成为一个新声母、新韵部、新声调，例如：

五代的初母［tʃʻ］与床母锄类［z］合流，到宋代成为新的声母［tɕʻ］，山母［ʃ］到与床母士类［z］合流，到宋代成为新的声母［ɕ］。

南北朝的之部三等［iə］、支部三等［ie、iue］、脂都三等［iei、iuei］合流，到隋唐成为新的韵母［i］。

某些声调合流时，大约也有变为新声调（指调值起了变化）的，但已不可考。

（2）两个以上的声母、韵部、声调合流，实际上是甲声母并入乙声母，甲韵部并入乙韵部，甲声调并入乙声调。这种情况较多，例如：[ŋ]（部分）并入[w]，宋元以后，"巍"读如"为"、"魏"读如"胃"等。[v]并入[w]，现代北京话"味"读如"位"、"吻"读如"稳"、"无"读如"吾"、"亡"读如"王"等。

浊音并入清音，宋元以后，"忌"读如"记"、"度"读如"妒"、"讼"读如"送"、"步"读如"布"、"旧"读如"救"、"郑"读如"政"，等等。

江部[ɔŋ]并入阳部[aŋ]，宋元以后，"江"读如"姜"、"桩"读如"庄"、"缸"读如"冈"、"邦"读如"帮"、"双"读如"霜"、"龙"读如"茫"、"窗"读如"疮"、"庞"读如"旁"、"幢"读如"床"。豪韵并入肴韵[au]，宋元以后，"毛"读如"茅"、"褒"读如"包"、"袍"读如"庖"等；肴韵喉牙字并入宵韵[iau]，宋元以后，"交"读如"娇"、"肴"读如"姚"等；后来，宵韵[iau]舌齿字又并入豪韵[au]①，明清以后，"超"读为[tʂʻau]、"昭"读为[tʂau]、"烧"读为[ʂau]、"饶"读为[ʐau]等。

浊音上声字并入去声，晚唐以后，"动"读如"洞"、"重"读如"仲"、"项"读如"巷"、"荡"读如"宕"、"士"读如"事"、"跪"读如"匮"、"妇"读如"附"、"蟹"读如"械"、"赵"读如"召"，等等。

分化和合流是互相为用的，例如之部从汉代到朝北朝，一方面分化为之灰幽三部，另一方面，之部合口一等母类字、合口三等牛类字又和幽部合流为南北朝的幽部，之部开口一等该类字、埋类字又和汉代微部合口一等字合流为南北朝的灰部。

---

① 宋元以后，豪韵已读为[au]。

有分化而无合流，语音系统会变得太复杂，不利于交际；有合流而无分化，语音系统会变得太简单，也不利于交际。因此，分化与合流交相为用，这是语音发展的规律。

第十二章　自然的变化（上）
——辅音的变化

自然的变化，指的是自然的演变，不受任何条件的制约。现在分三方面加以叙述。本章先讲辅音的变化，有四种情况。

一、发音方法的变化

发音方法的变化，最重要的变化是浊音清化。浊音和清音的分别，只在乎发音时声带颤动不颤动。浊音清化，大概会经过半清化的阶段。这就是说，在成阻时是清音，在除阻时是浊音。后来再经过清音浊流的阶段。这就是说，从成阻到除阻都是清音，只有最后送出一股气流（即[ɦ]），才是浊音。到了这个阶段，再把浊流变为清流，浊音清化就完成了。刘复教授注意到，吴语方言的浊音字往往是清音浊流。我们可以设想，浊音清化是经过这个阶段的。当然，我们不能由此做结论，以为吴方言将来也一定会浊音清化。一切自然变化都只是可能的，不是必然的。

浊音消失后，也还留下浊音的痕迹，在声调上表现出来，清音字表现为阴调类，浊音字表现为阳调类。从元代起，平声就分为阴平、阳平两类，如"通"属阴平，"同"属阳平；"羌"属阴平，"强"属阳平；"初"属阴平，"锄"属阳平，等等。现代各地方言，多数能分阴平、阳平；阴上、阳上；阴去、阳去；阴入、阳入[①]，于是古四声变为今八声。

---

① 编者注："阴上、阳上"前，文集本有"不少能分"四字。

吴方言保存了浊音，浊音字属阳调类。粤方言广州话有九个声调，其中的中入是从阴入分出来的，实际上具备阴平、阳平；阴上、阳上；阴去、阳去；阴入、阳入。举例如下：

阴平	阳平	阴上	阳上	阴去	阳去	阴入	阳入
潘	盘	—	伴（白）	判	叛	钵	勃
贪	谈	毯	淡（白）	探	淡（文）	䈉	沓
端	屯	短	断（白）	断（判）	段	脱	夺
栽	裁	宰	在（白）	再	在（文）		
磋	瘥	左	坐（白）	挫	座		
钟	虫	肿	重（白）	众	仲	烛	逐

许多方言缺阳上[①]，浊上变为阳去。但是浊音的痕迹仍然是很清楚的。

重唇变轻唇（帮滂并明分化为非敷奉微），是发音部位的变化，也是发音方法的变化。应该是经过唇齿塞擦的阶段，即经过[pf] [pf'] [bv] [mv]的阶段，然后变为唇齿擦音[f] [v] [ɱ]的。

知彻澄三母由晚唐五代的[ṱ、ṱ'、ḍ]变为宋元时代的[tɕ、tɕ'、ɕ]，是发音方法的变化。前者和后者都是舌面前音，只不过由塞音变为塞擦音和擦音罢了。

[n]和[l]发音部位相同，只是发音方法不同，因此，它们可以互转。现代汉口、成都"连"读为[nian]，"蓝"读为[nan]；潮州、厦门则相反，"男"读为[lam]，"念"读为[liam]。

[m]和[b]发音部位相同，只是发音方法不同。[b]加鼻音就是[m]，[m]失鼻音就是[b]，所以[b] [m]可以互转。在现代厦门话中，古明母字[m]多转入[b]，例如"莫"[bɔk]、"末"[buat]、"密"[bit]、"觅"[bik]、"木"[bɔk]、"母"[bu]。微母字古属明母[m]，所

---

① 广州话的全浊字也只在白话音里保存一些阳上。

以厦门话的微母字也都读入[b]，例如"袜"[beʔ]、"无"[bu]、"闻"[bun]、"物"[but]、"望"[bɔŋ]、"味"[bi]。

[ŋ]和[g]发音部位相同，只是发音方法不同。[g]加鼻音就是[ŋ]，[ŋ]失鼻音就是[g]，所以[g][ŋ]可以互转。在现代厦门话里，古疑母字多转入[g]，例如"牙"[ga]、"外"[gue]、"吴"[gɔ]、"饿"[go]、"傲"[go]、"疑"[gi]、"魏"[gui]、"愚"[gu]、"牛"[giu]、"碍"[gai]、"乐"（音乐）[gak]、"迎"[giŋ]、"昂"[gɔŋ]、"银"[gun]、"元"[guan]。

由塞音变为塞擦音，见于知彻澄三母。知彻澄三母在晚唐五代读[ṭ、ṭʻ、ḍ]，到了宋代变为[tɕ、tɕʻ、dʑ]①，与照穿床合流了。

由塞音变为擦音，见于现代广州话[kʻ]→[h]。这就是说，古溪母字大多数读入晓母②，例如：

例字	隋唐音	今广州音
刻	[kʻək]	[hɐk]
可	[kʻɑ]	[ho]
客	[kʻɐk]	[hak]
渴	[kʻat]	[hot]
开	[kʻai]	[hoi]
考	[kʻɑu]	[hau]
口	[kʻou]	[hɐu]
砍	[kʻɑm]	[hɐm]
看	[kʻɑn]	[hon]
刊	[kʻɑn]	[hon]
垦	[kʻɐn]	[hɐn]

---

① 据朱熹反切，浊音dʑ也消失了，但是我想在某些方言里（例如吴方言）还有[dʑ]。
② 也有读入非母的，那是受合口呼的影响。见下文。

肯	[kʻəŋ]	[hɐŋ]
康	[kʻɑŋ]	[hoŋ]
坑	[kʻɐŋ]	[hɐŋ]
哭	[kʻok]	[huk]
匡	[ki̯uaŋ]	[hoŋ]

由塞擦音变为擦音，常见的是[dz]变[z]，即从母并入邪母，例如现代苏州话"慈"读如"辞"、"萃"读如"遂"。也有相反的情况，由擦音变为塞擦音，常见的是[z]变[dz]→[tɕʻ]→[tʂʻ]，例如现代北京话"常"读如"长"、"臣"读如"陈"。[z]变[dz]→[tsʻ]，也是常见的，例如现代北京话"辞"读如"慈"、"囚"读如"酋"。

由边音变为鼻音，即[l]→[n]，这种情况见于汉口、长沙、成都等方言里。[l]与[n]发音部位相同（都是舌尖中音），只是发音方法不同，所以容易互相转化①，例如：

例字	隋唐音	今汉口	今长沙	今成都
腊	[lap]	[na]	[na]	[na]
乐	[lak]	[no]	[no]	[no]
来	[lai]	[nai]	[nai]	[nai]
雷	[luɑi]	[nei]	[nei]	[nuei]
老	[lau]	[nau]	[nau]	[nau]
楼	[lou]	[nou]	[nəu]	[nəu]
兰	[lan]	[nan]	[nan]	[nan]
狼	[laŋ]	[naŋ]	[nan]	[naŋ]
冷	[lɐŋ]	[nən]	[nən]	[nən]
离	[li]	[ni]	[ni]	[ni]

---

① 这些方言的[n]，有时听起来也像[l]，其实在这些方言里，[n]与[l]是互换音位。

例字	隋唐音	今汉口	今长沙	今成都
烈	[li̯æt]	[ni̯e]	[ni̯e]	[ni̯e]
料	[li̯æu]	[ni̯au]	[ni̯au]	[ni̯au]
柳	[li̯ou]	[ni̯ou]	[ni̯əu]	[ni̯əu]
六	[li̯ok]	[nou]	[nou]	[nu]
连	[li̯æn]	[ni̯an]	[ni̯ẽ]	[ni̯an]
林	[li̯əm]	[nin]	[nin]	[nin]
梁	[li̯aŋ]	[ni̯aŋ]	[ni̯an]	[ni̯aŋ]
令	[li̯ɐŋ]	[nin]	[nin]	[nin]
路	[lu]	[non]	[nəu]	[nu]
罗	[lɑ]	[no]	[no]	[no]
乱	[luɑn]	[nan]	[nõ]	[nuan]
论	[luɐn]	[nən]	[nən]	[nən]
龙	[li̯uŋ]	[nuŋ]	[nuŋ]	[nuŋ]
驴	[li̯o]	[nou]	[nəu]	[nu]
旅	[lio]	[ny]	[ni]	[ny]
略	[li̯ak]	[ɲi̯o]	[ɲi̯o]	[ɲi̯o]①

由鼻音变为边音，即 [n] → [l]，这种情况见于南昌话②，例如：

例字	隋唐音	今南昌话
纳	[nɑp]	[lat]
乃	[nɑi]	[lai]
内	[nuɑi]	[lui]
闹	[nau]	[lau]
难	[nɑn]	[lan]

---

① [ɲi̯o] 可认为 [nio] 的变体。
② 南昌话于古泥娘母字只在开口呼和合口呼由 [n] 变 [l]，至于齐齿呼和撮口呼则读 [ɲ]。

例字	隋唐音	今南昌话
男	[nɑm]	[lan]
囊	[nɑŋ]	[loŋ]
奴	[nu]	[lu]
暖	[nuɑn]	[lon]
农	[nuŋ]	[luŋ]

二、发音部位的变化

发音部位的变化，主要是韵尾［m］［n］［ŋ］交替。［m］唇音，［n］是舌尖音，［ŋ］是舌根音，发音部位相隔颇远，由于同属鼻音，发音方法相同，所以能够互转。

从明代起，北方音系的韵尾［m］就已消失，并入了韵尾［n］。可能吴方言的韵尾［m］比北方的韵尾［m］消失得更早，所以周德清教人们辨别"针真、金斤、侵亲、深身、森莘、琛嗔、音因、心辛、歆欣、林邻、壬人、吟寅、琴勤、沈陈、忱神"。

［n］和［ŋ］的互转，见于现代某些方言里。在西南官话（包括湖北方言）里，一般是［əŋ］并入［ən］，［iŋ］并入［in］，例如汉口、成都"正"读如"镇"、"承"读如"臣"、"京"读如"斤"、"灵"读如"邻"、"清"读如"亲"。某些方言连［aŋ］也并入［an］，长沙"冈"读如"干"、"汤"读如"滩"、"囊"读如"难"、"狼"读如"兰"。在吴方言里，［ən］与［əŋ］［in］与［iŋ］是互换音位，例如"程"既可读［zən］，又可读［zəŋ］，"星"既可读［sin］，又可读［siŋ］，江南人听起来是没有分别的。

韵尾［t］和［k］的交替也是发音部位的变化。据朱熹反切看，宋代的［ik］已经变为［it］。现代客家话"得"读［tɛt］、"则"读［tsɛt］、

"剔"读 [t'it]、"力"读 [lit]、"击"读 [kit]，等等，也都是韵尾 [k] 转变为 [t] 的例子。

入声韵尾 [p][t][k] 在没有消失以前，大约是先经过合并为韵尾 [ʔ] 的阶段。至今吴方言还保存这个韵尾 [ʔ]^①，例如古读 [p] 尾的"立"、[t] 尾的"栗"、[k] 尾的"力"，今吴方言合并为 [liʔ]。这也是发音部位的转移，从唇、舌尖、舌根转移到喉头去了。

三、长入韵尾的消失

上古入声字有长入、短入两类，到了魏晋南北朝，长入的韵尾 [t][k] 脱落了，变为去声。某些字在上古有长入、短入两读，所以在《切韵》（后来是《广韵》）里保留着去入两读，例如：

积，子智切，又子昔切；　　醵，其据切，又其虐切；
刺，七赐切，又七亦切；　　闭，博计切，又方结切；
帅，所类切，又所律切；　　裞，他外切，又他活切；
植，直吏切，又市力切；　　李，蒲昧切，又蒲没切；
尉，於胃切，又纡物切；　　吓，呼讶切，又呼格切；
怫，扶沸切，又扶物切；　　炙，之夜切，又之石切；
气，去既切，又去讫切；　　射，神夜切，又音石。

这一切都可以证明古有长入，并且可以证明后代长入韵尾 [t][k] 的消失。

---

① 福州话也有类似的情况。

四、短入韵尾的消失

短入韵尾 [p] [t] [k] 的消失，比长入韵尾的消失晚得多。大约到了元代，在北京话和多数北方方言里，入声韵尾才消失了，转变为平、上、去声。上文说过，入声韵尾 [p] [t] [k] 的消失，大约经过合并为韵尾 [ʔ] 的阶段。我们设想，合并为 [ʔ] 之后，大约还再经过短入变长入的阶段，然后由于元音延长，导致后面辅音 [ʔ] 的脱落。

总起来说，辅音的变化都是系统性的变化。除个别特殊情况外，同系的声母，必然有同样的变化，例如，当精母齐撮字由 [ts] 变 [tɕ] 的时候，清从心邪四母的齐撮字也一定同时由 [ts'、s] 变为 [tɕ'、ɕ]。同性质的声母，也必然有同样的变化，例如，当唇音浊母消失的时候，舌齿喉牙浊音也必然同时消失。在某一方言里，浊母消失后变为清音送气不送气，也都有其系统性，例如，在现代北京话和广州话里，並母字变清音后，平声送气（如"排、平"），仄声不送气（如"败、病"），我们由此可以推知定澄床群等母的字变清音后，一定也是平声送气，仄声不送气①。现代福州话並母字变清音后，平声仄声一律不送气，我们由此可以推知定澄床群等母的字变清音后，一定也是平声仄声一律不送气。现代梅县话並母变清音后，平声仄声一律送气，我们由此可以推知定澄床群等母的字变清音后，一定也是平声仄声一律送气。这样严格的系统性变化，是我们讲究语音发展规律时应该特别注意的。

---

① 床母个别字读擦音（如"士"），是例外。

第十三章 自然的变化（中）
——元音的变化

元音的变化有三种情况：发音部位的变化；发音方法的变化；韵母构成的变化。分别叙述如下：

一、发音部位的变化

发音部位的变化又可以细分为四种：（1）高化；（2）低化；（3）央元音的前后化；（4）前后元音的央化。

（1）高化

元音高化是最常见的事实。举例如下：

鱼部一等（"模图孤"）的发展是后高化，即[a]（先秦）→[ɔ]（汉）→[o]（南北朝）→[u]（隋至现代）；三等开口"鱼"类的发展也是后高化，即[a]①（先秦）→[ɔ]（汉至南北朝）→[o]（隋唐）→[u]（五代至元）。

支部三等开口"斯"类的发展是前高化，即[e]（先秦至南北朝）→[i]（隋唐五代）→[ɿ]（宋至现代）。脂部三等开口"私"类的发展也是前高化，即[ei]（先秦至南北朝）→[i]（隋唐五代）→[ɿ]（宋至现代）。

侯部三等"驹"类的发展是后高化，即[ɔ]（先秦两汉）→[o]（南

---

① 省略韵头[i]，下仿此。

北朝）→［u］（隋唐至元）→［y］（明清，现代）。

歌部一等"多"类的发展是后高化，即［ai］（先秦）→［ɑ］（汉至五代）→［ɔ］（宋元明清）→［o］（现代）。

铎部一等"洛"类的发展是后高化，即［ak］（先秦至宋）→［ɔ］（元明清）→［o］（现代）。

锡部开口三等"赐"类的发展是前高化，即［ek］（先秦两汉）→［e］（南北朝）→［i］（隋唐五代）→［ɿ］（宋至现代）。质部"四"类的发展也是前高化，即［et］（先秦两汉）→［ei］（南北朝）→［i］（隋唐五代）→［ɿ］（宋至现代）。

屋部一等"木"类的发展是后高化，即［ɔk］（先秦两汉）→［ok］（南北朝，隋唐）→［uk］（五代，宋）→［u］（元至现代）。三等"局"类的发展也是后高化，即［ɔk］（先秦两汉）→［uk］（南北朝至宋）→［u］（元）。"裕"类的发展也是后高化，即［ɔk］（先秦两汉）→［o］（南北朝，隋唐）→［u］（五代至元）。

东部一等"公"类的发展是后高化，即［ɔŋ］（先秦）→［oŋ］（汉至隋唐）→［uŋ］（宋至现代）。

（2）低化

元音低化也不少见。举例如下：

宵部开口一等（"豪"）、二等（"交巢"）的发展是后低化，即［o］（先秦两汉）→［ou］（南北朝）→［ɑu］（隋唐五代）→［au］（宋至现代）。

幽部合口一等（"曹"）、二等（"胶包"）的发展是后低化，即［u］（先秦）→［o］（汉）→［ou］（南北朝）→［ɑu］（隋唐五代）→［au］（宋至现代）。

支部二等"佳卦"类的发展是前低化，即［e］（先秦两汉）→［ai］（南北朝）→［ai］（隋至宋）→［a］（元至现代）。"柴"类的发展也是前低化，即［e］（先秦两汉）→［ɑi］（南北朝）→［ai］（隋至现代）。

锡部二等"隘"类的发展是前低化，即［ek］（先秦两汉）→［ai］（南北朝至现代）。"画"类（长入）的发展也是前低化，即［ek］（先秦两汉）→［ai］（南北朝至宋）→［a］（元至现代）。

觉部合口一等（"告"）的发展是后低化，即［uk］（先秦两汉）→［ou］（南北朝）→［ɑu］（隋唐五代）→［au］（宋至现代）。

冬部二等（"降"）的发展是后低化，即［uŋ］（战国至南北朝）→［ɔŋ］（隋唐五代）→［aŋ］（宋至现代）。

（3）央元音的前后化

央元音的发音部位在舌头的中部，国际音标为［ɨ］［ʉ］［ɘ］［ɵ］［ə］［ɜ］［ɞ］［ɐ］［ɚ］等，本书只用了［ə］［ɐ］［ɚ］。所谓前后化，指的是央元音发展为前元音或后元音。举例如下：

之部开口一等"该"类的发展是央元音前化，即［ə］（先秦两汉）→［ɐi］（南北朝）→［ɑi］（隋唐五代）→［ai］（宋至现代）；"埋"类和"怪"类的发展也是央元音前化，即［ə］（先秦两汉）→［ɐi］（南北朝）→［ai］（隋唐至现代）；开三"基"类的发展是［ə］（先秦至南北朝）→［i］（隋唐至现代）；"思"类的发展是［ə］（先秦至南北朝）→［i］（隋唐五代）→［ɿ］（宋至现代），"之"类的发展是［ə］（先秦至南北朝）→［i］（隋唐至宋）→［ʅ］（元至现代），也都是央元音的前化。

微部开口一等（"哀"）的发展是央元音前化，即［əi］（先秦两汉）→［ɐi］（南北朝）→［ɑi］（隋唐五代）→［ai］（宋至现代）；开口二等（"排怀"）的发展是［əi］（先秦两汉）→［ɐi］（南北朝）→［ai］（隋唐至现代），开三"衣"类的发展是［əi］（先秦至隋唐）→［i］（五代至现代），合三"季"类的发展是［əi］（先秦两汉）→［ei］（南北朝）→［i］（隋至现代），也都是央元音前化。

职部开口一等"戒"类的发展是央元音前化，即［ək］（先秦两汉）→［ei］（南北朝）→［ai］（隋至明清）→［e］（现代）；开三"亿"类的发展是［ək］（先秦至五代）→［it］（宋）→［i］（元至现代），"意"类的发展是［ək］（先秦两汉）→［ə］（南北朝）→［i］[隋至现代），"式"类的发展是［ək］（先秦至五代）→［it］（宋）→［i］（元）→［ʅ］（明至现代），也都是央元音前化。合三"牧福"类的发展是央元音后化，即［ək］（先秦两汉）→［ok］（南北朝，隋唐）→［uk］（五代，宋）→［u］（元至现代）。

物部开一"爱"类的发展是央元音前化，即［ət］（先秦两汉）→［ɐi］（南北朝）→［ɑi］（隋唐五代）→［ai］（宋至现代）；相反地，合一"忽"类的发展是央元音后化，即［ət］（先秦两汉）→［ɐt］（南北朝至宋）→［u］（元至现代）。

缉部开一"杂纳"类和开二"洽"类的发展是央元音的前化，即［əp］（先秦两汉）→［ɑp］（南北朝至五代）→［ap］（宋）→［a］（元至现代）；开三"及立"类的发展是［əp］（先秦至五代）→［ip］（宋）→［i］（元至现代），"湿"类的发展是［əp］（先秦至五代）→［ip］（宋）→［i］（元）→［ʅ］（明至现代），也都是央元音的前化。

蒸部合一（"肱"）的发展是央元音后化，即［əŋ］（先秦至宋）→［uŋ］（元至现代）；合三"弓"类的发展也是央元音后化，即［əŋ］（先秦两汉）→［oŋ］（南北朝，隋唐）→［uŋ］（五代至现代）。相反地，开三"兴"类的发展是央元音前化，即［əŋ］（先秦至元）→［iŋ］（明至现代）。

文部开二"艰盼"类和合二"鳏"类的发展是央元音的前化，即［ən］（先秦两汉）→［æn］（南北朝）→［an］（隋至现代）；合三"川"类的发展也是央元音的前化，即［ən］（先秦）→［an］（汉至现代）。

侵部开一"南"类的发展是央元音前化，即［əm］（先秦两汉）→［ɑm］（南北朝至五代）→［am］（宋元）→［an］（明至现代）；开四"忝"类和开三"潜"类的发展是［əm］（先秦两汉）→［æm］（南北朝至元）→［an］（明至现代），合三"凡"类的发展是［əm］（先秦两汉）→［ɐm］

（南北朝，隋唐）→［æm］（五代）→［am］（宋）→［an］（元至现代），也都是央元音前化。

（4）前后元音的央化

幽部合三"求周搜幽"类的发展是后元音央化，即［u］（先秦至南北朝）→［ou］（隋唐）→［əu］（五代至现代）。

铎部开四（"昔石"）从先秦到五代的发展是前元音央化，即［ak］（先秦两汉）→［ek］（南北朝）→［ɐk］（隋唐）→［ək］（五代）。

屋部开一"奏"类的发展是后元音央化，即［ɔk］（先秦两汉）→［u］（南北朝）→［ou］（隋唐）→［əu］（五代至现代）。

耕部二等（"耕轰"）的发展，从先秦到宋是前元音央化，即［eŋ］（先秦至南北朝）→［ɐŋ］（隋至宋）；三等（"惊征贞劲琼倾"）、四等（"丁迥"）的发展，从先秦至五代，也是前元音央化，即［eŋ］（先秦至南北朝）→［ɐŋ］（隋唐五代）。

阳部二等开口"衡"类和合口"横"类是前元音央化，即［aŋ］（先秦西汉）→［eŋ］（东汉至南北朝）→［ɐŋ］（隋至宋）→［əŋ］（元至现代）；四等开口"京"类和合口"兄"类的发展，从先秦到五代，也是前元音央化，即［aŋ］（先秦西汉）→［eŋ］（东汉至南北朝）→［ɐŋ］（隋唐五代）。

二、发音方法的变化

发音方法的变化，指的是元音鼻化。发元音时，气流由口腔、鼻腔同时发出，叫作"鼻化元音"。国际音标写作［ẽ］［ã］［õ］等。

古代汉语有没有鼻化元音？可能是有的，不过在史料上无从证实罢了。

现在许多方言里有许多鼻化元音的存在。鼻化元音一般是从带鼻音韵尾的元音发展来的。其发展过程应该是韵尾鼻音影响元音使之鼻化，起初元音鼻化后仍带鼻音韵尾，后来韵尾鼻音逐渐短弱以至于脱落，才变为鼻化元音，即 [an] → [ãn] → [ãⁿ] → [ã]。

现代济南、西安、太原等方言有比较典型的鼻化元音，西南官话如昆明话等也有鼻化元音。现在举例如下：

例字	隋唐音	济南	西安	太原
班	[pan]	[pã]	[pã]	[pæ̃]
盘	[buɑn]	[pʻã]	[pʻã]	[pʻæ̃]
慢	[man]	[mã]	[mã]	[mæ̃]
贪	[tʻam]	[tʻã]	[tʻã]	[tʻæ̃]
谈	[dɑm]	[tʻã]	[tʻã]	[tʻæ̃]
难	[nɑm]	[nã]	[nã]	[næ̃]
餐	[tsʻan]	[tsʻã]	[tsʻã]	[tsʻæ̃]
三	[sɑm]	[sã]	[sã]	[sæ̃]
战	[tɕiæn]	[tʂã]	[tʂã]	[tsæ̃]
山	[ʃan]	[ʂã]	[sã]	[sæ̃]
甘	[kɑm]	[kã]	[kã]	[kæ̃]
堪	[kʻam]	[kʻã]	[kʻã]	[kʻæ̃]
汉	[xɑn]	[xã]	[xã]	[xæ̃]
鞭	[piæn]	[pi̯ã]	[pi̯ã]	[pi̯ɛ]①
便	[bi̯æn]	[pi̯ã]	[pi̯ã]	[pi̯ɛ]
面	[mi̯æn]	[mi̯ã]	[mi̯ã]	[mi̯ɛ]
店	[tiæm]	[ti̯ã]	[ti̯ã]	[ti̯ɛ]
年	[niæn]	[ni̯ã]	[ni̯ã]	[ni̯ɛ]
廉	[li̯æm]	[li̯ã]	[li̯ã]	[li̯ɛ]

---

① 太原"鞭"等字不读鼻化元音。

例字	隋唐音	济南	西安	太原
间	[kan]	[tɕiã]	[tɕiã]	[tɕiɛ]
减	[kam]	[tɕiã]	[tɕiã]	[tɕiɛ]
贱	[dzi̯æm]	[tɕiã]	[tɕiã]	[tɕiɛ]
谦	[kʻi̯æm]	[tɕʻiã]	[tɕʻiã]	[tɕʻiɛ]
钱	[dzi̯æn]	[tɕʻiã]	[tɕʻiã]	[tɕʻiɛ]
衔	[ɣam]	[ɕiã]	[ɕiã]	[ɕiɛ]
献	[xi̯ɐn]	[ɕiã]	[ɕiã]	[ɕiɛ]
岩	[ŋam]	[iã]	[iã]	[iɛ]
眼	[ŋan]	[iã]	[ȵiã]	[iɛ]
短	[tuɑn]	[tuã]	[tuã]	[tuæ̃]
乱	[luɑn]	[luã]	[luã]	[luæ̃]
算	[suɑn]	[suã]	[suã]	[suæ̃]
川	[tɕʻi̯uæn]	[tʂʻuã]	[pfã]	[tsʻuæ̃]
传	[di̯uæn]	[tʂʻuã]	[pfã]	[tsuæ̃]
软	[ȵi̯uæn]	[luã]	[vã]	[zuæ̃]
官	[kuɑn]	[kuã]	[kuã]	[kuæ̃]
宽	[kʻuɑn]	[kʻuã]	[kʻuã]	[kʻuæ̃]
患	[ɣuan]	[xuã]	[xuã]	[xuæ̃]
万	[mi̯uɐn]	[uã]	[vã]	[væ̃]
卷	[ki̯uæn]	[tɕyã]	[tɕyã]	[tɕyɛ]
劝	[kʻi̯uɐn]	[tɕʻyã]	[tɕʻyã]	[tɕʻyɛ]
元	[ŋi̯uɐn]	[yã]	[yã]	[yɛ]

例字	隋唐音	济南	西安	太原
本	[puɐn]	[pẽ]	[pẽ]	[pəŋ]①
粪	[pi̯uɐn]	[fẽ]	[fẽ]	[fəŋ]
针	[tɕi̯əm]	[tʂẽ]	[tʂẽ]	[tsəŋ]
沈	[ɕi̯əm]	[ʂẽ]	[ʂẽ]	[səŋ]
陈	[di̯en]	[tʂ'ẽ]	[tʂ'ẽ]	[ts'əŋ]
人	[n̦i̯en]	[r̃]	[r̃]	[zəŋ]
贫	[bi̯en]	[p'i̯ẽ]	[p'i̯ẽ]	[p'iŋ]
品	[p'i̯əm]	[p'i̯ẽ]	[p'i̯ẽ]	[p'iŋ]
金	[k'i̯əm]	[tɕi̯ẽ]	[tɕi̯ẽ]	[tɕiŋ]
近	[gi̯en]	[tɕi̯ẽ]	[tɕi̯ẽ]	[tɕiŋ]
信	[si̯en]	[ɕi̯ẽ]	[ɕi̯ẽ]	[ɕiŋ]
饮	[i̯əm]	[i̯ẽ]	[i̯ẽ]	[iŋ]
顿	[tuɐn]	[tuẽ]	[tuẽ]	[tuŋ]
村	[ts'uɐn]	[ts'uẽ]	[ts'uẽ]	[ts'uŋ]
顺	[dʑi̯uen]	[ʂuẽ]	[fẽ]	[suŋ]
润	[n̦i̯uən]	[yẽ]	[vẽ]	[zuŋ]
问	[mi̯uən]	[uẽ]	[vẽ]	[vuŋ]
群	[gi̯uen]	[tɕ'yẽ]	[tɕ'yẽ]	[tɕ'yŋ]
运	[ɣi̯uen]	[yẽ]	[yẽ]	[yŋ]
邦	[pɔŋ]	[paŋ]②	[paŋ]③	[pɒ]
方	[pi̯uaŋ]	[faŋ]	[faŋ]	[fɒ]
堂	[dɑŋ]	[t'aŋ]	[t'aŋ]	[t'ɒ]
狼	[lɑŋ]	[laŋ]	[laŋ]	[lɒ]

---

① 太原话"本"等字不读鼻化元音。
②③ 江阳唐韵字，济南、西安都不读鼻化元音。

例字	隋唐音	济南	西安	太原
张	[ti̯aŋ]	[tʂaŋ]	[tʂaŋ]	[tsɐ̃]
丈	[di̯aŋ]	[tʂaŋ]	[tʂaŋ]	[tsɐ̃]
常	[zi̯aŋ]	[tʂʻaŋ]	[tʂʻaŋ]	[tsɐ̃]
让	[ɲi̯aŋ]	[ʐaŋ]	[ʐaŋ]	[zɐ̃]
江	[kɔŋ]	[tɕiaŋ]	[tɕiaŋ]	[tɕiɐ̃]
强	[gi̯aŋ]	[tɕʻiaŋ]	[tɕʻiaŋ]	[tɕʻiɐ̃]
羊	[ji̯aŋ]	[iaŋ]	[iaŋ]	[iɐ̃]
壮	[tʃi̯aŋ]	[tʂuaŋ]	[pfaŋ]	[tsuɐ̃]
双	[ʃɔŋ]	[ʂuaŋ]	[faŋ]	[suɐ̃]
光	[kuaŋ]	[kuaŋ]	[kuaŋ]	[kuɐ̃]
狂	[gi̯uaŋ]	[kʻuaŋ]	[kʻuaŋ]	[kʻuɐ̃]
王	[ɣi̯uaŋ]	[uaŋ]	[uaŋ]	[vɐ̃]

现代潮州话的鼻化元音如下表:

(1) [ĩ] 韵

齐齿 [ĩ]

  1. 来自 [in]（《切韵》先仙）者：辫箭扇鲜见砚缠毡钱弦圆院[①]

  2. 来自 [i]（《切韵》支脂之）者：支稚耻以鼻耳

合口 [uĩ]

  1. 来自 [i̯uin]（《切韵》先仙）者：悬县

  2. 来自 [i̯ui]（《切韵》微支）者：匪畏跪

(2) [ẽ] 韵

开口 [ẽ]

  来自 [eŋ]（《切韵》庚耕清青）：撑争青生庚羹耕坑井醒省哽柄

---

① "圆院"二字来自 [i̯uin]，是例外。

姓径棚彭晴静病郑

齐齿［ĩẽ］

　　来自［i̯aŋ］(《切韵》江阳)：张浆枪伤娘粮辆薑奖酱匠腔墙抢
　　　　乡想相象像羊杨样

合口［ũẽ］

　　来自［ueŋ］(《切韵》庚)：横

$$（3）［ã］韵$$

开口［ã］

　　来自［am］(《切韵》谈衔)，担胆淡三衫柑敢馅

齐齿［ĩã］

　　来自［ieŋ］(《切韵》庚清青蒸)：正整呈程城声圣冰兵丙饼晶
　　　　京惊兄鼎请拼聘镜影赢行营

合口［ũã］

　　1.来自［an］［uan］(《切韵》寒桓删山)者：般搬半伴潘盘单
　　　　炭散产山杆秆赶旱汗鞍官闩换滩摊盏
　　2.来自［i̯an］［i̯uan］(《切韵》仙)者（少）：贱线泉

$$（4）［ãĩ］韵$$

开口［ãĩ］

　　1.来自［ai］(《切韵》咍)者：哀埃挨爱
　　2.来自［uai］(《切韵》戈)者：果①

$$（5）［õĩ］韵$$

开口［õĩ］

　　1.来自［an］［i̯an］［uan］［am］(《切韵》寒桓山先覃)者：
　　　　看闲间前佃殿苋畔办先千肩茧蚬间（间断）蚕

---

① 常用只有一个"果"字，而且是白话音。但是这个"果"字很重要，因为它保存先秦古音。

2.来自[i](《切韵》齐)者(少):第底

(6) [aũ]韵

开口[aũ]

来自[au](《切韵》豪)者(一个字):好(喜爱)

(7) [oũ]韵

开口[oũ]

来自[ou](《切韵》模侯)者(少):虎否

从上表看来,鼻化元音由阳声韵(-m,-n、-ŋ尾)转来的占多数,由阴声韵转来的占少数。这是阴阳对转的枢纽:阳声韵由鼻化元音过渡到阴声韵[aŋ→ã→a],阴声韵由鼻化元音过渡到阳声韵[a→ã→aŋ]。当然也可以停留在鼻化元音阶段,如现代潮州方言。

三、韵母构成的变化

韵母构成的变化又可以细分为五种:(1)元音复合化和单化;(2)四呼的转化;(3)韵头的消失;(4)鼻辅音元音化;(5)阴阳对转。

(1)元音复合化和单化

复合元音指的是一个元音,它在持阻阶段变了发音部位,因而变了音色。人们把它看成两个元音融合为一个音节,其中一个比较开口,比较强也比较长,称为"主要元音"(有时也称为"韵腹"),另一个比较闭口,比较弱也比较短,在汉语里称为"韵头"或"韵尾"。韵头和韵腹的结合(如[ia][ua])称为"上升的复合元音";韵腹和韵尾元音的结合(如[ai][au])称为"下降的复合元音"。既有韵头又有韵尾元音的音节(如[iou][uai])称为"三合元音"。本节里讲的复合元音,指的是以[i][u]为韵尾的复合元音和三合元音。

在语音史上有单元音发展为复合元音的现象,也有复合元音发展为单元音的现象。

（甲）单元音复合化，例如：

之部一等"该"类［ə］（先秦两汉）→［ɐi］（南北朝）→［ɑi］（隋唐五代）→［ai］（宋至现代）。

支部开二"柴"类［e］（先秦两汉）→［eɑi］（南北朝）→［ai］（隋至五代）。

侯部开一"侯"类［ɔ］（先秦）→［u］（汉至南北朝）→［ou］（隋唐）→［əu］（五代至现代）。

宵部开一"豪"类［o］（先秦两汉）→［ou］（南北朝）→［au］（隋唐五代）→［au］（宋至现代）。

幽部开一"曹"类［u］（先秦）→［o］（汉）→［ou］（南北朝）→［au］（隋唐五代）→［au］（宋至现代）。

（乙）复合元音单化，例如：

之部合一"母"类［ou］（隋唐五代）→［u］（宋至现代）。

微部开三"衣"类［i̯əi］（先秦至隋唐）→［i］（五代至现代）。

脂部开三"伊"类［i̯ei］（先秦至南北朝）→［i］（隋唐至现代）。"私"类［i̯ei］（先秦至南北朝）→［i］（隋唐五代）→［ɿ］（宋至现代）。"尸师"类［i̯ei］（先秦至南北朝）→［i］（隋唐至宋）→［ʅ］（元至现代）。

歌部开一"河"类［ai］（先秦）→［ɑ］（汉至五代）→［ɔ］（宋至清）→［ə］（现代）。开二"麻"类［eai］（先秦）→［eɑ］（汉至南北朝）→［a］（隋至现代）。开三"仪"类［i̯ai］（先秦）→［i̯e］（汉至南北朝）→［i］（隋至现代）。"池"类［i̯ai］（先秦）→［i̯e］（汉至南北朝）→［i］（隋至宋）→［ʅ］（元至现代）。"尔"类［i̯ai］（先秦）→［i̯e］（汉至南北朝）→［i］（隋至宋）→［ʅ］（元）→［ɚ］（明至现代）。

现代吴语多数缺乏复合元音，从历史发展上看，也是复合元音的单化。现在举苏州话为例：

例字	隋唐音	今苏州音	例字	隋唐音	今苏州音
泰	[t'ɑi]	[t'a]	表	[pi̯æu]	[pi̯æ]
带	[tɑi]	[ta]	妙	[mi̯æu]	[mi̯æ]
来	[lɑi]	[le]	走	[tsou]	[tsy]①
在	[dzɑi]	[ze]	楼	[lou]	[ly]
高	[kɑu]	[kæ]	流	[li̯ou]	[ly]
好	[xɑu]	[hæ]	九	[ki̯ou]	[tɕi̯y]

（2）四呼的转化

四呼，指开口呼（无韵头）、齐齿呼（韵头为 [i] 或全韵为 [i]）、合口呼（韵头为 [u] 或全韵为 [u]）、撮口呼（韵头为 [y] 或全韵为 [y]）。为方便起见，宋元韵图的两呼八等也合并为四呼来叙述：开口一、二等为开口呼，开口三、四等为齐齿呼，合口一、二等为合口呼，合口三、四等为撮口呼（撮口呼用韵头 [i̯u] 表示，略等于韵头 [y]）。

四呼只是韵头不同，所以容易互相转化。分别叙述如下：

（甲）开口呼转变为齐齿呼，即在主要元音前面加上一个 [i] 头，例如：

支部开口二等"街"类由隋唐至元代的 [ai] 转变为明清的 [i̯ai]，再转变为现代的 [i̯e]。

宵部开口二等"交"类由隋唐五代的 [au] 转变为宋以后的 [i̯au]。

幽部开口二等"胶"类由隋唐五代的 [au] 转变为宋以后的 [i̯au]。

脂部开口二等"皆"类由隋唐至元代的 [ai] 转变为明清的 [i̯ai]，再变为现代的 [i̯e]。

歌部开口二等"加"类由隋唐至宋的 [a] 转变为元代以后的 [i̯a]。

职部开口一等（后来变二等）"戒"类由隋唐至宋代的 [ai] 转变为

---

① [y] 韵实际上读 [ɵy]，其中的 [ɵ] 很轻微，所以不算复合元音。

元明清的 [i̯ai]，再变为现代的 [i̯e]。

觉部合口二等（后来变为开口二等）"觉"类由宋代的 [ak] 转变为元明清的 [i̯au]。

质部开口二等"屇"类由隋唐至宋的 [ai] 转变为元明清的 [i̯ai]，再变为现代的 [i̯e]。"黠"类由隋唐五代的 [at] 转变为宋代的 [eat]，再变为元代以后的 [i̯a]。

月部开口二等"辖"类由隋唐五代的 [at] 转变为宋代的 [eat]，再变为元代以后的 [i̯a]。

缉部开口二等"洽"类由隋唐五代的 [ap] 转变为宋代的 [eap]，再变为元代以后的 [i̯a]。

盍部开口二等"甲"类由隋唐五代的 [ap] 转变为宋代的 [eap]，再变为元代以后的 [i̯a]。

阳部开口二等"行"类由东汉至南北朝的 [eŋ] 转变为隋唐至宋的 [ɐŋ]，再变为元明清的 [ɵŋ]，最后变为现代的 [iŋ]。

文部开口二等"艰"类由隋唐五代的 [an] 转变为宋代的 [ean]，再变为元代以后的 [i̯an]。

元部开口二等"奸间"类由隋唐五代的 [an] 转变为宋代的 [ean]，再变为元代以后的 [i̯an]。

侵部合口二等"降"类由隋唐五代的 [ɔŋ] 转变为宋代的 [eaŋ]，再变为元代以后的 [i̯aŋ]。

由上所述，我们可以看出，由开口呼变为齐齿呼的都是开口二等喉牙字，可见其演变是很有规律性的。

（乙）开口呼转变为合口呼，主要元音 [ɔ] [o] 变 [u] 或者是在主要元音前面加上一个 [u] 头，例如：

鱼部开口一等"姑"类由先秦的 [a] 转变为汉代的 [ɔ]，再变为南北朝的 [o]，最后变为隋唐以后的 [u]。

侯部开口一等"侯"类由先秦的 [ɔ] 转变为汉代的 [u]。

铎部开口一等"洛"类由元明清的 [ɔ] 转变为现代北京话的 [uo]。

歌部开口一等"多"类由宋至清代的 [ɔ] 转变为现代北京话的 [uo]。

屋部开口一等"木"类由先秦两汉的 [ɔk] 转变为南北朝隋唐的 [ok]，再变为五代宋的 [uk]，最后变为元代以后的 [u]。

沃部开口一等"沃"类由先秦的 [ok] 转变为汉代的 [ɔk]，再变为南北朝至宋代的 [uk]，再变为元明清的 [u]。最后变为现代北京话的 [uo]。

东部开口二等"双"类由隋唐五代的 [ɔŋ] 转变为宋代的 [eaŋ]，再变为元代以后的 [uaŋ]。

（丙）合口呼转变为开口呼，就是主要元音 [u] 变 [o]，或者是主要元音前面的韵头 [u] 脱落了，例如：

幽部合口一等"曹"类由先秦的 [u] 转变为汉代的 [o]。

觉部合口一等"告"类由先秦两汉的 [uk] 转变为南北朝的 [ou]，再变为隋唐五代的 [ɑu]，最后变为宋代以后的 [au]。

元部合口一等"盘"类由先秦的 [uan] 转变为汉至五代的 [uɑn]，回到宋代的 [uan]，再变为元代的 [uɔn]，最后变为明代以后的 [an]。

（丁）齐齿呼转变为合口呼，就是 [i] 头变为 [u] 头。此类比较少见，例如：

阳部开口三等"霜"类由先秦的 [iaŋ] 转变为汉至隋唐的 [iɑŋ]，再回到五代宋的 [iaŋ]，最后变为元代以后的 [uaŋ]。

（戊）撮口呼转变为齐齿呼，就是 [y] 头变为 [i] 头，例如：

之部合口三等"牛"类由先秦两汉的 [iuə] 转变为南北朝的 [iu]，再变为隋唐五代的 [iou]，最后变为宋代以后的 [iəu]。

现代客家话没有撮口呼，古撮口字多变为齐齿呼，例如：

吕＝李 [li]　　　　居＝基 [ki]　　　　月＝热 [ŋiat]

律＝栗 [lit]　　　　鱼＝疑 [ŋi]　　　　雪＝屑 [siet]

现代官话系有些方言也没有撮口呼，例如昆明话。

（己）齐齿呼转变为撮口呼，就是[i]头变为[y]头。这往往是零星的变化，例如现代北京话：

婿，本音细[si]①，今北京读如序[ɕy]。

剧，本音屐[ki]，今北京读如具[tɕy]。

薛，本音泄[sie]，今北京读如靴[ɕye]。

略，本音离灼切[lie]，今北京读吕月切[lye]。

削，本音小[siau]，今北京话文言读如靴[ɕye]。

此外，还有齐齿呼变开口呼、撮口呼变合口呼，等到下章讲条件的变化时再行叙述②。

（3）韵头的消失

韵头消失的情况，出现在现代粤方言里。从前我以为现代广州话有开齐合撮四呼③，那是错误的。现代广州话实际上没有韵头，主要元音虽有[i][u][y]，也不必分别叫作齐齿、合口、撮口了。

从前我有两种误会：第一，我误以为半元音声母[j][w]是韵头，例如：

例子	误作	当作	例子	误作	当作
怀	[uai]	[wai]	邑	[iɐp]	[jɐp]
弯	[uan]	[wan]	一	[iɐt]	[jɐt]
威	[uɐi]	[wɐi]	郁	[uɐt]	[wɐt]
忧	[iau]	[jau]	挖	[uat]	[wat]
音	[iɐm]	[jɐm]	王	[uɔŋ]	[wɔŋ]
因	[iɐi]	[jɐi]	获	[uɔk]	[wɔk]
温	[nɐn]	[wɐn]	锐	[iœy]	[jœy]

---

① 这里所谓本音是根据《五方元音》。下仿此。

② 本章所讲的，有些也可以认为条件的变化。参看下章。

③ 参看王力《汉语音韵学》。

第二，我误以为圆唇舌根音 [kʷ][kʻʷ] 是舌根音声母加韵头 [u]①，例如：

例子	误作	当作	例子	误作	当作
瓜	[kua]	[kʷa]	坤	[kʻuɐn]	[kʻʷɐn]
夸	[kʻua]	[kʻʷa]	骨	[kuɐt]	[kʷɐt]
乖	[kuai]	[kʷai]	戈	[kuɔ]	[kʷɔ]
关	[kuan]	[kʷan]	光	[kuɔŋ]	[kʷɔŋ]
刮	[kuat]	[kʷat]	狂	[kʻuɔŋ]	[kʻʷɔŋ]
龟	[kuɐi]	[kʷɐi]	国	[kuɔk]	[kʷɔk]
亏	[kʻuɐi]	[kʻʷɐi]	扩	[kʻuɔk]	[kʻʷɔk]
昆	[kuɐn]	[kʷɐn]			

这一类字原来是合口呼的字，带来韵头 [u]。由于舌根音声母 [k][kʻ] 发音部位和韵头 [u] 发音部位相同，而且 [u] 是圆唇元音，所以 [k][kʻ] 受 [u] 的影响也圆唇化了。[k][kʻ] 圆唇化以后，韵头 [u] 也就逐渐消失了。

现代吴语合口呼和撮口呼的韵头大部分消失，变为开口呼或齐齿呼。现在举苏州话为例：

例字	隋唐音	现代苏州话	例字	隋唐音	现代苏州话
瓜	[kua]	[ko]	罪	[dzuɑi]	[ze]
华	[ɣua]	[ɦo]	最	[tsuɑi]	[tse]
挂	[kuai]	[ko]	催	[tsʻuɑi]	[tsʻe]
画	[ɣuai]	[ɦo]	岁	[si̯uæi]	[se]
瓦	[ŋua]	[ŋo]	短	[tuɑn]	[tø]
科	[kʻuɑ]	[kʻəu]	断	[duɑn]	[dø]
和	[ɣuɑ]	[ɦəu]	乱	[luɑn]	[lø]

---

① [kʷ][kʻʷ] 只是单纯一个辅音（舌根音圆唇化），不是两个辅音的结合。严格地说，应该标为 [kʷ][kʻʷ]。

例字	隋唐音	现代苏州话	例字	隋唐音	现代苏州话
讹	[ŋuɑ]	[ŋəu]	酸	[suɑn]	[sø]
朵	[tuɑ]	[təu]	专	[tɕi̯uæn]	[tsø]
骡	[luɑ]	[ləu]	传	[di̯uæn]	[dzø]
坐	[dzuɑ]	[zəu]	穿	[tsʻi̯uæn]	[tsʻø]
郭	[kuɑk]	[koʔ]	软	[ni̯uæn]	[ni̯ø]
过	[kuɑ]	[kəu]	泉	[dzi̯uæn]	[zie]
货	[xuɑ]	[həu]	全	[dzi̯uæn]	[zie]
卧	[ŋuɑ]	[ŋəu]	权	[gi̯uæn]	[dzi̯ø]
绝	[dzi̯uæt]	[zieʔ]	劝	[kʻi̯uæn]	[tɕʻi̯ø]
雪	[si̯uæt]	[sieʔ]	宣	[si̯uæn]	[sie]
律	[li̯uet]	[lieʔ]	旋	[zi̯uæn]	[zie]
帅	[si̯ui]	[se]	玄	[ɣi̯uæn]	[i̯ø]
率	[si̯uet]	[səʔ]			

（4）鼻辅音元音化

鼻辅音[m][n][ŋ]可以自成音节。当其自成音节时，也就带有元音的性质①。国际音标写作[m̩][n̩][ŋ̍]。在汉语里，这样元音化的鼻辅音也就变为韵母②。

在现代某些方言里，最常见的元音化的鼻辅音是[ŋ]。例如：

例字	广州	梅县	温州	苏州
吴	[ŋ̍]	[ŋ̍]	[ŋ̍]	[ŋ̍]③
午	[ŋ̍]	[ŋ̍]	[ŋ̍]	[ŋ̍]
五	[ŋ̍]	[ŋ̍]	[ŋ̍]	[ŋ̍]④

---

① 我们也可以索性承认它们是元音。
② 更正确地说，应该说是声母、韵母合为一体。
③ 苏州话"吴"字文言读[ɣəu]，白话说[ŋ̍]。
④ 苏州"五午"文言读[əu]，白话说[ŋ̍]。

例字	广州	梅县	温州	苏州
误	[ŋ̍]	[ŋ̍]	[ŋ̍]	[ŋəu]
悟	[ŋ̍]	[ŋ̍]	[ŋ̍]	[ŋəu]
卧	[ŋɔ]	[ŋɔ]	[ŋ̍]	[ŋəu]
我	[ŋɔ]	[ŋɔ]	[ŋ̍]	[ŋəu]

"吴午五误悟"等字本来是[ŋu]。[ŋ]与[u]发音部位相同，[ŋ]受[u]的影响，于是元音化了，同时元音[u]脱落了。"卧"字原来读[ŋuɔ]，所以也能变为[ŋ̍]。"我"字原来读[ŋɔ]，变音为[ŋ̍]比较难于解释。也许是先变为[ŋuɔ]，再变为[ŋ̍]，也可能原是"吾"字变来。北京的"哼"字（应声）也读[ŋ̍]。

[m]在某些方言里也很常见，但是只出现于白话里，例如广州的"唔"（不也）、梅县的"唔"（不也）、苏州的"呒"（"呒没"，无也）、北京的"呒"（应声），都说成[m̍]。

[n]比较少见，也只出现在白话里。浙江金华白话"五"字说成[n̍]，北京白话"嗯"字（应声）也说成[n̍]。

（5）阴阳对转

阴阳对转，指的是没有鼻音韵尾的字（阴声）和有鼻音韵尾的字（阳声）互相转化。《切韵》一字两读，如"能"有奴来、奴登两切[①]，"等"有多改、多肯二切，就证明了阴阳对转的道理。大约上古"能等"本读奴来切和多改切（《诗·小雅·宾之初筵》以"能又时"为韵，《楚辞·离骚》以"能佩"为韵，《易·系辞下》以"来能谋能"为韵；段玉裁说"等"就是"待"），汉以后转化为奴登切和多肯切。之部[ə]和蒸部[əŋ]元音相同，所以能够互转。

斤声有"旂"、军声有"挥"，这也说明微文两部可以互转。可能在

---

① "能"还有奴代一切。

上古时代，凡斤声军声的字一律读入微部，《左传·僖公五年》"旂"与"晨辰振贲焞军奔"为韵，《诗·小雅·庭燎》"旂"与"晨煇"为韵，足以为证。

在现代某些方言中，我们看见许多阴阳对转的例子，主要是阳声转变为阴声，也就是原有鼻音韵尾的字变为没有鼻音韵尾。现在举苏州话为例：

例字	隋唐音	今苏州话	与阴声字同音
蛮	[man]	[me]	梅 [me]
凡	[bi̯wɐm]	[ve]	——
翻	[pʻi̯wɐn]	[fe]	——
担	[tɑm]	[te]	堆 [te]
丹	[tɑn]	[te]	堆 [te]
淡	[dɑm]	[de]	待 [de]
贪	[tʻɑm]	[tʻø]	——
谈	[dɑm]	[de]	台 [de]
坛	[dɑn]	[de]	台 [de]
探	[tʻɑm]	[tʻø]	——
滥	[lɑm]	[le]	赖 [le]
懒	[lɑm]	[le]	赖 [le]
参	[tsʻɑm]	[tsʻø]	——
南男	[nɑm]	[nø]	——
蚕	[dzɑm]	[zø]	——
惨	[tsʻɑm]	[tsʻø]	——
三	[sɑm]	[se]	腮 [se]
栈	[dʒan]	[ze]	在 [ze]
产	[ʃan]	[tsʻe]	采 [tsʻe]

例字	隋唐音	今苏州话	与阴声字同音
山	[ʃan]	[se]	腮 [se]
甘	[kɑm]	[kø]	——
干	[kan]	[kø]	——
寒韩	[ɣan]	[ɦø]	——
变	[pi̯æn]	[pie]	——
便	[bi̯æn]	[bie]	——
天	[t'iæn]	[t'ie]	——
田	[diæm]	[die]	——
添	[t'iæm]	[t'ie]	——
甜	[diæm]	[die]	——
渐	[dzi̯æm]	[zie]	——
贱	[dzi̯æm]	[zie]	——
团	[duɑn]	[dø]	——
暖	[nuɑn]	[nø]	——
篆	[di̯uæn]	[zø]	——
劝	[k'iuɐn]	[tɕ'iø]	——
原	[ŋiuɐn]	[ŋiø]	——
袁	[ɣiuɐn]	[ɦiø]	——

从上表我们可以看出，在现代吴语里，只有 [m] 尾和 [n] 尾的，而且主要元音是 [ɑ][æ][ɐ] 的阳声韵才转化为阴声韵，[ŋ] 尾的阳声韵并没有转化为阴声韵。

阳声韵转化为阴声韵，应该是经过主要元音相同的阶段，即 [ɑn] → [øn] → [ø] 或 [an] → [en] → [e] 或 [i̯æn] → [i̯en] → [ie] 等。由于主要元音相同，然后阴阳才能对转。

阴声韵转为阳声韵比较少见，但也不是没有。广西博白白话对事物的细小者常加一个"儿"字。"儿"字在博白读 [ȵi]，但在表示细小时说成 [ȵin]，如"牛儿"[ŋau ȵin]，"鹅儿"[ŋo ȵin]。单说"鹅"，如果指小鹅，也可以说 [ŋon]。

现代汉口话明母模韵"暮慕墓幕"等字读 [muŋ] 是由 [mu] 转化，是阴声韵转为阳声韵。"母"字本属之部合口一等 [uə]，到南北朝变为 [u]，隋唐五代变为 [ou]，宋代以后仍回到 [u]，现代汉口话读 [muŋ]，也是阴声韵转为阳声韵。

清代古音学家孔广森等人把入声韵当作阴声韵看待，因此，入声韵转化为阳声韵也算是阴阳对转。现代汉口话明母屋韵"木目牧"等字读 [muŋ] 是由 [muk] 转化，也是阴声韵转为阳声韵。广西博白话"叔"字 [ʃuk] 表示细小时说成 [ʃuŋ]，"侄"字 [tʃʻɐt] 表示细小时说成 [tʃɐn]，"鸭"字 [ɑp] 表示细小时说成 [am]，都是阴阳对转的道理。

语言的发展，是新系统代替旧系统，这在韵部的发展表现得最为明显；而在韵部的发展中，尤以粤方言、闽南方言、客家方言、吴方言表现得最为明显。在《切韵》里，入声是和阳声相配的，因此，在发展过程中，入声字的主要元音也一定和其相应的阳声字的主要元音相同，只是韵尾不同。在粤方言、闽南方言、客家方言里，入声韵尾 [k] 与阳声韵尾 [ŋ] 相应，入声韵尾 [t] 与阳声韵尾 [n] 相应，入声韵尾 [p] 与阳声韵尾 [m] 相应，在发展过程中，也一定照样相应，很少例外①。现在举例如下：

	广州	厦门	梅县	苏州
东（公）	uŋ	oŋ	uŋ	uŋ
屋（谷）	uk	ok	uk	oʔ②

---

① 如果 [ŋ] 变为 [n]，相应的入声 [k] 也变为 [t]；如果 [m] 变为 [n]，相应的入声 [p] 也变为 [t]。仍可以说是没有例外。
② 苏州屋沃烛韵主要元音与东冬锺韵主要元音微异，这是例外。

		广州	厦门	梅县	苏州
东（龙）		uŋ	ioŋ	i̯uŋ	oŋ
屋（绿）		uk	iok	i̯uk	uʔ
冬（冬）		uŋ	oŋ	uŋ	uŋ
沃（督）		uk	ok	uk	oʔ
钟（容）		juŋ	ioŋ	i̯uŋ	i̯uŋ
烛（欲）		juk	iok	i̯uk	ioʔ
江（江）		oŋ	aŋ	oŋ	oŋ
觉（角）		ok	ak	ok	oʔ
江（双）		œŋ	oŋ	uŋ	oŋ
觉（朔）		ok①	ok	ok②	oʔ
真（真）		ɐn	in	ən	nə
质（质）		ɐt	it	ət	əʔ
谆（唇）		œn	un	un	ən
术（术）		œt	ut	ut	əʔ
元（原）		yn	uan	i̯an	i̯ø
月（月）		yt	uat	i̯at	yəʔ③
元（翻）		an	uan	an	e
月（发）		at	uat	at	aʔ
魂（门）		un	un	un	ən
没（没）		ut	ut	ut	əʔ

① 广州"双"字读 [œŋ]，"朔"字读 [ok]，是例外；"捉"字读 [uk]，也是例外，但是"卓桌"读 [æk]，则是合乎系统性的。
② 梅县"双"字读 [uŋ]，"朔"字读 [ok]，是例外。
③ 苏州"月"字读 [yeʔ]，"原"字读 [iø]，是例外。

	广州	厦门	梅县	苏州
寒（干）	on	an	on	ø
曷（割）	ot	at	ot	əʔ①
桓（宽）	un	uan	uon	ø
末（阔）	ut	uat	uat②	nəʔ
删（删）	an	an	an	e
黠（杀）	at	at	at	aʔ
先（前）	in	ian	ian	ie
屑（截）	it	iat	iat	iəʔ
侵（金）	ɐm	im	im	in
缉（急）	ɐp	ip	ip	iəʔ
覃（南）	am	am	am	ø
合（纳）	ap	ap	ap	əʔ
谈（蓝）	am	am	am	e
盍（腊）	ap	iap	ap	aʔ
盐（占）	im	am	am	ø
葉（折）	ip	ap	ap	əʔ
严（严）	im	iam	iam	ie
业（业）	ip	iap	iap	iəʔ
阳（良）	œŋ	ioŋ	ioŋ	iaŋ
药（略）	œk	iok	iok	iaʔ
唐（郎）	oŋ	oŋ	oŋ	oŋ
铎（落）	ok	ok	ok	oʔ

---

① 苏州"干"字读[ø]，"割"字读[əʔ]，是例外。

② [uat]与[uon]配是例外。

	广州	厦门	梅县	苏州
耕（耕）	aŋ	iŋ	en	ən
麦（革）	ak	ik	et	əʔ
清（性）	iŋ	iŋ	in	in
昔（惜）	ik	ik	it	iəʔ
青（灵）	iŋ	iŋ	in	in
锡（历）	ik	ik	it	iəʔei①
蒸（蒸）	iŋ	iŋ	ən	ən
职（织）	ik	ik	ət	əʔ
登（增）	ɐŋ	iŋ	en	ən
德（则）	ɐk	ik	et	əʔ

由上表看来，吴方言发展的系统性较差，这是由于吴方言发展速度比粤、闽、客家方言发展速度较高的缘故。

---

① 上文［əʔ］与［ø］配，［aʔ］与［e］配，［iə］与［ie］配，［iəʔ］与［ie］［in］配，［uəʔ］与［ø］配，都是例外。

第十四章 自然的变化（下）
——声调的变化

声调的调值变化最快。可惜古音中没有调值的记录，我们无从知道古代声调的调值。但是，观于现代各地方言调值五花八门的情况，也就可以猜想古代声调的调值经过千百次的递变，才变成今天的样子。

《康熙字典》前面所载《字母切韵要法》，其中有"分四声法"说：

平声平道莫低昂，

上声高呼猛烈强，

去声分明哀远道，

入声短促急收藏。

这大约是明清时代标准语的调值。平声平道莫低昂，大概是说，平声应该是个中平调，类似现代长沙、桂林的阴平˧˧；上声应该是个高平调，类似现代济南话的上声˥˥；去声颇难捉摸，"分明哀远道"可能是较长的低升调，类似现代成都话的去声˩˧；入声"短促急收藏"，一定是喉塞音 [ʔ] 的，而且长度只有上声一半的高平调，类似现代扬州、南昌的入声˥。

有些方言在调类上有入声，在调值上没有入声，因为它已经变为不是短促急收藏的声调了，例如现代长沙话的入声是个中升调˨˦，它的长度和平上去声大致相等，并不短促，而且不以喉塞音 [ʔ] 收尾。所以现代长沙话的入声从调值上说，可以说是名存而实亡了；但是从调类上说，可以说它保存了古代的入声，不与其他调类相混。

在现代西南官话（包括湖北及广西北部）里，大多数方言的入声字一律混入了阳平，例如：

纳＝拿	察＝茶	匣＝霞
鸭＝牙	滑＝华	合＝何
莫＝磨	脱＝驼	落＝罗
尺＝池	失＝时	匹＝皮
密＝迷	立＝离	七＝齐
一＝夷	仆＝蒲	木＝模
福＝扶	秃＝图	鹿＝卢
出＝除	忽＝胡	屋＝吴
曲＝渠	玉＝鱼	乞＝奇

古入声在现代北京话里的发展情况，和西南官话大不相同。古入声字在现代北京话里分别转入阴平、阳平、上声和去声，例如：

（1）转入阴平者：

鸭＝鸦	脱＝拖	失＝诗
七＝妻	一＝医	秃＝tū（"徒"的阴平）
出＝初	忽＝呼	屋＝乌
曲（曲直）＝区		

（2）转入阳平者（与西南官话同）：

匣＝霞	滑＝华	合＝何
仆＝蒲	福＝扶	察＝茶

（3）转入上声者：

尺＝齿	匹＝痞	乞＝起
曲（戏曲）＝取		

（4）转入去声者：

纳=那　　　　莫=磨（磨坊）　　落=摞

密=秘　　　　立=利　　　　　　木=慕

鹿=路　　　　玉=欲

有些方言把古四声分化为阴阳两类，即阴平、阳平、阴上、阳上、阴去、阳去、阴入、阳入。有些方言上声不分阴阳（如苏州）[①]；有些方言上声、去声都不分阴阳（如客家话）。一般地说，阴调类是高调，阳调类是低调，例如：

（1）阴平		阴上[②]	阴去	阴入
长沙	┤33	∨41	┐55	⌐24
苏州	┐44	∨41	∨513	┐4
广州	┐55	⌐35	┤33	┐5

（2）阳平		阳上	阳去	阳入
长沙	⌐13	—	↓22	
苏州	⌐113	—	∨331	⌐23
广州	⌐11	⌐13	⌐22	⌐2

也有相反的情况，例如天津阴平读低平调⌐11，阳平读高平调┐55；梅县阴入读低促调↓2，阳入读高促调┐4，那恐怕是后起的现象。

---

① 也可以说，上声有阴无阳（参看赵元任《现代吴语研究》75–77 页）。
② 凡上声不分阴阳者，当作阴上看待。

第十五章　条件的变化（一）
——声母对韵母的影响

条件的变化，指的是某个音素由于各种不同的环境，或者是它的地位和某一类语音相接触，受那语音的影响而发生变化。声母、韵部、声调的分化，绝大多数都是条件的变化。明白了条件的变化，就更能了解语音发展的规律。

在这一章里，我们先讲声母对韵母的影响。关于声母对韵母的影响，又可以细分为九种情况：唇音的影响；喉牙音的影响；舌齿唇与喉牙的不同影响；照系及知系三等的影响；庄系及知系二等的影响；精端系的影响和[n][l]的影响；元音[ɿ][ʅ]的产生；异化作用；元音[ɚ]的产生。分别叙述如下：

一、唇音的影响

唇音声母后面的韵母，往往有其独特的发展，例如：

先秦之部开口三等[i̯ə]到南北朝分化了，唇音"丕伾邳否痞嚭秠鄙备"等字转入脂韵读[i̯ei]，其余仍读[i̯ə]。

先秦鱼部合口三等[i̯au]递变到隋唐是[i̯u]，其中唇音字"夫敷孚柎俘肤麸莩鄜扶符芙凫無毋芜巫诬无"到元代变为合口呼，其余仍读撮口呼。

《切韵》微韵合口三等[i̯uəi]本属撮口呼，其中唇音字"非霏菲绯扉騑妃飞蜚肥淝微"到明清以后变为开口呼〔əi〕，其余"归"类变为合口呼。

《切韵》灰韵〔uɑi〕本属合口呼，其中唇音字"杯醅坯胚裴陪培梅枚煤媒莓玫"到元代变为开口呼〔ie〕。

《切韵》月韵合口三等〔iuɐt〕本属撮口呼，其中唇音字"伐筏阀罚袜发"到了宋代变为开口呼〔at〕，元代以后再变为〔a〕。同理，乏韵三等本属撮口呼，唇音"法乏"二字到宋代以后也变为〔at〕→〔a〕。

《切韵》登韵〔əŋ〕本属开口呼，其中唇音字"朋鹏崩"到了元明清时代变为合口呼〔uŋ〕。同理，庚韵的"彭萌膨"、耕韵的"棚甍"本属开口呼〔ɐŋ〕，到了元明清时代也都变为合口呼〔uŋ〕。今北京话又转为开口呼〔əŋ〕。

《切韵》东韵一等〔oŋ〕，到五代以后变为〔uŋ〕，属合口呼，但今北京话于唇音"蒙濛朦矇篷蓬芃"读开口呼〔əŋ〕。同理，《切韵》东韵三等〔ioŋ〕及锺韵〔iuŋ〕到五代以后合流为〔uŋ〕〔iuŋ〕，但今北京话于唇音"风枫豐鄷冯凤梦（东韵）丰锋峰蜂烽封葑（锺韵）"一律读〔əŋ〕。

《切韵》文韵〔iuən〕本属撮口呼，其中唇音字"分芬纷氛坟棼焚汾粉文汶纹蚊闻"到宋代读〔uə〕，到元代以后读〔ən〕，都是开口呼。

《切韵》元韵合口三等〔iuɐn〕本属撮口呼，其中唇音字"翻番幡蕃藩璠反晚挽返饭万烦樊襻繁燔蘩墦膰蹯"到宋代以后读〔an〕，属开口呼。

《切韵》桓韵〔uɑn〕到宋代读〔uan〕，元代读〔uɔn〕，本属合口呼，其中唇音字"般搬瞒蹒满蔓馒盘瘢磻鞶蟠槃磐半绊伴叛畔判泮"到明清以后读〔an〕，变为开口呼。

以上所述，绝大多数都是合口呼或撮口呼的唇音字演变为开口呼。这是因为合口呼的〔u〕头和撮口呼的〔y〕都是圆唇的元音①，前面有了

---

① 其实是半元音。

唇音声母，就不一定再要圆唇了。最典型的例子是现代北京话唇音声母 [p][p'][m][f] 后面都没有 [u][y]①。

　　唇音声母对韵尾 [m][p] 还能起一种异化作用（又叫作"避同音"）。由于韵尾 [m][p] 也是唇音，它和唇音声母同性相斥，产生矛盾，以致韵尾 [m] 转化为韵尾 [n] 或 [ŋ]，韵尾 [p] 转化为韵尾 [t]，这种情况从宋代起就发生了，例如：

品	p'i̯əm→p'in	汎	p'i̯ɐm→fan
禀	pi̯əm→piŋ	法	pi̯wɐp→fat→fa
凡	bi̯wɐm→fan	乏	pi̯wɐp→fan→fa

二、喉牙音的影响

　　《切韵》二等开口喉牙音字主要元音 [a] 在北方话里发展为齐齿呼②，即加上韵头 [i]，有些韵部同时变主要元音为 [e]，例如：

例字	隋唐音	今北京音	例字	隋唐音	今北京音
街	[kai]	[tɕie]	巧	[k'au]	[tɕ'iau]
蟹	[ɣai]	[ɕie]	肴	[ɣau]	[iau]
间	[kan]	[tɕian]	家	[ka]	[tɕia]
晏	[an]	[ian]	牙	[ŋa]	[ia]
眼	[ŋan]	[ian]	下	[ɣa]	[ɕia]
限	[ɣan]	[ɕian]	咸	[ɣam]	[ɕian]
交	[kau]	[tɕiau]	监	[kam]	[tɕian]

　　《切韵》二等开口喉牙音字主要元音 [ɔ] 在北京话里也发展为齐齿呼，例如：

---

① 单韵母 [u] 除外。
② 影母字有例外。

例字	隋唐音	今北京音	例字	隋唐音	今北京音
江	[kɔŋ]	[tɕiaŋ]	降	[ɣɔŋ]	[ɕiaŋ]
讲	[kɔŋ]	[tɕiaŋ]	项	[ɣɔŋ]	[ɕiaŋ]
绛	[kɔŋ]	[tɕiaŋ]	巷	[ɣɔŋ]	[ɕiaŋ]
腔	[kʻɔŋ]	[tɕʻiaŋ]			

《切韵》二等开口喉牙字主要元音[ɐŋ]在北京话里有一部分也发展为齐齿呼，例如：

例字	隋唐音	今北京音	例字	隋唐音	今北京音
秔（粳粳）	[kɐŋ]	[tɕiŋ]	杏	[ɣɐŋ]	[ɕiŋ]
更（"打更"）	[kɐŋ]	[tɕiŋ]	幸	[ɣɐŋ]	[ɕiŋ]
行	[ɣɐŋ]	[ɕiŋ]	茎	[ɣɐŋ]	[tɕiŋ]

入声字读音的发展，也依照这个规律。《切韵》入声二等开口喉牙音字主要元音为[a][ɔ]者，在今北京话里发展为齐齿呼或撮口呼，主要元音为[ɐ]者，也有一部分发展为齐齿呼，例如：

例字	隋唐音	今北京音	例字	隋唐音	今北京音
黠	[ɣat]	[ɕia]	鸭	[ap]	[ia]
押	[at]	[ia]	狎	[ɣap]	[ɕia]
楷（秸）	[kat]	[tɕie]	觉	[kɔk]	[tɕye]
角	[kɔk]	[tɕye]（文）[tɕiau]（白)			
瞎	[xat]	[ɕia]	岳	[ŋɔk]	[ye]
辖	[ɣat]	[ɕia]	乐（音乐）	[ŋɔk]	[ye]
夹	[kap]	[tɕia]	壳	[kʻɔk]	[tɕʻiau]（文）
恰	[kʻap]	[tɕʻia]	确	[kʻɔk]	[tɕʻye]
洽	[ɣap]	[tɕʻia]	学	[ɣɔk]	[ɕye]
甲	[kap]	[tɕia]	吓	[xɐk]	[ɕia]

三、舌齿唇与喉牙的不同影响

韵部的分化，往往是受声母的影响。从对韵部分化产生影响的观点上看，声母可以分为两大类：舌齿唇为一类，喉牙为一类。它们对韵部有不同的影响，造成韵部分化的条件。下面举出一些例子：

在现代北京话里，《切韵》歌戈韵字分为舌齿唇与喉牙两类，有不同的发展。舌齿唇字一律读合口呼 [uo]①，喉牙字一律读开口呼②，但其元音由 [ɑ] 渐变为 [ə]，例如：

1. 舌齿唇音

例字	隋唐	宋元	明清	今北京音
多	[tɑ]	[tɔ]	[to]	[tuo]
驼	[dɑ]	[tʻɔ]	[tʻo]	[tʻuo]
罗	[lɑ]	[lɔ]	[lo]	[luo]
傩	[nɑ]	[nɔ]	[no]	[nuo]
左	[tsɑ]	[tsɔ]	[tso]	[tsuo]
蹉	[tsʻɑ]	[tsʻɔ]	[tsʻo]	[tsʻuo]
波	[puɑ]	[puɔ]	[puo]	[puo]
坡	[pʻuɑ]	[pʻuɔ]	[pʻuo]	[pʻuo]
婆	[buɑ]	[pʻuɔ]	[pʻuo]	[pʻuo]
磨	[muɑ]	[muɔ]	[muo]	[muo]③

---

① 这样一来，歌戈两韵的舌齿字就合流了，如"罗"读如"骡"、"驮"读如"惰"。
② 这样一来，歌戈两韵的喉牙字就合流了，如"戈"读如"歌"、"科"读如"珂"、"和"读如"何"。但上去声果过韵字有些仍读合口呼，不与哿箇韵混。
③ "波坡婆磨"等字本属合口呼戈韵，至今仍读合口呼。汉语拼音方案写作 bo、po、mo，只是为了省便。

2. 喉牙音

例字	隋唐	宋元	明清	今北京音
歌	[kɑ]	[kɔ]	[ko]	[kə]
戈	[kuɑ]	[kuɔ]	[kuo]	[kə]
可	[k'ɑ]	[k'ɔ]	[k'o]	[k'ə]
课	[k'uɑ]	[k'uɔ]	[k'uo]	[k'ə]
讹	[ŋuɑ]	[wuɔ]	[wo]	[ə]
何	[ɣɑ]	[xɔ]	[xo]	[xə]
和	[ɣuɑ]	[xuɔ]	[xuo]	[xə]

在现代广州话里，《切韵》模韵分为舌齿唇与喉牙两类，有不同的发展：

1. 模韵舌齿唇读 [ou]

例字	隋唐音	今广州音	例字	隋唐音	今广州音
都	[tu]	[tou]	粗	[ts'u]	[tʃ'ou]
图	[du]	[t'ou]	苏	[su]	[ʃou]
兔	[t'u]	[t'ou]	苏	[pu]	[pou]
奴	[nu]	[nou]	普	[p'u]	[p'ou]
卢	[lu]	[lou]	步	[bu]	[pou]
祖	[tsu]	[tʃou]	幕	[mu]	[mou]

2. 模韵喉牙读 [u]

例字	隋唐音	今广州音	例字	隋唐音	今广州音
乌	[u]	[wu]	枯	[k'u]	[hu]
呼	[xu]	[fu]	胡	[ɣu]	[wu]
姑	[ku]	[ku]			

汉口、长沙有类似的情况，只是唇音归入喉牙一类。又，古入声字在今汉口、长沙不带 [p][t][k] 韵尾了，屋沃等韵的入声字在汉口、

长沙也分为舌齿与喉牙唇两类，有不同的发展：

1. 模韵及屋沃等韵舌齿字在汉口读 [ou]，在长沙读 [əu]

例字	隋唐音	今汉口音	今长沙音
都	[tu]	[tou]	[təu]
度	[du]	[tou]	[təu]
独	[dok]	[tou]	[təu]
读	[dok]	[tou]	[təu]
毒	[duk]	[tou]	[təu]
突	[duɐt]	[tʻou]	[tʻəu]
秃	[tʻok]	[tʻou]	[tʻəu]
徒	[du]	[tʻou]	[təu]
土	[tʻu]	[tʻou]	[tʻəu]
奴	[nu]	[nou]	[nəu]
卢	[lu]	[nou]	[nəu]
禄	[lok]	[nou]	[nəu]
祖	[tsu]	[tsou]	[tsəu]
卒	[tsuɐt]	[tsou]	[tsəu]
族	[dzok]	[tsou]	[tsəu]
足	[tsi̯uk]	[tsou]	[tsəu]
粗	[tsʻu]	[tsʻou]	[tsʻəu]
苏	[su]	[sou]	[səu]
俗	[zi̯uk]	[sou]	[səu]
速	[sok]	[sou]	[səu]
宿	[si̯ok]	[sou]	[səu]
粟	[si̯uk]	[sou]	[səu]
六	[li̯ok]	[nou]	[nəu]

例字	隋唐音	今汉口音	今长沙音
绿	[li̯uk]	[nou]	[nəu]
续	[zi̯uk]	[sou]	[səu]

2. 模韵及屋沃等韵喉牙唇字在汉口读 [u]，在长沙读 [u] 或 [o]①

例字	隋唐音	今汉口音	今长沙音
姑	[ku]	[ku]	[ku]
骨	[kuɐt]	[ku]	[ku]
谷	[kok]	[ku]	[ku]
枯	[kʻu]	[kʻu]	[kʻu]
哭	[kʻok]	[kʻu]	[kʻu]
虎	[xu]	[xu]	[fu]
户	[ɣu]	[xu]	[fu]
乌	[u]	[u]	[u]
吴	[ŋu]	[u]	[u]
布	[pu]	[pu]	[pu]
步	[bu]	[pu]	[pu]
普	[pʻu]	[pʻu]	[pʻu]
仆	[bok]	[pʻu]	[pʻu]
扑	[pʻok]	[pʻu]	[pʻu]
木	[mok]	[muŋ]	[mo]
目	[mi̯ok]	[muŋ]②	[mo]

在现代苏州话和广州话里，《切韵》寒韵舌齿字和喉牙字有不同的发展。苏州话于舌齿字读 [e]，于喉牙字读 [ø]；广州话于舌齿字读 [an]，于喉牙字读 [on]，例如：

---

① 明母字读 [o]，其余读 [u]。
② 汉口"木目"等字读 [muŋ]，是例外。

1. 舌齿字

例字	隋唐音	今苏州音	今广州音
单	[tɑn]	[de]	[tan]
蛋	[dɑn]	[te]	[tan]
弹（弹琴）	[dɑn]	[de]	[tʻan]
叹	[tʻɑn]	[tʻe]	[tʻan]
难	[nɑn]	[ne]	[nan]
兰	[lɑn]	[le]	[lan]
赞	[tsɑn]	[tse]	[tʃan]
伞	[sɑn]	[se]	[ʃan]
散	[sɑn]	[se]	[ʃan]
残	[dzɑn]	[dze]	[tʃan]
餐	[tsʻɑn]	[tsʻø]①	[tʃʻan]
烂	[lɑn]	[le]	[lan]

2. 喉牙字

例字	隋唐音	今苏州音	今广州音
安	[an]	[ø]	[on]
案	[an]	[ø]	[on]
岸	[ŋan]	[ŋø]	[ŋon]
干	[kan]	[kø]	[kon]
幹	[kan]	[kø]	[kon]
刊	[kʻan]	[kʻø]	[hon]
看	[kʻan]	[kʻø]	[hon]

---

① 苏州"餐"字读 [tsʻø]，是例外。

例字	隋唐音	今苏州音	今广州音
寒	[ɣan]	[ɦø]	[hon]
汉	[xan]	[hø]	[hon]
汗	[ɣan]	[ɦø]	[hon]

四、照系及知系三等的影响

知照系三等字属于齐齿呼和撮口呼。到了元代，知照系字有一部分变为卷舌音（舌尖后音）。到了明代以后，在北方话里，知照系全部变为卷舌音。依汉语习惯，卷舌音后面不可能有[i][y]，因为[i][y]是舌面音，与卷舌音有矛盾。为此，在北方话里[1]，知照系字原读齐齿呼的变为开口呼，原读撮口呼的变为合口呼。其他方言有三种情况：第一种如苏州话，它受北方话影响，虽然没有卷舌音，知照系齐撮字也变了开口呼（一部分撮口字保存撮口呼）；第二种如长沙话，它也受北方话影响，知照系齐齿字变了开口呼，但是撮口字仍读撮口呼；第三种如广州话，它没有受北方话影响，知照系齐撮字平上去声多数仍读齐齿呼和撮口呼[2]，例如：

例字	隋唐	今北京	今苏州	今长沙	今广州
纸	[tɕi]	[tʂʅ]	[tsʅ]	[tʂʅ]	[tʃi]
池	[di]	[tʂʻʅ]	[zʅ]	[tʂʻʅ]	[tʃʻi]
齿	[tɕʻi]	[tʂʻʅ]	[tsʻʅ]	[tʂʻʅ]	[tʃʻi]
诗	[ɕi]	[ʂʅ]	[sʅ]	[ʂʅ]	[ʃi]
时	[zi]	[ʂʅ]	[zʅ]	[ʂʅ]	[ʃi]

---

[1] 指有卷舌音的北方话。
[2] 有少数例外，如祭韵"制"读[tʃɐi]，尤韵"周"读[tʃɐu]，又，古三等字到唐宋以后已变合口呼者，不在此例，如"中虫"。

例字	隋唐	今北京	今苏州	今长沙	今广州
朝	[ti̯æu]	[tṣau]	[tsæ]	[tṣau]	[tʃiu]
赵	[di̯æu]	[tṣau]	[zæ]	[tṣau]	[tʃiu]
超	[tʻi̯æu]	[tṣʻau]	[tsʻæ]	[tṣʻau]	[tʃʻiu]
潮	[di̯æu]	[tṣʻau]	[zæ]	[tṣau]	[tʃʻiu]
烧	[ɕi̯æu]	[ṣau]	[sæ]	[ṣau]	[ʃiu]
绍	[zi̯æu]	[ṣau]	[zæ]	[ṣau]	[ʃiu]
周	[tɕi̯ou]	[tṣəu]	[tsʏ]①	[tṣəu]	[tʃɐu]②
臭	[tɕʻi̯ou]	[tṣʻəu]	[tsʻʏ]	[tṣʻəu]	[tʃʻɐu]
酬	[zi̯ou]	[tṣʻəu]	[zʏ]	[tṣʻəu]	[tʃʻɐu]
柔	[ŋi̯ou]③	[ʐou]	[zø]	[i̯əu]④	[jɐu]
战	[tɕi̯æn]	[tṣan]	[tsø]	[tṣan]	[tʃin]
缠	[di̯æn]	[tṣʻan]	[zø]	[tṣʻan]	[tʃin]
扇	[ɕi̯æn]	[ṣan]	[sø]	[ṣan]	[ʃin]
善	[zi̯æn]	[ṣan]	[zø]	[ṣan]	[ʃin]
然	[ŋi̯æn]	[ʐan]	[zø]	[ye]⑤	[jin]
振	[tɕi̯en]	[tṣən]	[tsən]	[tṣən]	[tʃɐn]⑥
阵	[di̯en]	[tṣən]	[zən]	[tṣən]	[tʃɐn]
身	[ɕi̯en]	[ṣən]	[sən]	[ṣən]	[ʃɐn]
神	[dzi̯en]	[ṣən]	[zən]	[ṣən]	[ʃɐn]

---

① 苏州由求韵 [ʏ] 是开口的 [y]，而且实际上读 [øʏ]，所以算是开口呼。
② 广州"周"等字读开口呼，是例外。
③ 日母字也算照系字。
④ "柔"字长沙读 [i̯əu] 是例外。
⑤ "然"字长沙读 [yẽ] 是例外。
⑥ "振"等字广州读 [ɐn] 是例外。

例字	隋唐	今北京	今苏州	今长沙	今广州
张	[ti̯aŋ]	[tʂaŋ]	[tsaŋ]	[tʂan]	[tʃœŋ]①
丈	[di̯aŋ]	[tʂaŋ]	[zaŋ]	[tʂan]	[tʃœŋ]
长	[di̯aŋ]	[tʂʻaŋ]	[zaŋ]	[tʂan]	[tʃʻœŋ]
唱	[tɕʻi̯aŋ]	[tʂʻaŋ]	[tsʻoŋ]	[tʂʻan]	[tʃʻœŋ]
伤	[ɕi̯aŋ]	[ʂaŋ]	[soŋ]	[ʂan]	[ʃœŋ]
常	[zi̯aŋ]	[tʂʻaŋ]	[zaŋ]	[ʂan]	[ʃœŋ]
让	[ni̯aŋ]	[ʐaŋ]	[zaŋ]②	[ʐan]	[jœŋ]
征	[tɕi̯ɐŋ]	[tʂəŋ]	[tsəŋ]	[tʂən]	[tʃiŋ]
郑	[di̯ɐŋ]	[tʂəŋ]	[zən]	[tʂən]	[tʃiŋ]
成	[zi̯ɐŋ]	[tʂʻəŋ]	[zən]	[tʂən]	[ʃiŋ]
称	[tɕʻi̯ɐŋ]	[tʂʻəŋ]	[tʂʻən]	[tʂʻən]	[tʃʻiŋ]
声	[ɕi̯ɐŋ]	[ʂəŋ]	[sən]	[ʂən]	[ʃiŋ]
猪	[ti̯o]	[tʂu]	[tsy]③	[tɕy]④	[tʃy]
朱	[tɕi̯u]	[tʂu]	[tsy]	[tɕy]	[tʃy]
煮	[tɕi̯o]	[tʂu]	[tsy]	[tɕy]	[tʃy]
主	[tɕi̯u]	[tʂu]	[tsy]	[tɕy]	[tʃy]
除	[di̯o]	[tʂʻu]	[zy]	[tɕy]	[tʃʻy]⑤
厨	[di̯u]	[tʂʻu]	[zy]	[tɕy]	[tʃʻy]
处	[tɕʻi̯o]	[tʂʻu]	[tsʻy]	[tɕʻy]	[tʃʻy]
舒	[ɕi̯o]	[ʂu]	[sy]	[ɕy]	[ʃy]

---

① [œŋ][œn]算是撮口呼。
② "让"字苏州白话读[ni̯aŋ]。
③ 注意：苏州话鱼虞韵知照系读撮口呼。
④ 注意：长沙话知照系字读撮口呼时，声母是[tɕ、tɕʻ、ɕ]不是[tʂ、tʂʻ、ʂ]。
⑤ "除""厨"白话说[tʃʻœy]。

例字	隋唐	今北京	今苏州	今长沙	今广州
输	[ɕi̯u]	[ʂu]	[sy]	[ɕy]	[ʃy]
树	[zi̯u]	[ʂu]	[zy]	[ɕy]	[ʃy]
如	[ȵi̯o]	[ɽu]	[zy]	[y]	[jy]
追	[ti̯ui]	[tʂuəi]	[tse]	[tɕyei]	[tʃœy]①
吹	[tɕʻi̯ui]	[tʂʻuəi]	[tsʻe]②	[tɕʻyei]	[tʃʻœy]
垂	[zi̯ui]	[tʂʻuəi]	[ze]	[tɕyei]	[ʃœy]
谁	[zi̯ui]	[ʂuəi]	[ze]	[ɕyei]	[ʃœy]
水	[ɕi̯ui]	[ʂuəi]	[se]③	[ɕyei]	[ʃœy]
睡	[zi̯ui]	[ʂuəi]	[ze]	[ɕyei]	[ʃœy]
瑞	[zi̯ui]	[ɽuəi]	[ze]	[ɕyei]	[ʃœy]
专	[tɕi̯æn]	[tʂuan]	[tsø]	[tɕyẽ]	[tʃyn]
传	[di̯æn]	[tʂʻuan]	[zø]	[tɕyẽ]	[tʃʻyn]
船	[dzi̯æn]	[tʂʻuan]	[zø]	[tɕyẽ]	[syn]
川	[tɕʻi̯æn]	[tʂʻuan]	[tsʻø]	[tɕʻyẽ]	[tʃʻyn]
软	[ȵi̯uæn]	[ɽuan]	[ȵi̯ø]④	[yẽ]	[jyn]
准	[tɕi̯uen]	[tʂun]	[tsən]	[tɕyn]	[tʃœn]⑤
唇	[dzi̯uen]	[tʂʻun]	[zən]	[ɕyn]	[ʃœn]
纯	[zi̯uen]	[tʂʻun]	[zən]	[ɕyn]	[ʃœn]
春	[tɕʻi̯uen]	[tʂʻun]	[tsʻən]	[tɕʻyn]	[tʃʻœn]
顺	[dzi̯uen]	[ʂun]	[zən]	[ɕyn]	[ʃœn]

---

① 广州话的 [œy] 算是撮口呼。
② 苏州话的"吹"字，白话说 [tsʻy]。
③ 苏州话"水"字白话说 [sy]。
④ 白话说 [ȵø]。
⑤ 广州话的 [œn] 算是撮口呼。

例字	隋唐	今北京	今苏州	今长沙	今广州
润	[n̠iuen]	[ʈun]	[zən]	[yn]	[jœn]

入声字也有一部分依照这个发展规律，例如：

例字	隋唐	今北京	今苏州	今长沙	今广州
织	[tɕiək]	[tʂʅ]	[tsəʔ]	[tʂʅ]	[tʃik]
直	[diək]	[tʂʅ]	[zəʔ]	[tʂʅ]	[tʃik]
赤	[tɕʻiɐk]	[tʂʻʅ]	[tsʻəʔ]	[tʂʻʅ]	[tʃʻik]
识	[ɕiək]	[ʂʅ]	[səʔ]	[ʂʅ]	[ʃik]
出	[tɕʻiuet]	[tʂʻu]	[tsʻəʔ]	[tɕʻy]	[tʃʻœt] ①
折	[tɕiæt]	[tʂə]	[tsəʔ]	[tʂə]	[tʃit]
热	[n̠iæt]	[ʈə]	[zəʔ] ②	[ye]	[jit]
说	[ɕiuæt]	[ʂuo]	[səʔ]	[ɕye]	[syt]

知照系影响韵头，这是近代语音发展的一条重要规律，值得注意。

五、庄系及知系二等的影响

庄系及知系二等在一定程度上有其独立发展的道路，与三等字不同。

在现代北京话里，江阳韵知照三等字由齐齿呼变为开口呼，庄系及知系二等字则由齐齿呼变为合口呼。在现代苏州话里，知照三等字读 [aŋ]，庄系及知系二等字读 [oŋ]。兹列表举例比较如下：

---

① 广州话的 [œt] 算是撮口呼。
② 苏州话"热"字白话说 [n̠ieʔ]。

例字	隋唐音	今北京音	今苏州音
知（阳）张	[ti̯aŋ]	[tsaŋ]	[tsaŋ]
照（阳）章	[tɕi̯aŋ]	[tsaŋ]	[tsoŋ]①
庄（阳）庄	[tʃi̯aŋ]	[tsuaŋ]	[tsoŋ]
知（江）椿	[tɔŋ]	[tsuaŋ]	[tsoŋ]
知（漾）帐	[ti̯aŋ]	[tsaŋ]	[tsaŋ]
照（漾）障	[tɕi̯aŋ]	[tsaŋ]	[tsaŋ]
庄（漾）壮	[tʃi̯aŋ]	[tsuaŋ]	[tsoŋ]
澄（漾）仗	[di̯aŋ]	[tsaŋ]	[zaŋ]
床（漾）状	[dʒi̯aŋ]	[tsuaŋ]	[zoŋ]
澄（绛）撞	[dɔŋ]	[tsuaŋ]	[zoŋ]
穿（阳）昌	[tɕʻi̯aŋ]	[tsʻaŋ]	[tsʻaŋ]
初（阳）疮	[tʃʻi̯aŋ]	[tsʻuaŋ]	[tsʻoŋ]
初（江）窗	[tʃʻɔŋ]	[tsʻuaŋ]	[tsʻoŋ]
澄（阳）长	[di̯aŋ]	[tsʻaŋ]	[zaŋ]
床（阳）床	[dʒi̯aŋ]	[tsʻuaŋ]	[zoŋ]
彻（漾）畅	[tʻi̯aŋ]	[tsʻaŋ]	[tsʻaŋ]
穿（漾）唱	[tɕʻi̯aŋ]	[tsʻaŋ]	[tsʻoŋ]②
初（漾）创	[tʃʻi̯aŋ]	[tsʻuaŋ]	[tsʻoŋ]
审（阳）伤	[ɕi̯aŋ]	[ʂaŋ]	[soŋ]③
山（阳）霜	[ʃi̯aŋ]	[ʂuaŋ]	[soŋ]
山（江）双	[ʃɔŋ]	[ʂuaŋ]	[soŋ]

---

① 苏州话"章"读[tsoŋ]是例外。
② 苏州话"唱"字读[tsʻoŋ]是例外。但"倡"字仍读[tsʻaŋ]。
③ 苏州话"伤赏"读[soŋ]是例外。注意：苏州照系字有读[oŋ]的，但庄系字绝无读[aŋ]的。

例字	隋唐音	今北京音	今苏州音
审（养）赏	[ɕiaŋ]	[ʂaŋ]	[soŋ]
山（养）爽	[ʃiaŋ]	[ʂuaŋ]	[soŋ]

在汉口、长沙、广州、梅县等地方言里，鱼虞韵字的庄系字和知照系字有不同的发展。兹列表比较如下：

例字	隋唐	北京	汉口	长沙	广州	客家
庄 锄	[dʒio]	[tʂu]	[tsʻou]	[tsəu]	[tʃʻo]	[tsʻɿ]
澄 除	[dio]	[tʂu]	[tɕʻy]	[tɕy]	[tʃʻy]	[tsʻu]
床 助	[dʒio]	[tʂu]	[tsou]	[tsəu]	[tʃo]	[tsʻɿ]
澄 住	[diu]	[tʂu]	[tɕy]	[tɕy]	[tʃy]	[tsʻu]
初 初楚	[tʃio]	[tʂʻu]	[tsʻou]	[tsʻəu]	[tʃʻo]	[tsʻɿ]
穿 处	[tɕʻio]	[tʂʻu]	[tɕʻy]	[tɕʻy]	[tʃʻy]	[tsʻu]
山 疏	[ʃio]	[ʂu]	[sou]	[səu]	[ʃo]	[sɿ]
审 书	[ɕio]	[ʂu]	[ɕy]	[ɕy]	[ʃy]	[su]
山 数	[ʃiu]	[ʂu]	[sou]	[səu]	[ʃou]	[sɿ]
审 树	[ziu]	[ʂu]	[ɕy]	[ɕy]	[ʃy]	[su]

温州话有同样的情况，故"锄"[zəu] ≠ "除"[zɿ]、"助"[dzəu] ≠ "住"[dzɿ]、"初楚"[tsʻəu] ≠ "处"[tsʻɿ]、"数"[səu] ≠ "树"[zɿ]。南昌话也有同样的情况，故"锄"[tsʻu] ≠ "除"[tɕʻy]、"助"[tsʻu] ≠ "住"[tɕʻy]、"初楚"[tsʻu] ≠ "处"[tɕʻy]、"疏"[su] ≠ "书"[ɕy]、"数"[su] ≠ "树"[ɕy]。

在厦门话里，庄系的影响特别明显。庄系和知照系在许多地方分道扬镳，各不相混，例如：

例字	隋唐音	北京音	厦门音
山 师	[ʃi]	[ʂɿ]	[su]
审 诗	[ɕi]	[ʂɿ]	[si]

例字		隋唐音	北京音	厦门音
山	史	[ʃi]	[ʂʅ]	[su]
审	始	[ɕi]	[ʂʅ]	[si]
床	士	[dzi]	[ʂʅ]	[su]
禅	市	[zi]	[ʂʅ]	[tsʻi]
床	助	[dʒi̯o]	[tʂu]	[tsɔ]
澄	住	[di̯u]	[tʂu]	[tsu]
初	楚	[tʃʻi̯o]	[tʂʻu]	[tsʻɔ]
穿	处	[tɕʻi̯o]	[tʂʻu]	[tsʻu]
山	梳	[ʃi̯o]	[ʂu]	[sɔ]
审	书	[ɕi̯o]	[ʂu]	[su]
山	数	[ʃi̯u]	[ʂu]	[sɔ]
禅	树	[zi̯u]	[ʂu]	[su]
床	骤	[dʒi̯ou]	[tʂəu]	[tsɔ]
知	昼	[ti̯ou]	[tʂəu]	[tiu]
山	瘦	[ʃi̯ou]	[ʂəu]	[sɔ]
审	兽	[ɕi̯ou]	[ʂəu]	[siu]

六、端精系的影响和 [n] [l] 的影响

在某些方言里，由于受端精系声母的影响，合口呼变为开口呼。试以西安话、成都话和汉口话比较，西安话、成都话于桓韵字保存合口呼，汉口话于桓韵端精系字变为开口呼，例如：

例字	隋唐音	西安	成都	汉口
端	[tuɑn]	[tuã]	[tuan]	[tan]
短	[tuɑn]	[tuã]	[tuan]	[tan]

例字	隋唐音	西安	成都	汉口
断	[duɑn]	[tuã]	[tuan]	[tan]
段	[duɑn]	[tuã]	[tuan]	[tan]
团	[duɑn]	[t'uã]	[t'uan]	[t'an]
暖	[nuɑn]	[nuã]	[nuan]	[nan]
卵	[luɑn]	[luã]	[luan]	[lan]
乱	[luɑn]	[luã]	[luan]	[lan]
钻	[tsuɑn]	[tsuã]	[tsuan]	[tsan]
酸	[suɑn]	[suã]	[suan]	[san]
算	[suɑn]	[suã]	[suan]	[san]

在另一些方言里，只有 [n][l] 有这种影响，它们把合口字、撮口字变为开口字，例如北京话、汉口话于灰韵字和支脂韵字：

例字	隋唐音	西安	太原	北京	汉口
内	[nuɑi]	[nuei]	[nuei]	[nəi]	[nei]
雷	[luɑi]	[luei]	[luei]	[ləi]	[nei]
累	[li̯ui]	[luei]	[luei]	[ləi]	[nei]
类	[li̯ui]	[luei]	[luei]	[ləi]	[nei]
泪	[li̯ui]	[luei]	[luei]	[ləi]	[nei]

七、元音 [ɿ] [ʅ] 的产生

只有精系 [i] 韵字能产生元音 [ɿ]；只有知照系（包括庄系）[i] 韵字能产生 [ʅ]。这是因为：

（1）精清从心邪是舌尖前的辅音，[ɿ] 是舌尖前的元音，发音部位相同。在声母精清从心邪的影响下，韵母 [i] 转化为 [ɿ] 是自然的趋势。这是由齐齿呼变为开口呼。除粤方言及一部分客家方言外，在各地方言里，这类字差不多全都读成［tsɿ、ts'ɿ、sɿ］①。现在举北京、济南、成都、广州为例：

例字	隋唐音	北京	济南	成都	广州
资	[tsi]	[tsɿ]	[tsɿ]	[tsɿ]	[tʃi]
子	[tsi]	[tsɿ]	[tsɿ]	[tsɿ]	[tʃi]
自	[dzi]	[tsɿ]	[tsɿ]	[tsɿ]	[tʃi]
字	[dzi]	[tsɿ]	[tsɿ]	[tsɿ]	[tʃi]
雌	[ts'i]	[ts'ɿ]	[ts'ɿ]	[ts'ɿ]	[tʃ'i]
慈	[dzi]	[ts'ɿ]	[ts'ɿ]	[ts'ɿ]	[tʃ'i]
辞	[zi]	[ts'ɿ]	[ts'ɿ]	[ts'ɿ]	[tʃ'i]
词	[zi]	[ts'ɿ]	[ts'ɿ]	[ts'ɿ]	[tʃ'i]
此	[ts'i]	[ts'ɿ]	[ts'ɿ]	[ts'ɿ]	[tʃ'i]
次	[ts'i]	[ts'ɿ]	[ts'ɿ]	[ts'ɿ]	[tʃ'i]
刺	[ts'i]	[ts'ɿ]	[ts'ɿ]	[ts'ɿ]	[tʃ'i]
私	[si]	[sɿ]	[sɿ]	[sɿ]	[ʃi]
死	[si]	[sɿ]	[sɿ]	[sɿ]	[ʃi]②
四	[si]	[sɿ]	[sɿ]	[sɿ]	[ʃi]
似	[zi]	[sɿ]	[sɿ]	[sɿ]	[tʃ'i]

上文说过，这种演变，从晚唐时代就开始了。

由于［ɿ］是［ts］［ts'］［s］的元音化，它离开［ts］［ts'］［s］就不能独立存在。我们听见别人说"资雌私"等字的时候，仿佛没有元音似的，但是在歌唱中（特别是京剧唱腔中）把字音拉长的时候，其中的元音［ɿ］就听得很清楚了。

---

① 潮州话读成［tsu、ts'u、su］。
② 广州话"死""四"白话读［sei］。

（2）知照系字在元代就有一部分变为 [tʂ、tʂʻ、ʂ]；到了明代，差不多全部都变为 [tʂ、tʂʻ、ʂ] 了。[tʂ、tʂʻ、ʂ] 是舌尖后的辅音，[ʅ] 是舌尖后的元音，发音部位相同。在声母 [tʂ、tʂʻ、ʂ] 的影响下，韵母 [i] 转化为 [ʅ] 是自然的趋势。这是由齐齿呼变为开口呼。

这类知照系字，在北京等地方言里，由于声母是 [tʂ、tʂʻ、ʂ]，所以韵母是 [ʅ]；在汉口等地方言里，由于声母是 [ts、tsʻ、s]，所以韵母是 [ɿ]；在厦门等地方言里，声母是 [t、tʻ] 或 [ts、tsʻ、s]①，韵母仍是 [i]；在广州等地方言里，声母是 [tʃ、tʃʻ、ʃ]，韵母仍是 [i]②。列表比较如下：

例字	隋唐音	北京	汉口	厦门	广州
支	[tɕi]	[tʂʅ]	[tsɿ]	[tsi]	[tʃi]
指	[tɕi]	[tʂʅ]	[tsɿ]	[tsi]	[tʃi]
志	[tɕi]	[tʂʅ]	[tsɿ]	[tsi]	[tʃi]
知	[ti]	[tʂʅ]	[tsɿ]	[ti]	[tʃi]
池	[di]	[tʂʻʅ]	[tsʻɿ]	[ti]	[tʃʻi]
耻	[tʻi]	[tʂʻʅ]	[tsʻɿ]	[tʻi]	[tʃʻi]
齿	[tɕʻi]	[tʂʻʅ]	[tsʻɿ]	[tsʻi]	[tʃʻi]
诗	[ɕi]	[ʂʅ]	[sɿ]	[si]	[ʃi]
试	[ɕi]	[ʂʅ]	[sɿ]	[si]	[ʃi]
市	[zi]	[ʂʅ]	[sɿ]	[tsʻi]	[ʃi]
时	[zi]	[ʂʅ]	[sɿ]	[si]	[ʃi]

由于 [ʅ] 是 [tʂ、tʂʻ、ʂ] 的元音化，它离开 [tʂ、tʂʻ、ʂ] 就不能独立存在。我们听见别人说"知池时"等字的时候，仿佛没有元音似的，但是在歌唱中（特别是在京剧唱腔中），把字音拉长的时候，其中的元音就听得很清楚了。

---

① 知系字读 [t、tʻ]。
② 祭韵字读 [ai]。

八、异化作用

异化作用是同化作用的反面。两个音素相同或相近，出现在同一个词或同一个音节里，互相排斥，导致其中一个音素变成另一个音素，这就叫作"异化作用"。在汉语语音发展史上，最典型的异化作用是唇音声母影响唇音韵尾 [m]，使之变成舌尖韵尾 [n] 或舌根韵尾 [ŋ]。

唇音字的韵尾 [m] 变 [n][ŋ] 是从《中原音韵》时代就开始了的。例如"凡帆"本是 [m] 尾字，《中原音韵》读与"烦繁膰樊"等 [n] 尾字同音 [fan]；"範范犯泛"本是 [m] 尾字，《中原音韵》读与"饭贩"等 [n] 尾字同音 [fan]；"品"本是 [m] 尾字，《中原音韵》读与 [n] 尾字"牝"同音 [pʻin]；"禀"本是 [m] 尾字，《中原音韵》读与"丙炳秉饼"等 [ŋ] 尾字同音 [piŋ]①。《中原音韵》时代还存在着 [m] 尾的韵部（所谓"闭口韵"），如侵寻 [im]、监咸 [am]、盐添 [iæm]，而唇音字的韵尾先变了，这显然是异化作用的结果。

现代梅县、潮州、广州和厦门都还保存着 [m] 尾韵，广州、厦门唇音字的韵尾 [m] 一律变为 [n]，这也是异化作用；梅县、潮州也只有 [am] 韵保存着韵尾 [m]。现在以四种方言比较如下：

例字	隋唐音	梅县	潮州	广州	厦门
凡	[bi̯wɐm]	[fam]	[huam]	[fan]	[huan]
范	[bi̯wɐm]	[fam]	[huam]	[fan]	[huan]
泛	[pʻi̯wɐm]	[fam]	[huam]	[fan]	[huan]
品	[pʻi̯əm]	[pʻin]	[pʻiŋ]	[pʻɐn]	[pʻin]
禀	[pi̯əm]	[pin]	[piŋ]	[pɐn]	[pin]

在有入声韵尾 [p] 的方言里，也有异化作用。在唇音声母的影响下，韵尾 [p] 也变为 [t] 或 [k]。如"法"字，广州、厦门变了，梅

---

① 《中原音韵》未收"禀"字，《中州音韵》收了。

县、潮州没有变：

例字	隋唐音	梅县	潮州	广州	厦门
法	[pi̯ɐp]	[fap]	[huap]	[fat]	[huat]

"乏"字，梅县、潮州、广州、厦门都变了：

例字	隋唐音	梅县	潮州	广州	厦门
乏	[bi̯ɐp]	[fat]	[huək]	[fat]	[huat]

东锺韵唇音字，在现代北京话里，由合口呼变为开口呼，即 puŋ、p'uŋ、muŋ、fuŋ→pəŋ、p'əŋ、məŋ、fəŋ，这也是一种异化作用。因为 [u] 是极度圆唇的元音，和前面的唇音声母有矛盾，所以转化为 [ə]。济南、西安、太原等地方言，也有相似的情况。兹将《中原音韵》、北京、开封、苏州、广州举例列表比较如下：

例字	《中原》	北京	开封	苏州	广州
篷	[p'uŋ]	[p'əŋ]	[p'əŋ]	[buŋ]①	[p'uŋ]
捧	[p'uŋ]	[p'əŋ]	[p'əŋ]	[p'uŋ]	[p'uŋ]
蒙	[muŋ]	[məŋ]	[məŋ]	[muŋ]	[muŋ]
梦	[muŋ]	[məŋ]	[məŋ]	[muŋ]	[muŋ]
蜂	[fuŋ]	[fəŋ]	[fəŋ]	[fuŋ]	[fuŋ]
风	[fuŋ]	[fəŋ]	[fəŋ]	[fuŋ]	[fuŋ]
封	[fuŋ]	[fəŋ]	[fəŋ]	[fuŋ]	[fuŋ]
丰	[fuŋ]	[fəŋ]	[fəŋ]	[fuŋ]	[fuŋ]
逢	[fuŋ]	[fəŋ]	[fəŋ]	[vuŋ]	[fuŋ]
冯	[fuŋ]	[fəŋ]	[fəŋ]	[vuŋ]	[fuŋ]
凤	[fuŋ]	[fəŋ]	[fəŋ]	[vuŋ]	[fuŋ]
奉	[fuŋ]	[fəŋ]	[fəŋ]	[vuŋ]	[fuŋ]

---

① 苏州东锺韵字，实际上读 [oŋ]。但依音位观点看，可以认为是 [uŋ]。见上文。

九、元音 [ɚ] 的产生

元音 [ɚ] 来源于支脂之韵（包括上去声）的日母字，即"儿尔二而耳"等。这是由于声母 [ʐ] 的消失，这些字的韵母仍保留舌尖后的发音部位。有些方言（如西安）连'旧'字也念 [ɚ]。

第十六章 条件的变化（二）
——韵母对声母的影响

韵母对声母的影响，主要有五种情况：腭化；轻唇音的产生；新的 [f][h] 的产生；新的 [tɕ][tɕʻ][ɕ] 的产生；新的 [ŋ][n] 的产生。

一、腭化

腭化，指的是辅音的舌面化。在汉语语音发展史上，最早的是舌尖音的舌面化，即舌头音端透定泥分化为舌上音知彻澄娘。分化的条件是韵头 [i][i̯u] 或主要元音 [i]（还有少数是韵头或主要元音 [e]）。由于 [i][i̯u]（[y]）是舌面元音，所以影响前面的舌尖辅音，使之变为舌面辅音，即 [ti-、tʻi-、di-、ni-] → [ṭi-、ṭʻi-、ḍi-、ṇi-] → [tɕi-、tɕʻi-、dʑi-]，例如：

例字	南北朝	唐①	宋	今北京
置	[ti̯ə]	[ṭi]	[tɕi]	[tʂʅ]
致	[ti̯ei]	[ṭi]	[tɕi]	[tʂʅ]
侄	[di̯et]	[ḍi̯et]	[tɕi]	[tʂʅ]
直	[di̯ək]	[ḍi̯ək]	[tɕi]	[tʂʅ]
知	[ti̯e]	[ṭi]	[tɕi]	[tʂʅ]

---

① 这里指中晚唐。

例字	南北朝	唐	宋	今北京
治	[diə]	[ɖi]	[tɕi]	[tʂʅ]
秩	[di̯et]	[ɖi]	[tɕi]	[tʂʅ]
摘	[tek]	[ʈek]	[tɕek]	[tʂai]
朝	[ti̯ou]	[ʈi̯æu]	[tɕi̯æu]	[tʂau]
赵	[di̯ou]	[ɖi̯æu]	[tɕi̯æu]	[tʂau]
昼	[ti̯u]	[ʈi̯ou]	[tɕi̯əu]	[tʂou]
肘	[ti̯u]	[ʈi̯ou]	[tɕi̯əu]	[tʂou]
展	[ti̯æn]	[ʈi̯æn]	[tɕi̯æn]	[tʂan]
阵	[di̯en]	[ɖi̯en]	[tɕi̯ən]	[tʂən]
珍	[ti̯en]	[ʈi̯en]	[tɕi̯ən]	[tʂən]
镇	[ti̯en]	[ʈi̯en]	[tɕi̯ən]	[tʂən]
张	[ti̯aŋ]	[ʈi̯aŋ]	[tɕi̯aŋ]	[tʂaŋ]
杖	[di̯aŋ]	[ɖi̯aŋ]	[tɕi̯aŋ]	[tʂaŋ]
郑	[di̯eŋ]	[ɖi̯eŋ]	[tɕi̯əŋ]	[tʂəŋ]
著	[di̯ɔ]	[ɖi̯u]	[tɕi̯u]	[tʂu]
竹	[ti̯ok]	[ʈi̯uk]	[tɕi̯uk]	[tʂu]
筑	[ti̯ok]	[ʈi̯uk]	[tɕi̯uk]	[tʂu]
猪	[ti̯ɔ]	[ʈi̯u]	[tɕi̯u]	[tʂu]
卓	[teuk]	[ʈɔk]	[tɕi̯ak]	[tʂuo]
中	[ti̯oŋ]	[ʈi̯uŋ]	[tɕi̯uŋ]	[tʂuŋ]
重	[di̯uŋ]	[ɖi̯uŋ]	[tɕi̯uŋ]	[tʂuŋ]
迟	[di̯ei]	[ɖi]	[tɕ'i]	[tʂʻʅ]
池	[die]	[ɖi]	[tɕ'i]	[tʂʻʅ]
耻	[tʻi̯ə]	[tʻi]	[tɕ'i]	[tʂʻʅ]

例字	南北朝	唐	宋	今北京
彻	[tʻi̯æt]	[tʻi̯æt]	[tɕʻi̯æt]	[tʂʻə]
潮	[di̯ou]	[d̑i̯æu]	[tɕʻi̯æu]	[tʂʻau]
筹	[di̯u]	[d̑i̯ou]	[tɕʻi̯əu]	[tʂʻəu]
抽	[tʻi̯u]	[tʻi̯ou]	[tɕʻi̯əu]	[tʂʻəu]
缠	[di̯æn]	[d̑i̯æn]	[tɕʻi̯æn]	[tʂʻan]
尘	[di̯en]	[d̑i̯en]	[tɕʻi̯ən]	[tʂʻən]
沉	[di̯əm]	[d̑i̯əm]	[tɕʻim]	[tʂʻən]
陈	[di̯en]	[d̑i̯en]	[tɕʻi̯en]	[tʂʻən]
畅	[tʻi̯aŋ]	[tʻi̯aŋ]	[tɕʻi̯aŋ]	[tʂʻaŋ]
长	[di̯aŋ]	[d̑i̯aŋ]	[tɕʻi̯aŋ]	[tʂʻaŋ]
场	[di̯aŋ]	[d̑i̯aŋ]	[tɕʻi̯aŋ]	[tʂʻaŋ]
程	[di̯eŋ]	[d̑i̯eŋ]	[tɕʻi̯əŋ]	[tʂʻəŋ]
储	[di̯ɔ]	[d̑i̯u]	[tɕʻi̯u]	[tʂʻu]
除	[di̯ɔ]	[d̑i̯u]	[tɕʻi̯u]	[tʂʻu]
厨	[di̯u]	[d̑i̯u]	[tɕʻi̯u]	[tʂʻu]
畜	[tʻi̯ok]	[tʻi̯uk]	[tɕʻi̯uk]	[tʂʻu]
锤	[di̯ue]	[d̑i̯ui]	[tɕʻi̯ui]	[tʂʻuəi]
传	[di̯uæn]	[d̑i̯uæn]	[tɕʻi̯uæn]	[tʂʻuan]
虫	[di̯oŋ]	[d̑i̯uŋ]	[tɕʻi̯uŋ]	[tʂʻuŋ]
尼	[ni̯ei]	[ɲi̯]	[ɲi̯]	[ni]
娘	[ni̯aŋ]	[ɲi̯aŋ]	[ɲi̯aŋ]	[ni̯aŋ]
浓	[ni̯uŋ]	[ɲi̯uŋ]	[ɲi̯uŋ]	[nuŋ]
女	[ni̯ɔ]	[ɲi̯u]	[ɲi̯u]	[ny]

[ts、tsʻ、s] 和 [k、kʻ、x] 在 [i] [y] 前面变为 [tɕʻ、tɕʻ、ɕ] 也是一种腭化。详见下文第四节。

二、轻唇音的产生

从晚唐时代起，唇音合口三等字变为唇齿音，即轻唇音。合口三等，是轻唇音产生的条件。

《切韵》的反切，于唇音字的开合口往往混淆。这是因为唇音声母发音部位在双唇，而合口呼又是圆唇元音。即使在唇音声母后面没有圆唇元音[u][i̯u]([y])跟着，也往往令人误会是合口呼。有时候，《切韵》反切自相矛盾，例如"陂皮糜"本该都属开口三等而《切韵考》以"皮"为开三，"陂糜"为合三。现在把本该是唇音开口三等字而《切韵考》误入合口三等者，列表举例如下：

例字		《切韵考》	《七音略》	《韵镜》
支	陂糜	合三	开三	开三
	彼攱被靡	合三	开三	开三
脂	悲丕邳眉	合三	开三	开三
	鄙嚭否美	合三	开三	开三
	秘濞备郿	合三	开三	开三
真—愍		合三	开三	开四①
仙—变		合三	开三	开三
庚	兵平明	合三	开三	开三
	丙皿	合三	开三	开三
	柄病命	合三	开三	开三
昔—碧		合三	开三	开三

也有相反的情况。阳韵合口三等字，《切韵考》于平上声为开三，于

---

① 当在开三，《韵镜》误开四。

去入声多为合三；《七音略》与《韵镜》全归开三①，只有《切韵指掌图》全归合三。

例字		《切韵考》	《七音略》	《韵镜》	《指掌图》
阳	方芳房亡	开三	开三	开三	合三
	昉髣髣网	开三	开三	开三	合三
	访	开三	开三	开三	合三
	放防妄	合三	开三	开三	合三
	雹缚	合三	开三	开三	合三

凡是真正的唇音合口三等字，到了晚唐时代（或较早），帮滂并三母全部变为轻唇非敷奉，明母也差不多全部变为轻唇微母，例如：

例字		隋	晚唐	今北京
东	风讽	[pi̯oŋ]	[fi̯uŋ]	[fəŋ]
	豐赗	[pʻi̯oŋ]	[fi̯uŋ]	[fəŋ]
	冯凤	[bi̯oŋ]	[vi̯uŋ]	[fəŋ]
屋	福	[pi̯ok]	[fi̯uk]	[fu]
	蝮	[pʻi̯ok]	[fi̯uk]	[fu]
	伏	[bi̯ok]	[vi̯uk]	[fu]
锺	封葑	[pi̯uŋ]	[fi̯uŋ]	[fəŋ]
	峰夆	[pʻi̯uŋ]	[fi̯uŋ]	[fəŋ]
	逢奉俸	[bi̯uŋ]	[vi̯uŋ]	[fəŋ]
微	非匪沸	[pi̯uəi]	[fi̯ui]	[fəi]
	菲斐费	[pʻi̯uəi]	[fi̯ui]	[fəi]
	肥膹痱	[bʻi̯uəi]	[vi̯ui]	[fəi]
	微尾未	[mi̯uəi]	[m̼i̯ui]	[wəi]

---

① 《四声等子》《切韵指南》也归开三。

例字		隋	晚唐	今北京
虞	肤甫付	[pi̯u]	[fi̯u]	[fu]
虞	敷抚赴	[pʻi̯u]	[fi̯u]	[fu]
虞	符父附	[bi̯u]	[vi̯u]	[fu]
虞	无武务	[mi̯u]	[mi̯u]	[wu]
废	废	[pi̯ɐi]	[fi̯ɐi]	[fəi]
废	肺	[pʻi̯ɐi]	[fi̯ɐi]	[fəi]
废	吠	[bi̯ɐi]	[vi̯ɐi]	[fəi]
文	分粉粪	[pi̯uən]	[fi̯uən]	[fən]
文	芬忿溢	[pʻi̯uən]	[fi̯uən]	[fən]
文	汾愤分	[bi̯uən]	[vi̯uən]	[fən]
文	文吻问	[mi̯uən]	[mi̯uən]	[wən]
物	弗	[pi̯uət]	[fi̯uət]	[fu]
物	拂	[pʻi̯uət]	[fi̯uət]	[fu]
物	佛	[bi̯uət]	[vi̯uət]	[fo]
物	物	[mi̯uət]	[mi̯uət]	[wu]
元	蕃反贩	[pi̯ɐn]	[fi̯ɐn]	[fan]
元	翻娩	[pʻi̯ɐn]	[fi̯ɐn]	[fan]
元	烦饭	[bi̯ɐn]	[vi̯ɐn]	[fan]
元	懑晚万	[mi̯ɐn]	[mi̯ɐn]	[wan]
月	髪	[pi̯ɐt]	[fi̯ɐt]	[fa]
月	怖	[pʻi̯ɐt]	[fi̯ɐt]	[fa]
月	伐	[bi̯ɐt]	[vi̯ɐt]	[fa]
月	袜	[mi̯ɐt]	[mi̯ɐt]	[wa]

	例字			
阳	方昉放	[pi̯uaŋ]	[fi̯uaŋ]	[faŋ]
	芳髣访	[p'i̯uaŋ]	[fi̯uaŋ]	[faŋ]
	房防	[bi̯uaŋ]	[vi̯uaŋ]	[faŋ]
	亡罔妄	[mi̯uaŋ]	[ɱi̯uaŋ]	[waŋ]
药	髉	[p'i̯uak]	[fi̯uak]	[fu]
	缚	[bi̯uak]	[vi̯uak]	[fu]
凡	胺	[pi̯ɐm]	[fi̯ɐm]	[fan]
	芝钒汎	[p'i̯ɐm]	[fi̯ɐm]	[fan]
	凡范梵	[bi̯ɐm]	[vi̯ɐm]	[fan]
	鍐	[mi̯ɐm]	[ɱi̯ɐm]	[wan]
乏	法	[pi̯ɐp]	[fi̯ɐp]	[fa]
	姂	[p'i̯ɐp]	[fi̯ɐp]	[fa]
	乏	[bi̯ɐp]	[vi̯ɐp]	[fa]

尤韵字本属开口三等，但是由于韵母是 [i̯ou]，其中的 [ou] 是后高复合元音（接近 [u]），韵母 [i̯ou] 也就具有合口三等的性质（接近 [i̯u]），能使重唇音变为轻唇，例：

例字		隋	晚唐	今北京
尤	不缶富	[pi̯ou]	[fu]	[fu]
	桴副	[p'i̯ou]	[fu]	[fu]
	浮妇复	[bi̯ou]	[vu]	[fu]

为什么唇音合口三等字变为轻唇呢？因为韵头 [i̯u]（=[y]）是圆唇元音，它往往使牙床骨向前伸，以致上齿接触下唇，所以前面的唇音变为唇齿音（轻唇）。那么，为什么韵头 [u] 不能使唇音变为唇齿音呢？这是因为 [y] 比 [u] 能使牙床骨更向前伸，所以合口一等的唇音字

没有变为唇齿音，而合口三等的唇音字变为唇齿音了①。

东韵的"瞢梦"、屋韵的"目牧穆"、尤韵的"谋牟矛"等，都是合口三等字，为什么不唇齿化呢？这大概是由于这些三等字在其他唇音字唇齿化以前已经转入了一等，所以不受唇齿化条件的影响。《四声等子》通摄三等微母去声不收"梦"字，微母入声不收"目"字，《切韵指掌图》"谋"字收入一等，《切韵指南》虽于三等栏内收"谋莓"二字，却于明母栏下注云："此下二字并入头等。"②《康熙字典》卷首所载《等韵切音指南》把"谋莓"二字排在二等，这是调和的说法。其实，"梦目谋"等字早已转入一等了。

三、新的 [f] [h] 的产生

在合口呼 [u、iu] 的前面，[f] 往往转化为 [h]，[h] 往往转化为 [f]。日语吴音早已有了先例。"夫"字在日语吴音读 [ho]，"方"字在日语吴音读 [hoː]，等等。

在现代闽语里没有 [f] 音，非敷奉三母字在厦门、潮州、福州多数转化为 [h]③，例如：

例字	唐音	厦门	潮州	福州	北京
发	[fi̯ɐt]	[huat]	[huek]	[huaʔ]	[fa]
罚	[vi̯ɐt]	[huat]	[huek]	[huaʔ]	[fa]
法	[fi̯ɐp]	[huat]	[huek]	[huaʔ]	[fa]
乏	[vi̯ɐp]	[huat]	[huep]	[huaʔ]	[fa]

---

① 参看美国汉学家 E. G. Pulleyblank：《中古汉语唇音的唇齿化》，4–5 页。
② 据沈上塽本《切韵指南》。
③ 少数保存重唇音，如"缚"厦门读 [pok]，福州读 [puoʔ]；"肥"厦门读 [pui]，福州读 [pʻi]；"房"厦门读 [pɔŋ]，福州读 [puŋ]；"飞"潮州读 [pue]。

例字	唐音	厦门	潮州	福州	北京
佛	[vi̯uət]	[hut]①	[huk]	[huʔ]	[fo]
非	[fi̯ui]	[hui]	[hui]	[hi]	[fəi]
废	[fi̯uæi]	[hue]	[hui]	[hi̯e]	[fəi]
繁	[vi̯uɐn]	[huan]	[hueŋ]	[huaŋ]	[fan]
凡	[vi̯uɐm]	[huan]	[huam]	[huaŋ]	[fan]
反	[fi̯uɐn]	[huan]	[hueŋ]	[huaŋ]	[fan]
饭	[vi̯uɐn]	[huan]②	[puŋ]③	[huaŋ]	[fan]
坟	[vi̯uən]	[hun]	[pʻuŋ]	[huŋ]	[fən]
分	[fi̯uən]	[hun]	[huŋ]	[huŋ]	[fən]
粉	[fi̯uən]	[hun]	[huŋ]	[huŋ]	[fən]
方	[fi̯uaŋ]	[hoŋ]	[huaŋ]	[huoŋ]	[faŋ]
防	[vi̯uaŋ]	[hoŋ]	[huaŋ]	[huoŋ]	[faŋ]
封	[fi̯uŋ]	[hoŋ]	[huaŋ]	[huŋ]	[fəŋ]
逢	[vi̯uŋ]	[hoŋ]	[hoŋ]	[huŋ]	[fəŋ]
风	[fi̯uŋ]	[hoŋ]	[hoŋ]	[huŋ]	[fəŋ]
附	[vi̯u]	[hu]	[hu]	[hu]	[fu]
夫	[fi̯u]	[hu]	[hu]	[hu]	[fu]
服	[vi̯uk]	[hok]	[hok]	[huʔ]	[fu]
福	[fi̯uk]	[hok]	[hok]	[houʔ]	[fu]
腐	[vi̯u]	[hu]	[hu]	[hu]	[fu]
妇	[vi̯u]	[hu]④	[hu]	[hu]	[fu]

---

① "佛"字厦门白话说[put]。
② "饭"字厦门白话说[pŋ]。
③ 读[puŋ][pʻuŋ]是保存重唇音。
④ "妇"字厦门白话说[pu]。

例字	唐音	厦门	潮州	福州	北京
父	[vi̭u]	[hu]	[pe]①	[hu]	[fu]
富	[fi̭u]	[hu]	[pu]②	[hu]	[fu]

也有相反的情况。晓匣合口字 [h, ɦ]，在现代长沙话里多数转化为 [f]，少数读 [x]；在梅县话里，多数转化为 [f]，有些匣母字转化为 [w]；在广州话里，晓母合口字变 [f]，匣母合口字变 [w]，例如：

例字	唐音③	长沙	梅县	广州	北京
花	[hua]	[fa]	[fa]	[fa]	[xua]
华	[ɦua]	[fa]	[fa]	[wa]	[xua]
滑	[ɦuat]	[fa]	[wat]	[wat]	[xua]
化	[hua]	[fa]	[fa]	[fa]	[xua]
画	[ɦuək]	[fa]	[fa]	[wa]	[xua]
话	[ɦuai]	[fa]	[fa]	[wa]	[xua]
火	[huɑ]	[xo]④	[fo]	[fo]	[xuo]
祸	[ɦuɑ]	[xo]	[fo]	[wo]	[xuo]
货	[huɑ]	[xo]	[fo]	[fo]	[xuo]
和	[ɦuɑ]	[xo]	[fo]	[wo]	[xə]
获	[ɦuək]	[xo]	[fet]	[wok]	[xuo]
或	[ɦuək]	[xo]	[fet]	[wak]	[xuo]
活	[ɦuat]	[xo]	[fat]	[wut]	[xuo]
怀	[ɦuai]	[fai]	[foi]	[wai]	[xuai]
槐	[ɦuai]	[fai]	[foi]	[wai]	[xuai]

---

① "父"字潮州读 [pe]，厦门白话说 [pe]，是保存重唇音。
② "富"字潮州读 [pu]，厦门白话说 [pu]，是保存重唇音。
③ 这里的唐音指晚唐五代。
④ "火祸货活"等字在长沙读 [x] 是例外。

例字	唐音	长沙	梅县	广州	北京
坏	[ɦuai]	[fai]	[fai]	[wai]	[xuai]
灰	[huɐi]	[fei]	[foi]	[fui]	[xuəi]
回	[ɦuɐi]	[fei]	[fi]	[wui]	[xuəi]
悔	[huɐi]	[fei]	[fi]	[fui]	[xuəi]
毁	[hui]	[fei]	[fui]	[wai]	[xuəi]
徽	[hui]	[fei]	[h]	[fɐi]	[xuəi]
挥	[hui]	[fei]	[fi]	[fɐi]	[xuəi]
惠	[ɦiuæi]	[fei]	[fi]	[wɐi]	[xuəi]
会	[ɦuɐi]	[fei]	[fi]	[wui]	[xuəi]
欢	[huɑn]	[xõ]	[fon]	[fun]	[xuan]
环	[ɦuan]	[fan]	[fan]	[wan]	[xuan]
换	[ɦuɑn]	[xõ]	[fan]	[wun]	[xuan]
缓	[ɦuɑn]	[xõ]	[fan]	[wun]	[xuan]
还	[ɦuan]	[fan]	[fan]	[wan]	[xuan]
患	[ɦuan]	[xõ]	[fan]	[wan]	[xuan]
昏	[huɐn]	[fən]	[fun]	[fan]	[xuən]
魂	[ɦuɐn]	[fən]	[fun]	[wan]	[xuən]
混	[ɦuɐn]	[fən]	[fun]	[wan]	[xuən]
荒	[huaŋ]	[fan]	[foŋ]	[foŋ]	[xuaŋ]
皇	[ɦuaŋ]	[fan]	[foŋ]	[woŋ]	[xuaŋ]
黄	[ɦuaŋ]	[fan]	[woŋ]	[woŋ]	[xuaŋ]
烘	[huŋ]	[xuŋ]	[fuŋ]	[huŋ]①	[xuŋ]
横	[ɦuɐŋ]	[fən]	[waŋ]	[waŋ]	[xəŋ]

---

① 广州话"烘洪红"读 [huŋ]，大概是因为当时东韵不够圆唇，所以没有变 [f]。

例字	唐音	长沙	梅县	广州	北京
洪	[ɦuŋ]	[xuŋ]	[fuŋ]	[huŋ]	[xuŋ]
红	[ɦuŋ]	[xuŋ]	[fuŋ]	[huŋ]	[xuŋ]
轰	[huɐŋ]	[xuŋ]	[fuŋ]	[kwɐŋ]	[xuŋ]
呼	[hu]	[fu]	[fu]	[fu]	[xu]
胡	[ɦu]	[fu]	[fu]	[wu]	[xu]
壶	[ɦu]	[fu]	[fu]	[wu]	[xu]
虎	[hu]	[fu]	[fu]	[fu]	[xu]
户	[ɦu]	[fu]	[fu]	[wu]	[xu]
互	[ɦu]	[fu]	[fu]	[wu]	[xu]
护	[ɦu]	[fu]	[fu]	[wu]	[xu]
忽	[huɐt]	[fu]	[fut]	[fat]	[xu]

溪母字本读[k']，但是在现代广州话里，溪母字多数转化为[h]（与晓母混），这是由于[k']是塞音送气，这"气"就近似喉擦音[h]，所以[k']也可以写成[kh]①。这"气"越来越强烈，影响到前面[k]的消失，于是[h]取代了[k']，例如：

例字	隋唐音	今北京	今广州
克	[k'ək]	[k'ə]	[hɐk]
刻	[k'ək]	[k'ə]	[hɐk]
可	[k'ɑ]	[k'ə]	[ho]
客	[k'ɐk]	[k'ə]	[hak]
渴	[k'at]	[k'ə]	[hot]
开	[k'ai]	[k'ai]	[hoi]
口	[k'ou]	[k'əu]	[hɐu]

---

① 一切塞音送气都可能变为[h]，例如现代台山话透母[t']变为[h]，"天"读[hin]。

例字	隋唐音	今北京	今广州
砍	[kʻɑm]	[kʻan]	[hɐm]
看	[kʻɑn]	[kʻan]	[hon]
刊	[kʻɑn]	[kʻan]	[hon]
肯	[kʻəŋ]	[kʻəŋ]	[hɐŋ]
恳	[kʻɐn]	[kʻən]	[hɐn]
康	[kʻɑŋ]	[kʻaŋ]	[hoŋ]
坑	[kʻɐŋ]	[kʻəŋ]	[hɐŋ]
哭①	[kʻok]	[kʻu]	[huk]
筐	[kʻi̯uɑŋ]	[kʻuaŋ]	[hoŋ]
孔	[kʻoŋ]	[kʻuŋ]	[huŋ]
空	[kʻoŋ]	[kʻuŋ]	[huŋ]
控	[kʻoŋ]	[kʻuŋ]	[huŋ]
恐	[kʻoŋ]	[kʻuŋ]	[huŋ]

溪母合口字，在现代广州话里多数读 [f]。这应该是以 [h] 为过渡，即 [kʻ] → [h] → [f]。上文讲过，晓母合口字 [hu-、hi̯u-] 在广州话里变了 [f]，那么，溪母合口字先变 [h]，后变 [f]，就是很自然的了。

例字	隋唐音	今北京	今广州
库	[kʻu]	[kʻu]	[fu]
裤	[kʻu]	[kʻu]	[fu]
苦	[kʻu]	[kʻu]	[fu]
枯	[kʻu]	[kʻu]	[fu]
阔	[kʻuɑt]	[kʻuo]	[fut]
快	[kʻuai]	[kʻuai]	[fai]

---

① "哭筐孔空控恐" 等字都是合口字，依发展规律，广州话溪母合口字应该变 [f]（见下文）。其所以没有变 [f]，大概是因为当时这些字读得不够圆唇。

块	[kʻuɑi]	[kʻuai]	[fai]
宽	[kʻuɑn]	[kʻuan]	[fun]
款	[kʻuɑn]	[kʻuan]	[fun]

四、新的 [tɕ] [tɕʻ] [ɕ] 的产生

上古汉语里没有声母 [tɕ、tɕʻ、ɕ]（舌面前塞擦音和擦音）。到了南北朝，照系字由舌面前塞音 [t、tʻ、ɖ] 转化为 [tɕ、tɕʻ、ɕ]。到了唐代，知系字由 [t、tʻ、d] 的二、三等转化为 [t、tʻ、ɖ]，填补了照系的遗缺。到了宋代，知系字又由 [t、tʻ、ɖ] 转化为 [tɕ、tɕʻ、ɕ]，与照系合流。到了元代，部分照系转化为 [tʂ、tʂʻ、ʂ]。到了明代，全部知照系字都转化为 [tʂ、tʂʻ、ʂ]。这时，[tɕ、tɕʻ、ɕ] 的位置又空出来了，由精系齐撮字和见系齐撮字先后变为 [tɕ、tɕʻ、ɕ] 出来填补知照系的遗缺。这种声母递变的情况是很有趣的。

近代精系 [ts，tsʻ，s] 和见系 [k、kʻ、x] 转化的条件是齐撮呼。各地方言的情况不一样，例如北京话精见两系齐撮字都变 [tɕ、tɕʻ、ɕ]①，苏州话见系齐撮字变了 [tɕ、tɕʻ、dz、ɕ、z]，而精系齐撮字未变②；广州话见精两系都未变（精系读 [tʃ、tʃʻ、ʃ]，与 [ts、tsʻ、s] 音近，所以算是未变）③。现在举例比较如下：

例字		隋唐音	北京	苏州	广州
精	积	[tsiɐk]	[tɕi]	[tsiɒʔ]	[tʃik]
见	击	[kik]	[tɕi]	[tɕiɒʔ]	[kik]

---

① 和北京话情况相同者，有济南、西安、太原、汉口、扬州等处方言。
② 和苏州话情况相同者，有上海、温州、南京、开封、长沙等处方言。
③ 和广州话情况相同者，有梅县、厦门、潮州、福州等处方言。

例字		隋唐音	北京	苏州	广州
从	籍	[dzi̯ɐk]	[tɕi]	[ziəʔ]	[tʃik]
群	极	[gi̯ək]	[tɕi]	[dziəʔ]	[kik]
从	疾	[dzi̯et]	[tɕi]	[ziəʔ]	[tʃɐt]
群	及	[gi̯əp]	[tɕi]	[dziəʔ]	[kʻɐp]
精	祭	[tsi̯æi]	[tɕi]	[tsi]	[tʃɐi]
见	寄	[ki]	[tɕi]	[tɕi]	[kei]
精	煎	[tsi̯æn]	[tɕian]	[tsie]	[tʃin]
见	兼	[ki̯æm]	[tɕian]	[tɕie]	[kim]
精	剪	[tsi̯æn]	[tɕian]	[tsie]	[tʃin]
见	检	[ki̯æm]	[tɕian]	[tɕie]	[kim]
精	箭	[tsi̯æn]	[tɕian]	[tsie]	[tʃin]
见	剑	[ki̯æm]	[tɕian]	[tɕie]	[kim]
从	贱	[dzi̯æn]	[tɕian]	[zie]	[tʃin]
群	健	[gi̯æn]	[tɕian]	[dzie]	[kin]
精	将	[tsi̯aŋ]	[tɕiaŋ]	[tsiaŋ]	[tʃœŋ]
见	姜	[ki̯aŋ]	[tɕiaŋ]	[tɕiaŋ]	[kœŋ]
精	椒	[tsi̯æu]	[tɕiau]	[tsiæ]	[tʃiu]
见	娇	[ki̯æu]	[tɕiau]	[tɕiæ]	[kiu]
精	接	[tsi̯æp]	[tɕie]	[tsieʔ]	[tʃip]
见	结	[ki̯et]	[tɕie]	[tɕieʔ]	[kit]
从	捷	[dzi̯æp]	[tɕie]	[zieʔ]	[tʃip]
群	竭	[gi̯ɐt]	[tɕie]	[dzieʔ]	[kit]
精	津	[tsien]	[tɕin]	[tsin]	[tʃœn]
见	斤	[ki̯en]	[tɕin]	[tɕin]	[kɐn]
精	浸	[tsi̯əm]	[tɕin]	[tsin]	[tʃɐm]
见	禁	[ki̯əm]	[tɕin]	[tɕin]	[kɐm]

例字		隋唐音	北京	苏州	广州
精	精	[tsi̯ɐŋ]	[tɕiŋ]	[tsin]	[tʃiŋ]
见	京	[ki̯ɐŋ]	[tɕiŋ]	[tɕin]	[kiŋ]
精	井	[tsi̯ɐŋ]	[tɕiŋ]	[tsin]	[tʃiŋ]
见	景	[ki̯ɐŋ]	[tɕiŋ]	[tɕin]	[kiŋ]
从	净	[dzi̯ɐŋ]	[tɕiŋ]	[zin]	[tʃiŋ]
群	劲	[gi̯ɐŋ]	[tɕin]	[dzin]	[kiŋ]
精	酒	[tsi̯ou]	[tɕi̯əu]	[tsY]	[tʃɐu]
见	九	[ki̯ou]	[tɕi̯əu]	[tɕY]	[kɐu]
从	就	[dzi̯ou]	[tɕi̯əu]	[zY]	[tʃɐu]
群	旧	[gi̯ou]	[tɕi̯əu]	[dzY]	[kɐu]
从	聚	[dzi̯u]	[tɕy]	[zi]	[tʃœy]
群	巨	[gi̯o]	[tɕy]	[dzy]	[kœy]
从	绝	[dzi̯uæt]	[tɕye]	[ziəʔ]	[tʃyt]
见	决	[ki̯uæt]	[tɕye]	[tɕyeʔ]	[kʻyt]
精	俊	[tsi̯uen]	[tɕyn]	[tsin]	[tʃœn]
群	郡	[gi̯uən]	[tɕyn]	[dzyən]	[kʷɐn]
清	妻	[tsʻi̯æi]	[tɕʻi]	[tsʻi]	[tʃʻɐi]
溪	欺	[kʻi̯æi]	[tɕʻi]	[tɕʻi]	[hei]
从	齐	[dzi̯æi]	[tɕʻi]	[zi]	[tʃʻɐi]
群	旗	[gi]	[tɕʻi]	[dzi]	[kʻei]
清	砌	[tsʻi̯æi]	[tɕʻi]	[tsʻi]	[tʃʻɐi]
溪	契	[kʻi̯æi]	[tɕʻi]	[tɕʻi]	[kʻɐi]
清	签	[tsʻi̯æm]	[tɕʻi̯an]	[tsʻie]	[tʃʻim]
溪	谦	[kʻi̯æm]	[tɕʻi̯an]	[tɕʻie]	[him]

例字		隋唐音	北京	苏州	广州
清	千	[tsʻi̯æn]	[tɕʻi̯an]	[tsʻie]	[tʃʻin]
溪	牵	[kʻi̯æn]	[tɕʻi̯an]	[tɕʻie]	[hin]
从	钱	[dzi̯æn]	[tɕʻi̯an]	[zie]	[tʃʻin]
群	乾	[gi̯æn]	[tɕʻi̯an]	[dzie]	[kʻin]
清	浅	[tsʻi̯æn]	[tɕʻi̯an]	[tsʻie]	[tʃʻin]
溪	遣	[kʻi̯æn]	[tɕʻi̯an]	[tɕʻie]	[hin]
从	墙	[dzi̯aŋ]	[tɕʻi̯aŋ]	[zi̯aŋ]	[tʃʻœŋ]
群	强	[gi̯aŋ]	[tɕʻi̯aŋ]	[dzi̯aŋ]	[kʻœŋ]
清	枪	[tsʻi̯aŋ]	[tɕʻi̯aŋ]	[tsʻi̯aŋ]	[tʃʻœŋ]
溪	腔	[kʻɔŋ]	[tɕʻi̯aŋ]	[tɕʻi̯aŋ]	[hɔŋ]
从	樵	[dzi̯æu]	[tɕʻi̯au]	[zi̯æ]	[tʃʻiu]
群	桥	[gi̯æu]	[tɕʻi̯au]	[dzi̯æ]	[kʻiu]
清	俏	[tsʻi̯æu]	[tɕʻi̯au]	[tsʻi̯æ]	[tʃʻiu]
溪	窍	[kʻi̯æu]	[tɕʻi̯au]	[tɕʻi̯æ]	[kʻiu]
清	妾	[tsʻi̯æp]	[tɕʻi̯e]	[tsʻiəʔ]	[tʃʻip]
溪	怯	[kʻi̯æp]	[tɕʻi̯e]	[tɕʻiəʔ]	[hip]
清	侵	[tsʻi̯əm]	[tɕʻin]	[tsʻin]	[tʃʻɐm]
溪	钦	[kʻi̯əm]	[tɕʻin]	[tɕʻin]	[jɐm]①
从	秦	[dzi̯en]	[tɕʻin]	[zin]	[tʃʻɐn]
群	勤	[gi̯en]	[tɕʻin]	[dzin]	[kʻɐn]
清	清	[tsʻi̯eŋ]	[tɕʻiŋ]	[tsʻin]	[tʃʻiŋ]
溪	轻	[kʻi̯eŋ]	[tɕʻiŋ]	[tɕʻin]	[hiŋ]

---

① 广州"钦"读 [jɐm],"丘"读 [jɐu],是例外。

例字		隋唐音	北京	苏州	广州
从	情	[dzi̯ɛŋ]	[tɕʻiŋ]	[zin]	[tʃʻiŋ]
群	擎	[gi̯ɛŋ]	[tɕʻiŋ]	[dzin]	[kʻiŋ]
清	秋	[tsʻi̯ou]	[tɕʻi̯əu]	[tsʻY]	[tʃʻɐu]
溪	丘	[kʻi̯ou]	[tɕʻi̯əu]	[tɕʻY]	[jɐu]
邪	囚	[zi̯ou]	[tɕʻi̯əu]	[zY]	[tʃʻɐu]
群	求	[gi̯ou]	[tɕʻi̯əu]	[dzY]	[kʻɐu]
清	趋	[tsʻi̯u]	[tɕʻy]	[tsʻy]	[tʃʻœy]
溪	驱	[kʻi̯u]	[tɕʻy]	[tɕʻy]	[kʻœy]
清	趣	[tsʻi̯u]	[tɕʻy]	[tsʻi]	[tʃʻœy]
溪	去	[kʻi̯o]	[tɕʻy]	[tɕʻy]	[kʻœy]
从	泉	[dzi̯uæn]	[tɕʻyan]	[zie]	[tʃʻyn]
群	权	[gi̯uæn]	[tɕʻyan]	[dzi̯ø]	[kʻyn]
清	雀	[tsi̯ɑk]	[tɕʻyɛ]	[tsʻiaʔ]	[tʃœk]
溪	阙	[kʻi̯uɐt]	[tɕʻyɛ]	[tɕʻyeʔ]	[kʻyt]
心	西	[siæi]	[ɕi]	[si]	[sɐi]
晓	羲	[xi]	[ɕi]	[ɕi]	[hei]
邪	席	[zi̯ɐk]	[ɕi]	[zi̯əʔ]	[tʃik]
匣	檄	[ɣik]	[ɕi]	[ɦi̯əʔ]①	[hɐt]
心	洗	[siæi]	[ɕi]	[si]	[sɐi]
晓	喜	[xi]	[ɕi]	[ɕi]	[hei]
心	细	[siæi]	[ɕi]	[si]	[sɐi]
晓	戏	[xi]	[ɕi]	[ɕi]	[hei]
心	先	[siæn]	[ɕi̯an]	[si̯e]	[ʃin]
晓	掀	[xi̯æn]	[ɕi̯an]	[ɕie]	[hin]

---

① 匣母字，苏州都读 [ɦ]，下仿此。

例字		隋唐音	北京	苏州	广州
邪	涎	[ziæn]	[ɕi̯an]	[ze]	[jin]①
匣	贤	[ɣiæn]	[ɕi̯an]	[ɦi̯e]	[jin]②
邪	羡	[ziæn]	[ɕi̯an]	[zi̯e]	[ʃin]
匣	现	[ɣiæn]	[ɕi̯an]	[ɦi̯e]	[jin]
心	线	[si̯æn]	[ɕi̯an]	[si̯e]	[ʃin]
晓	献	[xi̯ɐn]	[ɕi̯an]	[ɕi̯e]	[hin]
心	湘	[si̯aŋ]	[ɕi̯aŋ]	[si̯aŋ]	[ʃœŋ]
晓	香	[xi̯aŋ]	[ɕi̯aŋ]	[ci̯aŋ]	[hœŋ]
心	想	[si̯aŋ]	[ɕi̯aŋ]	[si̯aŋ]	[ʃœŋ]
晓	享	[xi̯aŋ]	[ɕi̯aŋ]	[ɕi̯aŋ]	[hœŋ]
心	消	[si̯æu]	[ɕi̯au]	[si̯æ]	[ʃiu]
晓	嚣	[xi̯æu]	[ɕi̯au]	[ɕi̯æ]	[hiu]
心	小	[si̯æu]	[ɕi̯au]	[si̯æ]	[ʃiu]
晓	晓	[xi̯æu]	[ɕi̯au]	[ɕi̯æ]	[hiu]
心	笑	[si̯æu]	[ɕi̯au]	[si̯æ]	[ʃiu]
晓	孝	[xau]	[ɕi̯au]	[ɕi̯æ]	[hau]
邪	邪	[zia]	[ɕi̯e]	[zia]	[tʃe]
匣	协	[ɣi̯æp]	[ɕi̯e]	[ɦi̯əʔ]	[hip]
心	辛	[si̯en]	[ɕin]	[sin]	[ʃɐn]
晓	欣	[xi̯en]	[ɕin]	[ɕin]	[jɐn]③
心	信	[si̯en]	[ɕin]	[sin]	[ʃœn]
晓	衅	[xi̯en]	[ɕin]	[ɕin]	[jɐn]

---

① "涎"字广州读 [jin] 是误读。
② 匣母齐撮字，广州读 [j]，下仿此。
③ "欣衅休"，广州读 [j] 是例外。

例字		隋唐音	北京	苏州	广州
心	星	[siŋ]	[ɕiŋ]	[sin]	[ʃiŋ]
晓	兴	[xiəŋ]	[ɕiŋ]	[ɕin]	[hiŋ]
心	羞	[siou]	[ɕiəu]	[sY]	[ʃau]
晓	休	[xiou]	[ɕiəu]	[ɕY]	[jeu]
心	须	[siu]	[ɕy]	[si]	[ʃœy]
晓	虚	[xio]	[ɕy]	[ɕy]	[hœy]

京剧唱腔区别尖团字。尖字指的是精系齐撮字，读 [ts-、ts'-、s-]；团字指的是见系齐撮字，读 [tɕ-、tɕ'-、ɕ-]。这就是说，京剧于精系齐撮字保存了古音，而见系齐撮字由舌根音变为舌面前音。

五、新的 [ŋ] [n] 的产生

影母本是零声母①，在现代某些方言里，影母开口呼的字转入疑母 [ŋ] 或泥母 [n]。转入疑母 [ŋ] 的，有济南、西安、太原、汉口、长沙、成都、南昌、桂林等地的方言②。今以太原、汉口、成都、南昌举例如下：

例字	隋唐音	太原	汉口	成都	南昌
恶	[ʔɑk]	[ŋəʔ]	[ŋo]	[ŋo]	[ŋok]
爱	[ʔai]	[ŋai]	[ŋai]	[ŋai]	[ŋai]
哀	[ʔai]	[ŋai]	[ai]③	[ŋai]	[ŋai]
挨	[ʔai]	[ŋai]	[ai]	[ŋai]	[ŋai]
矮	[ʔai]	[ŋai]	[ŋai]	[ŋai]	[ŋai]
袄	[ʔau]	[ŋau]	[ŋau]	[ŋau]	[ŋau]

---

① 有时候我们说影母是喉塞音 [ʔ]，但这种喉塞音是可有可无的。
② 今广州话也有读成 [ŋ] 的。
③ "哀挨"汉口读 [ai] 是例外。

例字	隋唐音	太原	汉口	成都	南昌
欧	[ʔou]	[ŋou]	[ŋou]	[ŋou]	[ŋɛu]
呕	[ʔou]	[ŋou]	[ŋou]	[ŋou]	[ɲi̯eu]①
安	[ʔan]	[ŋæ̃]	[ŋan]	[ŋan]	[ŋon]
按	[ʔan]	[ŋæ̃]	[ŋan]	[ŋan]	[ŋon]
案	[ʔan]	[ŋæ̃]	[ŋan]	[ŋan]	[ŋon]
暗	[ʔam]	[ŋæ̃]	[ŋan]	[ŋan]	[ŋon]
恩	[ʔən]	[ŋəŋ]	[ŋən]	[ŋən]	[ŋɛn]
肮	[ʔaŋ]	[ŋɒ]	[ŋaŋ]	[ŋaŋ]	[ŋaŋ]

大约因为影母是喉塞音［ʔ］，发音部位转移为舌根鼻音［ŋ］是很自然的。

转入泥母［n］的，有保定、大同、兰州、平凉等地的方言。今以保定、大同、兰州、平凉举例如下：

例字	隋唐音	保定	大同	兰州	平凉
哀	[ʔai]	[nai]	[nɛi]	[nɛ]	[nɛ]
爱	[ʔai]	[nai]	[nɛi]	[nɛ]	[nɛ]
暗	[ʔam]	[nan]	[næ]	[næ]	[næ̃]
安鞍	[ʔan]	[nan]	[næ]	[næ]	[næ̃]
案按	[ʔan]	[nan]	[næ]	[næ]	[næ̃]
欧	[ʔou]	[ŋon]	[nɛu]	[nəu]	[ŋou]②
袄	[ʔau]	[nau]	[no]	[no]	[nau]

保定等地影母开口字转入泥母［n］，大约是先过渡到疑母［ŋ］，然后伴随着疑母开口字一起转入泥母［n］的。所以这些地方的疑母开口字，今天也都转入了泥母，例如：

---

① "呕"字南昌读［ɲi̯eu］是例外。
② "欧"字平凉读［ŋou］是例外。

例字	隋唐音	保定	大同	兰州	平凉
碍	[ŋai]	[nai]	[nɛi]	[nɛ]	[nɛ]
艾	[ŋai]	[nai]	[nɛi]	[nɛ]	[nɛ]
岸	[ŋan]	[nan]	[næ]	[næn]	[nã]
偶	[ŋou]	[nou]	[nɛu]	[nəu]	[ŋou] ①
藕	[ŋou]	[nou]	[nɛu]	[nəu]	[ŋou]
傲	[ŋau]	[nau]	[no]	[no]	[nau]
昂	[ŋaŋ]	[naŋ]	[nɔ]	[nɔ]	[ŋaŋ] ②

---

① "偶藕"平凉读 [ŋon] 是保存古音。
② "昂"字平凉读 [ŋaŋ] 是保存古音。

第十七章 条件的变化（三）
——等呼对韵母的影响

等呼对韵母的影响主要有三种情况：韵头 [u] [i̯u] 与韵尾 [m] 的异化；韵头 [i] 与韵尾 [i] 的异化；韵头 [i] [y] 使主要元音前化。分别叙述如下：

一、韵头 [u] [i̯u] 与韵尾 [m] 的异化

如卷上第一章所述，春秋时代侵部字有合口一、二等和合口三等。合口一等的韵母是 [u̯əm]，合口二等的韵母是 [oəm]，合口三等的韵母是 [i̯u̯əm]，到了战国时代，这些字分化为冬部，这就是：[u̯əm] → [um] → [uŋ]；[oəm] → [om] → [euŋ]；[i̯u̯əm] → [i̯um] → [i̯uŋ]。这是一种异化作用，因为 [u] [o] [i̯u]（[y]）都是圆唇元音，[m] 是唇音，唇与唇有矛盾，所以韵尾转化为 [ŋ]，例如：

例字	春秋音	战国音	例字	春秋音	战国音
冬	[tu̯əm]	[tuŋ]	虫	[dʰi̯u̯əm]	[dʰi̯uŋ]
农	[nu̯əm]	[nuŋ]	螽	[ʨi̯u̯əm]	[ʨi̯uŋ]
宗	[tsu̯əm]	[tsuŋ]	终	[ʨi̯u̯əm]	[ʨi̯uŋ]
宋	[su̯əm]	[suŋ]	忡	[tʰi̯u̯əm]	[tʰi̯uŋ]
中	[ti̯u̯əm]	[tiŋ]	穷	[gi̯u̯əm]	[gi̯uŋ]
宫	[ki̯u̯əm]	[ki̯uŋ]	冲	[dʰi̯u̯əm]	[dʰi̯uŋ]

例字	春秋音	战国音	例字	春秋音	战国音
躬	[ki̯uəm]	[ki̯uŋ]	豐	[p'i̯uəm]	[p'i̯uŋ]
戎	[ȵi̯uəm]	[ȵi̯uŋ]	隆	[li̯uəm]	[li̯uŋ]
融	[ʎi̯uəm]	[ʎi̯uŋ]	仲	[di̯uəm]	[di̯uŋ]
潨	[tsi̯uəm]	[tsi̯uŋ]	降	[ɣoəm]	[ɣeuŋ]
众	[ti̯uəm]	[ti̯uŋ]	绛	[koəm]	[keuŋ]
崇	[dẓi̯uəm]	[dẓi̯uŋ]	襛	[ȵi̯uəm]	[ȵi̯uŋ]
风	[pi̯uəm]	[pi̯uŋ]	浓	[ȵi̯uəm]	[ȵi̯uŋ]

二、韵头［i］与韵尾［i］的异化

（1）佳皆韵的发展

佳皆韵在隋唐时代读［ai］，今汉口、长沙、广州、厦门、潮州、福州等地仍读［ai］，北方话在《中原音韵》时代于见系开口字插进了韵头［i］，成为［iai］，今成都、梅县仍一部分字读［iai］①，但是由于韵头［i］和韵尾［i］的矛盾，今北京、济南、西安、太原等地读［i̯e］或［i̯a］，韵尾［i］消失了。现在把隋唐、元代、今汉口、成都、北京列表比较如下：

例字	隋唐音	元代音	汉口	成都	北京
皆	[kai]	[ki̯ai]	[kai]	[tɕi̯ai]	[tɕi̯e]
阶	[kai]	[ki̯ai]	[kai]	[tɕi̯ai]	[tɕi̯e]
街	[kai]	[ki̯ai]	[kai]	[kai]	[tɕi̯e]
佳	[kai]	[ki̯a]②	[tɕi̯a]	[tɕi̯a]	[tɕi̯a]
解	[kai]	[ki̯ai]	[kai]	[tɕi̯ai]	[tɕi̯e]

---

① 成都声母读［tɕ、tɕ'、ɕ］，梅县声母读［k、k'、h］。
② "佳"字读［ki̯a］是例外。但"佳"读如"家"，在南北朝某些方言里已经是这样了。

例字	隋唐音	元代音	汉口	成都	北京
界	[kai]	[ki̯ai]	[kai]	[tɕiai]	[tɕie]
介	[kai]	[ki̯ai]	[kai]	[tɕiai]	[tɕie]
戒	[kai]	[ki̯ai]	[kai]	[tɕiai]	[tɕie]
鞋	[ɣai]	[xi̯ai]	[xai]	[xai]	[ɕie]
蟹	[ɣai]	[xi̯ai]	[xai]	[ɕiai]	[ɕie]
懈	[kai]	[xi̯ai]	[xai]	[ɕiai]	[ɕie]
械	[ɣai]	[xi̯ai]	[kai]	[tɕiai]	[ɕie]
邂	[ɣai]	[xi̯ai]	[xai]	[ɕiai]	[ɕie]
隘	[ʔai]	[i̯ai]	[ŋai]	[ŋai]	[ai]①
涯	[ŋai]	[i̯ai]	[ŋai]	[ŋai]	[ji̯a]
崖	[ŋai]	[i̯ai]	[ŋai]	[ŋai]	[ji̯a]②

今京剧于这类字仍读 [tɕiai、tɕʻiai、ɕiai、iai] 是保存《中原音韵》的旧音。

（2）齐祭韵的发展

齐祭韵在隋唐时代读 [i̯æi、i̯uæi]，到了元代，简化为 [i]，解决了韵头 [i] 和韵尾 [i] 的矛盾。另一种发展则是取消韵头 [i]，例如广州话发展为 [ɐi]，厦门话发展为 [e]。兹将隋唐、元代、今北京、广州、厦门列表比较如下：

例字	隋唐音	元代音	北京	广州	厦门
蔽	[pi̯æi]	[pi]	[pi]③	[pɐi]	[pe]
敝	[bi̯æi]	[pi]	[pi]	[pɐi]	[pe]
闭	[pi̯æi]	[pi]	[pi]	[pɐi]	[pi]④

---

① "隘"字北京读 [ai] 是例外。
② "崖"字直到 1932 年还读 [ji̯ai]，见于白涤洲《国音常用字汇》。
③ 北京方式最普遍，如济南、西安、太原、汉口、成都、扬州、苏州、长沙都是北京方式。
④ 厦门齐祭韵字多读 [e]，其读 [i][ĩ][ue] 者是例外。

例字	隋唐音	元代音	北京	广州	厦门
批	[p'iæi]	[p'i]	[p'i]	[p'ai]	[p'ue]
迷	[miæi]	[mi]	[mi]	[mɐi]	[be]
米	[miæi]	[mi]	[mi]	[mɐi]	[bi]
低	[tiæi]	[ti]	[ti]	[tɐi]	[te]
底	[tiæi]	[ti]	[ti]	[tɐi]	[ti]
帝	[tiæi]	[ti]	[ti]	[tɐi]	[te]
第	[diæi]	[ti]	[ti]	[tɐi]	[te]
弟	[diæi]	[ti]	[ti]	[tɐi]	[te]
提	[diæi]	[t'i]	[t'i]	[t'ɐi]	[t'e]
题	[diæi]	[t'i]	[t'i]	[t'ɐi]	[t'e]
梯	[t'iæi]	[t'i]	[t'i]	[t'ɐi]	[t'e]
体	[t'iæi]	[t'i]	[t'i]	[t'ɐi]	[t'e]
蹄	[diæi]	[t'i]	[t'i]	[t'ɐi]	[te]
泥	[niæi]	[ni]	[ni]	[nɐi]	[nĩ]
犁	[liæi]	[li]	[li]	[lɐi]	[le]
礼	[liæi]	[li]	[li]	[lɐi]	[le]
丽	[liæi]	[li]	[li]	[lɐi]	[le]
厉	[liæi]	[li]	[li]	[lɐi]	[le]
继	[kiæi]	[ki]	[tɕi]	[kɐi]	[ke]
稽	[kiæi]	[ki]	[tɕi]	[kɐi]	[ke]
鸡	[kiæi]	[ki]	[tɕi]	[kɐi]	[ke]
际	[tsiæi]	[tsi]	[tɕi]	[tʃɐi]	[tse]
计	[kiæi]	[ki]	[tɕi]	[kɐi]	[tse]
济	[tsiæi]	[tsi]	[tɕi]	[tʃɐi]	[tse]
齐	[dziæi]	[ts'i]	[tɕ'i]	[tʃ'ɐi]	[tse]

例字	隋唐音	元代音	北京	广州	厦门
妻	[tsʻiæi]	[tsʻi]	[tɕʻi]	[tʃʻɐi]	[tsʻe]
契	[kʻiæi]	[kʻi]	[tɕʻi]	[kʻɐi]	[kʻe]
启	[kʻiæi]	[kʻi]	[tɕʻi]	[kʻɐi]	[kʻe]
系	[ɣiæi]	[xi]	[ɕi]	[hɐi]	[he]
繫	[ɣiæi]	[xi]	[ɕi]	[hɐi]	[he]
西	[siæi]	[si]	[ɕi]	[ʃɐi]	[se]
细	[siæi]	[si]	[ɕi]	[ʃɐi]	[se]
洗	[siæi]	[si]	[ɕi]	[ʃɐi]	[se]
艺	[ŋi̯æi]	[i]	[ji]	[ŋɐi]	[ge]

三、韵头 [i] [y] 使主要元音前化

（1）麻韵齐齿呼、戈韵齐撮呼的元音前化

麻韵在隋唐时代读 [a]，元代麻韵齐齿字分化出来，成为车遮韵，读 [e]，到了清代，受卷舌声母的影响，麻韵齐齿知照系字又分化出来，读 [ə]。这是因为韵头 [i] 是前元音，影响到后面的元音发音部位也向前移了。现在以隋唐音、元代音、今北京音、苏州音、成都音列表比较如下：

例字	隋唐音	元代音	北京	苏州	成都
爹	[tea]	[tie]	[tie]	[tia]	[tie]
姐	[tsi̯a]	[tsie]	[tɕie]	[tsia]	[tɕie]
且	[tsʻi̯a]	[tsʻie]	[tɕʻie]	[tsʻia]	[tɕʻie]
些	[si̯a]	[sie]	[ɕie]	[si]①	[si]
邪	[zi̯a]	[sie]	[ɕie]	[zia]	[ɕie]

---

① "些"字苏州、成都读 [si] 是例外。

例字	隋唐音	元代音	北京	苏州	成都
嗟	[tsi̯a]	[tsi̯e]	[tɕie]①	[tsia]	[tɕie]
写	[si̯a]	[si̯e]	[ɕie]	[sia]	[ɕie]
泻	[si̯a]	[si̯e]	[ɕie]	[sia]	[ɕie]
谢	[zi̯a]	[si̯e]	[ɕie]	[zia]	[ɕie]
爷	[ji̯a]	[jie]	[jie]	[ɦia]	[jie]
耶	[ji̯a]	[jie]	[jie]	[ɦia]	[jie]
也	[ji̯a]	[jie]	[jie]	[ɦia]	[jie]
野	[ji̯a]	[jie]	[jie]	[ɦia]	[jie]
夜	[ji̯a]	[jie]	[jie]	[ɦia]	[jie]

（以上精系及喻母）

例字	隋唐音	元代音	北京	苏州	成都
遮	[tɕi̯a]	[tɕie]	[tʂə]	[tso]	[tse]
者	[tɕi̯a]	[tɕie]	[tʂə]	[tse]②	[tse]
蛇	[dʑi̯a]	[ɕie]	[ʂə]	[zo]	[se]
奢	[ɕi̯a]	[ɕie]	[ʂə]	[so]	[se]
赊	[ɕi̯a]	[ɕie]	[ʂə]	[so]	[se]
车	[tɕ'i̯a]	[tɕ'ie]	[tʂ'ə]	[ts'o]	[ts'e]
扯	[tɕ'i̯a]	[tɕ'ie]	[tʂ'ə]	[ts'e]	[ts'e]
捨	[ɕi̯a]	[ɕie]	[ʂə]	[so]	[se]
舍	[ɕi̯a]	[ɕie]	[ʂə]	[so]	[se]
社	[zi̯a]	[ɕie]	[ʂə]	[zo]	[se]
射	[dʑi̯a]	[ɕie]	[ʂə]	[zo]	[se]
惹	[ni̯a]	[rie]	[ʐə]	[za]	[ze]

（以上知照系）

---

① "嗟"又读 [tɕye]。
② 苏州"者"读 [tse]，"扯"读 [ts'e]，是例外。

由上表可以看出，只有苏州话精系字和喻母字保存了隋唐韵母〔i̯a〕，其余都变了。成都话在这方面接近《中原音韵》的读音，因为一律读车遮韵〔e〕。

戈韵开口三等"茄"字，合口三等"靴、瘸"字也依照这个发展规律，由〔i̯a〕〔i̯ua〕变为〔ie〕〔ye〕：

例字	隋唐音	元代音	北京	苏州	成都
茄	〔gi̯a〕	〔tɕ'ie〕	〔tɕ'ie〕	〔ga〕	〔tɕie〕
靴	〔xi̯ua〕	〔ɕye〕	〔ɕye〕	〔ɕio〕	〔ɕye〕
瘸	〔gi̯ua〕	〔tɕ'ye〕	〔tɕ'ye〕		〔tɕye〕

（2）月屑薛业怗叶韵的元音前化

月韵在隋唐时代读〔i̯æt、i̯uæt〕，屑韵在隋唐时代读〔i̯æt，i̯uæt〕，薛韵在隋唐时代读〔i̯æt、i̯uæt〕，业韵在隋唐时代读〔i̯ɐp〕，怗韵在隋唐时代读〔i̯ɐp〕，叶韵在隋唐时代读〔i̯ɐp〕。到了元代，一律转化为〔ie、ye〕。到了明代，除知照系字外，也都读〔ie、ye〕。这也是元音前化，例如：

例字	隋唐音	元代音	今北京
鳖	〔pi̯æt〕	〔pie〕	〔pie〕
别	〔bi̯æt〕	〔pie〕	〔pie〕
撇	〔p'i̯æt〕	〔p'ie〕	〔p'ie〕
灭	〔mi̯æt〕	〔mie〕	〔mie〕
跌	〔di̯æt〕	〔tie〕	〔tie〕
蝶	〔di̯æp〕	〔tie〕	〔tie〕
叠	〔di̯æp〕	〔tie〕	〔tie〕
帖	〔t'i̯æp〕	〔t'ie〕	〔t'ie〕
铁	〔t'i̯æt〕	〔t'ie〕	〔t'ie〕
捏	〔ni̯æt〕	〔nie〕	〔nie〕
猎	〔li̯æp〕	〔lie〕	〔lie〕

例字	隋唐音	元代音	今北京
列	[li̯æp]	[lie]	[lie]
劣	[li̯uæt]	[lye]	[lie]①
接	[tsi̯æp]	[tsie]	[tɕie]
结	[kiæt]	[kie]	[tɕie]
杰	[gi̯æt]	[kie]	[tɕie]
节	[tsi̯æt]	[tsie]	[tɕie]
洁	[kiæt]	[kie]	[tɕie]
截	[dzi̯æt]	[tsie]	[tɕie]
切	[tsʻi̯æt]	[tsʻie]	[tɕʻie]
歇	[xi̯ɐt]	[xie]	[ɕie]
协	[ɣi̯æp]	[xie]	[ɕie]
血	[xiuæt]	[xie]②	[ɕye]③
泄	[si̯æt]	[sie]	[ɕie]
噎	[ʔi̯æt]	[jie]	[jie]
叶	[ji̯æp]	[jie]	[jie]
业	[ŋi̯ɐp]	[jie]	[jie]
绝	[dzi̯æt]	[tsye]	[tɕye]
怯	[kʻi̯ɐp]	[kʻie]	[tɕʻie]
掘	[gi̯uɐt]	[kye]	[tɕye]
缺	[kʻi̯uæt]	[kʻye]	[tɕʻye]
薛	[si̯æt]	[sie]	[ɕye]④

---

① 北京"劣"字读 [lie] 是例外，今西安读 [lye]。
② "血"字《中原音韵》读 [xie] 是例外。
③ 今北京白话也说 [ɕie]。
④ "薛"是齐齿字，北京读 [ɕye] 是例外。今西安、汉口读 [ɕie]。

例字	隋唐音	元代音	今北京
雪	[si̯uæt]	[sye]	[ɕye]
悦	[ji̯uæt]	[jye]	[jye]
阅	[ji̯uæt]	[jye]	[jye]
月	[ŋi̯uɐt]	[jye]	[jye]
越	[ɣi̯uɐt]	[jye]	[jye]

（3）药觉韵的元音前化

这是近代晚起的变化，而且不很普遍。药韵齐齿字在隋唐时代读 [i̯ɑk]，到了元代，变为 [i̯au]；到了明清时代，变为 [i̯ɔ][i̯au]；到了现代北京话里，除知照系字外，多数变为 [ye]①。觉韵在隋唐时代读 [ɔk]，在宋代读 [eak]，到了元代，变为 [i̯au][au]；到了明代，变为 [i̯au][uɔ]。到了现代北京话里，觉韵见系字一律变为 [ye]②。

例字	隋唐音	元代音	今北京
虐	[ŋi̯ɑk]	[ji̯au]	[nye]
略	[li̯ɑk]	[li̯au]	[lye]
却	[kʻi̯ɑk]	[kʻi̯au]	[tɕʻye]
确	[kʻɔk]	[kʻi̯au]	[tɕʻye]
削（文言）	[si̯ɑk]	[si̯au]	[ɕye]
学	[ɣɔk]	[xi̯au]	[ɕye]
岳	[ŋɔk]	[ji̯au]	[jye]
乐（音乐）	[ŋɔk]	[ji̯au]	[jye]
约	[ʔi̯ɑk]	[ji̯au]	[jye]

---

① "药嚼脚"等字读 [i̯au]，则是保存了元代的旧音。
② "壳"字读 [i̯au] 则是保存了元代的旧音。

例字	隋唐音	元代音	今北京
角（文言）	[kɔk]	[ki̯au]	[tɕye]
觉	[ki̯au]	[tɕye]	
爵	[tsi̯ɑk]	[tsi̯au]	[tɕye]
鹊	[tsʻi̯ɑk]	[tsʻi̯au]	[tɕʻye]

第十八章　条件的变化（四）

——声母对声调的影响

声母对声调的影响可以分两方面进行讨论：阴阳调类产生的条件，入声转入平上去的条件。分别叙述如下：

一、阴阳调类产生的条件

远在先秦时代，汉语就有四声。那时的四声是（1）平声；（2）上声；（3）长入；（4）短入。到了魏晋时代，长入失去塞音韵尾，变为去声。于是有新的四声，即（1）平声；（2）上声；（3）去声；（4）入声。后来四声又分化为阴阳两类。有些方言只在平声分为阴平、阳平，这样连入声共为五声，如今长沙、扬州等地的方言。有些方言入声消失了，只有阴平、阳平、上声、去声，共四声。这又是新的四声，如今北京、济南、汉口、成都等地的方言。有些方言平声不分阴阳，而在入声分阴阳，如今太原话[①]。这样共有五声。有些方言平入两声分阴阳，上去两声不分阴阳，共为六声，如今客家话。有些方言平去两声分阴阳，上入不分阴阳，如今南昌话，也是六声。有些方言平去入三声都分阴阳，只有上声不分阴阳，共为七声，如今苏州话、厦门话、潮州话。有些方言平上去入都分阴阳，共为八声，如今温州话。有些方言共有九声，如广州话有（1）阴平；（2）阳平；（3）阴上；（4）阳上；（5）阴去；（6）阳

---

① 太原新派入声不分阴阳。

去；（7）上阴入；（8）中阴入；（9）阳入。有些方言共有十声，如广西博白话有：（1）阴平；（2）阳平；（3）阴上；（4）阳上；（5）阴去；（6）阳去；（7）阴入急声（如"北"）；（8）阴入缓声（如"百"）；（9）阳入急声（如"白"）；（10）阳入缓声（如"蔔"）。

上文第四章说过，一般地说，阴调类是高调，阳调类是低调。这是清浊声母影响的结果。有人做过语音实验，证明清音的音节声调较高，浊音音节声调较低。起初的时候，区别甚微，人们没有觉察到，所以没有分出阴阳两类。《切韵》的反切，往往以浊母字切清母字，例如：东，德红切；董，多动切；中（去声），陟仲切；縠，古禄切。又往往以清母字切浊母字，例如：穷，渠弓切；动，徒总切；凤，冯贡切；独，徒谷切。后来区别越来越明显，人们觉得清母字和浊母字必须分为阴阳两个调类了。北京等地只有平声分阴阳，温州等地平上去入都分阴阳，于是四声变为八声。阴阳分化以后，虽然全浊声母在许多方言中消失，而阳调类仍然存在，成为浊音字的遗迹。现在以温州、广州、梅县、北京四种方言举例列表比较如下①：

例字	隋唐音	温州	广州	梅县	北京
通	[tʻoŋ]	ᴄ[tʻoŋ]	ᴄ[tʻuŋ]	ᴄ[tʻuŋ]	ᴄ[tʻuŋ]
同	[doŋ]	₌[doŋ]	₌[tʻuŋ]	₌[tʻuŋ]	₌[tʻuŋ]
宠	[tʻiuŋ]	ᴄ[tɕʻyoŋ]	ᴄ[tʃʻuŋ]	ᴄ[tsʻuŋ]	ᴄ[tʂʻuŋ]
重	[diuŋ]	₌[dzyo]	₌[tʃʻuŋ]②	₌[tsʻuŋ]	[tʂuŋ]₌
众	[tɕioŋ]	[tɕyoŋ]₌	[tʃuŋ]₌	[tsuŋ]₌	[tʂuŋ]₌
仲	[dioŋ]	[dzyo]₌	[tʃuŋ]₌	[tsʻuŋ]₌	[tʂuŋ]₌
秃	[tʻuk]	[tʻu]₌	[tʻuk]₌	[tʻuk]₌	ᴄ[tʻu]

---

① 温州保存清浊音和阴阳调，广州只分阴阳，不分清浊，梅县只有平入两声分阴阳，北京只有平声分阴阳。这是四大类型。不分阴阳的，按阴调算。
② 广州"重"字读阳上是白话音。

例字	隋唐音	温州	广州	梅县	北京
毒	[duk]	[du]=	[tuk]=	[tʻuk]=	=[tu]
申	[ɕi̯en]	ᶜ[saŋ]	ᶜ[ʃɐn]	ᶜ[sən]	ᶜ[ʂən]
神	[dzi̯en]	=[zaŋ]	=[ʃɐn]	=[sən]	=[ʂən]
沈	[ɕi̯əm]	ᶜ[saŋ]	ᶜ[ʃɐm]	ᶜ[səm]	ᶜ[ʂən]
肾	[zi̯en]	=[zaŋ]	=[ʃɐn]	[sən]=	[ʂən]=
渗	[ʃi̯əm]	[saŋ]ᶜ	[ʃɐm]ᶜ	[səm]ᶜ	[ʂən]ᶜ
慎	[zi̯en]	[zaŋ]=	[ʃɐm]=	[səm]=	[sən]=
失	[ɕi̯et]	[sai]ᶜ	[ʃɐt]ᶜ	[sət]ᶜ	ᶜ[ʂʅ]
实	[dzi̯et]	[sai]=	[ʃɐt]=	[sət]=	=[ʂʅ]
端	[tuɑn]	ᶜ[tø]	=[tyn]	ᶜ[ton]	ᶜ[tuan]
团	[duɑn]	=[dø]	=[tʻyn]	=[tʻon]	=[tʻuan]
短	[tuɑn]	ᶜ[tø]	ᶜ[tyn]	ᶜ[ton]	ᶜ[tuan]
断（断绝）	[duɑn]	=[dø]	=[tʻyn]①	ᶜ[tʻon]	[tuan]=
断（决断）	[tuɑn]	[tø]=	[tyn]=	[ton]=	[tuan]=
段	[duɑn]	[tø]=	[tyn]=	[tʻon]=	[tuau]=
脱	[tʻuɑt]	[tʻø]=	[tʻyt]=②	[tʻot]=	ᶜ[tʻuo]
夺	[duɑt]	[dø]=	[tyt]=	[tʻot]=	=[tuo]
担（动词）	[tɑm]	ᶜ[ta]	ᶜ[tam]	ᶜ[tam]	ᶜ[tan]
谈	[dɑm]	=[da]	=[tʻam]	=[tam]	=[tʻan]
胆	[tɑm]	ᶜ[ta]	ᶜ[tam]	ᶜ[tam]	ᶜ[tan]
淡	[dɑm]	=[da]	=[tʻam]	[tʻam]=	[tan]=
担（名词）	[tɑm]	[ta]=	[tam]=	ᶜ[tam]	[tan]=
蛋	[dɑn]	[da]=	[tan]=	[tʻan]=	[tan]=

① "断"（断绝），广州白话读阳上。
② 广州分上阴入□=。和中阴入□ᶜ。

例字	隋唐音	温州	广州	梅县	北京
塔	[t'ɑp]	[t'a]⊃	[t'ap]⊂	[t'ap]⊃	⊂[t'a]
达	[dat]	[da]⊇	[tat]⊇	[t'at]⊇	⊆[ta]
操	[ts'au]	⊂[ts'ɜ]	⊂[tʃ'ou]	⊂[ts'au]	⊂[ts'au]
曹	[dzau]	⊆[zɜ]	⊆[tʃ'ou]	⊆[ts'au]	⊆[ts'au]
左	[tsɑ]	⊂[tsəu]	⊂[tʃo]	⊂[tso]	⊂[tsuo]
坐	[dzuɑ]	⊆[zo]	⊆[tʃ'o]	⊂[ts'o]①	[tsuo]⊃
灶	[tsau]	[ts3]⊃	[tʃou]⊃	[tsau]⊃	[tsau]⊃
座	[dzuɑ]	[zo]⊇	[tʃo]⊇	[ts'o]⊇	[tsuo]⊇
作	[tsɑk]	[tso]⊃	[tʃok]⊂	[tsɔk]⊃	[tsuo]⊃
昨	[dzak]	[dzo]⊇	[tʃok]⊇	[tsɔk]⊇	⊆[tsuo]

二、入声转入平上去的条件

入声转入平上去也是有条件的。依照《中原音韵》，全浊入声转为阳平，次浊入声转为去声②，清音入声转为上声。现代东北某些方言（如大连话）仍然是依照这个转化条件的③。在济南话里，全浊入声转为阳平，次浊入声转为去声，清音入声转为阴平。在北京话里，全浊入声转为阳平④，次浊转为去声，清音入声转入阴平、阳平、上声、去声，没有明显的规律性。在成都话里，旧入声字一律转入阳平。现在以《中原音韵》、大连话、济南话、北京话、成都话的旧入声字举例比较如下表（阴平°，阳平△，上声*，去声×）：

（1）全清

---

① 注意，浊上字，客家话往往说成阴平，如"坐断重"。
② 《中原音韵》有些影母入声字也读去声，如"鸭"等。
③ 有少数例外。
④ 有些字读上声，见《中原音韵》的旧读。

例字	《中原》	大连	济南	北京	成都
急	[ki*]	[tɕi*]	[tɕi°]①	[tɕi△]	[tɕi△]
职	[tɕi*]	[tʂʅ*]	[tʂʅ°]	[tʂʅ△]	[tsʅ△]
即	[tsi*]	[tɕi*]	[tɕi°]	[tɕi△]	[tɕi△]
得	[təi*]	[tei*]	[tei°]	[tə△]	[te△]
笔	[pi*]	[pi*]	[pei*]	[pi*]	[pi△]
一	[ji*]	[i*]	[i°]	[ji°]	[ji△]
福	[fu*]	[fu*]	[fu°]	[fu△]	[fu△]
各	[ko*]	[kə*]	[kə*]	[kə×]	[ko△]
桌	[tʂau*]	[tʂuo*]	[tʂuə°]	[tʂuo°]	[tso△]
接	[tsi̯e*]	[tɕie*]	[tɕie°]	[tɕie°]	[tɕie△]
百	[pai*]	[pai*]	[pei°]	[pai*]②	[pe△]
约	[ji̯au*]③	[ye*]	[ye°]	[ye°]	[io△]
法	[fa*]	[fa*]	[fa*]	[fa*]	[fa△]

（2）次清

例字	《中原》	大连	济南	北京	成都
曲	[kʻiu*]	[tɕʻy*]	[tɕʻy°]	[tɕʻy°]	[tɕʻy△]
出	[tɕʻi̯u*]	[tʂʻu*]	[tʂʻu°]	[tsʻu°]	[tsʻu△]
七	[tsʻi*]	[tɕʻi*]	[tɕʻi°]	[tɕʻi°]	[tɕʻi△]
秃	[tʻu*]	[tʻu*]	[tʻu°]	[tʻu°]	[tʻu△]
黑	[xəi*]	[xə*]	[xei°]	[xəi°]	[xe△]
识	[ɕi*]	[ʂʅ△]④	[ʂʅ°]	[ʂʅ△]	[sʅ△]

---

① "急"字济南读阳平，大连有人读阳平，是例外。
② 北京"笔百"读上声，是保存《中原》旧读，"一桌接"读阴平，"各"读去声，是例外。
③ 今本《中原音韵》"约"字读去声，误。今依《中州音韵》归上声。
④ 北京、大连"却"字读去声，"识"字读阳平，是例外。

例字	《中原》	大连	济南	北京	成都
惜	[si*]	[ɕi*]	[ɕi○]	[ɕi○]	[ɕi△]
却	[kʻi̯au*]	[tɕʻye×]	[tɕʻye○]	[tɕʻye×]	[tɕʻyo△]
尺	[tɕʻi*]	[tʂʻʅ*]	[tʂʻʅ○]	[tʂʻʅ*]	[tsʻʅ△]
切	[tsʻi̯e*]	[tɕʻi̯e*]	[tɕʻi̯e○]	[tɕʻi̯e○]	[tɕʻi̯e△]
铁	[tʻi̯e*]	[tʻi̯e*]	[tʻi̯e○]	[tʻi̯e*]	[tʻi̯e△]
说	[ɕye*]	[suo*]	[ʂuo○]	[ʂuo○]	[so△]
削	[si̯au*]	[ɕye*]	[ɕye○]	[ɕye○]	[ɕye△]

（3）全浊

例字	《中原》	大连	济南	北京	成都
局	[ki̯u△]	[tɕy△]	[tɕy△]	[tɕy△]	[tɕy△]
宅	[tʂai△]	[tsai△]	[tʂei△]	[tʂai△]	[tse△]
食	[ɕi△]	[ʂʅ△]	[ʂʅ△]	[ʂʅ△]	[sʅ△]
杂	[tsa△]	[tsa△]	[tsa△]	[tsa△]	[tsa△]
毒	[tu△]	[tu△]	[tu△]	[tu△]	[tu△]
白	[pai△]	[pai△]	[pei△]	[pai△]	[pe△]
合	[xo△]	[xə△]	[xə△]	[xə△]	[xo△]
舌	[ɕi̯e△]	[sə△]	[ʂə△]	[ʂə△]	[se△]
俗	[si̯u△]	[su△]	[ɕy△]	[su△]	[su△]
服	[fu△]	[fu△]	[fu△]	[fu△]	[fu△]
突	[tu△]	[tʻu○]	[tʻu○]	[tʻu○]①	[tʻu△]

---

① "突"，《国音常用字汇》读如"徒"，阳平；今北京读阴平。

（4）次浊

例字	《中原》	大连	济南	北京	成都
岳	[ji̯au˟]	[ji̯au˟]	[ye˟]	[ye˟]	[yo△]
入	[ri̯u˟]	[ju˟]	[lu˟]	[ʈu˟]	[zu△]
六	[li̯ou˟]	[li̯ou˟]	[li̯ou˟]	[li̯əu˟]	[nu△]
纳	[na˟]	[na˟]	[na˟]	[na˟]	[na△]
麦	[mai˟]	[mai˟]	[mei˟]	[mai˟]	[mɛ△]
物	[vu˟]	[vu˟]	[u˟]	[wu˟]	[wu△]
药	[ji̯au˟]	[ji̯au˟]	[ye˟]	[ji̯au˟]	[yo△]
袜	[va˟]	[va˟]	[ua˟]	[wa˟]	[wa△]
木	[mu˟]	[mu˟]	[mu˟]	[mu˟]	[mu△]
莫	[mo˟]	[mo˟]	[mə˟]	[mo˟]	[mo△]
叶	[ji̯e˟]	[ji̯e˟]	[ie˟]	[ji̯e˟]	[ji̯e△]
日	[ri˟]	[ji˟]	[ʈʅ˟]	[ʈʅ˟]	[zɿ△]
辣	[la˟]	[la˟]	[la˟]	[la˟]	[na△]
膜	[mo˟]	[mo˟]	[mo˟]	[mo˟]①	[mo△]

*　　　　　*　　　　　*

前几章所述条件的变化，都是可能的，不是必然的。也就是说，可变可不变。在同一条件下，甲方言变了，乙方言可以不变，例如，[k、k'、x（或h）] 在 [i, y] 前面的时候，在北京、济南、西安、太原、汉口、长沙、成都、扬州、南京、上海、苏州、南昌等地都变了 [tɕ、tɕ'、ɕ]，而在广州、梅县、厦门、潮州、福州等地却没有变。又如，唇音声母能使韵尾 [m] 变 [n]，起异化作用。《中原音韵》先变了，现代广州话虽保存着韵尾 [m]，但是唇音字的韵尾 [m] 则转化为 [n]，如"凡"读

---

① "膜"，《国音常用字汇》读如"莫"，去声，今北京读阳平。

［fan］；现代梅县话却又完整地保存宋代以前的［m］尾，如"凡"仍读［fam］。有时候，在同一条件下，各地方言可以有各种不同的变化，例如上文所述，同样是入声消失，它可以全部并入阳平，如成都等地，也可以因声母的清浊不同分别转入阴平、阳平、上声和去声，如北京、济南、大连等地。总之，所谓条件的变化，要加上时地的因素，不同时间，不同空间，能有不同的变化。明白了这个道理，对语音发展的规律也就彻底了解了。

第十九章 不规则的变化

讲语音发展规律不能没有例外。所谓例外，实际上就是不规则的变化。不规则变化的原因，大致可以区别为三种：文字的影响；方言和普通话的互相影响；偶然性。分别叙述如下：

一、文字的影响

汉字百分之九十以上是形声字，同一谐声偏旁的字不一定同音，因此往往引起读音上的错误。后来习非成是，大家也就这样读了。现在就北京话和广州话举例如下。

（I）北京话的例子：

婿，《中原音韵》读如"细"，本属齐齿呼，今北京、济南、南昌读［ɕy］，是受谐声偏旁"胥"［ɕy］的影响，转为撮口呼。但是西安、汉口、成都等地读［ɕi］，音如"细"，仍为齐齿呼。

劇，《广韵》奇逆切，读如"屐"，本属齐齿呼，今北京、济南、西安、太原、汉口、成都、扬州、长沙、南昌等地读［tɕy］，是受谐声偏旁"豦"（居御切）的影响。但是今苏州读［dziə］，梅县读［kʻiak］，厦门读［kʻiɔk］，潮州读［kʻiaʔ］仍为齐齿呼。

厠，《广韵》初吏切，《中州音韵》仓四切，与"次刺"同音。今北京、济南、太原等地读［tsʻə］，是受"测"字的影响，因为"测"和"厕"的谐声偏旁都是"则"。但是今苏州读［tsʻɿ］，广州读［tʃʻi］，仍与

"次刺"同音。

侧，《广韵》阻力切，《中州音韵》读"斋"上声，与"仄昃"同音，本是庄母字。今北京、济南、太原等地读 [tsʻɘ]，是转入初母，这也是受"测"字的影响。今汉口读 [tsə]，苏州读 [tsəʔ]，广州读 [tʃɐk]，仍属庄母。

缚，《广韵》符钁切，本是药韵合口三等字，《中原音韵》读入歌戈，今北京、开封、南京、兰州等地读 [fu]，是转入鱼模，这是受谐声偏旁"専"的影响。但今上海、苏州读 [voʔ]，大同、西安读 [fo]，广州读 [fok]，都比较接近古音。

轧，《广韵》乌黠切，《中州音韵》羊架切，依发展规律北京当读 [jia]，但今北京在轧钢的意义上都读 [tʂa]，这是受"札扎"等字的影响。

叛畔，《广韵》薄半切，《中原音韵》与"伴"同音，本是并母字，依发展规律北京当读 [pan]，不送气。今北京读 [pʻan]，送气，是转入滂母了，是受"判"字的影响。但今广州话读 [pun]，不送气，与"伴"同音，仍属并母[①]。

溪，《广韵》苦奚切，本是溪母字，依发展规律北京当读 [tɕʻi]，今北京读 [ɕi]，属晓母。这是受谐音偏旁"奚"的影响。但今汉口、成都、扬州、苏州、长沙、南昌等地都读 [tɕʻi]，仍属溪母。

秘，《广韵》兵媚切，《中州音韵》邦谜切，读如"闭"。今北京读如"密"，是受"密蜜宓"等字的影响。但今苏州读 [pi]，广州读 [pei]，都符合《广韵》反切。

屿，《广韵》徐吕切，读如"叙绪序"。今北京读 [y]，是受谐声偏旁"与"的影响。

俭，《广韵》巨险切，依浊上变去的规律，本当读去声，《中原音韵》

---

① 实际上广州话并母字已转清音，这里说并母，指阳调类。

读如"剑",是对的。今客家话读去声,广州读阳去,也都是对的。今北京读上声,是受"检"字的影响。

佐,《广韵》则个切,去声。《中原音韵》亦读去声。今北京读上声,是受"左"字的影响。

俱,《广韵》举朱切,《中州音韵》更於切,音同"居拘",属阴平声。今北京读去声,是受谐声偏旁"具"的影响。

稍,《广韵》所教切,属去声;《中州音韵》双爪切,属上声。今北京、济南、太原、汉口、长沙、成都等地读阴平,是受"梢"字的影响。但今西安读去声,如《广韵》,广州读上声,如《中州音韵》。

(2) 广州话的例子:

恩,《广韵》乌痕切,今广州读如"因"[jɐn],是受谐声偏旁"因"的影响。

妨,《广韵》敷方切,《中州音韵》敷邦切,读如"芳",属阴平。今广州、西安、汉口、成都、扬州、梅县、厦门、潮州等地读如"防",属阳平,是受"防"字的影响。

殱,《广韵》子廉切,音同"尖",属精母;今广州、济南、太原、汉口、成都、苏州、温州、长沙、厦门、南昌、潮州、福州都读如"籤",属清母。这是受"籤"字的影响。

概,《广韵》古代切,《中州音韵》冈害切,音同"盖",属见母。今广州、长沙、汉口、成都、南昌、梅县、潮州、福州等读如"慨",属溪母。这是受"慨"字的影响。

决,《广韵》古穴切,《中州音韵》居也切,属见母。今广州等地读如"缺",属溪母,这是受"缺"字的影响。

纠,《广韵》居黝切,属见母。今广州当读如"九"。但是广州人把"纠"字写作"糾",因而误会"斗"为谐声偏旁,误读如"斗"。这个例子足以说明,字形是可以影响音读的。

二、方言和普通话的互相影响

（1）方言影响普通话的例子：

贞，《广韵》陟盈切，《中州音韵》知声切，音同"征"。依发展规律今北京当读［tṣəŋ］，但实际上读［tṣən］，音同"真"。这是受南方和西南方言的影响，因为苏州、汉口、成都等地都读［tsən］。

劲，《广韵》居正切，《中州音韵》读"经"去声，音同"敬"。依发展规律今北京当读［tɕiŋ］，但实际上读［tɕin］[①]，音同"近"。这是受南方和西南方言的影响，因为汉口、成都、长沙等地都读［tɕin］。

弄，《广韵》卢贡切，《中州音韵》卢冻切，属来母。今北京读［nuŋ］，属泥母，是受西南官话的影响，因为成都等地读［nuŋ］。

辇，《广韵》力展切，《中州音韵》郎典切，属来母。今北京读［nian］，属泥母。这也是受西南官话的影响。

搞，本是"搅"字。"搅"字在西南官话许多地方读［kau］。抗日战争时期，许多北方人移居西南，听西南官话说的"搅"字很像"高"字上声，所以造一个新字"搞"。

巷，依语音发展规律今北京当读［ɕian］，实际上一般也是这样读的，唯有在"巷道"（采矿或探矿时挖的坑道）的意义上读［haŋ］，这是受上海话的影响。上海"巷"字读［ɦoŋ］。

癌，本读如"岩"［jian］。"癌"从"嵒"声，"嵒"即"岩"字。后来受吴方言的影响，改读为［ai］。上海"癌"字读［ŋe］。北方人学不会，音变［ai］。

（2）普通话影响方言的例子：

这种情况，多数是文白异读。文言音是受普通话的影响，例如：

[①] 《新华字典》规定："劲"字解作力气时读 jin，解作强有力时读 jing，但一般都读 jin。

街，苏州白话 [ka]，文言 [tɕia]；扬州白话 [kɛ]，文言 [tɕiɛ]。
解，苏州白话 [ka]，文言 [tɕia]；扬州白话 [kɛ]，文言 [tɕiɛ]。
界，苏州白话 [ka]，文言 [tɕia]；扬州白话 [kɛ]，文言 [tɕiɛ]。
鞋，扬州白话 [xɛ]，文言 [ɕiɛ]。
协，苏州白话 [ɦiaʔ]，文言 [ɦiə]。
学，苏州白话 [ɦoʔ]，文言 [ɦio]。
鸟，苏州白话 [ti̯æ]，文言 [ŋi̯æ]；扬州白话 [ti̯ɔ]，文言 [ni̯ɔ]；温州白话 [ti̯e]，文言 [ŋia]；长沙白话 [ti̯au]，文言 [ŋi̯au]；梅县白话 [ti̯au]，文言 [ŋi̯au]。
交，苏州白话 [kæ]，文言 [tɕi̯æ]；汉口白话 [kau]，文言 [tɕi̯au]。
胶，苏州白话 [kæ]，文言 [tɕi̯æ]。
教，苏州白话 [kæ]，文言 [tɕi̯æ]；扬州白话 [kɔ]，文言 [tɕiɔ]。
角，苏州白话 [koʔ]，文言 [tɕi̯oʔ]；长沙白话 [ko]，文言 [tɕio]；成都白话 [ko]，文言 [tɕyo]。
觉，(睡觉)，苏州白话 [kæ]，文言 [tɕi̯æ]；扬州白话 [kɔ]，文言 [tɕio]；成都白话 [kau]，文言 [tɕi̯au]。
敲，苏州白话 [kʻæ]，文言 [tɕʻi̯æ]；扬州白话 [kʻɔ]，文言 [tɕʻi̯ɔ]；汉口白话 [kʻau]，文言 [tɕʻi̯au]。
咬，苏州白话 [ŋæ]，文言 [ɦi̯æ]；汉口白话 [ŋau]，文言 [jau]；长沙、成都白话 [ŋau]，文言 [ŋi̯au]。
监，苏州白话 [ke]，文言 [tɕie]。
间，苏州白话 [ke]，文言 [tɕie]；扬州白话 [kɛ̃]，文言 [tɕiɛ̃]；汉口白话 [kan]，文言 [tɕi̯an]。
减，苏州白话 [ke]，文言 [tɕie]。

铅，扬州白话［kʻɛ］，文言［tɕʻiɛ］；长沙白话［yẽ］①，文言［tsʻiẽ］。
咸，苏州白话［ɦie］，文言［ɦie̯］；扬州白话［xɛ̃］，文言［ɕiɛ̃］。
限，苏州白话［ɦie］，文言［ɦie̯］；扬州白话［xɛ̃］，文言［ɕiɛ̃］。
眼，苏州白话［ŋe］，文言［ɦie̯］；长沙白话［ŋan］，文言［jiẽ］。
晏，苏州白话［e］，文言［i̯e］。
雁，苏州白话［ŋe］，文言［ɦie̯］。
江，苏州白话［koŋ］，文言［tɕiaŋ］；扬州白话［kaŋ］，文言［tɕiaŋ］。讲，苏州白话［koŋ］，文言［tɕiaŋ］。
降，苏州白话［koŋ］，文言［tɕiaŋ］。

以上所讲，也可以算是条件，因为文字和方言就是条件，不过不是发展的内因，而是发展的外因罢了。

三、偶然性

所谓偶然性，是说不依发展规律的例外。但是，也不是绝对偶然，必须是邻近的音，然后可以转化，例如：昆，《广韵》古浑切，本见母字，今普通话及多数方言都读入溪母（北京［kʻuən］）。见溪同属舌根音，所以能够互相转化。现在以北京、汉口、苏州、梅县、广州五地举例列表比较如下：

（1）声母

例字		隋唐音	北京	汉口	苏州	梅县	广州
p→pʻ	豹	［pau］	［pau］	［pau］	［pæ］	［pau］	［pʻau*］②
p→m	剥	［pɔk］	［po］	［po］	［poʔ］	［pok］	［mok*］③

---

① 铅，《广韵》与专切，是喻母字。
② 星号*表示不规则的变化。
③ 剥，广州又读［pok］。

第十九章　不规则的变化……649

	例字	隋唐音	北京	汉口	苏州	梅县	广州
b→p'	佩	[buɑi]	[p'əi*]	[p'əi]	[be]	[p'i]	[p'ui]
d→t'	特	[dək]	[t'ə*]	[t'ə*]	[də?]	[t'it]	[tɐk]
ʃ→tʂ'	产	[ʃan]	[tʂ'an*]	[tʂ'an*]	[ts'e*]	[san]	[tʃ'an*]
ɕ→tʂ'	春	[ɕiuŋ]	[tʂ'uŋ*]	[ts'uŋ*]	[suŋ]	[ts'uŋ*]	[tʃ'uŋ*]
ɕ→ts'	鼠	[ɕio]	[ʂu]	[ɕy]	[ts'y*]	[ts'u*]	[ʃy]
ɕ→ts'	暑	[ɕio]	[ʂu]	[ɕy]	[ts'y*]	[ts'u*]	[ʃy]
ɕ→ts'	始	[ɕi]	[ʂʅ]	[sʅ]	[sʅ*]	[ts'ʅ]	[ʃi]
ɕ→ts'	赐	[si]	[ts'ʅ*]	[ts'ʅ*]	[sʅ]	[sʅ]	[tʃ'i*]
z→s	松	[ziuŋ]	[suŋ*]	[suŋ*]	[suŋ]	[ts'uŋ]	[tʃ'uŋ]
z→tɕ'	囚	[ziou]	[tɕ'iəu*]	[tɕ'iəu*]	[zY]	[siu]	[tʃ'au]
z→ɕ	袖	[ziou]	[ɕiəu]	[ɕiəu]	[zY]	[ts'iu*]	[tʃɐu]
k→ŋ	钩	[kou]	[kou]	[kou]	[kY]	[kɛu]	[ŋɐu*]①
k→k'	会（会计）	[kuɑi]	[k'uai*]	[k'uai*]	[k'ue]	[k'uai]	[k'ui*]②
k→k'	规	[kiui]	[kuəi]	[kuəi]	[kue]	[kui]	[kʷɐi*]
k→k'	昆	[kuən]	[k'uən*]	[k'uən*]	[k'uən*]	[k'un*]	[k'ʷɐn]
k→tɕ'	吃（喫）	[k'ik]	[tʂ'ʅ*]	[ts'ʅ*]	[tɕ'iə*]	[ts'ət*]	[hɜk*]
ɣ→ʂ	厦	[ɣa]	[ʂa*]	[ʂa*]	[ɦia*]	[ha]	[ha]
ɣ→w	完	[ɣuɑn]	[wan*]	[wan*]	[ɦuø]	[van]	[jyn*]
ɣ→w	丸	[ɣuɑn]	[wan*]	[wan*]	[ɦuø]	[jian*]	[jun*]

---

① [ŋɐu]是白话音。
② "会计"的"会"，五地都是不规则的变化，只有厦门读[kue]，福州读[kuei]仍属见母。

例字		隋唐音	北京	汉口	苏州	梅县	广州
j→tɕʻ	铅	[jiuən]	[tɕʻian]	[tɕʻian*]①	[kʻe]	[jan]	[jyn]
j→ɻ	荣	[jiuŋ]	[ɻuŋ*]	[jiuŋ]	[jiuŋ]	[jiuŋ]	[wiŋ]
j→ɻ	融	[pioŋ]	[ɻuŋ*]	[jiuŋ]	[jiuŋ]	[jiuŋ]	[jiuŋ]
j→ɻ	容	[jiuŋ]	[ɻuŋ*]	[jiuŋ]	[jiuŋ]	[jiuŋ]	[jiuŋ]

（2）韵母

例字		隋唐音	北京	汉口	苏州	梅县	广州
ɑi→a	大	[dɑi]	[ta*]	[ta*]	[da*]②	[tʻai]	[tai]
ɐŋ→a	打	[tɐŋ]	[ta*]	[ta*]	[taŋ]	[ta]	[ta]
ɑp→ai	拉	[lɑp]	[la]	[la]	[la]	[la]	[lai*]
ək→əi	黑	[xək]	[xəi*]	[xə]	[hə?]	[hɛt]	[hɐk]
ie→ye	嗟	[tsia]	[tɕye*]③	[tɕie]	[tsia]	[tsia]	[tʃe]
iuæt→ie	血	[xiuæt]	[ɕie*]④	[ɕie]	[ɕyə?]	[hiat]	[hyt]
iæt→ye	薛	[siæt]	[ɕye*]	[ɕie]	[siə?]	[siɛt]	[ʃit]
iuət→o	佛	[biuət]	[fo*]	[fu]	[və?]	[fut]	[fɐt]
iəm→u	入	[ȵiəp]	[ɻu*]	[y]	[zə?]	[ȵip]	[jɐp]
iok→iəu	六	[liok]	[liəu*]	[nou]	[lo?]	[liuk]	[luk]
iok→əu	肉	[ȵiok]	[ɻəu*]	[nou*]	[ȵio?]⑤	[ȵiuk]	[juk]
io→uo	所	[ʃio]	[suo*]	[so*]	[səu]	[so*]	[ʃo]⑥

---

① "铅"字读[tɕʻian]，颇难理解。今成都读[yan]，长沙白话读[yẽ]，厦门读[ian]，潮州读[jiŋ]，福州读[yoŋ]，仍属喻母。
② 白话音[dəu]。
③ 嗟，北京又读[tɕie]。
④ 血，北京文言读[ɕye]。
⑤ 肉，苏州文言读[zo?]。
⑥ 所，广州读[ʃo]，不算不规则的变化，因为鱼韵庄系字一律变[o]韵。

第十九章　不规则的变化……651

	例字	隋唐音	北京	汉口	苏州	梅县	广州
i̯ui→ei	谁	[ʑi̯ui]	[ʂei*]①	[suei*]	[ze]	[sui]	[ʃœy]
uɐn→ən	奔	[puɐn]	[pən]	[pən]	[pən]	[pən]	[pɐn*]
ɐn→un	吞	[t'ɐn]	[t'uən*]	[t'ən]	[t'ən]	[t'un*]	[t'ɐn]
i̯uen→yŋ	窘	[gi̯uen]	[tɕyŋ*]	[tɕyŋ*]	[tɕyen]	[tɕiun]	[k'wɐn]
i̯uen→in	尹	[ji̯uen]	[jin*]	[jyn]	[in*]	[jin]	[jɐn]
uɐn→yn	逊	[suɐn]	[ɕyn*]	[ɕyn*]	[sən]	[sun]	[ʃœn]
i̯aŋ→oŋ	章	[tɕi̯aŋ]	[tʂaŋ]	[tsaŋ]	[tsoŋ]	[tsoŋ*]	[tʃœŋ]
ɐŋ→aŋ	盲	[mɐŋ]	[maŋ*]	[maŋ]	[moŋ*]	[maŋ]	[maŋ]
ɐŋ→iŋ	行	[ɣɐŋ]	[ɕiŋ*]	[ɕin*]	[ɦiaŋ]②	[han]	[hɐŋ]
i̯uɐŋ→iŋ	倾	[k'i̯uɐŋ]	[tɕ'iŋ*]	[tɕ'yn]	[tɕ'in*]	[k'in]	[k'iŋ*]
i̯uɐŋ→iŋ	顷	[k'i̯uɐŋ]	[tɕ'iŋ*]	[tɕ'yn]	[tɕ'in*]	[k'in]	[k'iŋ*]
i̯uɐŋ→iŋ	营	[ji̯uɐŋ]	[jiŋ*]	[jiŋ]	[ɦin*]	[jiaŋ*]	[jiŋ*]

（3）声调

	例字	隋唐音	北京	汉口	苏州	梅县	广州
清去→阴平	播	去	阴平*	去	阴去	去	阴去
浊上→上	腐	上	上*	上*	阳去	去	阳去
浊平→阴平	巫	平	阴平*	阳平	阳平	阳平	阳平
浊入→阴平	突	入	阴平*	阳平	阳入	阳入	阳入
浊平→阴平	乎	平	阴平*	阳平	阳平	阳平	阳平
浊平→阴平	微	平	阴平*	阳平	阳平	阳平	阳平
浊平→阴平	危	平	阴平*	阳平	阳平	阳平	阳平
浊平→阴平	帆	平	阴平*	阳平	阳平	阳平	阳平
浊上→上	俭	上	上*	去	阳去	去	阳去

① 谁，北京又读 [ʂuei]。
② 行，苏州文言读 [ɦiŋ]。

所谓不规则的变化，指的是不依本方言语音发展规律的变化，例如"特"字在北京念 [tʻə]，在客家念 [tʻit]，声母都是 [tʻ]，在北京算是不规则的变化，因为全浊入声字依北京语音发展规律应该变为不送气的 [t]；在梅县不算不规则的变化，因为全浊入声字依客家话语音发展规律正是应该变为送气的 [tʻ]。又如"血倾"本是撮口呼，在北京读成齐齿呼，是不规则的变化，在梅县也说成齐齿呼，却不算不规则的变化，因为客家话没有撮口呼，所有撮口字都变了齐齿呼。又如"盲"字在北京、广州都念 [maŋ]，在北京是不规则的变化，因为"盲"是庚韵二等字，依北京语音发展规律应该读"孟"字平声 [məŋ]，在广州不算不规则的变化，因为广州庚韵二等字多读入 [aŋ] 韵，"孟"字也读 [aŋ]。又如"腐俭"本是上声字，今北京仍读上声，为什么算是不规则的变化呢？这是按照浊上变去的规律，浊音上声字在今北京应该变为去声，仍读上声反而是不规则的了。

主要术语、人名、论著索引

A

《哀千里赋》 159

《哀秦二世赋》 112

《哀时命》 109

《皑如山上雪》 105，111

《安世房中歌》 111

B

《八声甘州》 307

白涤洲 627

《白虎通》 75

白话音 163，396，422，438，452，455，459，462，475，485，536，542，588，636，649，650

白居易 242，265

白仁甫 380

《白雉诗》 110

班彪 109

班固 103-105，109-112

班昭 109，110

半齿（音） 8，241

半舌（音） 8，241

半元音 24，114，170，238，267，270，318，402，426，470，485，564，580

《鲍德诔》 106

鲍照 162

《悲愤诗》 109

《北海王诔》 106

北京话 20，22，163，396，398，399，400，406，430，439，441，531，535，536，537，539，544，548，563，564，576-580，581，582，583，596，600，616，633，638，643，

《北腔韵类》 317

《北征赋》 109

《被弹》 216

鼻辅音 559，566

鼻化 553

鼻化元音 553，554

鼻音 21，39，113，179，238，241，267，402，542，543，544，545，546，553，567，623

比较语言学 15，16，44，50

闭口韵 599

闭音节 48

《辟雍诗》 103

边让 105，109

边音 21，24，113，114，238，267，402，544，545

变体 16，439，462，479，482，508，536，545

《别蔡十四著作》 220

《别李义》 200

《别之望后独宿蓝田山庄》 186

《博士箴》 110

《卜算子》 291

不送气 16，20-25，113，170，238，267，318，402，426，442，457，470，485，548，644，652，

不完全韵 49

C

擦音 21，113，114，170，238，240，267，270，318，402，426，442，457，470，485，542，543，544，616

《采菱歌》 162

《采石上菖蒲》 161

蔡琰 109

蔡邕 109-111

《策封齐王闳》 105

《长安谣》 110

《长笛赋》 98，112

《长门赋》 106

《长宁公主东庄侍宴》 202

长去 74

长入 40，73，74，75，80，81，83，112，159，160，161，165，532，

　　　　547，548，551

《长溪赋》　158

《长杨赋》　104，110

《朝野新声太平乐府》　317

《车左铭》　105

陈第　70

陈澧　5，22，176

陈其光　75

《陈州粜米》　355

成阻　48，541

《城门校尉箴》　104

持阻　559

齿头音（齿头）　8-10，21，264

齿音　8，10，22，24，159，397，440，
　　606，609，610

侈　15，43

《赤谷安禅师塔》　225

《赤权颂》　162

《赤松涧》　157

《重订司马温公等韵图经》（《等韵图
　　经》《图经》）　7，401-403，405，
　　406-408，410，412，416，418，441

《重幸武功》　223

《酬从弟惠连》　144

《酬德赋》　137，157

《酬司门卢四兄云夫院长望秋作》　196

《酬谢宣城》　160

《酬郑沁州》　227

《丑奴儿》　290，307

《出猎》　223

《初到陆浑山庄》　195

《初发石首城》　136

《初去郡》　140

除阻　48，541

《楚辞》　13，19，74，567

《楚辞集注》　267

《楚辞韵读》　19

《春秋说题辞》　75

《春日怀李白》　209

《春日玄武门宴群臣》　205

《春日宴乐游园赋韵得接字》　204

唇齿音　606，609，610

唇音　8，24，51，106，159，160，170，237，
　　263，310，311，397，398，439，440，
　　546，548，579，580，581，583，
　　599，600，606，607，609，610，

625，641

次清 9，639

次浊（清浊） 8，9，48，49，265，266，326，400，424，441，456，457，636，638，640，642

《从斤竹涧越岭溪行》 152，162

《从军行》 162

《从幸香山寺》 226

《从游京口北固应诏》 143

促声 75，80，83，399

崔骃 104-106，109，111

崔瑗 105

撮口呼（撮口、撮） 11，43，80281，291，328，329，335，344，350，357，366，372，379，381398，402，406，408，409，412，413，415，417，418，425，426，429，430，431，433，434，436，439，440，444，445，450，453，454，492，496，497，537，545，548，561，564，565，579，580，582，588，590，591，592，596，616，621，622，629，643，652

D

《达旨》 104，109，111

《答宾戏》 103，109，111

《答江晋三论韵》 74

《答宁处州书》 225

《答田徽君》 197

《答王世子》 148

《大鸿胪箴》 110

《大将军西征赋》 109

《大将军讌会》 166

《代古》 158

戴善夫 360

戴震（戴氏） 39-41，46

《丹砂可学赋》 161

单化 559，560

单元音 559，560

单元音复合化 560

《悼骚赋》 106

《登池上楼》 153

《登上戍石鼓山》 155

《登永嘉绿嶂山》 146

等 7，9，10，11，16，19，23，24，25，34，49，50，51，57，58，60，

79, 87, 90, 91, 103, 104, 105, 106, 107, 108, 156, 158, 159, 160, 161, 162, 163, 164, 165, 222, 226, 227, 228, 229, 231, 264, 265, 276, 296, 310, 311, 318, 319, 321, 322, 323, 324, 328, 350, 353, 354, 355, 360, 379, 384, 387, 397, 398, 401, 402, 403, 405, 408, 410, 415, 417, 427, 428, 431, 432, 433, 435, 437, 444, 447, 458, 459, 460, 473, 475, 536, 537, 538, 539, 549, 550, 551, 560, 561, 562, 563, 567, 570, 579, 580, 581, 584, 585, 586, 588, 592, 606, 607, 609, 610, 616, 625, 631, 644, 652

《等韵源流》 401

低化 537, 549, 550, 551

《帝京篇》 224

《典引》 104, 111

《吊屈原赋》 106

《吊屈原文》 110

调类 73, 74, 235, 400, 456, 457, 470, 532, 541, 542, 575, 577, 635, 636

调值 235, 265, 538, 575

《东都赋》 109

东方朔 109, 110

《东京赋》 95, 96, 98, 99, 100, 101, 103, 104, 105, 106, 110, 111, 112

《东京童谣》 110

《东巡颂》 106, 109

《东征赋》 109, 110

《董逃行》 111

董同龢 21, 48, 49

《洞庭湖》 180, 224

《洞箫赋》 109

《窦娥冤》 385

《窦将军北征颂》 103, 109

独用 41, 81, 105, 160, 162, 222, 226

杜笃 105, 111

杜甫 188, 224, 225, 265

《渡汉江》 186

短去 74

短 入 40，73，74，75，80，81，83，
　　161，165，532，547，548，635
段玉裁（段氏）19，36，38-42，44，46，
　　47，48，50，52，69，72，73，74，
　　79，80，108，165，225，567
《对玉梳》351
对 转 15，39，44，45，49，559，567，
　　568，569，570

E

腭化 603，605

F

樊腾凤 401，405
《樊毅修华岳碑》105，111
反切 4，10，16，21，22，51，115，169，
　　176，177，179，180，182，185，187，
　　189，190，191，193，194，195，197，
　　198，199，201，202，204，205，215，
　　218，225，227，229，231，232，233，
　　234，237，239，242，243，244，245，
　　246，247，248，249，250，251，253，
　　254，255，256，257，258，259，260，
　　261，262，263，264，267，268，273，
　　274，275，276，277，281，282，283，
　　287，288，290，292，293，294，
　　296，297，299，303，306，308，
　　309，310，312，317，318，329，
　　335，339，344，350，354，358，
　　360，362，366，367，372，376，
　　379，381，385，387，390，393，
　　543，546，606，636，644
反切上字（上字）4，240
反切下字（下字）10
范晔 136，138，157，158，160
范仲淹 302
《方言》13
方言 5，13，14，16，20，74，83，106，
　　114，115，179，223，224，225，234，
　　240，264，315，406，417，418，
　　531，532，536，537，542，543，
　　544，546，547，548，553，554，
　　559，564，566，567568，570，
　　588，594，595，596，598，599，
　　600，601，616，622，623，626，
　　635，636，638，641，646，647，

648, 652

方音 5, 13, 72, 136

《芳树》 224

分化 16, 19, 22, 23, 24, 44, 47, 50, 60, 69, 80, 105, 106, 115, 157, 158, 163, 170, 174, 222, 226, 239, 263, 270, 310, 311, 324, 397, 398, 406, 417, 485, 535, 538, 539, 540, 542, 577, 583, 604, 625, 629, 636

《风光好》 360

《封禅文》 105

《封燕然山铭》 112

冯衍 103, 109, 110

《奉和荐福寺应制》 224

《奉和竟陵王》 160

《奉和九日幸临渭亭登高》 191

《奉和随王殿下》 147, 160

《奉和幸韦嗣立山庄侍宴》 182, 224

《鹏鸟赋》 224

辅音 19, 21, 25, 26, 48, 264, 548, 559, 565, 566, 596, 598, 603

《妇病行》 104

复辅音 21, 25, 26, 470

复合化 559, 560

复合元音 56, 164, 441, 537, 559, 560, 561, 609

《赋得含峰云》 225

《赋得花庭雾》 223

《赋帘》 223

傅毅 104, 106

G

《甘赋》 162

《甘泉赋》 105

《甘泉宫赋》 105

《感时赋》 158

《感遇》 157

赣方言 14

高本汉（高氏） 5, 9, 20, 21, 22, 23, 24, 25, 26, 45, 47, 48, 49, 50, 51, 179, 231, 232, 233, 234

高化 440, 537, 549, 550

《高山引》 223

《高颐碑》 105

《歌戈鱼虞模古读考》 163, 164

《歌一首》 105

《公羊传》 75

古本纽 15, 43

古本音 72, 165

古本韵 16, 41-44, 49, 536

《古歌》 105

《古离别》 161

《古诗为焦仲卿妻作》 111

《古微书》 75

古音 11, 13, 16, 19, 20, 22, 23, 24, 34, 43, 50, 73, 77, 107, 228, 432, 536, 558, 570, 575, 622, 644

《古音娘日二纽归泥说》 23

《古音说略》 74, 179

《古音韵至谐说》 50

古韵 15, 35, 36, 38, 39, 40, 41, 42, 43, 44, 45, 48, 49, 50, 51, 67, 71, 72

《鼓吹曲》 144

《故赵王属赠黄门侍郎上官公挽词》 224

顾炎武（顾氏） 16, 35, 36, 42, 46, 70

关汉卿 340, 385

《观佛迹寺》 224

《观堂集林》 73

官话 14, 398, 546, 554, 564

《广成颂》 105, 106, 109, 110

《广溪峡》 226

《广雅》 75

《广韵》 3, 10, 34, 35, 44, 51, 72, 75, 77, 89, 92, 93, 119, 127, 136, 155, 156, 176, 177, 185, 187, 188, 195, 196, 198, 199, 222, 225, 228, 231, 234, 238, 253, 354, 374, 383, 391, 431, 440, 522, 547, 643, 644, 645, 646, 648

《归田赋》 104, 105

《桂枝香》 273

《国故论衡》 23, 41, 47

《国学季刊》 163

《国音常用字汇》 627, 640, 641

《过郭代公故宅》 289

《过函谷关》 225

《过旧宅》 223

H

《海陵王昭文墓铭》 157

汉藏语系 20，83

《汉宫秋》 336

《汉书》 110

（汉）桓帝 110

《汉魏晋南北朝韵部演变研究》 103

汉武帝 105

《汉语史稿》 24

《汉语音韵学》 42，446，462，472，564

《汉语语音通史框架研究》 317

《合汗衫》 336

合口呼 9，11，51，60，69，106，164，229，234，264，319，417，418，437，439，440，441，543，545，561，562，563，564，565，579，580，583，588，592，595，600，606，610

合流 107，222，223，224，239，240，264，324，325，425，430，535，538，539，540，543，580，583，616

合韵 49，69，106，158，162，311，439

何九盈 317

何休 75

《和酬虢州李司法》 224

《和帝诔》 105

《和户部岑尚书参迹枢揆》 224

《和竟陵王》 160

《和石侍御山庄》 224

《和同府李祭酒休沐田居》 181，226

《和王著作融八公山》 142

《和吴侍御》 224

《河铭》 109

《贺新郎》 272

《恨赋》 137，157，160

《横吹赋》 161

洪音 43，44，50

喉音 8，24，50

《后汉书》 136

后化 549，551，552

胡广 111

《胡广黄琼颂》 111

《胡硕碑》 111

《蝴蝶梦》 340

互换音位　16，20，544，546

《扈从登封》　224

《怀园引》　160，161

《淮南子》　109，111

《还旧园作见颜范二中书》　151，161

桓鳞　112

《浣溪纱》　298

皇甫规　110

《皇太子宴玄圃宣猷堂》　166

《皇太子释奠会》　167

黄机　279

黄侃（黄氏、黄）　21，22，23，24，39，41，42，43，44，46，48，73，156，25，41，43

《黄粱梦》　373

黄锡凌　474

黄香　105

混切　170，171，172，174，175，176，177，179，223，224，225，227

《记兰茂韵略易通》　401

《记五方元音》　401

《记徐孝重订司马温公等韵图经》　401

纪君祥　358

《纪念王力先生学术活动五十周年论文集》　399

《冀州箴》　112

贾谊　106，109

贾仲名　351，363，387，390，394

假二等　10，22

假四等　10，23，51

尖音（尖字）　430，546，603

简文帝　163

《饯韦兵曹》　224

《荐豆呈毛血歌辞》　157

渐移　535，536，537

《江楼夜宴》　185

《江上之山赋》　157，159

《江神子》　284

《江氏音学序》　38

江淹　136，156，157，159，160，161

江永（江氏）　9，15，20，36，38，46，70，74，37，43

J

《集韵》　77，79，177，178，187，190，195，216

江有诰（江氏） 19，37，39，40，41，43，44，45，46，71，72，108，36，38

《将游湘水寻句溪》 139

《将作大匠箴》 112

《交州箴》 109

《郊居赋》 157

《郊兴》 224

《结客少年场行》 223

《解嘲》 104，109，110

《介雅》 158

《晋书音义》 170，178

《经典释文》 16，22，77，78，115，159，170，174，179，180，223，224，225，227，231，232，233，234

《〈经典释文〉反切考》 22

《经史正音切韵指南》（《切韵指南》） 7，9，227，228，229，264，319，607，610

《敬皇后哀策文》 157

《镜论语》 159

《镜铭》 111

《九宫赋》 105

《九日从宋公戏马台集送孔令》 151

《九思》 104，109

《九叹》 105，109，110，111，112

《酒泉子》 282

《酒箴》 105，111

《举案齐眉》 369

卷舌声母（卷舌音） 398，629，179，588

K

开口呼 9，11，69，229，439，440，441，545，564，562，563，564，565，580，583，588，589，592，595，596，598，600，622

开音节 48

《康熙字典》 7，401，575，610

考古派 46，47

客家话（客家方言） 14，20，309，312，425，485，536，546，563，577，635，638，644，652，570，573，596

孔广森（孔氏） 15，38，39，40，46，49，53，72，570，38，39

孔稚珪 223

《苦寒》 206，220

L

兰茂 401，404

《老子》 19

《离亭燕》 276

李百药 186

李方桂 24

李涪 223，263，265

李峤 202，226

《李林碑》 109

李清照 295，302

李荣 20，22，178

李商隐 244

李思敬 399

李尤 105，106，109

李重元 289

《丽色赋》 159

《荔支赋》 111

联绵字 22

《两世姻缘》 382

《辽城望月》 204

《临高台》 226

零声母 25，404，406，429，461，474，535，622

刘复 541

刘鉴 7

刘克庄 272，291，305

刘胜 105

刘向 105，109，110，112

刘勰 136，157

刘歆 101，109

刘胥 105

刘祎之 227

《六书音均表》 38，42，79，108

卢照邻 188，190，192，200，202，207，217，223，224，225

《鲁灵光殿赋》 105

陆德明 75，169

陆法言 3，5，89，92，93，185，234

陆游 277

陆志韦 5，20，48，49，74，179，317，318，401，406

吕不韦 105

《吕氏春秋》 105

《论都赋》 111

《论金元时代汉语儿词尾和儿系列字在北方话中的实际音值》 399

《论六家要旨》 109,111

罗常培 5,24,103,176,179,318

《罗常培语言学论文选集》 179

骆宾王 221,224,225

《落日同何仪曹煦》 154

M

马融 85,98,105,106,109,110,112

马致远 336,373

《卖花声》 284

《满江红》 279,292,304,305,312,313,314

《满庭芳》 289,293

《毛诗古音考》 70

枚乘 104,109

《美人赋》 105

孟浩然 197

《孟子》 13

《梦见美人》 157

《梦李白》 208,215

《苗瑶语入声的发展》 75

《民族语文》 75

闽语 14,425,457,610

N

《南北朝诗人用韵考》 13,41,136,158,159,163,223,224

《南都赋》 98,103,104,110,111

《南史》 165

《南巡颂》 103

内转 228,229

《泥溪》 224

拟测 15,22,23,24,25,26,42,43,44,45,47,48,49,50,51,75,107,163,164,165,179,227,228,229,231,232,233,234,241,264,270,311,298,99,418

《拟风赋》 159

《拟魏太子邺中集诗》 138,157

《念奴娇》 302

聂夷中 243

宁继福 400

《女师箴》 110

O

欧阳觉亚　83

《偶题》　224

P

《陪章留后惠义寺饯嘉州崔都督赴州》　209

《琵琶行》　242，265

《平城门铭》　105

《平乐观赋》　105，106

平水韵　35，228

《屏风铭》　109

普通话　13，241，401，644，646，647，648

普通语言学　15

Q

《七辩》　106，111，112

《七发》　104，109

《七激》　104

《七谏》　109，110

《七励》　163

《七契》　159，162

《七说》　112

《七音略》　7，8，9，27，51，227，228，265，606，607

齐齿呼（齐齿、齐）　11，440，441，545，561，562，588，592，596，598，629，643，652

《齐太祖诔》　157

前化　551，552，553，625，629，631，633，669

钱大昕　16，19，20，22，23

《乾元中寓居同谷县作歌》　265

《遣悲怀》　193

《倩女离魂》　377

《羌村》　199

《墙头马上》　380

乔梦符　347，355，382

《切韵的性质和它的音系基础》　169

《切韵考》　5，606，607

《切韵音系》　22，178

《切韵指掌图》　7，9，228，229，233，234，264，607，610

秦观　289

轻唇音（轻唇）　20，170，237，603，

604

清音 21, 265, 309, 441, 539, 541, 548, 636, 638, 644

《秋波媚》 277

《秋胡行》 157, 158

《秋怀》 149, 161

《秋暮言志》 223

《秋日翠微宫》 223

《秋日即目》 223

《秋日仙游观赠道士》 184

《秋日斅庾信体》 223

《秋夜送阎五》 224

全清 638

《全宋词》 308, 314

全浊 16, 266, 268, 326, 441, 535, 542, 636, 638, 640, 652

《却出东西门行》 160

《群经韵读》 19

《群经韵分十七部表》 52

R

《入华子岗》 162

《入彭蠡湖》 160

软化 24

《瑞鹤仙》 279

S

塞擦音 21, 113, 114, 170, 238, 140, 267, 270, 318, 402, 426, 442, 457, 470, 485, 542, 543, 544, 616

塞音 21, 25, 47, 48, 73, 75, 113, 114, 178, 238, 267, 270, 399, 402, 426, 442, 457, 470, 485, 542, 543, 614, 616, 635

《三日侍凤光殿》 160

三十六字母 8, 9, 22, 237, 418

《三阳宫侍宴》 183

《三月曲水宴》 200

《山居赋》 157, 162

《山居晚眺赠王道士》 209, 225

《山中楚辞》 161

《山庄休沐》 202

闪音 238, 241, 267, 402

《伤辽东战亡》 223

上古音 19, 22, 23, 24, 25, 77, 107, 535, 536

上平声　3

《少年》　244

舌根音　24，470，546，565，622，648

舌尖音　546，603

舌尖后音　536

舌尖前音　22

舌尖中音　22，544

舌面前音　169，542，622

舌面元音　49，264，603

舌上音　16，19，22，23，115，170，174，178，535，603

舌头音　16，178，603

舌叶音　410，470

舌音　8，22，23，24，174，535

摄（韵摄）　7，50，227，228，401

沈佺期　216，224，225，226

沈约　136，157，158，160，165

审音派　46，47

《声调与音节的互相制约关系》　83

声符　19，79，80

《诗古韵表二十二部集说》　35

《诗集传》　267

《诗经》(《三百篇》)　13，19，35，44，47，49，50，60，69，70，71，72，74，75，80，81，38，48，70，73

《诗经韵读》　19，44

《诗经韵分十七部表》　52，73

《诗声类》　38

《十八侯铭》　109

《十驾斋养新录》　22

《十三四时尝从巫峡过》　225

十三辙　398，416-418，438

《石劫赋》　160

《石门新营所住四面高山回溪石濑茂林修竹》　148，160

《侍东耕》　146

《释中原音韵》　317

《守岁》　223

《首阳山赋》　105，111

舒声　74，75，399

《述行赋》　109

双唇（音）　20，21，113，114，170，237，238，267，318，402，426，442，470，485，606

《水调歌头》　274，286，308

《水山神女赋》　160

《顺东南门行》 157

《说文解字》（《说文》） 237，259，19，26，100，178

《说文解字篆韵谱》 248

《说文解字注》 19

《说文系传》（《说文解字系传》《系传》） 223，237，253，155

司马光 7

司马谈 109，111

司马相如 105，106，112

《思玄赋》 95，97，99，100，101，102，104，105，106，109

《四愁诗》 98，109

四等 9-11，16，23，54，50，51，103，104，107，108，158，159，161，162，164，222，226，264，265，310，311，328，387，397，398，417，447，475，553，561

四呼 11，328，398，417，439，440，559，561，564

四声 9，70，71，72，75，79，165，235，264，312，399，400，418，441，575，577，635，636

《四声等子》 7，9，227，228，229，230，231，233，234，264，265，607，610

《四声谱》 165

《四子讲德论》 104，105，110

《宋公宅送宁谏议》 192

《宋文皇帝元皇后哀策文》 150，157

《宋武帝诔》 158

宋之问 180，182，183，184，186，191，192，195，197，203，214，218，223，224，225，226

《送从弟邕下第后寻会稽》 197

《送丰城王少府》 192

《送合宫苏明府颋》 224

《送率府程录事还乡》 217

送气 16，20，21，24，113，170，238，239，267，318，402，426，442，457，470，485，548，614，644，652

苏轼 298

《宿晋安亭》 224

《宿温城望军营》 225

《遂初赋》 109

孙愐 237

T

《太常引》 275

《太仆箴》 110

《太史令箴》 110

《太尉箴》 112

《太玄》 106，111

《太学中谣八俊》 104，105

唐山夫人 110，111

唐太宗 204，205，223，224

《唐五代西北方音》 5

《唐韵》 3，237

《陶微士诔》 150

《田家》 243

《廷尉箴》 112

通押 70，71，225，265

通音 241

通韵 50

《通志略》 7

同化 114，599

《同临津纪明府孤雁》 190

同 用 41，159，160，161，222，223，224，225，226，227

同源词 20

《僮约》 104

《途中》 182

团音（团字） 430，622

W

《挽歌》 160

《晚渡滹沱》 225

汪荣宝 16，163，164

王安石 273

王褒 104，105，109，110

王勃 224，225

王国维 73

王力 22，41，42，136，163，223，224，399，564

王念孙 39，40，41，45，46，72，73

王实甫 369

《王太子》 161

王文璧 317

王延寿 105

王逸 109，111，104，105

《王子乔》 110

王子一　330

《为织女赠牵牛》　160

《围棋赋》　112

唯闭音　48，49

《魏将军歌》　265

《温泉庄卧病》　184，226

文白异读　647

《文木赋》　105

《文始》　41

《文翁讲堂》　217

《文心雕龙》　136，138，154，155，156，157，158，160，162

《文心雕龙札记》　156

文言音（文言）　396，452，455，462，485，647

《问学集》　169

《乌生》　110

吴文英　307

吴语（吴方言）　14，47，114，115，240，264，425，430，442，531，536，541，560，565，569

《五方元音》　401，403，406，410，412，417，418，430，431，433，437，441，564

《武荣碑》　109

《舞马赋》　162

《误入桃源》　330

X

《西都赋》　103，105，109，112

《西江月》　282

《西京赋》　95，96，97，98，100，102，103，104，105，110，111

西南官话　14，398，546，554，576，646，677

《鸂鶒赋》　157

细音　43，44，50

《暇日小园散病将种秋菜督勒耕牛兼书触目》　219

下平声　3

《夏始和刘潯陵》　153

夏炘　35

《显志赋》　103，109，110

《现代吴语研究》　16，441，577

《相逢狭路间》　157

湘方言　14

《萧淑兰》 363，387，390，394

《孝武宣贵妃诔》 161

叶音 267-270，274，277，280-284，287-310，410，470

谐声偏旁 19，21，23，24，25，26，41，47，49，72，643，644，645

谢惠连 136，139，140，144，147，149，151，157，158，161，162

谢灵运 136，138，140，141，143，144，146，147，148，151，152，153，155，157，158，160，161，162

谢朓 136，157，159

谢庄 136，160，161，162

辛弃疾 274，275，278，279，282，283，284，285，286，290，302，304，305，307，308，312，313，314

《辛通达李仲曾造桥碑》 112

《新华字典》 646

《信行远修水筒》 188，225

《行香子》 286

熊朋来 35

《熊先生经说》 35

《休沐重还丹阳道中》 145

《需雅》 157

徐锴 155，237，248，253

徐陵 223，226

徐邈 115

徐孝 7，401

许慎 19，100

玄应 169，174，176，180，223，224，227

《雪赋》 139，140，144，147，151，158，162

《迅风赋》 105，106

Y

押韵 19，47，72，105，398，399，418

牙音 8，24

严忌 109

严可均 69

《颜氏家训》 114，115

颜延之 136，145，149，150，157，158，159，160，162，166，167

颜之推 114，115

《宴梓州南亭》 224

《燕京学报》 179，317，401

央化 549，553

央元音 163，551，552，553

阳调类 457，470，541，542，577，636，644

扬雄 13，95，104，105，106，109，110，111，112

《阳给事诔》 149，159，162

阳平 20，312，399，400，418，419-426，441，456，457，469，470，484，500，532，538，541，542，576，577，635，636，638，639，640，641，642，645，651

阳去 456，457，470，485，532，538，541，542，577，635，636，644

阳入 15，39，40，41，456，470，485，501，532，538，541，542，577，636，651

阳上 457，484，532，538，541，542，577，635，636，637

阳声韵 165，398，559，569，570

杨朝英 317

杨炯 182，224，226

《遥同杜员外审言过岭》 226

《夜渡吴松江怀古》 225

《一剪梅》 295

《一切经音义》 16，75，169，174，176，180，223，224，227，234

《仪鸾殿早秋》 224

《忆王孙》 289

异化 536，579，581，599，600，625，626，641

异平同入 74，228

异文 19，20，23

《易林》 109-111

阴调类 456，541，577，636

阴平 312，399，400，418-424，441，556，457，469，484，500，532，538，541，542，575，576，577，635，636，638，639，640，642，645，651

阴去 456，457，469，484，532，538，541，542，577，635，636，651

阴入 456，457，470，485，500，532，538，541，542，577，635，636，637

阴上 456，457，469，484，532，538，

541，542，577，636

音节　7，48，83，227，559，566，
　　599，636

《音略》　73

《音论》　69，70

音位　16，20，311，418，433，435，
　　436，439，440，441，446，447，
　　474，508，535，544，546，600

音位学　16

《音学五书》　70

音值　42，43，44，45，47，49，51，85，
　　107，108，114，163，164，165，169，
　　179，212，225，227，229，264，
　　270，311，398，399，418，439

《饮马长城窟》　160

《应诏讌曲水作诗》　145，166

《咏邯郸故才人嫁为厮养卒妇》　146

《咏螺蚌》　158

《咏兴国寺佛殿前幡》　223

《幽通赋》　103，109，110

《游赤石进帆海》　147，160

《游东堂咏桐》　142

《游后园赋》　144

《游敬亭山》　150

《游云门寺》　218

《渔家傲》　302

《羽猎赋》　104，105，109，110

《语言丛稿》　317

庾信　223，226

《玉楼春》　277

《玉篇》　177，198

《喻母古读考》　23

《豫章行》　144

《鸳鸯被》　347

元音化　559，566，567，597，598

《圆音正考》　406

《袁良碑》　112

《远山澄碧雾》　223

《月赋》　143，162

岳飞　292

《粤音韵汇》　474

粤语（粤方言）　14，425，470，431，
　　542，564，570，596

韵部（部）　9，15，19，20，34，36，38，39，
　　40，41，42，45，47，48，49，50，
　　51，52，85，86，87，103，107，

115，136，156，159，160，161，
162，163，164，165，179，222，223，
225，226，227，231，232，233，234，
241，263，264，270，298，310，
311，328，396，397，398，401，
407，416，417，418，432，438，
439，446，462，474，489，509，
536，538，570，581，583，599

《韵镜》 7，8，9，27，50，51，227，
228，229，265，606，607

韵类 73，179，180，227，328

《韵略易通》 401，405，406

韵书 1，3，4

韵头 11，25，50，51，69，114，179，
222，321，440，549，559，561，
563，564，565，581，592，603，
609，625，626，627，629

韵图 5，7，9，10，11，227，233，
241，265，561

韵尾 35，47，48，49，56，73，75，86，
116，156，158，312，315，476，
546，547，548，553，559，546，
568，570，581，584，599，600，

625，626，627，541

Z

《杂曲》 225

《在狱咏蝉》 221

《暂使下都夜发新林至京邑》 141

《早梅诗》 401，404

《责须髯奴辞》 104

仄声 20，165，441，548

曾运乾 23，24

《赠别贺兰铦》 221

《赠崔十三评事公辅》 213

《赠炼丹法》 161

《斋中读书》 141

《战城南》 192

张国宾 366

张衡 85，96-106，109-112，136

张麟之 7，265，266

张舜民 284

张孝祥 282

章炳麟（章氏） 21，22，23，39，41，
46，69

《章华台赋》 105，109

《章氏丛书》 23

《杖铭》 110

昭明太子 159，162

赵壹 105，106

赵荫棠 401

赵元任 16，24，441，446，577

《折杨柳》 224

《赭白马赋》 158，160

《鹧鸪天》 278，283，307

真三等 10，23，51

正齿音（正齿） 8-10，19，22

郑德辉 377

郑樵 7，8，227

郑庠 35

《知彻澄娘音值考》 179

《至望喜瞩目言怀》 225

《置酒坐飞阁》 233

《中古及上古汉语语音学简编》 45

《中国语文》 83

《中国语文学研究》 69

中入（中阴入） 485，532，542，636，637

《中原音韵》 270，317，318，324，325，326，328，351，357，365，383，391，393，396，397，398，399，400，406，418，423，425，439，440，441，599，600，626，627，631，632，638，639，641，643，644，645

《中原音韵表稿》 400

《〈中原音韵〉无入声内证》 400

《中州乐府音韵类编》 317

《中州音韵》 317，325，326，357，365，372，373，374，383，391，393，396，397，398，399，599，639，643，644，645，646

重唇音（重唇） 609-612，8，9，170，237，242，398，542

周邦彦 293

周德清 317，399，546

《周易》（《易》） 19，74，567

周颙 165

周祖谟 103，169

朱翱 237-240，263，264

朱熹 13，267，281，291，309，310，

312，543，546

《诸子韵读》 19

《竹扇赋》 104，110

浊音 20，23，24，49，265，326，424，470，539，541，542，543，548，636，652

《子虚赋》 106

《紫宫谚》 105

《自洪府舟行直书其事》 214

《字母切韵要法》(《切韵要法》) 7，8，9，11，401，575，417，418

《左传》 115，568

《左传音》 115

图书在版编目（CIP）数据

汉语语音史 / 王力著. -- 北京：北京联合出版公司, 2021.6
　ISBN 978-7-5596-5154-9

Ⅰ. ①汉… Ⅱ. ①王… Ⅲ. ①语音—汉语史 Ⅳ. ①H11-09

中国版本图书馆CIP数据核字(2021)第051431号

汉语语音史

著　　者：王　力
出 品 人：赵红仕
选题策划：后浪出版公司
出版统筹：吴兴元
编辑统筹：梅天明　李夏夏
责任编辑：牛炜征
特约编辑：魏姗姗　田　园
营销推广：ONEBOOK
装帧制造：墨白空间·张萌

北京联合出版公司出版
（北京市西城区德外大街83号楼9层　100088）
北京汇林印务有限公司印刷　新华书店经销
字数652千字　690毫米×1000毫米　1/16　43印张
2021年6月第1版　2021年6月第1次印刷
ISBN 978-7-5596-5154-9
定价：148.00元

后浪出版咨询(北京)有限责任公司 常年法律顾问：北京大成律师事务所　周天晖 copyright@hinabook.com
未经许可，不得以任何方式复制或抄袭本书部分或全部内容
版权所有，侵权必究

本书若有质量问题，请与本公司图书销售中心联系调换。电话：010-64010019